Souverän investieren vor und im Ruhestand

Gerd Kommer

Souverän investieren vor und im Ruhestand

Mit ETFs Ihren Lebensstandard
und Ihre Vermögensziele sichern

2., vollständig überarbeitete und erweiterte Auflage

Campus Verlag
Frankfurt/New York

Haftungsausschluss: Die Aussagen in diesem Buch spiegeln die persönlichen Ansichten und Meinungen des Autors wider, sind rein didaktischer Natur und sind weder als Anlageberatung im Sinne des deutschen Wertpapierhandelsgesetzes noch als Rechtsberatung im Sinne des deutschen Rechtsberatungsgesetzes noch als Steuerberatung im Sinne des deutschen Steuerberatungsgesetzes zu verstehen. Vermögensanlagen in Bankguthaben, Aktien, Anleihen, Edelmetalle, Rohstoffe, Kryptowährungen und andere Finanzprodukte sowie Immobilien sind mit beträchtlichen Verlustgefahren verbunden. Die historischen Daten, die in diesem Buch enthalten sind, bieten keine Gewähr für zukünftig ähnliche Renditen oder Erträge. Generell geben der Autor und der Verlag keine Garantie für die Richtigkeit der Daten, Berechnungen und Aussagen in diesem Buch. Eine Haftung für Schäden, die aus der Anwendung der in diesem Buch enthaltenen Informationen, Hinweise und Empfehlungen resultieren, wird nicht übernommen.

MIX
Papier | Fördert gute Waldnutzung
FSC® C089473
FSC www.fsc.org

ISBN 978-3-593-52097-1 Print
ISBN 978-3-593-46267-7 E-Book (PDF)
ISBN 978-3-593-46266-0 E-Book (EPUB)

2., vollständig überarbeitete und erweiterte Auflage 2025

Werderstr. 10, 69469 Weinheim, info@campus.de.
Umschlaggestaltung: total italic, Thierry Wijnberg, Amsterdam/Berlin
Satz: Publikations Atelier, Dreieich
Druck und Bindung: Beltz Grafische Betriebe GmbH, Bad Langensalza
Beltz Grafische Betriebe ist ein Unternehmen mit finanziellem Klimabeitrag (ID 15985-2104-1001).
Printed in Germany

www.campus.de

Inhalt

Wie Ihnen dieses Buch helfen kann – Eine Einleitung

»As we get older, we get smarter.«
Steve Jobs (1955–2011), Co-Gründer von Apple, Milliardär. Die zitierte Aussage traf er in seinem letzten Lebensjahr.

Dieses Buch richtet sich an Haushalte in der zweiten Lebenshälfte, also an Haushalte, die die Phase des Vermögensaufbaus während der Berufstätigkeit in einigen Jahren beenden werden oder bereits beendet haben. Man könnte auch sagen, an Haushalte, die auf die Phase der »Vermögensnutzung« zusteuern oder sich bereits in ihr befinden. Vermögensnutzung bedeutet Vermögensbewahrung oder Vermögensverbrauch – mit und ohne Kapitalverzehr.

Wenn Sie sich fragen, ob es sich lohnt, dieses Buch zu kaufen, sollte Ihnen ein Blick auf das granulare Inhaltsverzeichnis weiterhelfen. Anhand der Übersicht mit aussagekräftigen Kapitel- und Abschnittsüberschriften – fast schon ein wenig wie ein Lehrbuch – werden Sie sich eine Vorstellung von Inhalt und Grundphilosophie des Buches machen können.

Wenn Ihnen das vorliegende Buch zu anspruchsvoll erscheint, dann ist vielleicht mein Einsteigerbuch *Der leichte Einstieg in die Welt der ETFs* zum Start für Sie besser geeignet. Es setzt kein Investmentvorwissen voraus.

Generell will *Souverän investieren vor und im Ruhestand* Haushalte im deutschsprachigen Raum dabei unterstützen, die finanzielle Seite ihres bevorstehenden oder schon begonnenen Ruhestands als Selbstentscheider so klug wie möglich zu organisieren. Klug heißt hier, Rendite, Risiko und Liquidität in das für ihre speziellen Umstände bestmögliche Verhältnis zu bringen. Eine wichtige Rolle dabei spielt die Nutzung von ETFs, einer – trotz ihres kryptisch anmutenden Namens – einfachen und konkurrenzlos günstigen Investmentfondsvariante, die seit ihrer Erfindung im Jahr 1993 weltweit einen enormen Popularitätsschub unter Privatanlegern erlebt. In Deutschland nutzen allerdings erst etwa 5% aller Haushalte ETFs.

Lesern, die eine Bank oder einen bankunabhängigen Dienstleister für das Verwalten ihrer Geldanlagen nutzen, will dieses Buch helfen, die Qualität der Dienstleistung dieser Firmen einzuschätzen und – falls diese Qualität nicht stimmt – die notwendigen Schlussfolgerungen zu ziehen und umzusetzen.

Ich habe den Anspruch, in meinen Finanzratgeberbüchern solide etablierte, unstrittige Erkenntnisse aus der Wissenschaft einfach und pragmatisch für die Vermögensanlage von Privatanlegern nutzbar zu machen. Bedauerlicherweise ignorieren die Medien und die etablierte Finanzbranche die alte Dame Wissenschaft in Fragen des Geldanlegens und der Vermögensbildung und propagieren oft genug sogar das genaue Gegenteil dessen, was Wissenschaftler empfehlen.

Mit 360 Seiten ist das Buch recht lang geworden. Trotzdem gibt es viele interessante Spezialaspekte, die ich aus Platzgründen nur kurz anreißen konnte. Bei diesen Spezialaspekten erwähne ich oftmals frei zugängliche, kostenlose Blogbeiträge und in einigen Fällen auch YouTube-Videos, die ich gemeinsam mit meinen Kollegen geschrieben bzw. gedreht habe und die den jeweiligen Sachverhalt ausführlicher behandeln. Wenn Sie sich für das betreffende Thema besonders interessieren, können Sie den Blogbeitrag oder das YouTube-Video in Sekundenschnelle per Suchmaschine ausfindig machen und sich so vertiefend informieren. Dafür einfach den oder die Autorennamen und den Titel googeln. Der Titel wird im Literaturverzeichnis genannt. In fast allen Blogbeiträgen nenne ich weiterführende wissenschaftliche Studien und Untersuchungen, die das darin Gesagte belegen. Soweit ich in einem Abschnitt auf einen Blogbeitrag verweise, werde ich nicht mehr noch gesondert auf die entsprechenden wissenschaftlichen Untersuchungen verweisen.

Dieses Buch will ein »How-to«-Buch mit einer hohen Informationsdichte sein. Daher kommen in vielen Abschnitten Querverweise vor. Sie helfen, platzverbrauchende Wiederholungen zu vermeiden, und geben Ihnen die Möglichkeit, inhaltliche Querverbindungen zwischen verschiedenen Sachverhalten und somit das große Ganze nachzuvollziehen. Ein weiterer Vorteil der Querverweise tritt dann zutage, wenn man das Buch als *Handbuch* nutzt, also nicht in einem Aufwasch von Kapitel 1 bis Kapitel 14 liest. In so einer Nutzungssituation kann man durch die

Querverweise leicht zurückverfolgen, von wo bestimmte Aussagen hergeleitet werden. Wen die Querverweise stören, der kann sie genauso gut einfach überlesen.

Das Buch hat rund 100 Fußnoten, also im Schnitt eine auf jeder dritten Seite. Ich verwende Fußnoten, weil sich mit ihnen Zusatzinformationen transportieren lassen, die für manche Leser hilfreich sind, ohne den Lesefluss derjenigen Leser zu stören, die sich nicht für die Fußnoten interessieren. Wenn Sie die Fußnoten nicht mögen, ignorieren Sie sie einfach.

Alle in diesem Buch verwendeten Fachbegriffe, die man auch als fortgeschrittener Privatanleger nicht zwangsläufig kennt und die nicht im laufenden Text erklärt werden, erläutere ich im Glossar am Ende des Buches. Diese Wörter sind im laufenden Text mit diesem Pfeil → gekennzeichnet.

Ich habe mir Mühe gegeben, das Buch verständlich und klar zu schreiben, wohl wissend, dass der Erkenntnisweg an einigen Stellen anspruchsvoll ist. Vor diesem Hintergrund bitte ich meine Leser, das Buch wohlwollend und im guten Glauben zu lesen und mir Fehler und Unklarheiten nachzusehen, von denen der Text – trotz großer Sorgfalt – einige enthalten wird.

Mit wenigen Ausnahmen blickt dieses Buch fast ausschließlich aus einem finanziellen Blickwinkel auf das große Thema Ruhestand. Die vielen anderen, nicht finanziellen »Lifestyle-Herausforderungen« in der Vorbereitung auf den Ruhestand und im Ruhestand selbst berücksichtige ich nicht, weil es dafür in großer Zahl andere gute Bücher und Informationsquellen gibt.

Im Interesse der Lesbarkeit und Textökonomie verzichte ich auf die Nutzung sprachlicher Femina-Formen von Hauptwörtern wie »der Anleger« oder »der Steuerzahler«. Ebenso verzichte ich auf Genderdoppelpunkte und -sternchen. Stattdessen benutze ich das generische Maskulinum, beispielsweise »der Leser«. Weibliche Akteure sind selbstverständlich in allen Fällen ebenfalls gemeint.

Zum Schluss noch eine wichtige Offenlegung: Ich bin Gesellschafter und Geschäftsführer der Gerd Kommer Invest GmbH (GKI). Die GKI ist ein Vermögensverwaltungsunternehmen für vermögende Privatkunden im deutschsprachigen Raum. Die GKI betreibt außerdem mit einem Kooperationspartner eine digitale Vermögensverwaltung (einen Robo-Advisor na-

mens Gerd Kommer Capital/GKC) und mit einem anderen Partner einen Aktien-ETF (den L&G Gerd Kommer Multifactor Equity ETF). Mein gesamtes Privatvermögen ist nach den Grundsätzen investiert, die in diesem Buch dargestellt werden.

1 Klarheit über neun Grundsatzfragen herstellen

1.1 Die gesetzliche Rentenversicherung wird's künftig nicht mehr richten

In Abschnitt 4.1 werde ich auf die wichtigsten Gesichtspunkte der gesetzlichen Rentenversicherung (GRV) als Teil der Vermögensbildung und Altersvorsorge für individuelle Privathaushalte eingehen. An dieser Stelle soll es daher genügen, kurz und knapp die zum Teil nicht sehr erheiternden Fakten zur GRV festzuhalten, die viele von uns aus den Medien kennen.

Das Versorgungsniveau der GRV vor Steuern und nach Steuern für die bereits verstorbenen Rentnergenerationen war aus finanzmathematischer Sicht, also relativ zu dem, was diese Rentner und ihre Arbeitgeber in der Vergangenheit an Beiträgen eingezahlt hatten, und vor dem Hintergrund der historischen Renditen von anderen Vermögensanlagen exzellent, auch wenn viele Rentnerhaushalte individuell über niedrige Renten klagen. (Das prozentuale »Versorgungsniveau« ist eine Kennzahl, die häufig in der Rentendiskussion genannt wird. Es ist – etwas vereinfacht – die durchschnittliche Vorsteuerrente eines hypothetischen Beitragszahlers mit 45 vollständigen Beitragsjahren im Verhältnis zum durchschnittlichen Arbeitnehmergehalt vor Steuern.)

Das Versorgungsniveau der GRV für die aktuelle Rentnergeneration, also die zum Zeitpunkt der Publikation dieses Buches lebenden Rentnerhaushalte, ist im Großen und Ganzen ebenfalls gut, auch wenn wiederum viele einzelne Rentnerhaushalte mit ihrer Rentenhöhe unzufrieden sind.[1]

1 Die in Deutschland einmal jährlich an alle künftigen Empfänger einer gesetzlichen Rente verschickte schriftliche Renteninformation gibt eine Auskunft über die zu erwartende Rentenhöhe. Ich empfehle Lesern, die noch keine Rente beziehen, aber planen, in fünf Jahren oder früher in den Ruhestand einzutreten, zusätzlich eine kostenlose Rentenauskunft bei einem in allen Städten verfügbaren ehrenamtlich tätigen Versichertenberater der Deutschen Rentenversicherung einzuholen (ein physischer Beratungstermin). Seit Ende 2024 existiert auch ein digitales Finanzportal der GRV (www.rentenuebersicht.de), bei dem man sich

Das Versorgungsniveau der GRV für in Zukunft in die Rentenbezugsphase eintretende Rentner wird jedoch mit großer Wahrscheinlichkeit so niedrig sein, dass ein Haushalt, der zur Miete lebt und außer der gesetzlichen Rente keine weiteren Einkunfts- oder Vermögensquellen hat, seinen in den Jahren vor Eintritt in die Rente gewohnten Lebensstandard wird absenken müssen. Das Ausmaß dieser Absenkungsnotwendigkeit wird in den nächsten Jahren und Jahrzehnten nahezu sicher weiter zunehmen, weil die ökonomischen und demografischen Realitäten nichts anderes zulassen.

Die ökonomischen und demografischen Realitäten sind eine fortgesetzte Verschlechterung des Zahlenverhältnisses von Beitragszahlern (Arbeitnehmern) und Rentenempfängern. Obwohl die prozentualen Beiträge, die Arbeitnehmer und Arbeitgeber in die GRV einzahlen, in den zurückliegenden Jahrzehnten absolut und als Anteil an den Bruttogehältern immer wieder erhöht wurden, reichen sie heute nur noch für rund 75% der monatlichen Auszahlungen. Der Rest kommt aus allgemeinen Steuermitteln. Der staatliche Zuschuss zur GRV macht knapp ein Drittel des Bundeshaushaltes aus, sodass Gelder für andere wichtige Zwecke fehlen. Das ist nicht zukunftsfähig und wirft beträchtliche Fragezeichen in Sachen Generationengerechtigkeit auf.

Auch wenn es vielen von uns nicht gefällt: Wäre die GRV ein normales Unternehmen, müsste der Geschäftsführer Insolvenz anmelden, um sich nicht wegen Insolvenzverschleppung strafbar zu machen.

Im Ergebnis werden wir in der Zukunft daher eine wie auch immer geartete Kombination der folgenden Maßnahmen sehen: (a) Das Versorgungsniveau nach Steuern und Sozialversicherungsbeiträgen wird weiter sinken (wie bereits seit 2010) und/oder (b) das Renteneintrittsalter wird nochmalig erhöht werden müssen und/oder (c) die bereits sehr hohe Quersubventionierung der GRV aus allgemeinen Steuermitteln oder Staatsschulden zulasten der Allgemeinheit wird weiter erhöht werden. Letzteres wird die ökonomischen Perspektiven des Gemeinwesens und der kommenden Arbeitnehmergenerationen naturgemäß verschlechtern, z.B. weil ein immer höherer Teil des Steueraufkommens in den staatlichen Schuldendienst fließt.

---

nach einer Registrierung online über die zu erwartende Rentenhöhe informieren kann.

Allerdings ist auch klar, dass der größte Teil unserer Politikerkaste – so wie in den zurückliegenden 30+ Jahren – die Misere der GRV noch viele weitere Jahre verharmlosen und eine generationengerechte, nachhaltige Lösung des Problems so lange wie möglich hinauszögern wird. Grund: Alle denkbaren Lösungen sind unter den Rentnern – eine besonders mächtige Wählergruppe – hochgradig unpopulär. Das ernsthafte Propagieren und Verfolgen einer solchen nachhaltigen Lösung würde wohl keine Berufspolitikerkarriere überstehen, ehe nicht der unmittelbare GRV-Systemkollaps oder ein Staatsfinanzenkollaps droht.

Fazit

Frühere Rentnergenerationen erfuhren eine kollektiv betrachtet großzügige Behandlung durch die GRV und die äquivalenten Systeme für Beamte und die freien Berufe. Das Gleiche gilt in bereits etwas reduzierter Form bis dato für die aktuelle Rentnergeneration. Für künftige Rentner sieht es leider weniger gut aus.

Weil das so ist, müssen Haushalte eigenständige Lösungen finden, um die es im vorliegenden Buch geht. Detaillierter analysiere ich die GRV als Teil der Altersvorsorge eines einzelnen Haushaltes in Abschnitt 4.1.

1.2 Die Interessenkonflikte in der Finanzbranche, in den traditionellen Medien und bei Finfluencern

Seit über 20 Jahren ist es ein Gemeinplatz in der öffentlichen Diskussion, dass Interessenkonflikte in der Finanzbranche und in den Medien *die* Hauptursache für die vielen Fälle schlechter Renditen in Privatanlegerdepots, unerwarteter Verluste und von Anlagebetrug sind.

Interessenkonflikte entstehen bei Banken, Finanzberatern und Vermögensverwaltern durch das allgegenwärtige Vergütungsprinzip »Provision«, also einmalige oder fortlaufende Zahlungen der Anbieter von Finanzprodukten an denjenigen, der sie vertreibt, an den »Berater«, der in Wirklichkeit ein Verkäufer ist.

»Hauseigene Produkte« – z.B. Fonds oder Zertifikate – bei Banken[2] und Vermögensverwaltern sind noch schlimmer: Wenn sie von einem »Berater« empfohlen oder verwendet werden, dann fließt im technischen Sinne zwar keine Provision, aber der kundenschädliche Interessenkonflikt ist noch größer als bei provisionierten Fremdprodukten. Die Margen bei der hauseigenen Ware übersteigen sogar besagte Provisionen bei Fremdprodukten. Die Existenz von hauseigenen Produkten bei Banken verhindert systematisch – genauso wie Provisionen bei Fremdprodukten –, dass das beste Produkt im Kundendepot landet.

Trotz einer unendlich anmutenden Zahl von Beratungsskandalen in den letzten drei Jahrzehnten ist in Deutschland wenig passiert, um Interessenkonflikte – die Pest der Finanzindustrie – einzudämmen. Da die Akteure Finanzbranche und Medien hier aus Eigeninteresse und die Politik aus Inkompetenz und aufgrund von Lobbyismus nichts tun, müssen Sie sich als Privatanleger selbst schützen. Dieser Abschnitt nennt die Grundprinzipien einer solchen Abwehrstrategie.

Infobox: P&R Container: Ein Beispiel für Anlagebetrug

Eines von vielen Beispielen für Anlagebetrug in der jüngeren Vergangenheit ist *P&R Container* (München-Grünwald), bei dem rund 50 000 Privatanleger in Summe wohl über 2 Milliarden Euro verloren haben (siehe Wikipedia, Stichwort »P&R-Gruppe«). Selbst ohne den Betrug wäre Investieren in vermietete Transport-Container – das »Anlageprodukt« der P&R-Gruppe – von vornherein als Privatanlegerinvestment haarsträubend unsinnig gewesen. Dieses absurde »Sachwerte-Investment« wurde von Banken und Finanzberatern vor allem deswegen empfohlen, weil sie große Vermittlungsprovisionen erhielten. Ohne die Provision hätte es diese Geldvernichtungsorgie nicht gegeben, ebenso wenig wie in einer schon lange nicht mehr überschaubaren Zahl ähnlicher »Abzockefälle« im In- und Ausland.

Bevor ich damit beginne, sollten wir jedoch kurz auf der theoretischen, grundsätzlichen Ebene klären, wie und wo diese Interessenkonflikte zu-

2 Die Bezeichnung »Banken« schließt Sparkassen in diesem Buch stets mit ein.

stande kommen. Interessenkonflikte – im Ökonomen-Jargon: *Prinzipal-Agent-Konflikte* – entstehen dann, wenn folgende Konstellation besteht:[3]

- Ein Dienstleister – der »Agent« – (im Geldbereich ist das eine Bank, ein Finanzberater oder ein Vermögensverwalter) wird für einen Privatanleger – den Auftraggeber bzw. den »Prinzipal« – tätig.
- Der Dienstleister hat gegenüber dem Privatanleger über den Sachverhalt (Investieren) einen nennenswerten fachlichen und/oder prozessualen (umsetzungsmäßigen) Informationsvorsprung. Dabei ist es für den Privatanleger (den Prinzipal) nur schwer möglich, diesen Informationsvorsprung durch eigenes Wissen und eigene Recherche zu kompensieren.
- Die Höhe der Bezahlung des Dienstleisters hängt stark von der Art der spezifischen Ausführung der Dienstleistung ab. Das heißt, die Bezahlung des Finanzdienstleisters ist höher oder niedriger in Abhängigkeit davon, welches Investment oder welche Anlagestrategie er dem Kunden empfiehlt bzw. für ihn auswählt.

Alle drei Bedingungen liegen im Anlagegeschäft mit Privatkunden von Banken oder »unabhängigen« Finanz-»Beratern« und Vermögensverwaltern in den deutschsprachigen Ländern in wohl 99% aller Fälle vor, und ich rate Ihnen, einen Moment darüber nachzudenken, wie die Geschäftsbeziehung mit Ihrer Bank, Ihrem Vermögensverwalter oder Ihrem Finanzberater – so es eine solche Beziehung gibt – vor diesem Hintergrund aussieht.

Das generelle Ergebnis von Interessenkonflikten dürfte nicht überraschen: Der Anleger bekommt regelmäßig nicht die für ihn nach wissenschaftlichen Maßstäben objektiv beste Dienstleistung (das für ihn und seine individuellen Umstände und Ziele geeignetste Investment und/oder die geeignetste Strategie), sondern eine jener Strategie-Produkt-Kombinationen, an der der Dienstleister mehr verdient als an der für den Anleger geeignetsten.

Diese Art von systembedingter, vorsätzlicher oder grob fahrlässiger Fehlleistung dürfte im Finanzsektor jeden Tag zigtausendfach in Deutschland, Österreich und der Schweiz geschehen – oft verbunden mit kurz-, mittel- oder langfristig dramatischen Kosten oder Schäden für das Ver-

3 Siehe auch Artikel »Prinzipal-Agent-Theorie« in der deutschen Wikipedia.

mögen des Anlegers. Das wird jedoch nur in Ausnahmefällen bemerkt. Dafür sorgt der Dienstleister kraft seines Informationsvorsprungs.

Dass es seitens der Politik auch anders geht, haben die Länder Großbritannien und die Niederlande in den letzten Jahren gezeigt. Dort wurde die größte Hauptquelle von Interessenkonflikten in der Finanzbranche – das Zahlen von Provisionen von Finanzproduktherstellern an Banken, Vermögensverwalter und Finanzberater – mit großem Erfolg fast vollständig verboten. Auch in den USA und Kanada ist der Anlegerschutz den Zuständen hierzulande weit voraus.

In Deutschland liegt das zuständige Bundesministerium für Justiz und Verbraucherschutz in dieser Hinsicht seit Jahrzehnten im Wachkoma, ab und zu kurz unterbrochen von weitgehend wirkungslosem, eher symbolischem Aktionismus, der zumeist von der EU angestoßen wurde. Besonders gute Beispiele für dieses Wachkoma ist die deutsche »Regulierung« des Vertriebs von geschlossenen Fonds, Zertifikaten, anderen Sachwerte-Investments wie Containern sowie der nahezu vollständig abwesenden Regulierung bei Handel und Vermittlung von physischen Edelmetallinvestments und Kryptoanlagen.[4] Auch dass der Vertrieb der Investmentprodukte kapitalbildende Lebens- und Rentenversicherungen sowie physisches Gold und Kryptoanlagen an Privathaushalte in Deutschland, anders als in den o.g. Ländern, gar nicht oder fast nicht reguliert wird, ist ein Skandal.

Die Medien und die seit etwa 2018 stark gewachsene →Finfluencer-Szene im Internet sind Teil dieser unheiligen Allianz. In Summe trieft die Investmentberichterstattung in traditionellen und sozialen Medien heutzutage leider geradezu von oberflächlicher, irreführender oder falscher »Information«, darunter auch sogenannte Investmentpornografie. Hauptgrund: Interessenkonflikte. Auflage und Klickraten steigern ist wichtiger, als nüchtern, gründlich und ausgewogen über Fakten zu berichten (zu Investmentpornografie siehe gleichnamige Infobox in Abschnitt 1.8).

Wie können Sie sich als Privatanleger vor den oft fatalen Konsequenzen von Interessenkonflikten in der Finanzbranche und in den Finanzmedien schützen?

---

4 Der bis dato letzte Anlageskandal bei Vertrieb und Vermittlung von Investments in physisches Gold war die betrügerische Pleite der hessischen Firma PIM Gold (2019), bei der Anleger vermutlich um 150 Millionen Euro verloren.

Die Person, die dem geringstmöglichen Interessenkonflikt in Bezug auf Ihre Geldanlagen unterliegt, sehen Sie jeden Morgen im Badezimmerspiegel. Je mehr diese Person über Geldanlagen weiß und selber tut oder je weniger diese Person mit interessenkonfliktbehafteten Institutionen zusammenarbeitet (siehe folgender Punkt), desto vorteilhafter wird das langfristige Ergebnis für ihr Vermögen.

Befolgen Sie niemals, niemals, niemals die Anlageempfehlung einer Bank, eines Finanzberaters, eines Vermögensverwalters oder eines Finfluencers, wenn diese Institution oder Person nicht ausschließlich von Ihnen selbst direkt und in Cash bezahlt wird, so wie Sie einen Steuerberater, Rechtsanwalt oder Handwerker bezahlen. Provisionen bzw. Kommissionen aus Finanzprodukten, Erträge aus Transaktionen (Käufen und Verkäufen), Erfolgsbeteiligungen (»Performance Fees«) und die Empfehlung zum Kauf »hauseigener Produkte« sind alle das Gegenteil von »direkt und in Cash«. Lassen Sie sich von Ihrem Berater oder Verwalter schriftlich geben, dass sein gesamter »Umsatz« oder sein Honorar nur und direkt von Ihnen und Ihnen allein stammt (eine Formulierungsempfehlung hierzu gebe ich in Kapitel 12). Das bedeutet leider, dass 99% der Unternehmen, die in den deutschsprachigen Ländern Finanzberatung und Vermögensverwaltung anbieten, nicht infrage kommen. Erfreulicherweise existieren Alternativen. Dazu mehr in Kapitel 12.

Stornieren Sie Ihre Abos für Finanzzeitschriften, sofern Sie welche haben. Sparen Sie dadurch Zeit und Geld, die Sie in sinnvollere Dinge stecken können. Lesen Sie Investmentartikel in Ihrer Tageszeitung mit großer Skepsis oder am besten gar nicht. Im Anhang nenne ich empfehlenswerte Bücher, Finanzblogs und YouTube-Kanäle, die wenig oder gar nicht von Interessenkonflikten kompromittiert sind.

Fazit

Interessenkonflikte und der enorme Schaden, den sie anrichten, sind kein abstraktes Sonntagsredenthema, das nur Akademiker, Verbraucherschützer und Aufsichtsbehörden angeht. Sie sind ein eminent praxisrelevantes Problem, das die Rendite und das Risiko Ihres Vermögens unmittelbar betrifft, denn auch Sie werden mit Banken, Finanzberatern, Vermögensverwaltern und Finanzmedienvertretern zu tun haben.

Obwohl seit Jahren immer häufiger über die fatalen Folgen von Interessenkonflikten in der Finanzindustrie berichtet wird, begnügt sich die Politik in den deutschsprachigen Ländern mit kosmetischen Korrekturen. Weil das Thema verworren ist, haben bisher nur wenige Privatanleger wirklich alle notwendigen Konsequenzen gezogen, um die Schäden aus Interessenkonflikten für ihre Finanzgesundheit in Zukunft bestmöglich zu senken.

Wenn Sie sich finanziell beraten oder Ihr Geld von jemandem verwalten lassen wollen, dann gehen Sie nicht das Risiko ein, das mit scheinbar kostenloser Beratung zu hauseigenen oder provisionierten Anlageprodukten einhergeht. Wer objektive, neutrale und risikoarme Beratung will, muss seinen Berater aus eigener Tasche bezahlen statt von Dritten versteckt aus Produkt- und Strategieprovisionen. Für alle Leser dieses Buches, die nicht vollständig in Eigenregie anlegen wollen oder können, beschreibe ich in Kapitel 12, wie man das große Risiko aus Interessenkonflikten bei der Nutzung eines Beraters so weit senkt, wie es geht.

1.3 Historische Renditen der wesentlichen Anlageklassen: Was können Sie erwarten?

Häufig ist die Ursache für die Zusammenstellung eines schlechten → Portfolios bei Privatanlegern eine wirklichkeitsfremde, sprich überhöhte Vorstellung von dem, was an langfristiger Rendite bei Vermögensanlagen realistisch und langfristig möglich ist. Warum diese Vorstellungen bei so vielen Privatanlegern nach oben verzerrt sind, erläutere ich weiter unten in diesem Abschnitt.

Man kann die Zahlen in Tabelle 1 für den Gesamtzeitraum 1975 bis 2024 als Indikator und Schätzung für die durchschnittlichen Anlageklassenrenditen in den kommenden zehn bis 20 Jahren betrachten (→ Anlageklasse). In Tabelle 21 in Abschnitt 6.3 nenne ich angepasste Renditeschätzungen für die langfristige Zukunft. Wie die Renditen von aus diesen Anlageklassen abgeleiteten Finanzprodukten (z.B. kapitalbildende Lebensversicherungen oder aktiv gemanagte Investmentfonds) einzuschätzen sind, werde ich in diesem Buch an vielen Stellen genauer erläutern.

Tabelle 1: Inflationsbereinigte (reale) Renditen von sechs Hauptanlageklassen im Zeitraum 1975 bis 2024 – vor Kosten und Steuern

Zeitraum	Aktien Global	Mittelfr. Staats-anleihen DE	SN-Wohnim-mobilien DE [A]	Gold	→ Geld-markt (»Spar-buch«) DE	Rohstoffe
Rendite, real						
1975 bis 2024 (50 Jahre)	7,6% p.a.	2,8% p.a.	2,4% p.a.	2,4% p.a.	1,3% p.a.	1,2% p.a.
1975 bis 1999 (25 Jahre)	11,1% p.a.	4,7% p.a.	2,0% p.a.	–2,1% p.a.	3,0% p.a.	3,1% p.a.
2000 bis 2024 (25 Jahre)	4,2% p.a.	1,0% p.a.	2,7% p.a.	7,0% p.a.	–0,4% p.a.	–0,8% p.a.
2024 (1 Jahr)	21,7%	–1,4%	–0,3% p.a.	30,4%	1,1%	13,6%
Risiko: Volatilität [B]						
1975 bis 2024 (50 Jahre)	19%	6%	--- [C]	21%	2%	24%

► Alle Renditen in DM bzw. Euro. ► Alle Renditen sind »Gesamtrenditen« (»Total Returns«), also Wertsteigerungen + lfd. Erträge, z.B. Zinsen, Dividenden, →Nettomieten. ► Ohne Kosten und Steuern (bei Kosten partielle Ausnahme Wohnimmobilien – siehe weiter unten). ► [A] »SN« = »Selbstnutzer«. ► SN-Wohnimmobilien: Wertsteigerungen + geschätzte Nettomietrendite von fix 2,4% p.a. (ohne Kauf-/Verkaufskosten, ohne Kredithebeleffekte). ► [B] Volatilität = → Standardabweichung der realen Kalenderjahresrenditen. ► [C] Volatilität der Wohnimmobilienrenditen aus methodischen Gründen nicht mit Volatilität von liquiden Anlagen vergleichbar, daher hier nicht angegeben. ► Indizes: Aktien = MSCI World Standard von 1970 bis 1987, MSCI ACWI Standard von 1988 bis 1995, MSCI ACWI IMI ab 1996. Mittelfristige Staatsanleihen = RexP-Index; Rohstoffe = S&P GSCI TR Index. ► Datenquellen: MSCI, S&P Dow Jones, BIS Basel, Bundesbank, Statistisches Bundesamt, Gold Council.

Würden wir in unserer historischen Renditebetrachtung noch einmal 20 Jahre weiter zurückgehen als die 50 in Tabelle 1 gezeigten Jahre, würde sich im Wesentlichen das gleiche Bild ergeben wie für den 50-Jahres-Zeitraum.

Welche weiteren Einsichten lassen sich aus den Zahlen in Tabelle 1 ableiten?

Vielen Lesern werden die in Tabelle 1 angegebenen Renditen niedriger erscheinen als sie erwartet haben. Das hat im Wesentlichen drei Gründe:

- Es handelt sich um inflationsbereinigte Renditen, während die Medien (traditionelle Medien und Finfluencer in den sozialen Medien) fast immer *nominale* Renditen inklusive Inflation angeben. Letzteres ist nutzerunfreundlich, weil nominale Renditen viel verzerrende »heiße Luft« – Inflation – enthalten (siehe Infobox zu Inflation weiter unten in diesem Abschnitt). Wir wollen jedoch wissen, wie die echte, die kaufkrafterhöhende Rendite aussieht – ohne irreführende heiße Inflationsluft. (Die durchschnittliche Inflationsrate über den Gesamtzeitraum [50 Jahre] betrug 2,4% p.a. für Deutschland.)

- Ein großer Teil der überdurchschnittlichen Aktienmarktrenditen in den 16 Jahren von 2009 bis Ende 2024 geht auf Bewertungsgewinne in den beiden großen Aktienmarktsegmenten US-Aktien und Tech-Aktien zurück. »Bewertungsgewinne« bedeuten, dass die Aktienkurse schneller und stärker stiegen als die Gewinne der Unternehmen. Dieser Effekt wird sich für US-Aktien und Tech-Aktien (oder Portfolios, in denen diese ein hohes Gewicht haben) sehr wahrscheinlich nicht noch einmal 16 Jahre fortsetzen. Soweit diese Feststellung korrekt ist, werden die langfristigen Durchschnittsrenditen für die Marktsegmente US-Aktien und Tech-Aktien ab Anfang 2025, ihre *erwartete Rendite* im Finanzjargon, deutlich niedriger sein als die Renditen bis Ende 2024.
- Die Medien und die Finanzbranche präsentieren uns viel häufiger Renditen individueller Investments oder individueller Investoren, die im Vergleich zur von der Mehrheit oder dem »Markt« (das sind wir alle gemeinsam) erzielten Renditen überdurchschnittlich hoch waren. In Summe bekommen wir also ein von den Medien nach oben verzerrtes Renditebild. Dazu trägt ferner bei, dass die traditionellen Medien und Finfluencer in ihrer Berichterstattung Kosten und Steuern meistens einfach wegelassen.
- Die meisten von uns haben generell überzogene Vorstellungen von langfristig erzielbaren Renditen. Dafür sind wiederum die traditionell nach oben verzerrte Berichterstattung durch die Finanzbranche und die Finanzmedien sowie unser ureigenes Wunschdenken (Glaser/Weber 2007) verantwortlich.

Wem die historischen Renditen von Anlageklassen in Tabelle 1 »irgendwie zu niedrig« erscheinen, der möge sich einmal vor Augen führen, aus welcher Quelle sich *alle* diese Renditen letztendlich speisen müssen. Sie speisen sich allein aus dem Wachstum der Weltwirtschaft. Diese wuchs in den besagten 50 Jahren mit einer realen Rate von etwa 3,0% p.a. (pro Kopf 1,5% p.a.). Wenn man sich diesen Sachverhalt für einen Moment vergegenwärtigt, dann dürfte deutlich werden, dass die in Tabelle 1 ausgewiesenen Zahlen überhaupt nicht merkwürdig niedrig sind. Im Großen und Ganzen kann der gewichtete Durchschnitt der realen Renditen aller Anlageklassen global und auf lange Sicht nicht stark und dauerhaft vom realen Weltwirtschaftswachstum abweichen.

Aus über 25 Jahren persönlicher Erfahrung in der Finanzberatung von Privatanlegern kann ich sagen, dass sogar unter Privatanlegern mit solidem Investmentwissen erstaunlich viele mit heftiger Schnappatmung und gelegentlich regelrechter Empörung auf Veröffentlichungen reagieren, in denen argumentiert wird, dass die nachhaltigen Langfristrenditen der Anlageklasse X – Aktien, Immobilien, Anleihen, Gold, Rohstoffe, Kryptowährungen, Edel-Whisky, Luxusuhren etc. – eben nicht in der Größenordnung 10% + p.a. liegen, die immer wieder in den Finanzmedien genannt werden. Warum das so ist, werde ich in diesem Buch an vielen Stellen zeigen.

Aus dem fundamentalen Sachverhalt, dass die langfristigen Renditen von Anlageklassen und aus ihnen abgeleiteten Finanzprodukten generell niedriger sind, als die meisten von uns glauben oder hoffen, ergeben sich aus Tabelle 1 noch weitere essenzielle Einsichten:

Anleger tun gut daran, ihr Hauptaugenmerk weniger auf die absoluten Renditen von Anlageklassen zu richten als auf die relativen Unterschiede zwischen den Anlageklassen. Im Gesamtzeitraum von 50 Jahren waren Aktien rund sechsmal so rentabel wie der Geldmarkt (früher das »Sparbuch«, heute ein verzinsliches Tagesgeld) und rund dreimal so rentabel wie deutsche Wohnimmobilienrenditen oder Gold.

Eine ähnliche relative Betrachtung sollte man für das Risiko, hier in Gestalt der Volatilität (Schwankungsintensität der Monats- oder Jahresrenditen), anstellen. Im Gesamtzeitraum waren Aktien nach dieser Risikomesszahl über siebenmal so risikoreich wie der Geldmarkt (heute ein verzinsliches Tagesgeld). Nur Gold schwankte noch stärker als der globale Aktienmarkt.[5]

Die Volatilität der Renditen von Wohnimmobilien wird in Tabelle 1 nicht genannt, obwohl man sie ausrechnen könnte. Die zugrunde liegenden Rohdaten sind in Bezug auf den Schwankungsaspekt jedoch nicht objektiv (»fair«) mit den Daten für liquide Anlageklassen vergleichbar.

---

5 In Kapitel 2 erläutere ich die wichtigsten Risikokennzahlen (darunter auch Volatilität und Maximum Drawdown) sowie einige zentrale Risikokonzepte.

Daher habe ich für Immobilien keine Risikodaten angegeben. Hinzu kommt ein wichtiger Gesichtspunkt: Ein Privatanlegerhaushalt kann in alle in Tabelle 1 angegebenen Anlageklassen investieren, mit Ausnahme von Wohnimmobilien im Sinne von Direktinvestments. Ein Privatanlegerhaushalt kann und wird üblicherweise direkt lediglich in eine oder wenige Immobilien investieren, nicht aber in die Anlageklasse. Einzelobjekte sind jedoch weit risikoreicher als die Anlageklasse, innerhalb derer das Einzelwertrisiko vollständig »wegdiversifiziert« ist. Beispielsweise besteht für die Anlageklasse Wohnimmobilien keinerlei Lagerisiko, bei einer einzelnen Wohnimmobilie ist Lagerisiko hingegen die zentrale Risikoquelle.

Was aus Tabelle 1 in Bezug auf Aktienrisiko nicht hervorgeht: Statistisch schwankt das Risiko einer Einzelaktie mehr als doppelt so stark wie das Risiko des globalen Aktienmarktes. Hinzu kommt, dass eine einzelne Aktie komplett »auf null« gehen kann« (Totalverlustrisiko). Man denke bspw. an Wirecard im Jahr 2020. Dieses Risiko ist für den globalen Aktienmarkt vollständig ausgeschlossen.[6]

Was Tabelle 1 ebenfalls anschaulich zeigt: Selbst über Zeiträume von 25 Jahren können die Renditen einer Anlageklasse deutlich von ihrem historischen Mittelwert und statistischen Erwartungswert abweichen. In wirklich kurzen Zeiträumen, z.B. einem einzelnen Kalenderjahr, ist renditemäßig buchstäblich »alles« denkbar, und aus den Zahlen für ein Jahr oder drei Jahre lässt sich auf Anlageklassenebene rein gar nichts für die Zukunft ableiten. (Das gilt auch für die Rendite des Eigenkapitals in einer einzelnen Wohnimmobilie.) Gleichwohl gilt der Grundsatz: Je länger ein Betrachtungszeitraum ist, desto höher ist die Wahrscheinlichkeit, dass die Durchschnittsrendite in diesem Zeitraum sich der Durchschnittsrendite »über die letzten 100 Jahre« und damit dem statistischen Erwartungswert immer weiter annähert.

Infobox: Inflation und Inflationsbereinigung von Renditen

Renditen aus der Vergangenheit oder in der Zukunft sollten idealerweise immer in inflationsbereinigter (»realer«) Form angegeben werden, weil

6 Im Aktiensegment Small Caps (Nebenwerte) kommen Totalverluste bei Einzelwerten recht häufig vor.

alles andere weniger klar ist und bei Vergleichen Zahlen aus anderen Zeiträumen oder Zahlen in anderen Währungen zu beträchtlichen Missverständnissen und Irrtümern führen kann. Die Inflationskomponente in einer nominalen Renditeangabe ist ja insofern heiße Luft, als sie keinem Kaufkraftzuwachs entspricht.

Ein Zahlenbeispiel für die Missverständlichkeit von nominalen Renditen: 1972 betrugen die deutschen Sparbuchzinsen (Geldmarktzinsen) 5,8% pro Jahr. Klingt aus aktueller Perspektive (Anfang 2025) recht attraktiv, da 2024 die nominalen deutschen Geldmarktzinsen im Jahresmittel lediglich bei 3,8% lagen. Doch der Schein trügt. 1972 beziffert sich die deutsche Inflation auf 6,5%. Somit lagen die Zinsen 1972 real (inflationsbereinigt) bei negativen 0,7% (5,8% minus 6,5%) gegenüber positiven 1,3% im Jahr 2024 (3,8% minus 2,5%).

Nur reale Renditen sind »echte Renditen« im Sinne von Kaufkraftzuwachs und sie sind über verschiedene Zeitpunkte oder Währungsräume hinweg tatsächlich korrekt vergleichbar. Trotzdem zeigen uns die Medien in 49 von 50 Fällen nominale Renditen. Das ist journalistisch schlechte Arbeit und bedauerlich für die Anlegerbildung in Deutschland.

Wer nicht direkt in die Anlageklassen investiert, die in Tabelle 1 gezeigt werden, wird das häufig im Wege von »verpackten« Finanzprodukten tun. Mit der in der Praxis bedeutsamen Unterscheidung zwischen »Verpackung« und »Inhalt« bei Finanzprodukten beschäftigen wir uns in Abschnitt 1.6. Hier vorab vier Beispiele für verpackte Finanzprodukte: Aktieninvestmentfonds (sie investieren in Aktien), kapitalbildende Lebensversicherungen (sie investieren in Anleihen oder Aktien), offene Immobilienfonds (sie investieren in Gewerbeimmobilien) und Zertifikate (sie investieren in Aktien, Anleihen, Edelmetalle oder Rohstoffe). Mit anderen Worten: Auch für verpackte Finanzprodukte gelten die o.g. Renditeangaben. Von diesen müssen jedoch die mit den Verpackungen zwangsläufig einhergehenden erhöhten Gebühren subtrahiert werden.

Aus Platzgründen wird die für Privatanleger wichtige Risikokennzahl Maximum Drawdown dieser Anlageklassen in den betreffenden Zeiträumen nicht gezeigt. Über das Drawdown-Risiko von Anlageklassen werde ich an anderer Stelle im Buch noch vielfach sprechen, spezifisch in Abschnitt 2.2 und in der Infobox »Wie tief und wie lange kann der globale Aktienmarkt einbrechen?« in Abschnitt 6.1.

Generell gilt in Bezug auf Risiko: Die in Tabelle 1 angegebenen Renditen – wenn man die Anlageklasse Geldmarktanlagen ausnimmt – sind nicht ohne beträchtliche »Risikoschmerzen« in Gestalt von Volatilität und Drawdown-Risiko zu bekommen. Bei Wohnimmobilien ist diese Volatilität mangels Börsennotierung nicht unmittelbar beobachtbar, existiert aber dennoch.

Fazit

Viele von uns überschätzen die nachhaltig und auf lange Sicht erzielbaren Renditen von liquiden Anlagen wie auch die von Immobilien. Das hat primär drei Gründe: jahrzehntelange Desinformation durch die Medien aufgrund von Interessenkonflikten und Oberflächlichkeit, die Verwechslung von nominalen Renditen mit »echten« realen Renditen, und Wunschdenken seitens der Anlegergemeinschaft.

1.4 Aktiv oder passiv investieren: Was ist besser?

> »Es ist absurd zu glauben, dass normale Privatanleger jemals [systematisch] Geld mit Marktvorhersagen verdienen werden.«
>
> *(Benjamin Graham, 1894-1976, Autor des wohl legendärsten aller Investmentbücher* The Intelligent Investor, *Lehrmeister und Mentor von Warren Buffett)*

Diesem Kapitel muss ich eine kleine Warnung voranstellen: Es ist das einzige im Buch, auf das man das Attribut »theoretisch« anwenden muss. Alle anderen Kapitel bewegen sich nahe an der Anlagepraxis und -umsetzung. Doch ganz ohne Theoriekenntnisse geht es bei manchen wichtigen Themen im Leben nicht. Vermögensbildung, also Investieren, ist eines von ihnen.

Aus der Helikopterperspektive existieren eigentlich nur zwei Grundformen von Investieren: »aktiv« und »passiv«. Die meisten Menschen, die sich nicht schon eine Weile mit Börseninvestments beschäftigt haben, assoziieren Investieren quasi automatisch nur mit Aspekten, die in die Kategorie aktives Investieren fallen. Aktives Investieren ist »das, was alle machen«. Sein globaler Marktanteil dürfte heute bei etwa 95% oder sogar noch höher liegen (zum vielfach überschätzten Marktanteil von »passivem Investieren« siehe Blogbeitrag Kommer/Kapoor 2023a).

Aktiv investieren heißt Geld anlegen mit dem ausgesprochenen oder unausgesprochenen Ziel, ein »besonders gutes« oder »attraktives« Investment zu tätigen. Wie der jeweilige Anleger »besonders gut« oder »attraktiv« im Einzelfall interpretiert, da mag es eine Million unterschiedliche Auffassungen geben. Ihnen allen ist dennoch gemein, dass der Anleger mit seiner ursprünglichen, anfänglichen Investmententscheidung auf ein im weitesten, wenn auch nicht immer im wörtlichen Sinne überdurchschnittlich attraktives Investment abzielt. Diese Charakterisierung gilt im Kontext von aktiv anlegen für *jede* Art von Investment: Aktien, zinstragende Anlagen, Immobilien, Gold, Rohstoffe, Bitcoin und natürlich für alle verpackten Investments (siehe Kapitel 3), also Finanzprodukte. Die einzigen und auch nur partiellen Ausnahmen von dieser Aussage sind selbstgenutzte Immobilien – weil in ihnen typischerweise eine Lebensstilentscheidung mit einer Investmententscheidung kombiniert wird und weil man in eine Wohnimmobilie zur Eigennutzung ja notwendigerweise nicht passiv investieren kann, in dem Sinne, wie dieses Konzept tatsächlich gemeint ist.

Passiv investieren ist im Vergleich dazu fundamental anders. Seine Grundmerkmale sind: (a) in eine ganze Anlageklasse breit diversifiziert (breit gestreut) investieren statt in Einzelwerte oder »spezifisch« ausgewählte Teilsegmente einer Anlageklasse, (b) langfristiges Buy-and-Hold-Investieren (Kaufen und Halten) statt häufiges Rein-Raus (→Market Timing), (c) bewusster Verzicht auf das Ziel, den »Markt« (die Anlageklasse in Gestalt eines entsprechenden Marktindex oder fachlich korrekt einer ausgewählten → Benchmark) schlagen zu wollen, (d) Augenmerk auf niedrige Kosten und Steuerminimierung.

Der passive Anleger sagt vielmehr: »Ich will die Marktrendite zu niedrigstmöglichen Kosten. Punkt. Ende.« Die Marktrendite (vor Kosten) ist definitionsgemäß die durchschnittliche Vor-Kosten-Rendite aller Marktteilnehmer. Damit würde sich ein überzeugter aktiver Anleger seinem Anspruch nach niemals zufriedengeben – er hat »höhere Ziele«.

In diesem Kontext mag die folgende Begebenheit bezeichnend sein: Der erste Indexfonds für Privatanleger wurde 1976 von der amerikanischen Fondsgesellschaft Vanguard aufgelegt (der erste für gewerbliche Anleger

1971). In seinen wenig erfolgreichen Anfangsjahren wurde der Vanguard-Fonds von Vertretern der etablierten Fondsindustrie als »un-American« und »Narrheit« verlacht, weil er auf die Erzielung einer Überrendite, also einer über dem Markt liegenden Rendite, verzichtete. Der Fonds hieß anfänglich Vanguard Index Trust und wurde später in Vanguard 500 Index umbenannt, da er den S&P 500 Index abbildet. Heute sind die sechs weltweit größten Investmentfonds für Privatanleger Indexfonds.

Infobox: Das Konzept der »erwarteten Rendite«

Die »erwartete Rendite« (engl. »Expected Return«) – nachfolgend abgekürzt »E. R.« – bezeichnet den auf Basis einer aus der Wissenschaft abgeleiteten Methode für den für die Zukunft prognostizierten langfristigen Mittelwert der Rendite eines bestimmten Assets, eines Portfolios oder einer Assetklasse – den »statistischen Erwartungswert«. Die E. R. einer Assetklasse oder eines Marktes wird oft ermittelt, indem man einen Durchschnitt aller Jahresrenditen während eines langen historischen Zeitraums errechnet, z.B. die zurückliegenden 80 Jahre, und diesen gegebenenfalls um bestimmte Sonderfaktoren bereinigt, beispielsweise eine besonders hohe oder niedrige Bewertung am Ende der Zeitreihe.

Was sollte man bei der Interpretation der E. R. konzeptionell beachten? (a) »Erwartet« oder »Expected« haben hier eine ganz andere Bedeutung als in der Alltagskommunikation oder Umgangssprache. (b) Die E. R. ist der arithmetische Mittelwert oder der → Medianwert einer bei Aktien oder anderen volatilen Anlagen breit streuenden Wahrscheinlichkeitsverteilung der Durchschnittsrenditen. Die Interpretation und ggf. Weiterverarbeitung des ermittelten E.-R.-Wertes differiert für die beiden Durchschnittstypen. (c) Man sollte bei risikoreichen Anlagen wie Aktien nicht annehmen, dass der tatsächliche Renditewert in einem gegebenen Jahr nahe an der E. R. liegt. (d) Die E. R. ist »die beste Schätzung der zukünftigen Rendite«. Da die meisten anderen Schätzungen vermutlich schlechter sein werden, ist die E. R. wertvoll und nützlich. (e) Je länger die Halteperiode, desto höher die Wahrscheinlichkeit, einen der E. R. nahekommenden Durchschnittswert tatsächlich zu erzielen. (f) In den Medien und im Internet wird in Bezug auf in der Zukunft liegenden Renditen häufig schluderig von Rendite gesprochen, wenn eigentlich erwartete Rendite gemeint ist. (g) Bei Anlageklassen (weniger bei Einzelwerten) ist die erwartete Rendite eine Funktion des Bewertungsniveaus zum Zeitpunkt der Analyse. Wenn das Bewertungsniveau des Aktienmarktes (typischerweise aufgrund hoher unmittelbar zurückliegender Renditen) hoch ist, sinkt die E. R.; wenn das Bewertungsniveau aufgrund schlechter vergangener Renditen niedrig ist, steigt die E. R. (h) Bei Anleihen ist die E. R. bis zur Fälligkeit die → Umlaufrendite der Anleihe, also die durchschnittliche Rendite, die ein Käufer vereinnahmen wird, wenn er die Anleihe bis zur Fälligkeit hält und bis dahin kein Ausfall des Emittenten eintritt.

Ein passiver Anleger muss definitionsgemäß ein Buy-and-Hold-Anleger sein, denn der Markt selbst ist ein Buy-and-Hold-Konzept. Wenn ein Wertpapier von Anleger A an Anleger B verkauft wird, hat sich aus Sicht des Marktes ja ganz offensichtlich nichts verändert. Für den Markt ist das ein Linke-Tasche-rechte-Tasche-Vorgang. Der Markt war vor dem Besitzerwechsel der Halter des Wertpapiers und ist es auch danach.

Tabelle 2: Anteil von in Europa domizilierten, aktiv gemanagten Aktienfonds, die über ein Jahr und über zehn Jahre in Bezug auf ihre absolute Rendite unter ihrer passiven Index-Benchmark lagen – ausgewählte Anlageklassen

Fondskategorie/Anlageklasse (Anlageschwerpunkt)	**Jan. 2023 bis Dez. 2023 (1 Jahr)**	**Jan. 2014 bis Dez. 2023 (10 Jahre)**
Aktien – Industrieländer, global	84,0%	97,9%
Aktien – Schwellenländer, global	73,8%	96,6%
Aktien – Deutschland	87,0%	85,4%

► Quelle: S&P Dow Jones SPIVA Europe Scorecard Year Ende 2023. ► Die untersuchten Fonds sind in Europa domizilierte UCITS-Aktienfonds (zu UCITS-Fonds siehe Infobox »Investmentfonds und ihr rechtlicher Hintergrund« in Abschnitt 4.6.1). »Domiziliert« bezieht sich auf den rechtlichen Sitz eines Fonds.

Die Begründung und Motivation für passives Anlegen (das übrigens nichts mit dem Konzept des passiven Einkommens zu tun hat) wurde über die letzten fast 70 Jahre hinweg von der empirischen (statistischen) Finanzmarktforschung in Form Tausender wissenschaftlicher Studien geschaffen. Eine solche Untersuchung, die den Vorzug hat, dass sie alle sechs Monate aktualisiert wird, wird von Standard & Poor's durchgeführt.[7] Die folgenden Tabellen 2 und 3 basieren auf dieser halbjährlich wiederholten Auswertung von S&P.

Tabelle 3: Vergleich der durchschnittlichen Renditen der Fonds aus Tabelle 2 mit der Rendite der passiven Benchmark für den Zeitraum 2014 bis 2023 (10 Jahre)

Fondskategorie/Anlageklasse (Anlageschwerpunkt)	Durchschnittliche Fondsrendite	Rendite der passiven Index-Benchmark
Aktien – Industrieländer, global	7,5% p.a.	11,6% p.a.
Aktien – Schwellenländer, global	3,7% p.a.	6,0% p.a.
Aktien – Deutschland	3,9% p.a.	5,2% p.a.

► Erläuterungen siehe Angaben unterhalb Tabelle 2.

Die seit gut 20 Jahren halbjährlich aktualisierten »SPIVA«-Untersuchungen von S&P beinhalten weit mehr Anlageklassen, als in den Tabellen 2 und 3 exemplarisch gezeigt werden, darunter auch Anleihenfonds. Die Ergebnisse sind im Zeitablauf jedoch ziemlich stabil und konsistent. Sie lassen sich folgendermaßen verallgemeinern:

- Deutlich mehr als die Hälfte aller aktiv gemanagten Kapitalmarktportfolios – wie beispielsweise ein Investmentfonds oder das Do-it-yourself-Portfolio eines Privatanlegers – unterperformt über einen ausreichend langen Zeitraum ihre korrekt gewählte passive Markt-Benchmark.
- Die Unterperformance der aktiv gemanagten Fonds (allgemeiner: der aktiv gemanagten Portfolios) nimmt mit der Länge des Betrachtungszeitraums zu und erreicht über Zeiträume oberhalb von fünf Jahren bei Aktien und Anleihen oft über 95%.

Nun könnte ein Anleger sagen: »Mag ja sein, aber das interessiert mich nicht, ich investiere einfach in die wie auch immer geartete kleine Minderheit aktiv gemanagter Fonds, die ihre passive Benchmark schlägt.« Diese an sich naheliegende Überlegung hilft uns gleichwohl nicht weiter. Grund: Die kleine Minderheit der → Outperformer-Portfolios lässt sich ex ante nicht zuverlässig genug prognostizieren. Das illustriert Tabelle 4.

7 Standard & Poor's ist ein US-Unternehmen, dessen zwei Hauptgeschäftsfelder die Erstellung von → Ratings für Anleihen sowie die Berechnung und Publikation von Wertpapierindizes ist.

Tabelle 4: Performance-Kontinuität: Wie viele der Top-Quartil-Fonds (Top 25% aller Fonds) aus dem Startjahr 2019 schafften es in den vier Folgejahren, jedes Jahr im Top-Quartil zu bleiben?

	Folgejahr 1 – die 12 Monate bis 12/2020	Folgejahr 2 – die 12 Monate bis 12/2021	Folgejahr 3 – die 12 Monate bis 12/2022	Folgejahr 4 – die 12 Monate bis 12/2023
Aktien – Industrieländer, global	48,3%	11,9%	1,1%	0,7%
Aktien – Schwellenländer, global	60,0%	5,0%	0%	0%

► Quelle: S&P Dow Jones Europe Persistence Scorecard 2023. ► Die untersuchten Fonds sind in Europa domizilierte UCITS-Aktienfonds (zu UCITS-Fonds siehe Infobox »Investmentfonds und ihr rechtlicher Hintergrund« in Abschnitt 4.6.1).

Tabelle 4 zeigt, dass es fast keine Beständigkeit (Persistenz/Kontinuität) in der Performance aktiv gemanagter Investmentfonds gibt. Bei vollständiger Performance-Konstanz müsste in allen Zellen der Tabelle 4 »100%« stehen, weil die Top-Quartil-Fonds des Vorjahres auch im Folgejahr ausnahmslos ihre Zugehörigkeit zum Top-Quartil behaupten konnten. Wäre das Verbleiben im Top-Quartil ab Folgejahr 1 ein rein zufallsgesteuerter Prozess, wäre die Zahlenreihe folgendermaßen: Folgejahr 1: 25,0%, Folgejahr 2: 6,3%, Folgejahr 3: 1,6%, Folgejahr 4: 0,4% (jeweils gerundet). Mit anderen Worten: Die tatsächliche Performance-Konstanz ist kümmerlich und bewegt sich in der Nähe dessen, was allein der Zufall hervorbrächte. Wenn Sie mich fragen: ein Desaster.

Ergo: Sich darauf zu verlassen, dass ein Top-Fonds im soeben abgelaufenen Jahr auch im nächsten Jahr weit vorne liegt, ist eher aussichtslos. Somit gilt: Die Minderheit der Outperformer (Anleger mit Überrendite) für ein gegebenes Zeitfenster ist nicht zuverlässig prognostizierbar. In die Zukunft gerichtet wechselt die Zusammensetzung dieser Gruppe rein zufällig.

Aus den drei hier dargestellten Feststellungen ergibt sich: Der wahrscheinlichkeitsgewichtete Nutzen von aktivem Investieren gegenüber einer korrekt gewählten passiven Benchmark ist negativ, vernichtet also Vermögen. Anders formuliert: Die erwartete Outperformance eines Anlegers ist negativ. Statistisch betrachtet wird ein passiver Anleger einen korrekt vergleichbaren aktiven Anleger mit hoher Wahrscheinlichkeit über Zeiträume ab fünf Jahren schlagen, und je länger der Betrachtungszeitraum ist, desto weiter steigt diese Wahrscheinlichkeit.

Ein passiver Anleger landet mit hoher Wahrscheinlichkeit nach 10+ Jahren in den Top 10% einer adäquaten Vergleichsgruppe. Ein aktiver Anleger landet mit hoher Wahrscheinlichkeit nach 10+ Jahren irgendwo in den unteren 90% einer adäquaten Vergleichsgruppe. Als Gruppe schneiden aktive Anleger mit einer 100%-igen Wahrscheinlichkeit schlechter ab als die Gruppe der passiven Anleger. Das ist eine mathematische Notwendigkeit, auf die ich weiter unten noch einmal zurückkommen werde.

Etwas paradox könnte man formulieren: Passiv investieren heißt den Durchschnitt anpeilen, um über dem Durchschnitt anzukommen. Der wesentliche Grund dafür liegt in den viel niedrigeren Kosten passiven Investierens. Tabelle 5 fasst einige Stichworte rund um aktives und passives Investieren zusammen.

Tabelle 5: Hauptunterschiede zwischen aktivem und passivem Investieren

	Aktives Investieren/ Anlegen	**Passives Investieren/ Anlegen**
Globaler Marktanteil	Über 95%	Unter 5%
Anlegerziel	Überdurchschnittliche Renditen erzielen, den Markt schlagen wollen, weniger Risiko eingehen als der Markt	Marktrenditen bzw. Anlageklassen-Renditen ernten und Marktrisiko akzeptieren
Zugrunde liegende Prinzipien	Spekulation (Wetten) rund um laufend wechselnde Nachrichten, Meinungen, Prognosen, proprietäre Anlagestrategien	Wissenschaft
Empirisches Ergebnis	Lediglich 5% bis 10% aller aktiven Anleger erreichen ihr ursprüngliches Investmentziel auf lange Sicht	100% aller passiven Anleger erreichen ihr Ziel kurzfristig und langfristig, sofern und solange sie konsequent an der Strategie festhalten
Praktische Umsetzung, prozessualer Ablauf	»Asset-Selektion«, z.B. Stock Picking oder Market Timing oder ein Mix aus den beiden	Nutzung von Indexfonds/ ETFs auf Buy-and-Hold-Basis mit regelgebundenem Rebalancing [A]
Einstellung des Anlegers zum Markt	Der Markt wird als Gegner gesehen, der geschlagen/ ausgetrickst werden muss	Der Markt wird als Freund und Verbündeter gesehen, Investieren *mit* dem Markt, nicht *gegen* ihn

	Aktives Investieren/ Anlegen	Passives Investieren/ Anlegen
Anzahl Varianten	Beinahe unendlich viele. Der Anleger oder sein Dienstleister muss eine Variante auswählen	Kleine Zahl unterschiedlicher Varianten mit moderaten Unterschieden
Allgemeine Merkmale und Begleitumstände des Investmentansatzes	(a) Komplexität, (b) Ehrgeiz, zu gewinnen, (c) Ruhelosigkeit, (d) Emotion, Adrenalin	(a) Einfachheit, (b) Demut, (c) Ruhe, (d) Vernunft/ Wissenschaft
Konzentration versus Diversifikation, Gegenparteirisiken	Beschränkung auf überschaubare Zahl von Einzelwerten, notwendige Inkaufnahme von Konzentrationsrisiken und Gegenparteirisiken	Tausende einzelner Wertpiere, alle Gegenparteirisiken wegdiversifiziert oder auf das erzielbare Minimum gesenkt
Kaufen und Verkaufen	Im Zeitablauf häufiges spekulatives Kaufen und Verkaufen	Buy and Hold. Kaufen immer dann, wenn Mittel zur Verfügung stehen, Verkaufen nur aus Konsumgründen oder nie
Halteperiode des einzelnen Investments	Tagen, Wochen, Monate oder wenige Jahre	Typischerweise Jahrzehnte
»Manager Risk« [B]	Ja	Nein
All-in-Kosten für Do-it-yourself-Anleger (DIY)	ca. 0,5% bis 4% p.a.	ca. 0,1% bis 0,5% p.a.
All-in-Kosten bei Nutzung eines Dienstleisters	ca. 1,5% bis 6% p.a.	ca. 0,4% bis 1,2% p.a.
Beziehung zur Wissenschaft	Wissenschaft wird bewusst oder unbewusst systematisch ignoriert	Vollständig wissenschaftsbasiert
Arbeitsaufwand des Privatanlegers	Beim DIY-Anlegen weit höher als bei passivem Investieren. Wenn Arbeit an Dienstleister delegiert, dann höhere Kosten als bei passivem Ansatz	Arbeitsaufwand niedriger, sowohl bei DIY als auch bei delegiertem Investieren
Effektive Steuerbelastung	Höher	Niedriger

► [A] Ein Portfolio aus ETFs bedeutet nicht zwangsläufig, dass der Eigentümer des Portfolios ein passiver Anleger ist. Der größte Teil des weltweiten Anlagevolumen in ETFs wird von institutionellen Investoren für aktives Investieren in Gestalt von Market Timing eingesetzt. ► [B] Manager Risk: bei delegiertem Investieren das Risiko, dass der Manager (Fondsmanager, Vermögensverwalter, Finanzberater) schädliche Fehler macht und/oder sein Können-Level im Zeitablauf abnimmt und/oder er unerwartet nicht mehr verfügbar ist.

Nachdem wir nun eine grobe Vorstellung der Aktiv-Passiv-Unterscheidung haben, können wir uns an einen präziseren Versuch wagen, die Essenz von aktivem Investieren zu beschreiben:

Aktives Anlagemanagement ist der Versuch, auf Basis einer bestimmten Anlagestrategie eine »Überrendite« (»Outperformance«) zu erzielen, also eine höhere Rendite als der Durchschnitt der übrigen Marktteilnehmer – gemessen an einer sinnvollen Benchmark. Anders formuliert: Es ist der Versuch eines einzelnen Investors oder Fondsmanagers zu einem gegebenen Zeitpunkt, Wertpapiere oder Marktsegmente zu identifizieren, die die restlichen Marktteilnehmer vorübergehend über- oder unterbewertet haben. Sobald der restliche Markt seinen »Irrtum« erkennt und korrigiert, kann der Investor oder Fondsmanager – so die naive Vorstellung – einen Gewinn realisieren.

Aktives Anlegen ist stets spekulatives Anlegen, da der Anleger bewusst von einer neutralen, »agnostischen« Gewichtung seiner einzelnen Anlagepositionen zugunsten einer im Zeitablauf meist wechselnden Über- oder Untergewichtung bestimmter Assets oder Anlageklassen abweicht, also auf mögliche Diversifikation verzichtet.[8] Dem steht passives Portfoliomanagement gegenüber – eine Buy-and-Hold-Strategie, bei der ein Investor alle Wertpapiere, die zu einer bestimmten Anlageklasse gehören, und alle wesentlichen Anlageklassen hält. Aktives Trading (laufendes Kaufen und Verkaufen) findet nicht statt.

An dieser Stelle liegt die Frage nahe, *warum* systematische, also verlässliche Outperformance in den Kapitalmärkten so selten vorkommt. Die beiden wichtigsten Antworten auf diese Frage heißen: »Arithmetik des aktiven Investierens« und »Efficient-Market-Theorie« (»EMT«).

- »Die Arithmetik des aktiven Investierens« besagt Folgendes: Alle Anleger zusammen sind der Markt (für Markt könnte man auch Anlageklasse sagen). Mit mathematischer Notwendigkeit produziert die durchschnittliche investierte Geldeinheit im Markt die Marktrendite. In geringfügiger Vereinfachung folgt daraus, dass der durchschnittliche aktive Anleger die Marktrendite erzielt – allerdings die Marktrendite abzüglich seiner Kosten, denn in die Ermittlung der Marktrendite

8 Agnostische Gewichtung bedeutet hier die Gewichtung des Marktes gemessen an der Marktkapitalisierung der einzelnen Investments und Anlageklassen (zu Marktkapitalisierung siehe gleichnamige Infobox in Abschnitt 2.2).

(in Gestalt von Börsenindizes) fließen keine Anlegerkosten ein. Der durchschnittliche passive Anleger erzielt definitionsgemäß ebenfalls die Marktrendite abzüglich *seiner* Kosten. Die Kosten des durchschnittlichen passiven Investors sind jedoch notwendigerweise niedriger als die des durchschnittlichen aktiven Anlegers. Daher folgt wiederum: Der durchschnittliche passive Anleger erzielt in jeder Anlageklasse (in jedem Markt) eine höhere Rendite als der durchschnittliche aktive Anleger. Dieses Argument stammt vom Wirtschaftsnobelpreisträger William Sharpe (Sharpe 1991). Es ist mit mathematischer Notwendigkeit wahr. Medienberichte oder Marketingmaterial der Finanzbranche, die im Widerspruch zu dieser simplen, universellen Gesetzmäßigkeit stehen, basieren auf bewusst oder unbewusst falschen Zahlen – meistens auf Apfel-Birnen-Vergleichen.

- Die EMT ist eine einfache Theorie, die sich in einem Satz zusammenfassen lässt: *Allein mit öffentlich verfügbaren Informationen ist es unwahrscheinlich, eine korrekt gewählte Benchmark zuverlässig (systematisch) zu schlagen (zu outperformen).* Welcher Sachverhalt steckt hinter der EMT? Zu einem gegebenen Zeitpunkt sind mit hoher Wahrscheinlichkeit alle öffentlich verfügbaren Informationen über ein Wertpapier (eine bestimmte Aktie oder eine Anleihe) schon im Preis (Kurs) dieser Aktie enthalten. Anders als an normalen Märkten für Güter und Dienstleistungen werden neue Informationen an der Börse rasend schnell eingepreist, viel zu schnell, als dass ein typischer Anleger noch reagieren könnte, um rechtzeitig vorher kaufen oder verkaufen zu können. Wenn eine bestimmte Information X schon im Preis enthalten ist, dann kann man damit als Anleger keinen systematischen Vorteil mehr erzielen, insbesondere auch deswegen nicht, weil Kaufen oder Verkaufen als Reaktion Kosten verursacht. Diese Kosten hat ein passiver Buy-and-Hold-Anleger nicht. In Anbetracht der EMT sagt er: »Ich tue lieber nichts in Bezug auf Information X, weil das ohnehin wahrscheinlich zu spät wäre und weil mein Tun meiner Rendite statistisch häufiger schaden als nutzen würde.« Die Wurzeln der EMT gehen auf die beiden französischen Ökonomen Louis Bachelier und Jules Regnault aus dem 19. Jahrhundert zurück. In neuerer Zeit hat der amerikanische Wirtschaftswissenschaftler und Nobelpreisträger Eugene Fama von der Universität Chicago seit Mitte der 1960er-Jahre am meisten zur Weiterentwicklung der EMT beigetragen. Die Essenz der EMT ist: Mit öffentlich verfügbaren Informationen (andere stehen Privatanlegern und ihren Beratern nicht zur Verfügung) ist es de facto unmöglich, den Markt anders als durch Glück zu schlagen. Wer es probiert, kann genauso gut Pech haben. Insbesondere wird er aber viel höhere Kosten als ein passiver Anleger produzieren, sodass weit mehr als die Hälfte derer, die aktiv investieren, schlechter abschneiden als der »Markt« (eine korrekt gewählte Benchmark).

Dieses Buch wird im weiteren Verlauf noch in vielfältiger Weise zeigen, dass passives Investieren die für Privatanleger überlegene Alternative ist – sowohl für Privatanleger, die selbst investieren (Do-it-yourself-Anleger), als auch für Anleger, die jemanden gegen Bezahlung damit beauftragen, für sie zu investieren, z.B. eine Bank, einen Vermögensverwalter, einen Robo-Advisor (siehe dazu Kapitel 12) oder einen Fondsmanager.

Nimmt man an, dass es tatsächlich so ist, drängt sich die Frage auf, warum nicht »alle« passiv investieren. Die Antwort darauf könnte man in einer 400-seitigen Dissertation abhandeln, die vermutlich immer noch unvollständig wäre. Die drei Hauptargumente lassen sich jedoch auch in einem kurzen Absatz zusammenfassen:

Erstens sind Menschen in ihrer genetischen DNA (also durch die Evolution) so »programmiert«, dass sie aktives Investieren intuitiv richtig und besser finden. Passiv investieren fühlt sich für die meisten Menschen jedenfalls anfänglich »unnatürlich« oder unplausibel an. Diese Programmierung allein wird dafür sorgen, dass auch noch in 100 Jahren die meisten Profi- und Amateuranleger aktiv investieren werden.

Infobox: Was sind eigentlich Anleihen?

Obwohl der weltweite Anleihenmarkt gemessen an der Marktkapitalisierung (dem Marktwert) größer ist als der Aktienmarkt, wissen die meisten Privatanleger weniger über Anleihen als über Aktien. Altmodische Bezeichnungen für Anleihen sind »festverzinsliche Wertpapiere«, »Schuldscheine« oder »Renten«. In der Schweiz ist der Begriff »Obligationen« üblich. Eine Anleihe ist letztlich ein Kredit, den der Anleger (der »Kreditgeber« oder Gläubiger) an den Anleihenemittenten (den Schuldner) ausreicht – allerdings ein Kredit, der von vornherein zum freien Handel vorgesehen ist. Der

Anleihenbesitzer kann seine Kreditforderung jederzeit zum Marktkurs verkaufen, er braucht dafür nicht die Zustimmung des Kreditnehmers wie bei einem normalen Kredit. Der Emittent einer Anleihe kann ein Unternehmen oder ein Staat sein.

Wer eine normale Anleihe bis zur Fälligkeit (dem Rückzahlungsdatum) hält, weiß – anders als bei einer Aktie – exakt, was sein Gesamtertrag sein wird (unter der Annahme, dass der Emittent nicht vorher zahlungsunfähig wird). Anleihen eines Unternehmens sind generell risikoärmer; ihr Kurs schwankt weniger als die Aktien des Unternehmens. Im Gegenzug sind auch die Renditen von diesen Anleihen tendenziell niedriger als die der entsprechenden Aktien. Staatsanleihen sind nahezu immer risikoärmer als die Anleihen und Aktien von Unternehmen im betreffenden Staat.

Die Rendite-Risiko-Kombination, die eine bestimmte Anleihe für den Anleger repräsentiert, wird in erster Linie von drei Hauptmerkmalen bestimmt: (a) der Restlaufzeit, dem sogenannten → Zinsänderungsrisiko, (b) dem Rating (der →Bonität), (c) der Währung, sprich →Wechselkursrisiko bei Fremdwährungsanleihen.

Leser, die sich umfassender über die Anlageklasse Anleihen informieren möchten, könnten das über den detaillierten Blogbeitrag »Anlageklasse Anleihen: Von den Basics zum Spezialwissen« von meinem Co-Autor Schweizer und mir tun (Kommer/Schweizer 2024a).

Zweitens hat die Finanzbranche eine sehr starke Präferenz für aktives Investieren, weil sie am aktiven Investieren zwischen fünf- und zehnmal so viel verdient. Weltweit würden buchstäblich Millionen von überflüssigen Arbeitsplätzen in der Finanzbranche wegfallen, wenn der (korrekt berechnete) Marktanteil passiven Investierens von derzeit unter 5% auf, sagen wir, 50% oder 70% stiege. Daran hat diese Branche natürlich kein Interesse. Deswegen fließen 95% der Marketinggelder und -bemühungen der Finanzbranche in aktives Investieren, und deswegen pusht sie aktives Investieren, auch wenn es für die Anleger schlecht funktioniert. Für die Finanzbranche funktioniert es ja exzellent.

Drittens haben die Medien ebenfalls wenig Interesse an passivem Investieren, weil dabei wohl 90% der tagtäglichen Investmentberichterstattung in Printmedien, im Fernsehen und im Internet überflüssig wären.

Aus diesen drei Gründen wird passives Investieren immer eine Minderheitenbeschäftigung bleiben – eine Minderheit von besonders rationalen, besonders aufgeklärten Anlegern.

Ergibt es einen Sinn, passives und aktives Investieren zu kombinieren? Lassen Sie mich die Antwort so formulieren: Aus rein rationaler, rein wissenschaftlicher Sicht ergibt es am meisten Sinn, all seine Investments außerhalb von Immobiliendirektanlagen und unternehmerischen Beteiligungen in passiver Weise durchzuführen. Im real existierenden, praktischen Leben kann es für viele Anlegerhaushalte jedoch gute Gründe geben, passive und aktive Anlagen gleichzeitig zu tätigen. Ein besonders häufiger Grund ist, das Privathaushalte irgendwann einmal (z.B. nach der Lektüre dieses Buches) anfangen, passiv mit ETFs zu investieren, und danach peu à peu, vielleicht über Jahre hinweg den Anteil ihrer aktiven Anlagen allmählich reduzieren.

Zum Schluss noch eine Anmerkung zur Bezeichnung »passiv investieren«. Manche sagen, einer der größten Marketingerfolge der Aktiv-Investieren-Industrie in ihrer ganzen Geschichte sei es gewesen, vor etwa 50 Jahren das Etikett »passives Investieren« auf das Produkt zu kleben, unter dem wir heute gemeinhin das »Indexing« (passiv investieren) verstehen, und zugleich selbst das Etikett »aktiv investieren« zu besetzen. In Wirklichkeit ist die Bezeichnung »passiv investieren« falsch, denn auch hier trifft der Anleger im Zeitablauf viele aktive Entscheidungen, nämlich jene, von denen Wissenschaft und Vernunft belegen, dass sie statistisch einen vorteilhaften Einfluss auf die erwartete Rendite und das erwartete Risiko des Investments haben. Die Entscheidungen, die getroffen werden, sind zumeist regelbasiert und mechanisch. Hingegen sind bei aktivem Investieren in erster Linie Spekulation oder Hoffnung die Grundlage der zahlreicheren, komplexeren und vorwiegend situationsgetriebenen Anlegerentscheidungen. Aktiv investieren besteht zu einem beträchtlichen Teil aus Entscheidungen und Handlungen, die in Wirklichkeit bloßer Aktionismus sind – per saldo und im Rückblick kontraproduktives Hin und Her, das auf Ebene aller Anleger jederzeit weniger rentabel ist als passives Investieren, und auf Ebene des einzelnen Anlegers zumindest langfristig mit hoher Wahrscheinlichkeit weniger rentabel ist.

Fazit

Eine der grundlegendsten aller Investmententscheidungen, die ein Anlegerhaushalt treffen muss, ist diejenige zwischen aktiv und passiv investieren. Dennoch ist der weit überwiegenden Zahl aller Privatanleger diese grundsätzliche Unterscheidung weder in ihrer Herleitung noch in ihren Konsequenzen klar. Dieses Buch zeigt, dass Privatanleger – auch jene im fortgeschrittenen Alter –, die langfristig einen passiven Investmentansatz verfolgen, mit großer Wahrscheinlichkeit bei einem gegebenen Risikolevel ein höheres Endvermögen erreichen.

1.5 Nebenkosten der Vermögensanlage: Ein zentraler Renditestellhebel

Die meisten Leser werden es schon einmal gehört haben: Die Nebenkosten des Investierens haben auf lange Sicht eine verblüffend hohe Auswirkung auf den Vermögensendwert eines Investments und nur auf diesen kommt es am Ende an. Tabelle 6 illustriert diesen Sachverhalt anhand eines Zahlenbeispiels. Ich vergleiche darin die Entwicklung eines Aktien-ETFs mit laufenden Kosten von 0,15% p.a. (»Fonds A«) und eines »konventionellen«, aktiv gemanagten Aktienfonds mit laufenden Kosten von 1,45% p.a. (»Fonds B«). Diese Kostenspanne ist typisch, wenn man normale passiv gemanagte Aktien-ETFs ohne »Gimmicks« mit normalen aktiv gemanagten Aktienfonds vergleicht.

»Laufende Kosten« (im Englischen häufig → »Total Expense Ratio« oder »TER«) sind eine Kostenquote, die sich auf das jahresdurchschnittliche Anlagevermögen des Fonds beziehungsweise auf den jahresdurchschnittlichen Wert Ihrer Fondsanteile bezieht. Beispiel: Sie haben im Jahresmittel 10 000 Euro in einen Fonds investiert. Dann zahlen Sie bei laufenden Kosten von 1,45% insgesamt 145 Euro an die Fondsgesellschaft, bei 0,15% hingegen nur 15 Euro. Diese Kosten begleichen Sie nicht direkt, sondern sie werden anteilsmäßig täglich dem Fondsvermögen entnommen.

Ein Praxisbeispiel zu laufenden Kosten: Der größte in Deutschland aufgelegte (»domizilierte«) aktiv gemanagte Aktienfonds, der DWS Top Dividende (WKN 984811), besitzt genau die oben erwähnte Kostenquote von 1,45% p.a. Der DWS Top Dividende ist ein weltweit in Industrieländer investierender, seit 2003 existierender Fonds. Die DWS gehört zum Deutsche-Bank-Konzern.

Der Anfang 2025 preisgünstigste in Deutschland vertriebene ETF auf den MSCI World Standard Index weist eine Kostenquote von 0,10% und ein ETF auf einen nahezu identischen, aber weniger bekannten Aktienindex sogar nur 0,05% auf (Solactive GBS Developed Markets), doch wir verwenden großzügig die etwas höhere Kostenquote von 0,15%, die zu diesem Zeitpunkt mehr als 20 Aktien-ETFs auf globale breit diversifizierte »Developed Markets«-Aktienindizes erreichen oder unterschreiten. Ich unterstelle – wiederum realistisch –, dass der aktiv gemanagte Fonds und der ETF vor *Kosten* dieselbe durchschnittliche Rendite inklusive Inflation erzielen, nämlich nominal 9,0% p.a.

Tabelle 6 zeigt, wie negativ sich die fast zehnmal so hohe Kostenquote des aktiv gemanagten Fonds gegenüber dem ETF auf den Endvermögenswert auswirkt. Nach 20 Jahren hat der ETF-Anleger einen um 27% höheren und nach 30 Jahren sogar einen um 43% höheren Vermögensendwert. Aus der Wissenschaft wissen wir, dass es extrem unwahrscheinlich ist, dass ein Fondsmanager diesen Kostennachteil über einen Zeitraum von 20 Jahren durch eine entsprechend höhere Vor-Kosten-Rendite wettmacht.

Tabelle 6: Die langfristige Wertentwicklung einer anfänglichen Einmalanlage von 10 000 Euro in einem Aktienfonds in Abhängigkeit von den Anlagekosten bei einer nominalen Vor-Kosten-Rendite von 9% p.a.

Investmentlaufzeit in Jahren	**Wert des Investments in Euro**		
	nach 10 Jahren	**nach 20 Jahren**	**nach 30 Jahren**
Vermögensendwert Fonds A mit lfd. Kosten von 1,45% p.a. des Anlagevolumens – teurer aktiv gemanagter Fonds	€ 20 700	€ 42 900	€ 88 800
Vermögensendwert Fonds B mit lfd. Kosten von 0,15% p.a. des Anlagevolumens – günstiger ETF	€ 23 300	€ 54 500	€ 127 300
Endwertvorsprung von Fonds B (ETF) in Euro	€ 2 600	€ 11 600	€ 38 500
Endwertvorsprung von Fonds B (ETF) in %	+13%	+27%	+43%

► Beträge gerundet auf volle 100-Euro-Beträge. ► Keine Berücksichtigung von Steuern.

Dass die Zahlen in Tabelle 6 nicht übertrieben kritisch gegenüber aktiv gemanagten Fonds sind, zeigt sich anhand der Daten in den Tabellen 2, 3 und 4 in Abschnitt 1.4. Eine weitere Illustration ist der Vergleich des DWS Top Dividende mit einem ETF auf den MSCI World Standard Index mit laufenden Kosten von 0,15% p.a. in den zehn Jahren bis Dezember 2024. Der ETF outperformte den DWS Top Dividende um durchschnittlich 6,0 Prozentpunkte pro Jahr. Kumulativ war der Endwert des ETFs nach diesen zehn Jahren um 74% höher als der des aktiven DWS-Fonds. Die weit höheren Kaufkosten des DWS-Fonds (Ausgabeaufschlag) gegenüber einem ETF habe ich hier zugunsten des aktiven Fonds außer Acht gelassen.

Grund für die hohen Endwertabweichungen von Investments, zwischen denen nur »optisch geringe« Unterschiede bei den laufenden Kosten bestehen, ist der – in diesem Fall – negative wirkende Zinseszinseffekt: Schon relativ kleine Unterschiede bei der Nettorendite (Rendite nach Kosten) bewirken auf lange Sicht große Divergenzen beim Vermögensendwert.

Wer glaubt, durch Einzelwertanlegen (einzelne Aktien und Anleihen) könnten die konkurrenzlos niedrigen laufenden Kosten von ETFs noch unterboten werden, unterliegt einem Irrtum oder vergleicht Äpfel mit Birnen. Die enorm breite Diversifikation, die mit ETFs einhergeht und die ja einer ihrer größten Vorteile ist, kann ein Privatanleger mit Einzelwertanlagen niemals zu gleich niedrigen Kosten erzielen. Ein global investierender Aktien-ETF enthält mehrere Hundert bis 9 000 Einzeltitel, je nach Index, den er abbildet. Darüber hinaus würde das Anlegen in Einzelwerte fast unglaublich viel mehr Arbeit und Zeitaufwand verursachen. Ein völlig rationaler Anleger wendet diesen Arbeitsaufwand nur auf, wenn er dafür in Gestalt von verlässlicher und deutlicher Mehrrendite »bezahlt« wird. Das dürfte bei Einzelwertanlegen auf einen Zeitraum von mehreren Jahren bezogen selten der Fall sein (umfassender zu den Nachteilen von Einzelwertanlegen mit Aktien siehe Kommer/Weis 2018i).

Viele Banken, Vermögensverwalter und Finanzberater versuchen, die hohen Gebühren ihrer Produkte und Dienstleistungen mit dem abgedroschenen Slogan »Qualität hat nun mal ihren Preis« schönzureden. Der mag bei Autos, Funktionskleidung, Restaurantmahlzeiten, Golfkursen und Unternehmensberatung zutreffen, für Anlageprodukte gilt er nicht. In meinem Buch *Souverän investieren mit Indexfonds und ETFs: Ein Investmentbuch für fortgeschrittene Privatanleger* (2024) zeige ich die Renditen der allerteuersten, »alleredelsten« Anlageprodukte: Hedge-Fonds,

Private Equity und geschlossene Fonds (alle drei Fondskategorien werden in Kapitel 3 beschrieben). Diese Renditen waren in den vergangenen zehn, 15 und 20 Jahren insgesamt klar schlechter als diejenigen von breit diversifizierten einfachen Aktien-ETFs. Hauptgrund: hohe Kosten, die nicht durch ausreichend bessere Vorkostenrenditen ausgeglichen werden.

Viele Privatanleger, die mit Banken oder bankunabhängigen Vermögensverwaltern zusammenarbeiten, lassen sich über die wahre Höhe ihrer Gesamtkosten täuschen. Gesamtkosten bedeuten hier die Summe aus Vermögensverwaltungsgebühr, Depotbankkosten, Transaktionskosten (Kosten für Kaufen, Verkaufen), Produktkosten (z.B. bei Fonds) und einer etwaigen »Performance Fee« (»gewinnabhängige Gebühr«). Zu den nicht leicht zu durchschauenden, aber grundsätzlich immer abzulehnenden Performance Fees siehe Kommer/Schweizer 2019i.

Fazit

Relativ harmlos aussehende, kleine prozentuale Unterschiede bei den laufenden Kosten von Anlageprodukten haben auf lange Sicht dramatische Auswirkungen auf den Vermögensendwert. ETFs sind dasjenige Anlageprodukt mit den niedrigstmöglichen Kosten; ganz besonders, wenn man diversifiziert investieren möchte. Der oft gehörte Hinweis von Finanzdienstleistern, hohe Qualität habe nun einmal ihren Preis, ist Marketing-Blabla, auf das niemand hereinfallen sollte.

1.6 Verpackung und Inhalt bei Vermögensanlagen auseinanderhalten

Vielen Privatanlegern erscheinen liquide Investments jenseits von Bankeinlagen auch deswegen als schwierig oder kompliziert, weil sich dieses Investieren innerhalb eines frustrierend unübersichtlichen Produktdschungels abspielt. Wo diese Wahrnehmung besteht, hat sie viel mit dem Sachverhalt »Verpackung versus Inhalt« zu tun. Es ist in erster Linie die Verpackung, die für Komplexität bei liquiden Investments sorgt.

Finanzprodukte stellen stets eine mehr oder weniger komplizierte rechtliche Verpackung einer »nackten« oder originären Anlageklasse dar. Die

Anlageklassen sind in dem Finanzprodukt der ökonomische Motor – also das, was Rendite produziert. Die Verpackung um diesen Motor herum ist zumeist unnützer »Verpackungsmüll«, der Rendite kostet, weil er Kosten produziert, dem keine Vor-Kosten-Mehrrendite gegenübersteht. Außerdem verschleiert die Verpackung den Grundcharakter der Anlageklasse, macht das Investment weniger transparent und weniger einfach zu verstehen. Drittens führt die Verpackung sehr oft sogar Zusatzrisiken ein, die die Anlageklasse in Reinform ohne Verpackung nicht hat.

Ein Paradebeispiel für ein verpacktes Finanzprodukt ist die »kapitalbildende Lebensversicherung« (»KLV«). Sie besteht aus einem rechtlich komplizierten »Versicherungsmantel«, der um ein letztlich simples Investment in Anleihen oder Aktien herumgebaut ist (zu KLV siehe gesonderter Abschnitt 3.1). Ein anderes Beispiel für ein Finanzprodukt mit überkomplexer, teurer und risikoreicher Verpackung sind Zertifikate (siehe dazu gesonderter Abschnitt 3.14).

Wem es als Anleger gelingt, Verpackung (in den meisten Fällen überflüssige oder schädliche Hülle) und Inhalt (relevanter Kern) eines Finanzproduktes korrekt mental auseinanderzudröseln, der hat einen gigantischen Schritt in Richtung richtiges Verständnis von Chance und Risiko eines Finanzinvestments getan. Im Umkehrschluss gilt: Wer die Unterscheidung zwischen Verpackung und Inhalt nicht versteht, wird im Laufe eines Sparer- und Anlegerlebens immer und immer wieder über den Tisch gezogen werden, indem er sich eine suboptimale und manchmal sogar katastrophale Rendite-Risiko-Kombination einkauft oder verkaufen lässt.

Warum existieren Verpackungen für Anlageklassen – also Finanzprodukte? Weil der Verkäufer durch die Existenz der Verpackung Kundensegmente erreicht, die er mit einer ehrlicheren, unverpackten oder nur »dünn« verpackten Anlageklasse vielleicht nicht erreicht hätte, und – noch wichtiger – weil sich in der dicken Verpackung Gebühren wunderbar verstecken lassen.

Tabelle 7 nennt die drei wichtigsten Anlageklassen. Sie sind der ökonomische Motor eines normalen Privatanlegerportfolios. Sie repräsentieren über neun Zehntel des für normale Privatanleger tatsächlich investierbaren Anlageuniversums. Im Endeffekt stellen die Millionen unterschiedlicher Finanzanlageprodukte, die an Privatanleger vertrieben werden, zu 99% nur unterschiedliche Verpackungen dieser drei Motoren dar.

Tabelle 7: Die für einen Privatanleger wesentlichen Basis-Anlageklassen im Überblick

Gängiger Name der Anlageklasse	Erläuterung
Aktien: Eigenkapital börsennotierter Unternehmen	Aktien sind ganz einfach Unternehmensbeteiligungen oder, präziser formuliert, Anteile am Eigenkapital eines börsennotierten Unternehmens. Nicht börsennotiertes Eigenkapital ist dagegen eine direkte Unternehmensbeteiligung, z.B. ein Gesellschaftsanteil an einer GmbH. Letztere spielt für normale Privatanleger typischerweise keine Rolle, weil sie nicht frei erwerbbar ist.
Zinstragende Anlagen: Bankguthaben und Anleihen	Zinstragende Anlagen sind bei genauer Überlegung eigentlich immer komplizierter als Aktien. Ein verzinsliches Bankguthaben ist wirtschaftlich betrachtet ein Kredit des Sparers an die Bank. Kontoguthaben sind eine ambivalente Anlageform. Sie sind zivilrechtlich ein Kredit des Sparers an die Bank. In Abschnitt 4.5 mehr zu der auf lange Sicht wenig attraktiven Rendite von Bankguthaben. Oberhalb der gesetzlichen → Einlagensicherung von 100 000 Euro pro Einleger sollte kein Privathaushalt Bankguthaben halten, weil das – für länger als ein paar Wochen – zu risikoreich ist. Wer als Privatanleger außerhalb der gesetzlichen Einlagensicherung zinstragende Anlagen tätigen will, sollte das in Form von Anleihen tun. Der Emittent dieses »Fremdkapitals« kann ein Unternehmen oder ein Staat sein (oder eine öffentliche Organisation, die Teil eines Staates ist, wie z.B. ein Bundesland). Eine Anleihe ist nichts anderes als ein Kredit, der von vornherein zum freien Handel (Kauf und Verkauf) konzipiert war.
Immobilien (Direktinvestments)	Immobilien sind hier als »Direktanlagen« zu verstehen. Solche Direktanlagen sind abzugrenzen von Investments in börsennotierte Aktien oder Anleihen von Immobilienunternehmen. Letztere gehören zu den oben genannten ersten beiden Anlageklassen. Zu unterscheiden sind Direktinvestments in Wohnimmobilien oder Gewerbeimmobilien. Der erwartete Ertrag aus einer Immobilie besteht aus einer Kombination von Mieteinnahmen und Wertsteigerungen abzüglich Kosten für Instandhaltung und Versicherungen. Viele Direktanlagen in Immobilien werden partiell mit Fremdkapital finanziert (→ Leverage-Effekt). Das erhöht immer das Risiko und kann, je nach Einzelfall, die →Eigenkapitalrendite steigern oder senken. Die selbstgenutzte Wohnimmobilie ist insofern ein Sonderfall, als sie einen untrennbaren Doppelpack aus (emotionaler) Lebensstilentscheidung und Investment darstellt (siehe gesonderter Abschnitt 4.3).

Fast alle für Privatanleger relevanten und sinnvollen Anlageprodukte beziehen sich auf die drei Basis-Anlageklassen in Tabelle 7. Wie sich in diesem Buch an vielen Stellen zeigen wird, ist es nur eine geringfügige Vereinfachung zu sagen: »Mehr braucht's nicht.« Auch nicht für sehr vermögende Haushalte.

Neben den oben genannten drei Haupt-Anlageklassen existieren noch die sechs nachfolgend genannten weiteren Neben-Anlageklassen. Die ersten vier (Edelmetalle, Rohstoffe, Kryptos und Sammlerobjekte) davon sind volkswirtschaftlich – im Vergleich zu Aktien, Anleihen und Immobilien – mikroskopisch klein. Aus meiner Sicht sind diese vier Anlageklassen für normale Privatanleger optional: Man kann sie im Portfolio haben, muss man aber nicht.

Die letzten zwei Anlageklassen in der Aufzählung – Wechselkurse und → Derivate – sind für normale Privatanleger völlig überflüssig und oft sogar sehr schädlich.

- Edelmetalle: Gold, Silber, Platin, Palladium. In Abschnitt 4.8 werden wir sehen, dass die langfristige Rendite-Risiko-Kombination von Gold schlechter ist als die von Aktien (die absolute Rendite ist sowieso niedriger). Silber stellt eine noch unattraktivere Rendite-Risiko-Kombination als Gold dar.
- Rohstoffe: In Rohstoffe kann man – das mag manchem Privatanleger nicht bewusst sein – gar nicht direkt investieren. Das geht nur über den Umweg Rohstoff-Futures (Rohstoff-Terminkontrakte). Auch sie sind für rationale Langfristanleger nicht unbedingt notwendig. Details hierzu in Abschnitt 4.9.
- Kryptowährungen, vor allem Bitcoin oder Ethereum. Obwohl Kryptowährungen als Anlageklasse wohl inzwischen im »Mainstream« angekommen sind, klafft zwischen den teilweise grotesk pathetischen Aussagen und Prognosen einiger Vertreter des »Krypto-Kults« und der Realität eine skurrile Lücke. Auf Kryptos gehe ich in Abschnitt 4.10 ein.
- Sammlerobjekte: Das sind z.B. Kunst, historische Musikinstrumente, andere Antiquitäten, Diamanten, Luxusuhren, Oldtimer-Autos. Sie sind für normale Privatanleger als Vermögensanlagen in der Praxis eher sinnlos oder schädlich. Solche Investments erfordern eine besonders hohe Expertise, ihre Rendite-Risikokombination ist wahrscheinlich unattraktiv, sie sind extrem illiquide und die Nebenkosten des In-

vestierens (Transaktionskosten und laufende Kosten) sind geradezu schockierend hoch. Mein Kollege Jerschensky und ich gehen in einem Blog-Beitrag ausführlich auf Rendite und Risiko von Gemäldekunst als Investment ein. Die wesentlichen Erkenntnisse darin sind wenig ermutigend (Kommer/Jerschensky 2025).

- Wechselkurse/Währungen: Generell ist die erwartete Rendite von Wechselkursen bzw. Währungen inflationsbereinigt (real) ganz einfach null und ihre Schwankungsintensität – auch die von »Hartwährungen« wie Schweizer Franken und norwegischen Kronen – außerordentlich hoch. Für normale Haushalte keine empfehlenswerten Anlagen.
- Derivate: Auf Derivate als Anlageklasse gehe ich in diesem Buch an verschiedenen Stellen nur am Rande ein. Auf alle Fälle ergeben sie für normale Privatanlegerhaushalte sehr selten Sinn. Das schließt zumeist auch die Konstellation mit ein, mit Derivaten (z.B. → Put-Optionen) mögliche Verluste »nach unten« zu begrenzen.

Nachdem wir nun die drei Basis-Anlageklassen und sechs weitere Neben-Anlageklassen kennengelernt haben, kommen wir zum Kernpunkt dieses Abschnittes – der Unterscheidung zwischen Verpackung und Inhalt. Sehr häufig ist es so, dass die Verpackung drei Dinge zur Folge hat: (a) Sie verursacht zusätzliche Kosten, ohne den erwarteten Ertrag zu erhöhen. (b) Sie macht das Investment weniger transparent und/oder komplexer (schwerer zu durchschauen und zu verstehen). (c) Sie führt in vielen Fällen zusätzliche Risiken ein.

Nur in seltenen Fällen produziert die Verpackung per saldo tatsächlich einen Anlegernutzen. Warum das so ist, zeige ich in Tabelle 8 anhand von acht Finanzproduktbeispielen.

Tabelle 8 soll illustrieren, dass Verpackungen in den meisten Fällen einfach nur anlegerschädlicher, teurer Ballast sind, der den Blick auf den Renditemotor (den Kern des Investments) vernebelt.

Tabelle 8: Acht populäre verpackte Investmentprodukte, was sie enthalten und was ihre Verpackung bedeutet

Name des verpackten Produkts	Was ist der Inhalt des Investments?	Was ist die Verpackung? Welche potenziellen Nachteile hat sie aus Sicht eines Privatanlegers?
Kapitalbildende Lebensversicherungen (KLVs)	Staatsanleihen (normale KLVs) oder Aktien (fondsgebundene KLVs)	KLVs sind eine strukturell sinnlose Kombination eines reinen Versicherungsprodukts (Risikolebensversicherung) mit einem reinen Sparprodukt (Wertpapiersparen auf Anleihen oder Aktien). Der rechtliche Versicherungsmantel verursacht hohe Zusatzkosten, ist illiquide, intransparent und führt ein →Ausfallrisiko der Versicherungsgesellschaft ein (mehr zur KLV in Abschnitt 3.1).
Offene Immobilienfonds (OIFs)	Direktanlagen in ein typischerweise kleines, wenig diversifiziertes deutsches oder europäisches Gewerbeimmobilienportfolio	Innerhalb eines OIFs werden 10% bis 40% des Immobilienportfolios mit Krediten finanziert. Die OIF-Verpackung (die Fonds-Hülle) verursacht hohe Kosten und verdeckt das wahre Risiko des Portfolios. Warum das so ist, wird in Abschnitt 3.9 erläutert.
Geschlossene Fonds (GFs)	Eine rechtlich außerordentlich komplexe, nicht börsennotierte Beteiligung des Privatanlegers an einer Kommanditgesellschaft (dem Investmentvehikel), das in »unternehmerische Vorhaben mit vermeintlichem Steuervorteil« investiert	GFs sind der Spitzenreiter in der Kategorie »Verhältnis anlegerschädliche Verpackung zu kargem Inhalt«. Der Inhalt sind schlecht diversifizierte Direktanlagen in Immobilien, Infrastrukturprojekte, Erneuerbare-Energien-Projekte, Schiffe, Container, Flugzeuge oder Hollywoodfilme. Die offenen und versteckten Kosten (sowohl anfänglich als auch laufend), die durch die superkomplexe Verpackung verursacht werden, sind atemberaubend hoch. Mehr zu diesem Verliererprodukt in Abschnitt 3.10.
Zertifikate	Bankanleihen, die aber nicht Zinsen zahlen, sondern ein anderes komplexes »Auszahlungsprofil« haben	Rechtlich gesehen sind Zertifikate Bankschuldverschreibungen. Diese ökonomische Substanz wird bis zur völligen Unkenntlichkeit mit einem von Hunderttausenden möglichen → Payoff-Profilen umwickelt, das einzelne Aktien, Rohstoffe, Zinsen und nahezu unendliche Kombinationen dieser zum Gegenstand hat. Ein großer Teil der insgesamt hohen Kosten von Zertifikaten ist versteckt und für Nichtfachleute kaum nachvollziehbar. Mehr zur unattraktiven Rendite-Risiko-Kombination von Zertifikaten in Abschnitt 3.14.

Name des verpackten Produkts	Was ist der Inhalt des Investments?	Was ist die Verpackung? Welche potenziellen Nachteile hat sie aus Sicht eines Privatanlegers?
Aktiv gemanagte Investmentfonds	Ein Investmentfonds (Publikumsfonds) als rechtliche Hülle, in der in die Kern-Anlageklassen Aktien und/oder Anleihen investiert wird	Der Anleger zahlt heftig für den »Luxus«, nicht selbst entscheiden zu müssen, in welche Aktien oder Anleihen wann zu investieren ist. Die hohen Gebühren werden nur selten durch entsprechende Bruttorenditen (Renditen vor Kosten) ausgeglichen. Da, wo das ausnahmsweise der Fall ist, ist es aus Sicht der Wissenschaft vermutlich Zufall und wiederholt sich in der Zukunft nur durch Glück oder schlägt in sein Gegenteil um. Immerhin: Auch aktive Investmentfonds sind Sondervermögen (siehe dazu Ausführungen in Abschnitt 4.6.4) und unterliegen einer scharfen, gut getesteten Regulierung und Aufsicht.
ETFs (passiv gemanagte Investmentfonds)	In rechtlicher Hinsicht grundsätzlich identisch mit aktiv gemanagten Investmentfonds	ETFs haben alle Strukturvorteile von aktiv gemanagten Investmentfonds zu einem Bruchteil von deren Kosten. Dadurch kommen langfristig in der großen Mehrzahl der Fälle höhere Nettorenditen zustande. Außerdem sind ETFs viel transparenter und einfacher zu verstehen. ETFs sind das einzige Anlageprodukt in dieser Tabelle, in dem die Verpackung einen echten Nettonutzen für den Anleger erzeugt und nicht übermäßig teuer ist.
Private Equity	Eigenkapitalbeteiligungen an nicht börsennotierten Unternehmen	PE-Fondsinvestments sind zumeist eine investmentmäßige Blackbox mit sehr hohen Kosten, von außen schwer zu beurteilenden Gegenparteirisiken, hoher Illiquidität, geglätteten Preisen (das laufende Reporting ist partiell nicht verlässlich). Mehr zu Private Equity in Abschnitt 3.11.
Hedge-Fonds	Ein nicht oder wenig regulierter Investmentfonds als rechtliche Hülle, in der in eine oder mehrere der Kern-Anlageklassen investiert wird (Aktien, Anleihen, Rohstoffe und Derivate)	Hedge-Fonds sind wie PE ebenfalls eine investmentmäßige Blackbox mit hohen Kosten und von außen schwer zu beurteilenden Gegenparteirisiken. Die Renditen von Hedge-Fonds als Gruppe waren in den letzten 20 Jahren ein Desaster. Mehr zu Hedge-Fonds in Abschnitt 3.13.

Fazit

Die drei in Tabelle 7 genannten Basis-Anlageklassen sind die Motoren der Weltwirtschaft. In sie oder primär in sie sollten Sie Ihr sauer Verdientes investieren. Abweichungen von diesem Grundprinzip sind für normale Privatanleger aus dem Blickwinkel von Rendite und Diversifikation nie oder nur selten erforderlich.

Gut informierte, rationale Anleger beurteilen ein Anlageprodukt nach der Grundfrage: »Was ist die Verpackung und was der Inhalt?« Wenn der Inhalt eines Anlageprodukts nicht klar erkennbar eine der drei Basis-Anlageklassen aus Tabelle 7 in Reinform darstellt, sollten bei Ihnen die Warnlampen angehen. Ganz wild sollten die Warnlampen blinken, wenn entweder die anfänglichen Kosten (Kaufkosten) eines Anlageprodukts mehr als 0,5% des Investmentbetrages oder die fortlaufenden Kosten mehr als 1% pro Jahr betragen. Bei vielen Anlageprodukten dürfen Sie allerdings nicht davon ausgehen, dass Sie alle Kosten leicht erkennen können. ETFs sind hier eine seltene positive Ausnahme.

1.7 Der große Unterschied zwischen Vermögensaufbau und Vermögensnutzung

Menschen, die auf den Ruhestand zusteuern oder sich schon in ihm befinden, sollten sich über den zentralen Unterschied zwischen Vermögensaufbau und Vermögensnutzung klar werden. In diesem Kontext steht »Phase der Vermögensnutzung« für eine Lebensphase, in der die Bewahrung früher aufgebauten Vermögens, dessen Schutz und dessen Nutzung im Sinne von teilweisem oder kompletten Verbrauch des Vermögens im Vordergrund stehen und stehen müssen.

Über den fundamentalen Unterschied zwischen Vermögensaufbau und Vermögensnutzung/Vermögensschutz reden Banker, Finanzjournalisten und Finfluencer im Zusammenhang mit dem generischen Thema und Begriff »Investieren« erstaunlich selten – und wenn, dann nur oberflächlich. Diejenigen, die sich dieses Unterschieds nicht bewusst sind oder ihn aus anderen Gründen nicht beachten, werden tendenziell schlechtere Investmententscheidungen treffen als nötig. Tabelle 9 macht den strukturellen

Tabelle 9: Gegenüberstellung der Lebensphasen Vermögensaufbau und Vermögensnutzung

	Finanzielle Lebensphase 1: Vermögensaufbau	**Finanzielle Lebensphase 2: Vermögensnutzung/ Vermögensschutz**
Lebenszyklusphase und Alter des Anlegers bzw. des Haushaltes	Der Anlegerhaushalt steht am Anfang seiner beruflichen Tätigkeit oder hat mindestens noch zehn Jahre Einkommenserzielung aus beruflicher Tätigkeit vor sich. Er ist tendenziell unter 45 bis 50 Jahre alt und hat noch viel Zeit, Vermögensverluste wieder aufzuholen, da → Humankapital und Restlebenserwartung hoch sind. Das »Renditereihenfolgerisiko« (siehe Abschnitt 2.4) kann bei ihm alles in allem ignoriert werden.	Das Ende der beruflichen Tätigkeit ist in Sicht oder schon erreicht. Der Anleger ist tendenziell über 50 Jahre alt und hat nur noch begrenzt Zeit, mögliche Vermögensverluste wieder aufzuholen. Renditereihenfolgerisiko (siehe Abschnitt 2.4) hat eine hohe Bedeutung und sollte nicht ignoriert werden.
Primäres wirtschaftliches Investmentziel des Haushaltes	Hauptziel ist Vermögensaufbau und Erzielung attraktiver/hoher Renditen. Der Anleger benötigt in den vor ihm liegenden fünf bis zehn Jahren mit hoher Wahrscheinlichkeit keine Mittel aus dem Depot für Konsumzwecke (Lebenshaltungskosten).	Hauptziel ist Vermögensbewahrung/Vermögensschutz. Es besteht eine nennenswerte oder sogar hohe Wahrscheinlichkeit, dass der Anlegerhaushalt in den vor ihm liegenden fünf bis zehn Jahren Mittel aus dem Depot für Konsumzwecke (Lebenshaltungskosten) benötigt (Entnahmen, Vermögensverbrauch). Auch die Weitergabe von Vermögen an die nächste Generation in Form von Schenkungen oder Erbgängen ist oft absehbar und wichtig.
Risikotragfähigkeit im Sinne von Aushalten von Volatilität und Drawdowns[9]	Unter sonst gleichen Umständen bei den meisten Haushalten deutlich höher als in der Phase Vermögensnutzung.	Unter sonst gleichen Umständen bei den meisten Haushalten deutlich niedriger als in der Phase Vermögensaufbau.
Verschuldung (→ Kredithebel, Leverage)	Schulden im Privatvermögen kommen häufig vor, z.B. zur Finanzierung von Immobilien und/oder bei Unternehmerhaushalten.	Im Privatvermögen sinnvollerweise keine oder fast keine Verschuldung mehr – mit der potenziellen Ausnahme von sehr reichen Haushalten.

9 Diese beiden Risikokennzahlen werden in Abschnitt 2.2 erläutert.

Unterschied zwischen den Lebensphasen Vermögensaufbau und Vermögensnutzung deutlich.

Der Übergang von Lebensphase 1 zu Phase 2 verläuft zumeist nicht schlagartig, sondern über eine mehrjährige Übergangszeit, in der sich Phase 1 und Phase 2, je nach Tabellenkriterium, überlappen.

Wenn man sich gedruckte oder die im Internet publizierten Ratgeber zum Thema Investieren ansieht, dann liegt der Fokus weit überwiegend auf Phase 1, und zumeist wird gar nicht oder zu geringfügig zwischen diesen beiden fundamental verschiedenen Lebens- und Investmentphasen unterschieden. Das ist deswegen bedauerlich, weil smartes Investieren in der Lebensphase 2 in vielerlei Hinsicht »nach anderen Gesetzen« erfolgen sollte, um die Wahrscheinlichkeit zu maximieren, die wohlüberlegten Ziele des betreffenden Haushaltes zu erreichen. Dieses Buch konzentriert sich auf Lebensphase 2.

Die für den Anlageerfolg bedeutsame Unterscheidung zwischen Vermögensaufbauphase und Vermögensnutzungsphase überschneidet sich mit der in der Praxis nicht minder wichtigen konzeptionellen Abgrenzung zwischen »reich werden« und »reich bleiben«. Beides sind sehr unterschiedliche Ziele und in beiden gelten zum Teil entgegengesetzte Erfolgsfaktoren für die Maximierung der Wahrscheinlichkeit der Zielerreichung. Trotzdem wird diese Unterschiedlichkeit, die jedenfalls für normal vermögende ältere Haushalte bedeutsam ist, in der Finanzbranche und den Medien selten systematisch thematisiert.

Fazit

Man kann es nicht genug betonen: Vermögensaufbau und Vermögensnutzung (inkl. Vermögensbewahrung) sind zwei sehr verschiedene »Spiele«, in denen die Ziele eines Haushaltes (sofern wirklich rational überlegt) vermutlich nicht identisch sind und – noch wichtiger – die Methoden und Instrumente zur Zielerreichung abweichen werden. Dieses Buch, das sich vorwiegend an Anleger in der Phase der Vermögensnutzung richtet, wird den Unterschied in den folgenden Kapiteln zunehmend deutlich machen.

1.8 »Negative Zinsdifferenzgeschäfte«: Kaum bekannt, verbreitet und teuer

In meiner Beratungspraxis begegne ich oft einer finanziell nachteiligen Konstellation, die vor allem ältere Haushalte betrifft – »negative Zinsdifferenzgeschäfte«. Hinter dieser nach dubioser Finanzkonstruktion klingenden Begrifflichkeit verbirgt sich etwas, das in der Theorie einfach ist, in der Praxis verzwickt sein kann und mit Gesetzeswidrigkeit zum Glück nichts zu tun hat.

Ein »negatives Zinsdifferenzgeschäft« (nachfolgend »NZDG« abgekürzt) liegt bei einem Haushalt dann vor, wenn er niedrig rentierendes »Cash-Vermögen« oder »Cash-artiges Vermögen« hält, während er zugleich Schulden, also Kreditverbindlichkeiten, hat.

Was meine ich mit »Cash-Vermögen« und »Cash-artigem Vermögen«? Dazu gehören unverzinsliche und verzinsliche Bankguthaben, Geldmarktfonds (→ Geldmarktanlagen), der → Rückkaufswert klassischer kapitalbildender Lebens- und Rentenversicherungen[10] sowie → High-Quality-Anleihen in Gestalt von Einzelanleihen oder in Fondsform und der Anleihenteil von Mischfonds.

All diese Anlageformen produzieren auf lange Sicht grundsätzlich niedrigere Verzinsungen (Renditen) als die Aufwandszinsen für Kredite eines Privathaushaltes. Aus dieser Differenz – die effektiven nominalen Einnahmen aus Guthabenzinsen (nominale Guthabenzinsen minus Steuern und Kosten) sind niedriger als die Ausgaben für Aufwandszinsen – ergibt sich die Bezeichnung »negatives Zinsdifferenzgeschäft«. Das ist Geld verlieren mit Ansage.

Infobox: »Investmentpornografie«

Investmentpornografie (oder Finanzpornografie) sind Aussagen in den Medien, im Internet und im Marketing von Finanzdienstleistern, die suggerieren, es sei für mehr oder weniger jeden möglich, mit geringem Risiko und/oder geringem Arbeitsaufwand verlässlich hohe Renditen zu erzielen. Investmentpornografie appelliert gezielt an unschöne Eigenschaf-

10 »Klassisch« steht für kapitalbildende Versicherungen, die in Anleihen (nicht in Aktienfonds) investieren.

ten, die wir alle bis zu einem gewissen Grad haben: Gier, FOMO (»fear of missing out«), Neid, Ungeduld, Naivität, Unwissenheit, Selbstüberschätzung und Faulheit.

Einige wenige Beispiele für Investmentpornografie: *»Aktien, ETFs oder doch Gold? So schaffen Sie es in 90 Minuten zum perfekten Depot«* (Artikelüberschrift in einer Tageszeitung), *»Reicher als die Geissens – Mit null Euro Startkapital in fünf Jahren zum Immobilienmillionär«* (Ratgeberbuchtitel), *»227% Gewinn an einem Tag mit brandheißen Penny Stocks«* (Artikelüberschrift in einer Finanzzeitschrift), *»Ich mache Sie reich – der Mann, der Millionäre macht«* (Ratgeberbuchtitel), *»Ich zeige Ihnen, wie Sie sich ein Vermögen aufbauen können durch Immobilien in den besten Lagen Deutschlands – ohne selbst etwas dafür tun zu müssen«* (LinkedIn-Post), *»Auch Sie haben das Zeug zum Börsengenie«* (Ratgeberbuchtitel), *»Jeder kann easy Millionär werden«* (Instagram-Reel eines Finfluencers), *»Mit den richtigen Aktien 5 000 Prozent Gewinn. Titel, die Jahr für Jahr steigen«* (Artikelüberschrift in einer Finanzzeitschrift).

Eines ist klar: Wer regelmäßig Investmentpornografie konsumiert und sie in seinem Vermögen umsetzt, wird damit hohe → Opportunitätskosten verursachen, also weniger verdienen als mit seriösen Geldanlagen oder sogar absolut Geld verlieren. Ganz abgesehen davon, dass das Konsumieren von Investmentpornografie ganz einfach vergeudete Lebenszeit ist.

Kreditzinsen existieren naturgemäß bei jeder Art von Schulden: bei Immobilienkrediten, Konsumgüterkrediten, bei Kreditkartenschulden, bei in Anspruch genommenen Dispokrediten und letztlich auch bei Leasing-Finanzierungen für Fahrzeuge (Leasing ist nichts anderes als Kreditfinanzierung mit einem anderen Namen und ggf. ein paar steuerlichen Abweichungen).

Was kann man dagegen tun? In aller Kürze formuliert, besteht die wirtschaftlich sinnvolle Beendigung eines fast immer nachteiligen NZDGs darin, die freien Cash-Mittel so weit wie möglich, so bald wie möglich und im maximalen Umfang zur Schuldentilgung einzusetzen. So weit wie möglich heißt: zur schnellstmöglichen Tilgung zumindest derjenigen Schulden, bei denen das kreditvertraglich möglich ist.

Die Tilgung eines Kredites ist ökonomisch gleichbedeutend mit einer »risikolosen Rendite« in Höhe des eingesparten Zinsaufwandes.

Lesern, die jetzt vermuten oder wissen, dass bei ihnen eine NZDG-Konstellation vorliegt, empfehle ich den Blogbeitrag zu negativen Zinsdifferenzgeschäften von meinem Kollegen Schweizer und mir, da er mehr in die Tiefe geht und mehr Handlungsoptionen aufzeigt als dieser aus Platzgründen kurz gehaltene Abschnitt (Kommer/Schweizer 2020a).

Fazit

Für Haushalte, die auf den Ruhestand zusteuern oder sich bereits in ihm befinden, gilt die nahezu ausnahmslose Grundregel: Bevor man überhaupt anfängt, ans Investieren zu denken, zuerst alle NZDGs beseitigen oder jedenfalls so weit beseitigen, wie es kreditvertraglich möglich ist.

Der nächste Abschnitt ergänzt diesen in Bezug auf Kredite. Darin geht es um die Frage, inwieweit Schulden im Alter überhaupt grundsätzlich sinnvoll sind oder nicht.

1.9 Verschuldung im Alter: Wie ist sie zu beurteilen?

Dass Schulden aus wirtschaftlicher Sicht, und ganz besonders Schulden, für die man persönlich und mit seinem Privatvermögen haftet, eine ambivalente Angelegenheit sind, dürfte allen Erwachsenen mit einem Minimum an Lebenserfahrung und Finanzwissen unmittelbar einleuchten.

Im direkt vorhergehenden Abschnitt habe ich bereits auf das spezifische »Schuldenproblem« der negativen Zinsdifferenzgeschäfte (NZDGs) hingewiesen und beleuchtet, wie es anzugehen ist. In diesem Abschnitt setze ich daher voraus, dass Sie die NZDG-Thematik bereits kennen.

Nicht superreiche Haushalte, die auf den Ruhestand zusteuern oder sich bereits in ihm befinden, sollten idealerweise keine Schulden mehr haben. Weil die Gründe dafür überwiegend simpel und offensichtlich sind, führe ich sie nur stichwortartig auf:

- Schulden sind erstens ganz einfach teuer, und beim Bezahlen von Zins und Tilgung gibt es zweitens keine echte Flexibilität.
- Schulden sind gleichbedeutend mit Risiko. Denken Sie an die unendlich vielen Privathaushalte oder Unternehmen in Deutschland und an-

derswo auf der Welt, die jedes Jahr durch Schulden in die Insolvenz, also in den Ruin gehen. Ein bekanntes jüngstes Beispiel aus der Welt der Superreichen ist der Österreicher René Benko. Zu viel Schulden waren die Hauptursache für seinen wirtschaftlichen Untergang.

- Die Rückführung von Schulden ist für Haushalte, die nicht mehr berufstätig sind, häufig besonders schwer, weil ihr laufendes Einkommen im Ruhestand üblicherweise niedriger ist als zuvor und weil diese Haushalte nur noch begrenzte Zeit zur Rückführung haben.
- Aus meiner Sicht sollte ein Mensch anstreben, soweit es ihm wirtschaftlich möglich ist, zumindest in seiner Privatsphäre seinen Nachkommen und Erben keine nennenswerten Schulden zu hinterlassen. Zugegeben, ein eher subjektives Argument, aber ich persönlich sehe es so.
- Wenn man in der Vermögensschutzphase oder Vermögensnutzungsphase angekommen ist, dann fehlt bei normal vermögenden Haushalten die ökonomische Logik (a) für die Nutzung des Kredithebels (risikoreich, durch Schulden Vermögensaufbau zu betreiben) und zumeist auch (b) für nennenswerte Steuervorteile aus Fremdfinanzierung.
- Schulden reduzieren Kontrolle. Wer dieses offensichtliche Faktum nicht erkennt, hat noch nie Schulden gehabt oder lebt im »Schulden-La-La-Land«. (Ich habe in meinem Leben eine Menge ältere Menschen getroffen, fast ausnahmslos Männer, auf die das zutrifft.) Der Kreditgeber nimmt immer irgendwie – direkt oder indirekt, schwach oder stark – Einfluss auf das Leben des Schuldners, mindert also dessen Kontrolle über sein Dasein. Der Gläubiger beengt die Handlungsoptionen des Schuldners. Will man das nach dem 50. oder 60. Lebensjahr? Der frühere schwedische Ministerpräsident Göran Persson schrieb darüber einmal: »Those who are indebted are not free.« Persson hatte Recht.
- Schulden haben heißt, immer wieder die Hosen herunterlassen zu müssen. Jeder Kreditgeber (Banken sowieso) will wissen, wie es um die finanziellen und sonstigen Verhältnisse des Kreditnehmers bestellt ist. Will man seine Privatsphäre auf diese umfassende Art im Alter noch Dritten gegenüber offenlegen müssen?
- Im Alter ist Zeit – nicht Vermögen – die wichtigste Ressource. Schulden machen bedeutet letztendlich, Renditechancen und Risiko die Priorität über Zeit zu geben. Die Abwesenheit von Schulden – Schuldenfreiheit – ist generell gut für den Seelenfrieden eines Menschen. Ein Min-

destmaß an Seelenfrieden zu erzielen, ist im Alter noch wichtiger als in der ersten Lebenshälfte.

Die einzige Ausnahme von den hier genannten, wohl überwiegend offensichtlichen Antischulden-Regeln im Alter sind Verbindlichkeiten, die für *investive Zwecke* eingegangen wurden, z.B. zur Finanzierung einer Immobilie oder eines Unternehmens. Aber auch hier sollte ein nicht mehr berufstätiger Haushalt versuchen, eine rechtliche Struktur zu finden, in der er für diese Schulden nicht mehr persönlich haftet.

Fazit

Schulden mögen in der Phase des Vermögensaufbaus sinn- und nutzvoll sein, aber dieser Sinn und dieser Nutzen werden im Allgemeinen immer schwächer, je länger und weiter ein Haushalt vom Vermögensaufbau in die Phase der Vermögensnutzung und des Vermögensschutzes übergegangen ist. Schulden bedeuten ganz einfach zusätzliches Risiko und weniger Kontrolle über sein Leben.

Ganz besonders übel sind Schulden in der Lebensphase der Vermögensnutzung und des Vermögensschutzes, für die man mit seinem Privatvermögen haftet.

2 Risiko in der Vermögensanlage richtig verstehen

2.1 Acht Grundkonzepte für ein smartes Risikoverständnis

In diesem Kapitel stelle ich acht fundamentale Konzepte vor, deren Verständnis Sie zu einem besseren Risikomanager Ihres eigenen Vermögens machen wird. Im nachfolgenden Kapitel 3 (»Anlageprodukte, von denen Sie eher die Finger lassen sollten«) werde ich dann über 20 Finanzprodukte vorstellen, die zumeist aus Risikosicht und in einigen Fällen auch aus Renditesicht ganz einfach schlecht sind. Wer sie noch nicht besitzt, hat Glück gehabt und sollte sie vermeiden, wer sie schon besitzt, muss darüber nachdenken, ob und wie er sie loswird und/oder durch Besseres ersetzt.

Die Beschäftigung mit Investmentrisiko ist wirtschaftlich sehr lukrativ. Je besser man über Risiko Bescheid weiß, desto weniger Risiko wird man tendenziell in seinem wirtschaftlichen Dasein erdulden müssen und desto höhere Renditen wird man mit seinem Vermögen erzielen.

Eine universell gültige Definition von Investmentrisiko zu formulieren, ist unmöglich und daher auch seit Begründung der Wirtschaftswissenschaft durch den schottischen Philosophen und Ökonomen Adam Smith (1723–1790) niemandem mehr gelungen. Ganz pragmatisch könnte man Investmentrisiko (oder Finanzrisiko) so definieren: »Das finanzielle Risiko des Investments X ist die Möglichkeit, an einem bestimmten Zeitpunkt in Bezug auf dieses Investment weniger liquide Geldmittel (Kaufkraft) zur Verfügung zu haben, als man es bei seiner ursprünglichen Entscheidung, in X zu investieren, erwartete (plante).« In ähnlicher Weise definierte Warren Buffett Investmentrisiko einmal so: »Investieren ist eine Aktivität, bei der auf Konsum heute zugunsten eines größeren Konsums in der Zukunft verzichtet wird. Risiko ist die Möglichkeit, dass dieses Ziel nicht realisiert wird.« Wer intensiv sucht, wird Schwächen in beiden Risikodefinitionen finden, obwohl sie allgemein und unspezifisch gehalten sind.

Doch kommen wir nun zu den acht allgemeinen Risikogrundkonzepten:

(1) Gute Risiken versus schlechte Risiken

Die Aufteilung von Risiken in gute und schlechte Risiken repräsentiert eine der in der Praxis »kostbarsten« Erkenntnisse der Kapitalmarktforschung der vergangenen 60 Jahre. Gute Risiken sind solche, für die der Kapitalmarkt aus Ex-ante-Sicht (im Voraus) eine Kompensation verspricht, sprich Rendite zahlt. Damit ist gemeint, dass man statistisch (also nach dem Gesetz der großen Zahl) von diesen Risiken im Vorhinein erwarten kann, für das Tragen (für das »Nehmen«) eines solchen guten Risikos durch entsprechende Rendite belohnt (kompensiert) zu werden. Bei schlechten Risiken trifft das nicht zu. Ex ante kann man von ihnen nicht erwarten, eine angemessene Risikokompensation zu erhalten. Bei guten Risiken könnte man metaphorisch von vorherigen Schmerzen und anschließendem Schmerzensgeld (Rendite) sprechen, bei schlechten Risiken nur von Schmerzen ohne Schmerzensgeld.

Die Aufgabe eines klugen, rationalen Anlegers ist es, bewusst gute, also voraussichtlich kompensierte Risiken in der für ihn passenden Menge in sein Portfolio zu holen und dafür zu sorgen, dass schlechte, voraussichtlich nicht bezahlte Risiken draußen bleiben. Es wäre also dumm und kontraproduktiv, das Ziel zu haben, Risiken allgemein zu vermeiden oder minimieren zu wollen. Das Ziel eines rationalen Anlegers muss vielmehr lauten, sich bestimmte gute Risiken in der gewünschten Menge in sein Portfolio zu nehmen und dafür zu sorgen, dass schlechte Risiken darin vermieden oder abgebaut werden.

Beispiele für schlechte Risiken, die in die Zukunft gerichtet voraussichtlich nicht kompensiert (vergütet) werden, sind die folgenden. (Mit den hier genannten sieben »Wetten« sind *konzentrierte*, also nicht systematisch breit diversifizierte Investments gemeint.)

- Wetten (spekulieren) auf einzelne Aktien oder Unternehmensanleihen (mehr dazu in Abschnitt 3.4);
- Wetten auf einzelne Banken. Das geschieht immer dann, wenn Sie Bankguthaben oberhalb der gesetzlichen Einlagensicherungsgrenze mehr als nur ein paar Wochen auf einem Bankkonto belassen (siehe Abschnitt 4.5);
- Bei Aktieninvestments: Wetten auf einzelne Branchen, einschließlich

des »Tech Sektors«, von dem die Mehrheit aller Privatanleger irrtümlich glaubt, sie habe langfristig höhere Renditen als der allgemeine Aktienmarkt – siehe Kommer/Kanzler 2020j;

- Wetten auf einzelne Fondsmanager (siehe Abschnitte 1.4 und 3.3);
- Wetten auf einzelne Zeitabschnitte, also auf Market Timing im Sinne von Rein-Raus, Hin und Her (siehe Abschnitt 1.4);
- Wetten auf die Geldpolitik von Zentralbanken oder auf andere volkswirtschaftliche Kennzahlen (warum volkswirtschaftliche Kennzahlen, darunter auch Zinsen, Inflation und Staatsverschulden keine Richtschnur für Investmententscheidungen sein sollten, siehe Kommer/Schweizer 2023c);
- Verpackungsrisiken (siehe Abschnitt 1.6).

Das Risiko eines Investments in eine ganze Anlageklasse ist nahezu ausnahmslos gutes Risiko (mit ETFs kann man bequem in ganze Anlageklassen investieren). Definitionsgemäß kann man Anlagenklassenrisiko durch Diversifikation (Streuung) *innerhalb* der Anlageklasse nicht weiter reduzieren (auf Diversifikation als Risikomanagementtechnik gehe ich in diesem Kapitel noch vielfach ein.)

Ferner kann man davon ausgehen, dass der Kapitalmarkt das Risiko einer Anlageklasse jederzeit (also auch in dem Moment, wenn Sie kaufen oder verkaufen wollen) »richtig« (»fair«) bepreist. Richtig bepreist ist gleichbedeutend mit »die beste Schätzung der angemessenen Bewertung« der Anlageklasse. Jede andere Schätzung ist mit einer geringeren Wahrscheinlichkeit korrekt. Bei nicht börsennotierten Investments – z.B. Immobilien (bebaute oder unbebaute Grundstücke), Luxusautomobile, Sammlerobjekte und die aus diesen Anlageklassen aufbauenden Finanzprodukte – besteht dieser geniale Anlegerschutzmechanismus nicht. Wenn Sie eine Immobilie kaufen möchten, wissen Sie ohne aufwendige Überprüfung und/oder großen Sachverstand zumeist nicht, ob der Angebotspreis ein fairer Preis ist; wenn Sie die Aktie von SAP oder einen ETF-Anteil kaufen wollen[11], wissen Sie das – ohne aufwendige Überprüfung und auch ohne

11 Auf ETFs als die für Privatanleger beste und einfachste Form, in Kapitalmarktanlagen (Aktien, Anleihen, Kryptoanlagen, Edelmetalle und Rohstoffe) zu investieren, gehe ich aus didaktischen Gründen erst in Abschnitt 4.6 im Detail ein.

Sachverstand. Mit ETFs kann man ganze Anlageklassen zu geringstmöglichen laufenden Kosten und zum fairen Preis in sein Portfolio holen.

(2) Buchverluste versus realisierte Verluste

Diese Unterscheidung mag manchem Leser trivial erscheinen, anderen dagegen als eine ganz essenzielle Einsicht: Für einen disziplinierten global diversifizierten Buy-and-Hold-Anleger sind vermutlich der allergrößte Teil der Verluste, die er in seinem Anlegerleben ertragen muss, und der allergrößte Teil der Zeit, in der solche Verluste auftreten, nur vorübergehende Buchverluste. Buchverluste sind – anders als realisierte Verluste – »nur« Verluste auf dem Papier und eben nicht endgültig. Die in der Finanzbranche am meisten verwendete Risikokennzahl Volatilität (Erläuterung in Abschnitt 2.2) misst lediglich Buchverluste und Buchgewinne, solange man die entsprechende Anlage nicht verkauft. Warren Buffett hat in seinem großen Unternehmensportfolio immer irgendwo Buchverluste; jeder Unternehmer, ob Apple Inc.[12] oder Schulzes Zeitungskiosk um die Ecke, hat sie zumindest zeitweilig, und die meisten deutschen Eigentümer einer Wohnimmobilie, die zwischen 1981 und 2009 gekauft wurde, hatten sie bezogen auf ihr eingebrachtes Eigenkapital und unter Berücksichtigung aller Kosten viele Jahre, manchmal sogar mehr als zwei Jahrzehnte lang.

Die Chance, aus Buchverlusten wieder »herauszuwachsen«, ist weitaus höher für global und über Anlageklassen hinweg breit diversifizierte Buy-and-Hold-Anleger als für aktive Anleger, die »konzentriert« investieren. Eine Anlageklasse wie Aktien Global oder ein global diversifiziertes Portfolio aus Aktien und Anleihen (am einfachsten zu realisieren in ETF-Form) wird nach einem Verlust – egal, wie tief er ist – immer »zurückkommen«. Man muss ihr nur genug Zeit geben (oder geben können). Das zeigt Abbildung 1 für den Zeitraum von 1970 bis 2024.

Warum ist das so? Die breit diversifizierte Anlageklasse Aktien oder Unternehmensanleihen (in die man per ETF zu geringen Kosten investieren kann) kann einfach nicht in Konkurs gehen. Das kann lediglich ein

12 Apple hatte sein Börsenlisting im Dezember 1980, vier Jahre nach der Unternehmensgründung. In den ersten 20 Jahren seiner Börsenexistenz schlitterte das Unternehmen wegen Fehlinvestitionen und schwerer Liquiditätsengpässe zweimal knapp am Konkurs vorbei. Mehrfach lag die Apple-Aktie um über 50% im Minus, in der Spitze, im Dezember 1997, sogar um minus 83%.

Abbildung 1: Die inflationsbereinigten Kalenderjahresrenditen (obere Grafik) und der parallele Vermögenszuwachs (untere Grafik) eines diversifizierten 70/30-Aktien-Anleihen-Portfolios auf Buy-and-Hold-Basis von Ende 1969 bis Ende 2024 (55 Jahre): Wer nie verkaufte, erlitt zwischendurch nur Buchverluste

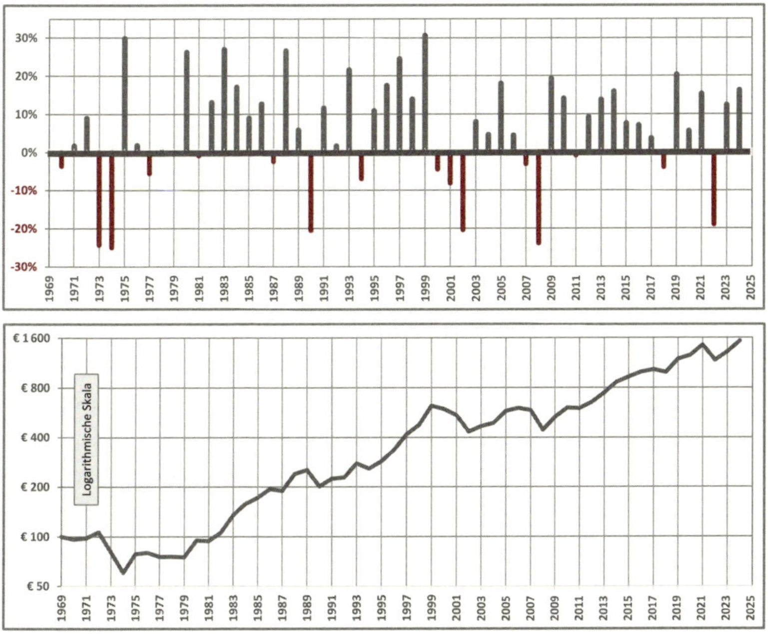

► In DM bzw. Euro. Ohne Kosten und Steuern auf Basis von Kalenderjahresrenditen (die Schwankungen nach oben und unten wären bei Verwendung von Monatsrenditen stärker). ► 70% globale Aktien, 30% mittelfristige deutsche Staatsanleihen (RexP-Index). ► Die reale Rendite der gezeigten 70/30- →Asset-Allokation im gezeigten 55-Jahres-Zeitraum betrug 5,1% p.a., was in diesem Zeitraum (vor Kosten und Steuern) zu einer realen Verfünfzehnfachung des Anfangsinvestments führte. ► Daten: MSCI, Bundesbank.

einzelnes Unternehmen, eine einzelne Bank (in Bezug auf Bankguthaben) oder ein kreditfinanziertes Immobilienportfolio aus nur einem oder wenigen Objekten. Solche nicht diversifizierten Investments können zu einem endgültigen Totalverlust des vom Anleger eingesetzten Eigenkapitals führen, sowohl in der Theorie als auch, wie es häufig passiert, in der Praxis. Das letzte DAX-Unternehmen, das pleiteging, war Wirecard (2020). (Bei mittelständischen und kleinen Unternehmen ist die Pleitewahrscheinlichkeit für ein gegebenes Jahr oder Jahrzehnt naturgemäß weit höher als für ein DAX-Unternehmen.)

(3) Risiko ist subjektiv, nicht objektiv

Auf der einen Seite existiert das Messergebnis für eine bestimmte Risikokennzahl und auf der anderen Seite steht die subjektive Wahrnehmung dieses Risikos und der Kennzahlausprägung durch die Anleger. Der globale Aktienmarkt besitzt eine relativ leicht und genau zu bestimmende historische oder eine für die Zukunft geschätzte Volatilität (siehe Abschnitt 2.2). Wie diese objektiv messbare Risikorealität von einem *bestimmten* Anleger wahrgenommen und gefühlt wird, ist von den nackten Daten jedoch fast völlig unabhängig.

Menschen haben zudem unterschiedliche Risikotoleranzen auf unterschiedlichen Gebieten ihres Lebens, darunter die Felder soziale Beziehungen, Beruf, Sport, Ernährung und Vermögensanlage. Finanzrisiko ist nur eine von vielen dieser Domänen. Ein Beispiel: Der Freestyle-Skifahrer Franz stürzt sich gerne nahezu vertikale Tiefschneehänge in den Hochalpen hinunter, während der gleichaltrige Robert aus Angst (Risikoscheu) solche Hänge allenfalls unter physischem Zwang und auf dem Bauch robbend hinunterrutschen würde. Gleichzeitig oder trotzdem investiert Franz aus Risikoscheu nur in Bankguthaben mit niedriger Volatilität, während Robert mit risikoreichen Kryptowährungen und Derivaten spekuliert.

Auch in der zeitlichen Dimension variiert und ändert sich unsere Risikotoleranz. Bei den meisten Menschen nimmt die Risikotoleranz mit zunehmendem Alter ab. Für das Kollektiv aller Anleger, also den gesamten Markt – ob in Aktien, Anleihen oder Immobilien – steigen und sinken »Risikoaversionsgrade« im Zeitablauf. Neudeutsch nennt man das »time-varying risk premia« (»im Zeitablauf verändernde Risikoprämien«). In einer Crash-Situation schießt die kollektive Risikoaversion in die Höhe.

(4) Sichtbares versus unsichtbares Risiko

Das Risiko börsennotierter Investments (Aktien, Anleihen, Gold und Rohstoffe) im Sinne von Renditeschwankungen (Wertschwankungen, also Volatilität) ist für jedermann laufend beobachtbar; es liegt offen zutage und man kann es deswegen »sichtbares« Risiko nennen. Die Wert- bzw. Renditeschwankungen solcher Investments werden minütlich gemessen, und diese Schwankungen kann jeder im Internet, in den Medien oder in seinem eigenen Depot für beinahe jede beliebige Periode, ob ein Tag oder 30 Jahre, bequem beobachten, nachprüfen, nachrechnen und dokumentieren. Ich nenne »sichtbares« Risiko daher auch »ehrliches« Risiko. Über seine Existenz und sein Ausmaß bestehen keine Zweifel und kaum je Uneinigkeit. Diesem sichtbaren, ehrlichen Risiko steht das »unsichtbare«, in gewisser Weise »unehrliche« Risiko anderer Anlageklassen und Finanzprodukte gegenüber, die nicht börsennotiert sind. Zu ihnen gehören: Direktanlagen in Immobilien, offene Immobilienfonds, geschlossene Immobilienfonds, kapitalbildende Lebensversicherungen, private Rentenversicherungen, Bausparverträge, Private-Equity-Investments, Peer-to-Peer-Kredite (siehe Abschnitt 3.12) und nicht börsennotierte Unternehmensbeteiligungen.[13]

Das tatsächliche Risiko eines Investments wird davon bestimmt, welche Anlageklasse sein »Kern« (»Inhalt«) ist, nicht davon, ob das Risiko sichtbar oder unsichtbar ist. Eine nicht börsennotierte Unternehmensbeteiligung und eine börsennotierte Unternehmensbeteiligung (Aktie) sind unter sonst gleichen Umständen naturgemäß gleich risikoreich. Trotzdem erscheint das Risiko der nicht börsennotierten Beteiligung bei naiver Betrachtung geringer, weil es darüber nur wenig verfügbare Preisdaten gibt, z.B. eine Bewertung beim Kauf und eine neue Bewertung durch ein Gutachten sechs Jahre später. Selbstverständlich entspricht die tatsächliche Preisentwicklung im Zeitablauf *nicht* einer geraden Linie zwischen diesen beiden Zahlen. Der tatsächliche Wert und/oder die tatsächliche Rendite der nicht börsennotierten Beteiligung schwankt von Monat zu Monat grundsätzlich genauso stark – und genauso stark täglich, wöchentlich oder monatlich – wie bei dem börsennotierten Investment (der Aktie), egal, ob man die Schwankung beobachtet oder nicht beobachtet (Chandra u.a. 2019a und 2019b zeigen das für Immobilien und Private Equity). Immobiliendirektinvestments (besonders dann, wenn teilweise kreditfinanziert) sind in diesem Sinne »risikounehrliche« Finanzprodukte.

Aus dem »Nichtsehenkönnen« abzuleiten, dass die genannten risikounehrlichen Anlageklassen und Anlageprodukte grundsätzlich weniger risikoreich seien als börsennotierte Aktien, Anleihen, Gold, Kryptowährungen und Rohstoffe, ist jedenfalls ein grober Denkfehler, der unzählige Anleger in den letzten 100 Jahren viel Geld gekostet hat. Trotzdem sitzen diesem Denkfehler – nicht sichtbare Wertschwankungen mit nicht vor-

---

13 Auf eine Mehrzahl der soeben genannten Finanzprodukte gehe ich in Kapitel 3 ein.

handenen Wertschwankungen zu verwechseln – meiner Schätzung nach 95% aller Privatanleger auf, auch solche mit BWL-Studium und kaufmännischem Beruf. Ich persönlich halte das für eine veritable Tragödie, an der – wen überrascht's? – die etablierte Finanzbranche und die Medien die Hauptschuld tragen, denn durch objektivere und ehrlichere Risikokommunikation könnte man diesen Denkfehler bei Privatanlegern zum größten Teil heilen.

(5) Schlechte bekannte Verhältnisse sind kein Risiko

Negative Umstände, die bekannt und gewiss sind, werden ganz einfach beim Pricing, das der Markt für ein börsennotiertes Investment vornimmt, berücksichtigt (eingepreist). Ein Investment in ein Unternehmen, eine Immobilie oder eine ganze Anlageklasse, das oder die in der Vergangenheit schlecht lief, ist allein deswegen nicht risikoreich oder ein schlechtes Investment, denn diese unerfreulichen Verhältnisse liegen ja alle offen. Es ist eben *nicht* klar, dass dieses Unternehmen/diese Anlageklasse in Zukunft schlechte Anlegerrenditen abwerfen wird. Vielmehr besteht das für einen Privatanleger wirklich relevante Risiko eines solchen schlechten Investments darin, dass sich diese Verhältnisse in Zukunft weiter verschlechtern. Ein besseres Wort für Risiko wäre daher eigentlich »Verschlechterungsgefahr«. Diese besteht bei einem einzelnen Unternehmen, einer Immobilie oder einer ganzen Anlageklasse, das oder die in der Vergangenheit gute oder sehr gute Finanzkennzahlen hatte und dem oder der allgemein gute Zukunftsaussichten bescheinigt werden, grundsätzlich ebenso und könnte sogar höher sein als beim schlechten Investment mit schlechter Vergangenheit. Bekannte schlechte Verhältnisse sind jedenfalls bei börsennotierten Anlagen längst im Kurs eingepreist und machen das Investment daher in die Zukunft gerichtet günstig. Unter sonst gleichen Umständen ist »günstig« eine gute Eigenschaft. Fazit: Schlechte vergangene und gegenwärtige Umstände von börsennotierten Anlagen, die bekannt sind, sind kein Risiko, denn der Markt preist sie ein. Auch deswegen ist ein betriebswirtschaftlich schlechtes oder unterdurchschnittliches Unternehmen noch lange keine schlechte Aktie. Weil der Markt um die mangelnde Rentabilität des Unternehmens weiß, sinkt der Preis der Aktie so weit, dass dieses Unternehmen vorwärtsgerichtet genauso attraktiv sein kann wie die Aktie eines Börsen-Darlings, der seit Jahren Rekordergebnisse bei Umsatzwachstum und Gewinn liefert.

(6) Aktienrisiko ist in den letzten Jahren nicht gestiegen

Dass das Aktienrisiko »seit Jahren« zunehme oder »in den letzten Jahren« zugenommen habe, ist immer wieder in den Medien zu lesen oder wird oft von Finanzberatern und Bankern behauptet, die ihre sogenannten sicheren Produkte oder ihr angeblich gut funktionierendes Risikomanagement verkaufen wollen. Solcher Unsinn stößt bei vielen Privatanlegern auf offene Ohren, weil wir uns gerne einreden, die »Gegenwart« oder – noch eine Nummer pompöser – das eigene »Zeitalter« sei besonders »schwierig« und »besonders risikoreich«. Der Glaube an das gestiegene Risiko ist jedenfalls in Bezug auf die Schwankungsintensität von Aktien – der ertragreichsten aller Anlagenklassen – ganz klar falsch. Für die letzten gut 50 Jahre kann man das auch in Abbildung 1 erkennen. Das Wertschwankungsrisiko (die Volatilität) der Anlageklasse Aktien Global war in den letzten fünf Jahren nicht grundsätzlich höher als im Mittel der letzten fünfeinhalb Jahrzehnte.

(7) Langlebigkeitsrisiko – Ein kurioser Begriff, aber ein nützliches Konzept

Wenn man anfängt, sich etwas intensiver mit Investieren vor und im Ruhestand zu beschäftigen, wird einem der Begriff »Langlebigkeitsrisiko« häufig begegnen. Wer diese Wortschöpfung zum ersten Mal hört, könnte zunächst denken, dass sie entweder ein Dummkopf oder ein Zyniker geprägt hat, denn wer würde allen Ernstes ein langes Leben als Risiko bezeichnen? Nun, die Versicherer tun es, und wenn man kurz darüber nachdenkt, was sich hinter diesem Risikokonzept verbirgt, wird man feststellen, dass die bizarre Bezeichnung gar nicht so falsch ist. Erstens: Aus Sicht eines Versicherungsunternehmens, das eine »Leibrentenversicherung« (Rentenzahlung bis zum Tod) als Finanzprodukt anbietet, besteht in der Tat insofern ein finanzielles Langlebigkeitsrisiko, als die Versicherungsgesellschaft irrtümlich den durchschnittlichen Todeszeitpunkt des Versicherten-Pools falsch (zu früh in der Zukunft) kalkuliert hat und dadurch im schlimmsten Falle insolvent wird. Zweitens: Aus Sicht einer Privatperson besteht ebenfalls ein Langlebigkeitsrisiko, wenngleich ein anderes, nämlich, (a) dass die Finanzmittel der Person bereits vor ihrem Tod aufgebraucht sind oder – anders formuliert – dass die Person länger lebt, als ihre Finanzmittel reichen[14], und (b) dass die Person aus Angst vor (a) zu wenig konsumiert (zu viel spart), sich also im Ruhestand einen zu niedrigen Lebensstandard gönnt, und damit mehr Vermögen hinterlässt, als eigentlich geplant und gewünscht war. Einmal reicht das Geld der Versicherung nicht (Risiko der Versicherung) und das andere Mal reicht das Privatvermögen eines Haushaltes nicht oder der Lebensstandard wird zu niedrig angesetzt (Risiken eines Privathaushaltes).

Warum die Absicherung des eigenen Langlebigkeitsrisikos durch eine private Rentenversicherung mehrheitlich keine gute Idee ist, erläutere ich in Abschnitt 3.2.

(8) Zu häufige Portfoliobetrachtung erhöht die Risikoaversion

Die wissenschaftliche Finanzmarktforschung fand Mitte der 1990er-Jahre heraus, dass Anleger umso konservativer anlegen (im Sinne des prozentualen Aktienanteils in ihrem Portfolio), je häufiger sie ihre Investments betrachten, also je häufiger sie ihren Depotauszug im Internet oder auf Papier anschauen (Lee/Veld-Merkuolova 2016). Dieses Phänomen nennt sich in der Forschung »Myopic Loss Aversion« (»kurzsichtige Risikovermeidung«). Es geht darum, dass laufendes »Sich-ins-Bewusstsein-Rufen« der hohen Schwankungsintensität von Aktien, die in etwa 47% aller einzelnen Werktage und 41% aller einzelnen Monate negative nominale Renditen aufweisen (MSCI World Standard Index), beim Anleger mentalen Stress auslöst, das Angst macht und abschreckend wirkt. Im Ergebnis wird diejenige Anlageklasse, die unzweifelhaft die langfristig höchsten Renditen hat (Aktien), unterbewusst vermieden bzw. im Portfolio zu gering gewichtet.

Auf ein ganzes Anlegerleben bezogen führt dieses Verhalten (das ständige, zu häufige Hinschauen) bei vielen zu einem zeitgewichteten Anlageprofil, das in unnötig schwachen Renditen und unnötig geringer Vermögensbildung resultiert. Renditen sind Prämien für das Tragen von (gutem) Risiko, wie wir wissen. Der amerikanische Investmentmanager und Buchautor Rick Ferri sagte in diesem Zusammenhang einmal schalkhaft: »Wenn Sie Ihr Investmentrisiko reduzieren wollen, dann schauen Sie nicht mehr so oft hin.« Darin steckt eine Menge Weisheit: Sie erweisen sich einen Bärendienst, wenn Sie Ihren Portfoliostand oder Depotauszug

14 Etwas morbide hat ein Spaßvogel das einmal als »am Ende des Geldes ist noch Leben übrig« bezeichnet.

täglich oder wöchentlich betrachten; selbst monatlich ist eigentlich noch zu häufig. Einmal alle sechs Monate oder, noch besser, einmal im Jahr genügt. Auch andere Nachrichten über das tägliche Auf und Ab an den Börsen sollten Sie, wenn möglich, einfach »abschalten«. Ihr Portfolio und Ihre Grundstimmung werden es Ihnen danken (Lee/Veld-Merkuoulova 2016).

2.2 Volatilität, Maximum Drawdown, Shortfall Risk: Drei zentrale Risikokennzahlen

Im vorigen Abschnitt haben wir uns mit acht grundsätzlichen Risikokonzepten befasst. In diesem Abschnitt wollen wir uns nun noch mit der Messung des Risikos von Finanzanlagen beschäftigen. Zwischen Risikomesszahlen und Risiko im Sinne von Risikokonzepten (eine bestimmte Art, Risiko zu begreifen und zu definieren) besteht folgender Zusammenhang: Alle Risikomesszahlen sind letztlich auch Risikokonzepte, aber nicht alle Risikokonzepte lassen sich auch in einer Risikomesszahl ausdrücken.

Wir beginnen mit der Volatilität. Sie ist das in der Finanzökonomie am meisten verbreitete Risikomaß.

(1) Volatilität

Das Wort Volatilität leitet sich vom lateinischen Verb »volare« (»fliegen«) ab und bezieht sich auf die Wertschwankungen (genauer Renditeschwankungen) eines Investments im Zeitablauf, z.B. (a) die Volatilität der Tagesrenditen von Bitcoin in Euro gemessen während der letzten fünf Jahre oder (b) die Monatsrenditen des DAX-Index in Euro vom 1.2.2000 bis 31.12.2024 oder (c)die Volatilität der Kalenderjahresrenditen kurzlaufender US-Staatsanleihen in USD von 1950 bis 1990. Volatilität wird typischerweise anhand der statistischen Kennzahl Standardabweichung gemessen. Je höher die Standardabweichung der Wertschwankungen in der Betrachtungsperiode, desto risikoreicher ist das Investment.

Die allermeisten Menschen mögen keine negativen Wertschwankungen eines Investments – das dürfte nicht überraschen. Hinzu kommt, dass negative Wertschwankungen bei »normalen Menschen« gefühlsmäßig nicht vollständig durch betragsgleiche positive Wertschwankungen ausgeglichen werden. Als eine aus der Wissenschaft abgeleitete Faustregel kann man Folgendes sagen: Ein Investment muss für einen negativen Ertrag (einen Verlust, eine negative Rendite) einen doppelt so hohen positiven Ertrag (einen Gewinn) erzeugen, bis der »Gefühlshaushalt« (oder »Nutzenhaushalt«) des Anlegers wieder voll ausgeglichen ist. Ein Verlust von einer Geldeinheit muss hier also mit einem Gewinn von zwei Geldeinheiten wettgemacht werden. Streng genommen ist das irrational, doch so sind wir Menschen nun einmal, und weil das so ist, mögen wir Volatilität nicht. Wie sich Volatilität auf der Portfolioebene (Depotebene) senken lässt, kommt im nächsten Abschnitt (Diversifikation) zur Sprache.

Generell erfasst Volatilität sehr gut das kurzfristige Risiko von Wertschwankungen nach unten, aber kaum das Risiko, mit einer Anlage ungenügend oder falsch für den Ruhestand vorzusorgen. Die meisten Menschen nehmen kurzfristiges Risiko viel intensiver wahr als langfristiges Risiko. Wäre es andersherum, gäbe es mehr Haushalte, die in Aktien investierten, und wohl auch weniger Altersarmut.

Infobox: »Marktkapitalisierung« – Ein Schlüsselbegriff beim Investieren

»Marktkapitalisierung« (»MK«) existiert als Konzept für alle Anlageklassen. Stark vereinfacht heißt MK einfach »Marktwert«, doch die Praxis ist komplexer.

Marktkapitalisierung bei Aktien: Andere Bezeichnungen für MK sind hier »Börsenwert« oder »Börsenkapitalisierung«. Die MK eines börsennotierten Unternehmens entspricht dem Aktienkurs multipliziert mit der Anzahl der umlaufenden Aktien. Konzeptionell repräsentiert die MK den aktuellen Marktwert des Eigenkapitals des Unternehmens. Die MK ist somit nicht der gesamte Marktwert des Unternehmens (wie viele Anleger glauben), sondern nur der des Eigenkapitals, also Marktwert des Gesamtkapitals abzüglich Marktwert des Fremdkapitals (der Schulden bzw. Verbindlichkeiten). Man könnte auch sagen: »Marktwert aller Vermögenswerte minus Marktwert der Schulden«.[15] Die MK ist vom *Buchwert* des Eigenkapitals zu unterscheiden, der in der Unternehmensbilanz steht. Die MK lässt sich auch

15 Die verbreitete Bezeichnung »Unternehmenswert« ist uneindeutig, weil dabei unklar bleibt, ob nur der Wert von Eigenkapital oder der Wert von Eigenkapital *und* Fremdkapital (*aller* Assets) gemeint ist.

kollektiv für einen nationalen oder regionalen Markt bzw. einen Index wie den DAX oder den MSCI World errechnen, also für eine wie auch immer definierte Gruppierung von Aktiengesellschaften. Dann ist die MK die Summe der individuellen MKs aller in diesem Land oder dieser Region börsennotierten Unternehmen.

Marktkapitalisierung bei Anleihen: Hier entspricht die MK dem Anleihenkurs multipliziert mit der Anzahl der umlaufenden Anleihen. Die MK aller Anleihen weltweit zusammengenommen (Staatsanleihen und Unternehmensanleihen) übertrifft die kollektive MK aller Aktien.

In den meisten Aktienindizes entspricht das Gewicht eines einzelnen Unternehmens dem Anteil seiner MK an der MK aller Unternehmen im zugrunde liegenden Universum. Man spricht dann von einem marktkapitalisierungsgewichteten Index.

Nach meinem Eindruck haben viele Menschen, die keine oder wenig Erfahrung mit Kapitalmarktanlagen (z.B. Aktien oder Kryptoanlagen) haben, eine regelrecht panische Aversion gegen negative Renditeschwankungen in Gestalt von nominal negativen Tagesrenditen, Monatsrenditen und Jahresrenditen. Das dürfte einer der Hauptgründe dafür sein, warum in Deutschland, je nach Statistik, nur rund 10% bis 18% aller Haushalte Aktien besitzen (ein niedrigerer Wert als in vielen vergleichbaren Ländern). Das erklärt auch, warum Immobilien, kapitalbildende Lebensversicherungen und Bankguthaben trotz ihrer deutlich unterhalb von Aktien liegenden Langfristrenditen als Vermögensanlagen so viel beliebter sind als Aktien. Rein optisch betrachtet (nicht jedoch in Wirklichkeit) weisen solche Lebensversicherungen und Immobilien nämlich kaum Renditeschwankungen auf. Die Nullvolatilität von Bankguthaben wird mit beträchtlichem (für den durchschnittlichen Bankkunden nicht erkennbaren) Ausfallrisiko erkauft.

(2) Maximum Drawdown (maximaler historischer Verlust)

Der »Maximum Drawdown« (»MDD«) ist der maximale kumulative (Buch-)Verlust, der sich bei einem Investment in einer gegebenen historischen Betrachtungsperiode ergeben hat. Beispiel: Im Zeitraum von Juli 1996 bis Dezember 2024 (28,5 Jahre) produzierte der globale Aktienmarkt gemessen am breiten → MSCI ACWI IMI Index eine inflationsbereinigte (reale) Rendite in Euro von 7,0% p.a. (vor Kosten und Steuern in DM bzw. Euro). Innerhalb dieser knapp 30 Jahre erlitt ein Buy-and-Hold-Anleger jedoch im Februar 2009 in der Spitze einen realen (Buch-)Verlust von minus 57%, d. h., im Februar 2009 lag der Anleger gegenüber dem letzten davorliegenden Indexhöchststand (»All-Time High«) vom August 2000 um 57% »unter Wasser«. Ab März 2009 ging es für den Anleger dann wieder aufwärts, sodass er über den Gesamtzeitraum die erwähnte hohe positive Rendite von real 7% p.a. erzielte. Geringere Drawdowns von real mindestens 15% gab es in dieser Zeit in sechs verschiedenen (voneinander getrennten) Zeitabschnitten.

Die MDD-Kennzahl beantwortet somit die Frage nach dem historischen »maximalen Downside Risk« – oder anders formuliert: Wie schlimm kann ein Rückschlag bei dieser Anlageklasse schlechtestenfalls ausfallen, wenn man langfristige historische Renditen zugrunde legt und nicht – unrealistisch – annimmt, dass man Marktrisiken durch Market Timing oder → Asset Picking verlässlich umschiffen kann?

Zum Verständnis des MDD gilt es, Folgendes zu wissen: Aus Sicht eines Anlegers wird bei dieser Kennzahl eine Worst-Case-Perspektive eingenommen, denn der MDD nimmt an (so ist seine Berechnung ja definiert), dass man die fragliche Anlage komplett am ausgerechnet schlechtestmöglichen Tag erworben und am schlechtestmöglichen Tag verkauft hat und dazu noch keinerlei risikosenkende Diversifikationsvorteile berücksichtigt, beispielsweise aus Immobilien oder Humankapital. Deswegen kann man hier in der Tat von Worst-Case-Perspektive sprechen. Diesen Worst Case in der Praxis für einen nennenswerten Teil seines Gesamtvermögens persönlich zu erleben, dürfte eher selten vorkommen.

Die Berechnung des MDD setzt *keine* statistische Normalverteilung der Renditen voraus, die ja bekanntlich bei Wertpapieren nur näherungsweise vorliegt. Wichtig beim MDD ist, dass er über einen ausreichend langen historischen Zeitraum hinweg berechnet wird (in der Regel mehr als zehn Jahre), was jedoch einfach zu bewerkstelligen ist.

(3) Shortfall Risk

Die einfachste Form des Konzepts Shortfall Risk (»Shortfall« = »Rückstand«, »Defizit«) ist die Wahrscheinlichkeit im Sinne der prozentualen Häufigkeit, mit der ein Investment eine bestimmte nominale oder reale

Renditeschwelle oder eine Minimumrendite (z.B. 0% real oder nominal) in einer historischen Periode unterschreitet. Wenn das zugrunde liegende historische Datenmaterial umfassend genug ist, kann man daraus auch einigermaßen gut auf die Zukunft schließen. Die Rendite-Benchmark (in Tabelle 10 ist das eine inflationsbereinigte Nullrendite) kann statt einer fixen Renditezahl (z.B. 2% p.a.) auch ein Benchmark-Investment sein, z.B. die Inflationsrate oder risikoarme kurzfristige Staatsanleihen oder ein Weltaktienmarktindex.

Wie Tabelle 10 illustriert, nimmt das Shortfall Risk bei einem breit diversifizierten Aktienportfolio mit der Länge des Messintervalls recht deutlich ab, während bei supersicheren, nahezu volatilitätsfreien Geldmarktanlagen (z.B. einem Tagesgeld) dieses Shortfall Risk für alle Zeiträume höher ist als bei Aktien, und vom Fünf-Jahres-Intervall bis zum 20-Jahres-Intervall nur geringfügig abnimmt.

Tabelle 10: Historisches Shortfall Risk von Aktien und sicheren Geldmarktanlagen im Vergleich: Anteil der Intervalle, in denen eine inflationsbereinigte (reale) Rendite von mindestens null (0%) nicht erreicht wurde (Zeitraum von 01/1926 bis 12/2024 = 99 Jahre)

	US-Aktien: CRSP 1-10 Index (US-Gesamtmarkt)	**Risikoarme US-Geldmarktanlage (Tagesgeld, Geldmarktfonds)**
5-Jahres-Intervalle	21%	47%
10-Jahres-Intervalle	12%	46%
15-Jahres-Intervalle	3%	39%
20-Jahres-Intervalle	0%	35%

► Daten: CRSP 1-10 Index = US-Aktiengesamtmarkt, risikoarme Geldmarktanlage = einmonatige US-Staatsanleihen. ► Datenquelle: Dimensional Fund Advisors. ► Ohne Kosten und Steuern. ► Der Berechnung liegen rollierende (überlappende) Intervalle zugrunde. ► Würde man in dieser Kalkulation Steuern berücksichtigen, wäre der *relative* Shortfall-Risk-Vorteil von Aktien über Geldmarktanlagen noch größer, da bei einem Buy-and-Hold-Aktieninvestment die *effektive* Steuerbelastung geringer ist als bei zinstragenden Anlagen (siehe Abschnitt 7.4).

Shortfall Risk sollte man nach Möglichkeit auf Basis *realer* Renditen berechnen. Nur dann ist der diesbezügliche Vergleich unterschiedlicher Anlageklassen wirklich aussagekräftig. Als Faustregel kann man sagen, dass Anlageklassen mit niedriger Volatilität (und daher niedriger langfristiger Rendite) tendenziell ein höheres Shortfall Risk aufweisen als Anlageklassen mit hoher Volatilität (und daher höherer langfristiger Rendite). Volatilität ist in diesem Sinne ein Risikomaß für die kurze Frist und Shortfall Risk ein Risikomaß für die lange Frist.

Wenn Sie die Höhe des hier ausgewiesenen Shortfall Risks bei Geldmarktanlagen überraschend finden, dann empfehle ich einen kurzen Blick in den Blogbeitrag von Kommer/Lauterwasser 2024j.

2.3 Diversifikation: Die einzige Zauberformel im Risikomanagement

Warum ist Diversifikation die klügste Form der Risikoreduktion? Weil sie »kostenlos« ist. Diversifikation, wenn entsprechend umgesetzt, reduziert Risiko, ohne die erwartete Rendite zu senken, also ohne Opportunitätskosten. Daher wird Diversifikation oft als der einzige »Free Lunch« (»Gratismittagessen«) beim Investieren bezeichnet – der einzige Vorteil, der nicht mit einem Nachteil (weniger Rendite, mehr Risiko, höhere Kosten oder weniger Liquidität) bezahlt werden muss.

Nachfolgend möchte ich anhand eines einfachen Beispiels veranschaulichen, warum Diversifikation ein so cleverer Weg zur Risikosenkung ist: Wir denken uns zwei Aktiengesellschaften. Ihre jährlichen Gewinne, die wir – in realitätsferner Vereinfachung – mit Aktionärsrenditen gleichsetzen, sind in Tabelle 11 dargestellt. Das eine Unternehmen stellt Badehosen her, das andere Wintermäntel. In überwiegend heißen Jahren geht es der Badehosen AG finanziell gut, ihr Gewinn steigt. In eher kalten Jahren hingegen geht er zurück. Genau umgekehrt verhält es sich mit der Wintermantel AG. Im langfristigen Durchschnitt gibt es gleich viele kalte wie heiße Jahre. Ein Investor hätte – vereinfacht gesagt – drei Möglichkeiten: Er könnte seine Mittel vollständig in die Badehosen AG, vollständig in die Wintermantel AG oder je zur Hälfte in beide Unternehmen investieren. Wie aus Tabelle 11 hervorgeht, ist die langfristige Durchschnittsrendite aller drei Portfolios identisch. Dennoch ist das diversifizierte »50/50-Gesamtportfolio« (Portfolio C) den beiden anderen Portfolios klar vorzuziehen, denn es weist keinerlei jährliche Renditeschwankungen und daher kein Risiko auf – hier gemessen als Standardabweichung, einem Maß für die Volatilität von Renditen. Bei den anderen beiden Portfolios ist das nicht der Fall. Die Korrelation der Gewinne der beiden Firmen hat den Idealwert von –1,0.

Tabelle 11: Auswirkung von Diversifikation auf die Schwankung der jährlichen Renditen (Gewinn) eines gemischten Portfolios

	Jahr 1: Heiß	Jahr 2: Kalt	Jahr 3: Heiß	Jahr 4: Kalt	Jahr 5: Heiß	Jahr 6: Heiß	Jahr 7: Kalt	Jahr 8: Kalt	Ø Jahresrendite	Risiko: Streubreite [A]	Risiko: Std.-abw.
Portfolio A: 100% Badehosen AG	€ 10	€ 4	€ 10	€ 4	€ 10	€ 10	€ 4	€ 4	€ 7	€ 6	€ 3
Portfolio B: 100% Wintermantel AG	€ 4	€ 10	€ 4	€ 10	€ 4	€ 4	€ 10	€ 10	€ 7	€ 6	€ 3
Portfolio C: 50% Badeh. AG + 50% Winterm. AG	€ 7	€ 7	€ 7	€ 7	€ 7	€ 7	€ 7	€ 7	€ 7	€ 0	€ 0

► [A] Streubreite: Differenz zwischen maximaler und minimaler Rendite in einem einzelnen Jahr.

So unrealistisch das Badehosen-Wintermantel-Beispiel im Detail sein mag, so illustriert es doch korrekt, dass der Risikosenkungsvorteil, jedenfalls bei Diversifikation innerhalb von Anlageklassen, kostenlos erzielt wurde. Er musste nicht mit einem Renditeverlust erkauft werden.

Eingangs habe ich von Diversifikation innerhalb von Anlageklassen und über Anlageklassen hinweg gesprochen. Ein Beispiel für Diversifikation innerhalb einer Anlageklasse ist ein globaler Aktien-ETF. Ein Beispiel für Diversifikation über Anlageklassen hinweg ist eine 50/50-Mischung aus einem globalen Aktien-ETF und einem Geldmarkt-ETF. Ihr risikosenkender Effekt kommt in Abbildung 2 zum Ausdruck.

Abbildung 2 lässt leicht erkennen, dass durch Beimischung risikoarmer Zinsanlagen zu einem Aktiendepot die Schwankungsintensität des Gesamtdepots abnimmt. Das 50/50-Portfolio (rote Linie) entwickelte sich während dieser gut drei Jahrzehnte stetiger und gleichförmiger (weniger volatil) als das »aggressivere« 100/0-Portfolio (schwarze Linie). Die Aktienmarkt-Drawdowns im Dotcom-Crash ab Anfang 2000 und im großen Finanzkrisen-Crash ab Anfang 2008 wurden durch die Beimischung um fast die Hälfte abgemildert. (Bitte beachten Sie, dass es sich hier um in-

Abbildung 2: Vergleich einer 50/50-Asset-Allokation (globale Aktien/»risikofreie« Anlage) mit 100/0- und 0/100-Asset-Allokationen im Zeitraum von Januar 1995 bis April 2025 (30,3 Jahre) – in DM bzw. Euro, inflationsbereinigte (reale) Entwicklung des Wertes einer anfänglich investierten Geldeinheit (logarithmische vertikale Skala)

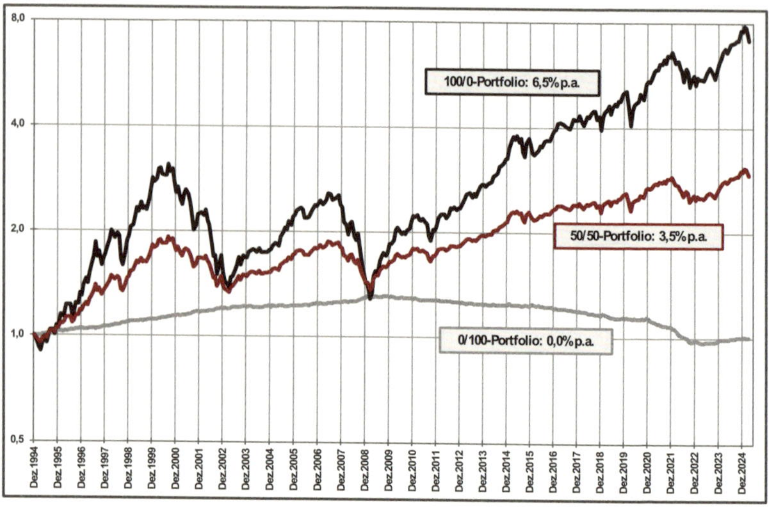

► Logarithmische vertikale Skala: Die absoluten Vermögenssteigerungen sind bei einer solchen Skala von links nach rechts nicht optisch verzerrt wie bei einer konventionellen linearen Skala. ► Ohne Kosten und Steuern. ► In den Namen der drei Portfolios wird der risikobehaftete Portfolioteil stets zuerst genannt – Beispiel »100/0« = 100% Aktien, 0% risikoarme Anleihen. ► Daten: Aktienteil: MSCI World Standard. Risikoarmer Portfolioteil: Deutsche Geldmarktrenditen. ► Datenquellen MSCI, Deutsche Bundesbank.

flationsbereinigte Renditen handelt. Die deutsche Inflation betrug in diesen rund 30 Jahren durchschnittlich etwa 1,8% p.a.) In diesen historisch ungewöhnlich nahe beieinanderliegenden Aktienmarkt-Crashs hätte ein 50/50-Anleger, der Entnahmen bzw. Ausschüttungen aus seinem Depot benötigte, diese aus dem risikoarmen Bestandteil ziehen können. Das ist in so einer Situation ein wichtiger Nerven- und Seelentrost.

Am wenigsten volatil war das 0/100-Portfolio (graue Linie) aus ausschließlich risikoarmen kurzfristigen Anleihen (Geldmarktanlage). Natürlich sank auch das Ertragspotenzial mit zunehmendem Anteil der risikoarmen Anlage.

Der reale Endvermögenswert des 100%-Aktienportfolios war das 6,8-Fache des Startwertes, der des 50/50-Portfolios das 2,8-Fache.

Da ab Ende 2009 bis Ende 2022 die realen Zinsen überwiegend negativ waren, knickt die graue Kurve (100%-Geldmarktanlage) ab Ende 2009 leicht nach unten. Erst als im Frühjahr 2023 die Nullzinszeit endgültig zu Ende war, begann die Geldmarktkurve wieder nach oben zu drehen. Das illustriert, was ich in Abschnitt 4.5 detaillierter zeige und begründe: Mit Geldmarktanlagen, z.B. einem verzinslichen Tagesgeld, ist langfristig kein inflationsbereinigter Vermögensaufbau möglich. Mit Geldmarktanlagen kann man jedoch bereits bestehendes Vermögen konservieren und hat daneben die vorteilhaften Eigenschaften der geringstmöglichen Volatilität und der maximalen Liquidität, also keinen Stress in der kurzen und mittleren Frist.

Ein mentales Problem, das viele Privatanleger, Finanzjournalisten und Finfluencer mit Diversifikation haben, besteht darin, dass Diversifikation *immer* wirkt, auch dann, wenn es »rein theoretisch« besser wäre, sie täte es nicht. Das ist dann der Fall, wenn alle Investments nach oben gehen.

Niemand wird bestreiten, dass Diversifikation kurz- und mittelfristige Risiken mindert. Was sie aber auch tut: Sie bremst in guten Marktphasen – also gut zwei Drittel der Zeit – die Aufwärtsentwicklung des Portfolios, so wie wir das beim 50/50-Portfolio in Abbildung 2 sehen. Wer das im Nachhinein als Nachteil empfindet und sich darüber ärgert, dass sein diversifiziertes Portfolio »nicht so weit anstieg« wie ein nicht diversifiziertes Portfolio, der hat im Vorhinein Diversifikation nicht verstanden.

Ein bekanntes Sprichwort besagt, dass man den Kuchen nicht gleichzeitig essen und behalten kann. Diversifikation kann man nicht an- und ausknipsen, wie es einem beliebt. Ihr Wesen besteht ja genau darin, dass von zwei Investments im Portfolio in einem gegebenen Zeitraum eines schlechter investiert als das andere. Wäre das nicht so, wäre es keine Diversifikation.

2.4 »Renditereihenfolgerisiko«: Ein Risiko, das vor allem Ruheständler angeht

Bei der Errechnung des Vermögensendwertes eines einmaligen, anfänglichen Investments – genauso wie bei der Durchschnittsrendite über einen Gesamtzeitraum von beispielsweise 20 Jahren – spielt die Reihenfolge der einzelnen Jahresrenditen keine Rolle. Das heißt, man kann die positiven und negativen Jahresrenditen, z.B. innerhalb eines 30-Jahres-Zeitfensters, beliebig gegeneinander vertauschen – es ergibt sich stets dieselbe Durchschnittsrendite und derselbe Investmentendwert. Es gilt das »Vertauschungsgesetz«, das wir im Mathematikunterricht kennengelernt haben (anwendbar auf Multiplikation und Addition, aber nicht auf Division und Subtraktion). Es besteht hier somit kein »Renditereihenfolgerisiko« – im Englischen »Sequence of Returns Risk«.

Allerdings ist ein einmaliges Investment, das über 30 Jahre oder auch nur über fünf Jahre keinerlei Mittelzu- oder -abflüsse verzeichnet, eine unrealistische Angelegenheit. In der Praxis werden die meisten Portfolios – jedenfalls bei einem Zeitraum von mehreren Jahren – durch zusätzliches Sparen oder aber durch Entsparen, also Mittelzuführung oder Mittelverbrauch, gekennzeichnet sein. Bei einem solchen Portfolio hat die spezifische Reihenfolge der einzelnen Jahresrenditen oft einen erheblichen Einfluss auf den Portfolioendwert. Besonders stark macht sich dieser Einfluss bei einem Portfolio bemerkbar, das nur noch Abflüsse/Entnahmen verzeichnet, also beispielsweise bei einem Portfolio in der Entnahmephase nach Eintritt in den Ruhestand. Das mathematische Vertauschungsgesetz gilt hier nicht, was sich anhand der einfachen rechnerischen Fallstudie in Tabelle 12 weiter unten illustrieren lässt.

Tabelle 12 zeigt in Spalte B die Jahresrenditen des MSCI World Standard Aktienindex (in Euro) in den 15 Jahren von 1995 bis 2009. Ein anfängliches Einmalinvestment hätte in diesen 15 Jahren eine nominale → geometrische Durchschnittsrendite von 5,6% p.a. produziert.[16] In Spalte C habe ich diese Jahresrenditen willkürlich ungünstig vertauscht, d. h. schwerpunktmäßig die negativen Renditen in die ersten Jahre verschoben, wobei ich bewusst nicht den denkbar schlechtesten Fall konstruiert habe. In Spalte D ist das Gegenteil geschehen; dort habe ich tendenziell die hohen Renditen in den Anfangsjahren konzentriert und die niedrigen tendenziell in den Schlussjahren (günstige Vertauschung).

Die Spalten E bis G zeigen die Entwicklung von drei Portfolios, die auf die Renditereihenfolgen in den Spalten B, C und D gründen. Dabei wurde ein Anfangsinvestment von 200 000 Euro und danach eine gleichbleibende jährliche Entnahme von 12 000 Euro (6% des Anfangswertes) unterstellt.

16 Weil dieser 15-Jahres-Zeitraum zwei große Aktien-Crashs beinhaltet, ist die Durchschnittsrendite im Vergleich zu deutlich längeren Zeiträumen unterdurchschnittlich.

Das Originalrenditenportfolio (Spalte E) steht nach 15 Jahren (2009) bei einem Endwert von etwa 256 500 Euro über dem Anfangswert, was sehr erfreulich erscheint, wenn man bedenkt, dass die geometrische Durchschnittsrendite mit 5,6% p.a. unterhalb der (anfänglichen) Entnahmerate von 6,0% p.a. lag (6% = 12 000 Euro ÷ 200 000 Euro). Dieses gute Ergebnis hat damit zu tun, dass die schlechten Jahresrenditen in diesem historischen Zeitraum zufällig eher in der zweiten Hälfte der 15 Jahre konzentriert waren.

Als Faustregel kann man sagen, dass jährliche Entnahmeraten von 4% und höher risikoreich sind, also bei Entnahmezeiträumen oberhalb von 25 Jahren zu häufig zu einer »Pleite« führen. Pleite heißt in diesem Fall, das Portfolio ist vorzeitig aufgezehrt.[17] In Abschnitt 6.4 erläutere ich genauer, warum die in der Finanzbranche berühmte »4%-Regel« höchst ambivalent ist. Von der 4%-Regel wird fälschlich behauptet, sie sei eine risikoarme Entnahmerate, die nie oder fast nie zur »vorzeitigen Pleite« führt.

Das Risiko der vorzeitigen Pleite hat sich aber im Originalrenditenportfolio nicht materialisiert. Einer der Gründe, der dazu beigetragen hat, ist, dass die 12 000 Euro in diesem aus didaktischen Gründen einfachen Rechenbeispiel nicht jährlich in Höhe der Inflationsrate angehoben wurde, was man aber normalerweise tun würde. Wäre diese Anpassung erfolgt, hätte man die 12 000 Euro pro Jahr um durchschnittlich 1,5% erhöhen müssen. Dann hätten dieses Ergebnis und die Ergebnisse in den beiden anderen Szenarien etwas schlechter ausgesehen.

In der »Pechvogelspalte« F hat das Sequence of Returns Risk übel zugeschlagen. Schon im Jahr 2006 (Jahr 12) ist der Restsaldo des Portfolios unter die gewünschte jährliche Entnahme von 12 000 Euro gefallen. In der »Glückspilzspalte« G ist das Portfolio trotz der vergleichsweise hohen Entnahmerate sogar auf über 285 000 Euro gewachsen, weil die hohen Jahresrenditen überwiegend am Anfang und die niedrigen bzw. negativen überwiegend am Ende der Gesamtperiode auftraten.

---

17 Gemeint ist eine *reale* 4,0%-Rate (die unterstellt, dass man mit realen Renditen im zugrunde liegenden Portfolio rechnet). Wer mit nominalen Renditen rechnet, muss an sich den aus der anfänglichen 4,0%-Entnahme resultierenden Geldbetrag jedes Jahr um die angenommene Inflationsrate erhöhen.

Tabelle 12: Illustration des Renditereihenfolgerisikos: Anfangswert des Portfolios 200 000 Euro, jährliche Entnahme 12 000 Euro über 15 Jahre hinweg

	Jahresrenditen			Portfoliostand am Jahresende		
A	B	C	D	E	F	G
	Originalrenditen MSCI World Standard Index in Euro	Jahresrenditen teilweise ungünstig vertauscht	Jahresrenditen teilweise günstig vertauscht	Portfolio: Verlauf gemäß Spalte B	Portfolio: Verlauf gemäß Spalte C	Portfolio: Verlauf gemäß Spalte D
1994				€ 200 000	€ 200 000	€ 200 000
1995	10,7%	–31,7%	10,7%	€ 209 400	€ 124 600	€ 209 400
1996	24,2%	11,3%	24,2%	€ 248 000	€ 126 700	€ 248 100
1997	35,7%	–37,2%	35,7%	€ 324 600	€ 67 600	€ 324 700
1998	15,6%	6,9%	15,6%	€ 363 200	€ 60 300	€ 363 400
1999	46,8%	46,8%	46,8%	€ 521 300	€ 76 500	€ 521 500
2000	–6,6%	15,6%	–31,7%	€ 475 000	€ 76 400	€ 344 200
2001	–12,0%	–6,6%	11,3%	€ 406 100	€ 59 400	€ 371 100
2002	–31,7%	–12,0%	6,9%	€ 265 200	€ 40 300	€ 384 700
2003	11,3%	–1,1%	26,3%	€ 283 200	€ 27 900	€ 473 900
2004	6,9%	35,7%	8,2%	€ 290 800	€ 25 900	€ 500 800
2005	26,3%	26,3%	26,8%	€ 355 400	€ 20 700	€ 623 000
2006	8,2%	8,2%	–1,1%	€ 372 500	€ 10 400	€ 604 100
2007	–1,1%	26,8%	–6,6%	€ 356 500	€ 1200	€ 552 200
2008	–37,2%	10,7%	–12,0%	€ 211 700	0	€ 473 900
2009	26,8%	24,2%	–37,2%	€ 256 500	0	€ 285 600
Geom. Ø	5,6% p.a.	5,6% p.a.	5,6% p.a.	---	---	---
IZF [A]	---	---	---	6,9% p.a.	–5,2% p.a.	7,4% p.a.

► Ohne Kosten und Steuern. ► [A] »IZF« = → »Interner Zinsfuß«. Bei der Berechnung wird angenommen, dass 200 000 Euro am Ende von Jahr 1994 investiert (ins Portfolio eingezahlt) werden, dann jedes Jahr am 31. Dezember eine Entnahme von 12 000 Euro erfolgt und am Ende des letzten Jahres (2009) der dort verzeichnete Portfoliowert insgesamt entnommen wird (sofern noch vorhanden). ► Der IZF ist für ein Portfolio, das *keine* laufenden Zuflüsse oder Entnahmen erfährt, identisch mit der geometrischen Durchschnittsrendite. ► Daten: MSCI.

Die konkrete Reihenfolge von Jahresrenditen spielt eine große Rolle für den Portfolioendwert und die Anlegerrendite im Sinne eines internen

Zinsfußes[18] und des Vermögensendwertes, sofern das Portfolio im Laufe der Zeit Mittelzu- oder -abflüsse erfährt. Dieses Risiko wird von Bankbetreuern und Vermögensberatern oft übersehen oder ignoriert und zu selten in ihrer Beratungspraxis erwähnt. Wer eine »sichere«, d. h. »nachhaltige«, Entnahmerate plant, muss dieses Risiko berücksichtigen.

Je höher der Anteil risikoarmer kurz- und mittelfristiger High-Quality-Anleihen im Portfolio ist, desto näher kann eine nachhaltige Entnahmerate an der erwarteten Rendite des Portfolios liegen (nach Berücksichtigung von Kosten und Steuern). Auch durch Reduktion der jährlichen Entnahme nach einer unterdurchschnittlichen Periodenrendite kann man die negativen Auswirkungen des Renditereihenfolgerisikos für das Portfolio senken. Allerdings geht das natürlich zulasten des mit der Entnahme finanzierten Konsums oder Lebensstandards.

Weil sie das Renditereihenfolgerisiko nicht finanzmathematisch berücksichtigen, sind die allermeisten Berechnungen in Finanzzeitschriften und im Internet dazu, wie gut man mit einem bestimmten Vermögen in den Ruhestand gehen kann, überoptimistisch und somit wertlos oder sogar gefährlich. Ein Beispiel dafür ist der lange Artikel »Finanzielle Freiheit, früher Ruhestand – drei Rechenbeispiele, wie das gelingen kann« vom 30.12.2022 auf www.handelsblatt.de (Hinterberger 2022).

Konzeptionell korrekte und damit wenigstens prinzipiell realistische Berechnungen sind z.B. mit der sogenannten Monte-Carlo-Simulations-Methode möglich, nicht mit einfachen linearen Berechnungen. Auf diese Methode gehe ich in Abschnitt 6.5 ein.

Wer sich noch ein wenig weiter über Sequence of Returns Risk/Renditereihenfolgerisiko informieren möchte, dem sei das YouTube-Video zu diesem Thema meines Co-Autors Daniel Kanzler empfohlen (Kanzler 2021a).

2.5 Inflationsrisiko: Muss ich mich dagegen absichern?

Nach meiner Erfahrung führen Diskussionen über Inflationsschutz unter den Beteiligten häufig zu enormer Schnappatmung, aber einem recht spär-

18 Zum Unterschied zwischen geometrischer Durchschnittsrendite und internem Zinsfuß bitte die dazugehörigen Einträge im Glossar lesen. Für Portfolios bzw. Depots mit laufenden Zu- und Abflüssen gibt nur der interne Zinsfuß die korrekte Rendite wider.

lichen Erkenntnisgewinn. Der Hauptgrund: Es wird am Beginn untereinander nicht ausreichend klarstellt, was genau die Beteiligten eigentlich mit »Inflationsschutz« meinen, und da dem so ist, reden wohl alle aneinander vorbei.

Grundsätzlich existieren zwei Typen von Inflationsschutz, nämlich *kurzfristiger* und *langfristiger* Inflationsschutz. Sie haben wenig bis nichts miteinander zu tun.

Kurzfristigen Inflationsschutz kann man neudeutsch mit dem konzeptionell recht klaren Terminus »Inflation → Hedging« bezeichnen. So und nur so verstehen Wissenschaftler Inflationsschutz. Es geht dabei um die *Intensität der Parallelentwicklung* oder im Fachjargon um die *Korrelation zwischen den Renditen eines Assets oder einer Anlageklasse mit der Inflation* auf Basis von z.B. monatlichen, vierteljährlichen oder halbjährlichen (also kurzfristigen) Intervallen.

Davon abzugrenzen ist *langfristiger* Inflationsschutz. Hier kann man neudeutsch von »Inflation Beating« sprechen (»die Inflation schlagen«). So verstehen die meisten Privatanleger Inflationsschutz. Dahinter steht die Frage, ob ein Asset oder eine Anlageklasse *auf lange Sicht* eine nominale Rendite oberhalb der Inflation produziert, also eine real positive Rendite.

Nun die Krux: Kurzfristig schützt überhaupt *keine* Anlageklasse[19] zuverlässig vor Inflation – mit der partiellen Ausnahme von Rohstoffen (siehe Abschnitt 4.9) und inflationsgeschützten Anleihen (siehe Abschnitt 3.7), aber auch diese nur unter bestimmten, bei Privatanlegern selten vorliegenden Voraussetzungen.

Langfristig schützen *alle* Mainstream-Anlageklassen vor Inflation, weil sie langfristig positive Realrenditen erzeugen (siehe Tabelle 1 in Abschnitt 1.3).

Nur wenig überspitzt formuliert klappt damit die »ewige Diskussion« darüber, was wie gut vor Inflation schützt, wie eine sterbende Windhose in sich zusammen. Das fasst Abbildung 3 zusammen.

---

19 Gemeint sind hier verzinsliche Bankguthaben, Staats- und Unternehmensanleihen, Aktien, Gold, Kryptowährungen und natürlich alle aus diesen Anlageklassen abgeleiteten Finanzprodukte (z.B. kapitalbildende Versicherungen, Zertifikate, Investmentfonds, Private Equity usw.).

Abbildung 3: Kontrastierung von kurzfristigem und langfristigem Inflationsschutz

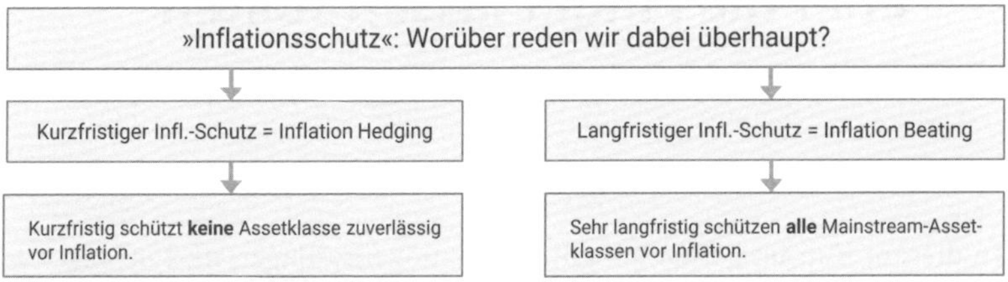

Die oft gehörte Behauptung, dass Immobilien als Direktinvestments, Private Equity, Hedge-Fonds, offene Immobilienfonds, Geschlossene-Fonds-Investments und Sammlerobjekte kurzfristig vor Inflation schützen, können wir getrost ins Reich der Fabeln verweisen. Diese »lustige Theorie« lässt sich schon allein deswegen nicht beweisen, weil für diese Investments keine in hinreichend kurzen Abständen erhobenen Marktpreise verfügbar sind. Diese wären jedoch zwingende Voraussetzung, um kurzfristigen Inflationsschutz (Korrelation mit der Inflationsrate) überhaupt objektiv messen und beweisen zu können. Die im Performance Reporting der Vermarkter dieser Finanzprodukte verwendeten Pseudopreise aus Gutachterbewertungen und anderen Preisfiktionen erlauben ganz einfach keine irgendwie belastbare Korrelationsanalyse mit der Inflationsrate und damit keine Messung des kurzfristigen Inflationsschutzes.

Generell gilt: Jede Art von Inflationsschutz – kurzfristig und langfristig – funktioniert besser (zuverlässiger) auf Ebene der Anlageklasse als auf Ebene des Einzelwertes oder Einzelobjektes. Weil das so ist, kann man beispielsweise die Aussage »Aktien und Immobilien schützen langfristig gut vor Inflation« nur auf die *Anlageklassen* Aktien und Immobilien beziehen, aber eben gerade *nicht* auf eine konkrete Aktie oder eine konkrete Immobilie (Investments in einzelne Aktien oder einzelne Immobilien). Dennoch geschieht das nach meiner Erfahrung implizit und explizit fortlaufend.

Auf konkret umsetzungsbezogene Inflationsschutzmaßnahmen gehe ich im weiteren Verlauf des Buches an vielen einzelnen Stellen ein, und zwar jeweils da, wo spezifische Anlageklassen oder Finanzprodukte analysiert werden.

Mit der Frage, ob die offizielle Inflationsrate hinreichend »korrekt« ist (ja, sie ist es), befasse ich mich in einem YouTube-Video (Kommer 2021a).

3 Anlageprodukte, von denen Sie eher die Finger lassen sollten

In diesem Kapitel nenne ich gut 20 Vermögensanlagen und -anlageformen, die ich für generell schlecht oder jedenfalls per saldo in all ihren Eigenschaften für schlecht halte. Soweit Sie, lieber Leser, diese Anlagen aktuell nicht besitzen und auch nicht in Erwägung ziehen, sie zu erwerben, und Zeit sparen wollen, könnten Sie auf das Lesen der entsprechenden Abschnitte verzichten.

Soweit Sie eine oder mehrere dieser Anlagen besitzen und Sie meine kritische Argumentation überzeugt, wird sich die Frage stellen, ob Sie die entsprechende Anlage dennoch behalten oder sie abstoßen sollen. Diese wichtige umsetzungsbezogene Fragestellung behandele ich in Abschnitt 8.8.

3.1 Kapitalbildende Lebensversicherungen

Gemeint sind kapitalbildende Lebensversicherungen (KLVs), bei denen eine Todesfallabsicherung und – im Erlebensfall – eine Auszahlung von Kapital erfolgt, also klassische Kapitallebensversicherungen und fondsgebundene Lebensversicherungen. Nicht gemeint sind einfache Risikolebensversicherungen.

Nachteil Nr. 1: Klassische KLVs investieren die Beiträge der Versicherungsnehmer (VN) vorwiegend in Anleihen, fondsgebundene KLVs vorwiegend in aktiv gemanagte, kostspielige Aktienfonds – zumeist hauseigene Fonds oder Fonds von mit der Versicherungsgesellschaft verbandelten Firmen. Bei einigen wenigen Versicherungsgesellschaften stehen dafür auch ausnahmsweise preisgünstige Indexfonds/ETFs zur Auswahl.

Hauptverantwortlich für die fast immer lausigen und bei vorzeitiger Kündigung typischerweise negativen Renditen von KLVs sind die hohen versteckten oder offenen Kosten. Nach einer Auswertung der BaFin im Jahr 2022 betragen diese für klassische Lebensversicherungen im Durchschnitt 1,1% p.a., für fondsgebundene Lebensversicherungen 1,9% p.a. Beide Werte sind ungefähr zehnmal so hoch wie bei entsprechenden unmittelbaren ETF-Anlagen.

Infobox: Währungen verlieren im Zeitablauf an Kaufkraft. Ist das bedenklich?

Unser sogenanntes Papiergeldsystem, im Fachjargon → *Fiat-Money-System* genannt, wird häufig insofern kritisiert, als alle modernen Währungen wie z.B. der Euro (bzw. bis Ende 1998 die DM), der US-Dollar, der Schweizer Franken und die norwegische Krone mit der weltweiten Abschaffung des Goldstandards (goldgedeckte Währungen) in der Zeit zwischen 1914 und 1933 (je nach Land) bis heute um 90% ihrer damaligen Kaufkraft verloren hätten (USD 92%, CHF 79%, NOK 95%).[20] Das stimmt rechnerisch, ist aber dennoch bedeutungslos, solange die Haushaltseinkommen real (nach Inflation) langfristig zunehmen, also nominal stärker steigen als die Konsumgüterinflation, und solange Vermögensanlagen im Sinne von Anlageklassen positive Realrenditen aufweisen. Beides war in den letzten 125 Jahren für alle westlichen Länder und weltweit der Fall. Überdies waren das reale Wirtschaftswachstum und die realen Renditen von Finanzkapital (Aktien, Anleihen) nach Einführung des Papiergeldsystems höher als davor, wie mein Co-Autor Großmann und ich in einem Blogbeitrag gezeigt haben (Kommer/Großmann 2024e). Der Goldstandard war vermutlich ein Bremsklotz für das Wachstum und verstärkte Konjunktureinbrüche unnötig.

Nachteil Nr. 2: Die Versicherungsgesellschaft repräsentiert für den Versicherungsnehmer ein Ausfallrisiko. Die in eine KLV eingezahlten Beiträge bilden eben gerade kein Sondervermögen (siehe Abschnitt 4.6.4), wie das in Bezug auf die Fondsgesellschaft bei einem ETF der Fall ist.

Eine simple, kostengünstige ETF-Anlage bzw. ein ETF-Fondssparplan ist einer KLV praktisch immer vorzuziehen. Wer unbedingt Todesfallschutz benötigt, kann ihn maßgeschneidert zu einem Bruchteil der monatlichen KLV-Prämie als reine Risikolebensversicherung erhalten.

20 In den USA bestand von 1944 bis 1971 noch einmal vorübergehend ein Quasigoldstandard, das »Bretton-Woods-System«.

Lediglich KLV-Altverträge – das sind fast immer klassische KLVs, die vor 2005 abgeschlossen wurden – sind es überwiegend wert, weiter bespart zu werden. Diese »Alt-Policen« genießen einen großen Steuervorteil, der jedoch für Policen ab 2005 vom Gesetzgeber auf »eher moderat« abgesenkt wurde. Außerdem sind bei diesen Altverträgen die bei allen KLVs am Anfang anfallenden besonders hohen Kosten (die von außen nicht erkennbar sind) bereits lange bezahlt, spielen also bei der »Fortführungsrendite« keine Rolle mehr.

Wenn Sie sich genauer über KLVs und ihre vielfältigen Nachteile sowie vorwärtsgerichtete Handlungsoptionen zu einer vorhandenen KLV informieren wollen, empfehle ich den Blogbeitrag von Kommer/Schweizer 2020c.

3.2 Private Rentenversicherungen

Bei privaten Rentenversicherungen (PRVs) unterscheidet man zwei Grundtypen: (1) Die »Sofort-PRV«. Bei ihr zahlt der Versicherungsnehmer eine einzelne, mehr oder weniger große Einmalprämie ein. Zumeist unmittelbar danach beginnt die Rentenbezugsphase. (2) Die »aufgeschobene PRV«. Hier werden monatliche Prämien über einen langen Zeitraum, z.B. 20 Jahre, eingezahlt. Danach beginnt die Rentenbezugsphase.

Formal handelt es sich bei einer PRV um eine lebenslang gezahlte Rente, im Fachjargon eine *Leibrente* – in Abgrenzung zu einer befristeten Zeitrente. Ist damit das Langlebigkeitsrisiko des Versicherten abgesichert, wie die Vermarkter von PRVs behaupten? Nein, nicht wirklich (zu Langlebigkeitsrisiko siehe Risikogrundkonzept 7 in Abschnitt 2.1).

Warum nicht? (a) Der Versicherte erfährt auch bei einer aufgeschobenen PRV erst bei Beginn der Rentenbezugsphase verbindlich und endgültig die genaue und verbindliche Höhe der monatlichen Leibrente. (b) Sollte die Versicherungsgesellschaft während der Rentenbezugsphase (die ja oft Jahrzehnte andauert) in wirtschaftliche Schwierigkeiten geraten, dann könnte die Rentenzahlung dauerhaft gesenkt werden und nicht nur um kleine, vielleicht gerade noch zu verschmerzende Prozentwerte.

Aber das sind noch nicht alle Fragezeichen bei PRVs. Die weiteren sind: (c) Schlechte Renditen für die eingezahlten Prämien, was in den oft schockierend niedrigen monatlichen Rentenzahlungen zum Ausdruck kommt. Man muss schon alt wie Methusalem werden, bis sich die PRV renditemäßig lohnt. (d) Für den Versicherten besteht ein hohes Inflationsrisiko. Sollte die Inflation während der Rentenbezugsphase im Durchschnitt höher sein als die eingepreiste Markterwartung am Beginn der Bezugsphase, dann wird das die Kaufkraft der Rentenzahlungen im Lauf der Zeit entwerten, unter Umständen gravierend entwerten. (e) PRVs sind für die Erben ein schlechter Deal, wenn der Versicherte vor seiner statistischen Restlebenserwartung verstirbt. (f) Wie auch bei einer KLV bestehen bei einer PRV die drei bösen »Is«: Illiquidität, Inflexibilität und Intransparenz. (g) Die Steuervorteile von PRVs sind zu gering, um all diese Nachteile auszugleichen.

Etwas vereinfacht formuliert könnte man das alles so zusammenfassen: Arme Menschen können sich eine PRV nicht leisten (siehe Argument [c] im vorigen Absatz), reiche brauchen sie nicht.

3.3 Aktiv gemanagte Aktienfonds, Branchenfonds, Mischfonds, Dachfonds, Anleihenfonds

Die meisten Privatanleger, die in Kapitalmarktanlagen investieren wollen, tun das über aktiv gemanagte Fonds. Von ihnen werden etwa 10 000 in Deutschland vertrieben. In diesem Abschnitt gehe ich kurz auf fünf große Fondstypen im Markt für aktiv gemanagte Investmentfonds ein.

(a) Regional oder national investierende, aktiv gemanagte Aktienfonds. Was ich in Abschnitt 1.4 allgemein über aktives Investieren und aktiv gemanagte Aktienfonds gesagt habe, gilt uneingeschränkt auch für die am meisten verbreitete Kategorie aktiv gemanagter Aktienfonds: Fonds mit nationalem oder regionalem Anlagefokus. Die meisten dieser Fonds unterperformen eine korrekt gewählte passive Benchmark (also einen entsprechenden ETF) in einem gegebenen Zeitfenster. Die wenigen Outperformer, die in einem Zeitfenster existieren, sind es wahrscheinlich aus Zufall geworden. Wer vorwärtsgerichtet auf sie tippt, wird dabei statistisch gesehen Geld verlieren – entweder in absoluten Geldwerten oder in Form von entgangenen Gewinnen relativ zu einem vergleichbaren passiven Fonds (ETF).

(b) Aktiv gemanagte Branchenfonds. Die wissenschaftliche Finanzökonomie hat über 60 Jahre lang dazu geforscht, ob Branchen einen systematischen (also zuverlässig nutzbaren) Einfluss auf die risikobereinigte Rendite von Aktien haben. Nahezu einhelliges Ergebnis: Es gibt keinen solchen Einfluss – auch wenn das unserer Intuition oder dem gesunden Menschenverstand zuwiderläuft. Ja, in einem gegebenen Zeitfenster unterhalb von – sagen wir – 20 Jahren rentieren Branchen geringfügig und in einigen wenigen Fällen deutlich unterschiedlich, aber diese Unterschiede sind unsystematisch und nicht zuverlässig prognostizierbar. Beispielsweise glauben viele Privatanleger, die Technologiebranche liefere langfristig höhere Renditen als andere Branchen. Tut sie nicht. In einem Blogbeitrag haben mein Kollege Daniel Kanzler und ich für die 50 Jahre von Juni 1970 bis Juni 2020 gezeigt, dass die Aktien der US-Technologiebranche (Hightech) über diesen Zeitraum praktisch exakt die gleiche Durchschnittsrendite aufwies wie der US-Gesamtmarkt (Kommer/Kanzler 2020j). Die rentabelste Branche in den USA von 1900 bis 2015 war Tabak (Dimson/Marsh/Staunton 2015), eine Branche mit besonders geringem technischem Fortschritt, einem besonders schlechten Image und – in den zurückliegenden vier Jahrzehnten in den USA – einem geradezu unglaublichen Tsunami an Strafzahlungen zugunsten von Privatpersonen, die aus gesundheitlichen Gründen gegen Tabakproduzenten klagten. Der rentabelste von zwölf Sektoren in den letzten 45 Jahren in den USA seit Anfang der 1980er-Jahre, als das Internet erfunden wurde, war nicht Tech, sondern Health Care.

(c) Aktiv gemanagte Mischfonds. Sie werden oft auch als »vermögensverwaltende Fonds«, »Multi Asset Fonds« oder »Asset Allocation Fonds« bezeichnet – sie sind eine als Liebesheirat vermarktete, traurige Zwangsehe aus einem Aktien- und einem Anleihenfonds. Anleger sind besser bedient, wenn sie Aktienfonds und Anleihenfonds einzeln und getrennt kaufen, am besten in Form von ETFs. Aktive Mischfonds haben typischerweise eine unklare aktive Wischiwaschi-Anlagestrategie, die primär auf Market Timing basiert und kollektiv eine besonders miserable Rendite-Risiko-Bilanz aufweist, jedenfalls wenn man richtig rechnet und vergleicht (Ptak 2023). Besonders unappetitlich ist das Gebührenniveau von Mischfonds relativ zu einer entsprechenden Kombination aus Aktien- und Anleihen-ETF, weil der Mischfonds-Anleger die hohen Aktienfondsgebühren auch auf den Anleihenteil zahlt. Der größte und bekannteste deutsche Mischfonds, der Flossbach von Storch Multiple Opportunities (WKN A0M430) mit laufenden Kosten von 1,61%, rentierte in den zehn Jahren bis 31.12.2024 mit 5,3%p.a. gegenüber einer 60/40-Mischung aus einem globalen Aktien-ETF auf den MSCI ACWI IMI Index und einem ETF auf mittelfristige deutsche Staatsanleihen mit 7,1% p.a. (bei nahezu identischer Volatilität dieser beiden Alternativen). Der Hauptgrund, warum die ETF-Variante so klar vorne liegt, sind seine weit niedrigeren laufenden Kosten (den Ausgabeaufschlag des FvS-Fonds von bis zu 5% habe ich hierbei großzügig ignoriert).

(d) Aktiv gemanagte Dachfonds. Ein Dachfonds investiert nicht direkt in Aktien oder Anleihen, sondern in andere Fonds (»Zielfonds« oder »Unterfonds«). Dachfondsmanager geben vor, für ihre Anleger die besten Zielfonds aus mehreren Tausend Publikumsfonds zu finden. Der größte Nachteil von Dachfonds ist ihre »doppelte Verpackung« und die damit einhergehenden doppelten Kosten – doppelt, weil Kosten auf der Ebene des Dachfonds und auf der Ebene der Zielfonds entstehen. Diese Kosten wären nur gerechtfertigt, wenn es den Dachfondsmanagern gelänge, eine besonders gute Rendite vor Kosten zu erzielen. Das ist für längere Zeiträume allerdings selten der Fall. Nach Kosten haben diese Fonds statistisch gesehen eine noch schlechtere Rendite als herkömmliche aktiv gemanagte Fonds.

(e) Aktiv gemanagte Anleihenfonds. Anleihenfonds wurden noch bis vor wenigen Jahren üblicherweise als »Rentenfonds« bezeichnet. Da aber die ältere und stärker verbreitete Bezeichnung Rentenfonds einer Umfrage zufolge bei vielen Bundesbürgern zu dem Irrtum führt, es handele sich dabei um eine Art Rentenversicherung, ist ihr die moderne und ohnehin präzisere Bezeichnung »Anleihenfonds« vorzuziehen. Anleihenfonds unterperformen eine passive ETF-Benchmark genauso häufig wie aktiv gemanagte Aktienfonds. Einer der maßgeblichen Gründe dafür: Die Gebühren aktiv gemanagter Anleihenfonds relativ zur niedrigeren erwarteten Rendite von Anleihen fallen noch stärker ins Gewicht als bei Aktienfonds und wirken dadurch noch mehr als Eisenkugel am Bein der Rendite.

3.4 Aktien und Anleihen in Gestalt von Einzelwerten

In Einzelwerte zu investieren (Aktien, Staatsanleihen oder Unternehmensanleihen) sollten grundsätzlich nur Personen in Betracht ziehen, die (a) klar fortgeschrittene Kapitalmarktkenntnisse besitzen und (b) Vermögensanlage als eine Art Hobby betrachten, für das sie freiwillig und fortlaufend in nicht unbeträchtlichem Umfang Zeit aufwenden wollen, die sie aus Renditegesichtspunkten ziemlich klar nicht nur nicht aufwenden müssten, sondern nicht aufwenden sollten.

»Nicht sollten«, weil die Mehrzahl aller Privatanleger, die im Do-it-yourself-Modus aktiv und insbesondere in Aktien investieren, schlechtere risikogewichtete Renditen erzielen als eine passive Buy-and-Hold-Alternative. An diesem Faktum lässt die Forschung keinen Zweifel.

In Bezug auf Aktien haben mein Co-Autor Weis und ich die Nachteile von Einzelwertinvestieren in einem Blogbeitrag zusammengefasst (Kommer/Weis 2018i) – einschließlich der Nennung einiger einschlägiger wissenschaftlicher Studien. An dieser Stelle fasse ich die Nachteile daher nur ganz knapp, stichwortartig zusammen. (a) Mehr Risiko wegen weniger Diversifikation, (b) signifikant mehr Zeit- und Arbeitsaufwand, (c) mehr *operatives* Risiko (das ist Risiko in der bloßen praktischen Umsetzung einer Anlage, außerhalb ihres reinen Investmentrisikos), (d) Nachteile bei der Quellensteuerbelastung, (e) keine rechtlichen Strukturvorteile gegenüber einem entsprechenden ETF-Investment, obwohl viele Einzelwertanleger irrtümlich an die Existenz solcher Strukturnachteile von ETFs glauben (siehe dazu auch Abschnitt 4.6.4 in diesem Buch).

Wer deswegen in Aktieneinzelwerte investiert, weil ihm die erwartete Rendite aus Aktien-ETFs zu niedrig ist, sollte sein Glück eher in moderatem Kredithebeln eines Aktien-ETF-Portfolios suchen. Diese Route zu erhöhten Renditen ist zwar auch mühsam, aber insgesamt aussichtsreicher als Einzelwertanlegen (siehe der o. a. Blogbeitrag mit einem weiterführenden Literaturhinweis).

Der Anleihenmarkt ist für Anleger in Bezug auf Einzelanlagen vermutlich noch schwieriger als der Aktienmarkt. Gründe: Die Konstruktion von Anleihen ist generell komplexer als die von Aktien (Anleihen haben vielmehr »bewegliche Teile«). Außerdem ist der Anleihenmarkt in seiner Zusammensetzung unübersichtlicher und vielfältiger. Es dürfte weltweit der Zahl nach vielleicht einhundertmal mehr Anleihen als Aktien geben.

(Der globale Anleihenmarkt ist auch nach der Marktkapitalisierung größer als der Aktienmarkt.)

Wer sich einen Überblick darüber verschaffen möchte, wie Anleihen und der Anleihenmarkt funktionieren, dem empfehle ich den Blogbeitrag »Anlageklasse Anleihen: Von den Basics zum Spezialwissen« von meinem Kollegen Schweizer und mir (Kommer/Schweizer 2024e). Generell ist es für normale Privathaushalte weiser, in Anleihen – das gilt auch für Hochzinsanleihen[21] – via ETFs statt in einzelne Anleihen zu investieren.

3.5 Themen-ETFs

Themenfonds existieren sowohl in aktiv gemanagter Form als auch als ETFs. Ihre laufenden Kosten sind typischerweise besonders hoch. Die Abgrenzung von Themenfonds zu Branchenfonds ist fließend und überlappend. Themen sind in gewissem Sinne nur besonders enge oder neu und skurril definierte Branchen außerhalb der offiziellen Branchensegmentierung und -klassifizierung.

Hier eine eher kleine Auswahl an Themen, für die Anfang 2025 ETFs existierten, also ETFs, die in börsennotierte Unternehmen investieren, die sich diesen Themen zuordnen lassen: Blockchain, künstliche Intelligenz, Cloud-Technologie, Cybersecurity, Digitalisierung, Gaming/Glücksspiel, grüne Mobilität, Wasserstoff, Wasser, Cannabis, Gender Equality, alternde Gesellschaft (»Silver Economy«), IPOs (erstmalige Börsengänge), M&A (Unternehmensfusionen), Islam-Kompatibilität und viele andere. In fünf Jahren werden die meisten dieser Themen aus Investmentsicht in der Versenkung verschwunden sein und im Rückblick überwiegend bizarr oder kurios erscheinen.

Dass Investieren in passive Themen-ETFs eine Loser-Strategie ist, zeigen Ben-David u.a. 2023. Die Wissenschaftler weisen nach, dass Themen-

21 »Hochzinsanleihen« (engl. »High Yield Bonds« oder missverständlich »Junk Bonds« genannt) existieren primär in zwei Varianten: als Unternehmensanleihen mit einem → Sub Investment Grade Rating und als Schwellenländerstaatsanleihen in Hartwährung oder Lokalwährung. Ein Investment in Schwellenländerstaatsanleihen in Hartwährung via ETF kann für gut informierte, ehrgeizige Anleger eventuell Sinn ergeben, ist aber keineswegs zwingend erforderlich. Mehr dazu im Blogbeitrag »Schwellenländer-Staatsanleihen – eine bedenkenswerte Anlageklasse?« (Kommer/Weis 2019g).

fondsanleger in der ersten fünf Jahren nach Auflage des jeweiligen Fonds schlechtere Renditen einfahren als vergleichbare Fondsanleger, die nicht nach Themen auswählen. Grund: Die Themen-ETFs werden dann aufgelegt, wenn der positive Trend und die Bewertungen der entsprechenden Unternehmen schon nahe am Gipfel ist oder diesen sogar schon hinter sich gelassen hat. Das muss auch so sein, denn andernfalls könnte man ja keinen beeindruckenden historischen Track Record des Themas in den vorhergehenden drei oder fünf Jahren zeigen.

3.6 Laufzeiten-ETFs (Fälligkeitsanleihen-ETFs)

»Laufzeiten-ETFs« (engl. »Target Date ETF«) sind Anleihen-ETFs, bei denen der Anleihenkorb, den der ETF abbildet, keine im Zeitablauf fixe Restlaufzeit hat wie bei einem normalen Anleihen-ETF, sondern ein festes, kalendermäßig fixiertes Fälligkeitsdatum. Daraus ergibt sich, dass die Restlaufzeit eines Laufzeiten-ETFs jeden Tag um einen Tag abnimmt – genau wie bei einer einzelnen konventionellen Anleihe.

»Laufzeiten-ETFs« (»LZ-ETFs«) existieren sowohl für Staatsanleihen als auch für Unternehmensanleihen, obwohl sie im Falle von Staatsanleihen relativ zu einzelnen Staatsanleihen letztlich keinen Sinn ergeben, sprich mangels Mehrwerts eigentlich überflüssig sind. Meine folgenden Ausführungen beziehen sich deswegen ausschließlich auf LZ-ETFs im Segment Unternehmensanleihen.

Konventionellen Anleihen-ETFs und LZ-ETFs ist gemeinsam, dass sie über viele Unternehmen (Emittenten) hinweg diversifiziert sind. Das ist relativ zu einer einzelnen Anleihe oder einer kleinen Zahl einzelner Anleihen ein beträchtlicher Vorteil, weil so das Ausfallrisiko für den Anleger wegdiversifiziert wird.

Worin sich konventionelle Anleihen-ETFs und LZ-ETFs hingegen deutlich voneinander unterscheiden, ist der eingangs bereits angedeutete Aspekt: Konventionelle Anleihen-ETFs (bzw. der Anleihenkorb darin) haben eine stabile, sich nie ändernde (Rest-)Laufzeit (z.B. drei Jahre, fünf Jahre oder 20 Jahre), während LZ-ETFs zu einem unveränderlichen Kalenderdatum fällig werden (alle darin enthaltenen Anleihen werden im gleichen Monat oder jedenfalls nahe um einen bestimmten Termin herum Tag fällig). Deswegen sinkt die Restlaufzeit eines LZ-ETFs jeden Tag. Wenn das

Fälligkeitsdatum erreicht ist, wird der LZ-ETF planmäßig liquidiert und das ETF-Vermögen an die Anleger ausgeschüttet (dem Verrechnungskonto der einzelnen Anleger gutgeschrieben). Dagegen hat ein konventioneller Anleihen-ETF planmäßig eine »unendliche« Lebensdauer.

Von vielen Finanzbuchautoren, Finanzjournalisten und Finfluencern wird seit Jahr und Tag behauptet, dass LZ-ETFs in gewisser Weise risikoärmer seien als ihre konventionellen Pendants, weil man nur bei LZ-ETFs genau wisse, was der Wert (Kurs) am Fälligkeitsdatum sein werde. Die »Theorie« hinter dem angeblich geringeren Risiko ist in hohem Maße fragwürdig, wenn nicht sogar falsch. Schlussendlich unterscheiden sich konventionelle Anleihen-ETFs und LZ-ETFs in einem zentralen Merkmal – ihrer »Duration« – so sehr, dass sie relativ zueinander letztlich Äpfel und Birnen darstellen und ein eindimensionaler Risikovergleich daher latent irreführend oder ganz falsch ist.

Für mich besteht wenig Zweifel daran, dass konventionelle Anleihen-ETFs – wenn man alle in diesem Zusammenhang relevanten Faktoren berücksichtigt – für die meisten Privatanleger besser geeignet sind. LZ-ETFs sind ein Nischenprodukt, das für normale Privatanleger relativ zu einem konventionellen ETF eher nachteilig ist.

3.7 Inflationsindexierte Anleihen

Bis etwa Ende 2021 wussten selbst versierte Börsianer selten etwas Genaues von »inflationsindexierten Anleihen« (»IIAs«), auch »inflationsgeschützte Anleihen« genannt, einem kleinen Nischenthema in der großen Welt der Staats- und Unternehmensanleihen. IIAs wurden in Deutschland in der Privatanleger-Community erst 2022 etwas bekannter, kurz nachdem die Inflation in den meisten Industrieländern zum ersten Mal in über 30 Jahren scharf angezogen hatte. (Ab Anfang 2023 sank die Inflationsrate wieder und bewegt sich heute im ersten Quartal 2025 wieder nahe am Zielwert der EZB von 2% p.a. Das dürfte der Hauptgrund sein, warum das Interesse an inflationsindexierten Anleihen inzwischen wieder abgeflaut ist.)

IIAs werden nahezu ausschließlich von Staaten und nicht von Unternehmen emittiert. Die ersten IIAs gab Großbritannien im Jahr 1981 aus. Seitdem kam eine sehr überschaubare Zahl von Ländern einschließlich der

USA und Deutschland als Emittenten hinzu. Österreich und die Schweiz emittieren bis heute keine IIAs.

Der zentrale Unterschied zwischen einer IIA und einer »konventionellen Anleihe« (»KA«) besteht darin, dass das Risiko der sogenannten »unerwarteten Inflation« (»Unexpected Inflation«) unterschiedlich zwischen Emittent und Investor verteilt ist. Bei einer IIA trägt der Emittent, also der Staat, das Risiko unerwarteter Inflation, bei einer KA trägt es der Anleger.

Was bedeutet »Unexpected Inflation Risk«? Zu jedem gegebenen Zeitpunkt besteht in der Anlegergemeinschaft für ein gegebenes Land bzw. eine gegebene Währung eine kollektive Inflationserwartung, die sogenannte »erwartete Inflation« (»Expected Inflation«). Wichtig: Die erwartete Inflation ist immer bereits in die nominale Umlaufrendite einer KA eingepreist. Die Umlaufrendite einer KA ist beim Kaufzeitpunkt ja exakt bekannt, und sie enthält die kollektive Inflationsschätzung des Marktes zum Zeitpunkt des Kaufes bis zur Fälligkeit der Anleihe, sei es nun drei Jahre oder 30 Jahre später. Das bedeutet, auch KAs schützen vor erwarteter Inflation.

Vielen Privatanlegern fällt es schwer zu glauben, dass die erwartete Inflation bei KAs stets bereits eingepreist ist, obwohl dieser Sachverhalt in der wissenschaftlichen Finanzökonomie vollkommen unstrittig ist.

Die unerwartete Inflation ist, wie auch die tatsächliche Inflation, immer erst im Rückblick beobachtbar. Die unerwartete Inflation ist so definiert: *Unerwartete Inflation = Tatsächliche Inflation – Erwartete Inflation.*

Die unerwartete Inflation kann negativ oder positiv sein, d.h., der Markt kann die Inflation für einen bestimmten künftigen Zeitraum über- oder unterschätzen. Im Falle einer Überschätzung ist die unerwartete Inflation negativ, bei einer Unterschätzung positiv. Für einen gegebenen Zeitraum sind die erwartete Inflation und die tatsächliche Inflation naturgemäß erst ex post bekannt, während die erwartete Inflation in die Zukunft gerichtet ex ante bekannt ist.

IIAs schützen den Anleger vor erwarteter *und* vor unerwarteter Inflation. Sie bieten also Schutz für den Fall, dass der Markt die Inflation über einen gegebenen Zeitraum hinweg signifikant unterschätzt – als Abschirmung gegen sogenannte Inflationsschocks, also eine nicht zuvor schon eingepreiste Inflation. KAs schützen lediglich vor erwarteter Inflation (diese ist ja in die Umlaufrendite eingepreist). Die zu jedem gegebenen Zeitpunkt in die Umlaufrenditen von KAs für bestimmte Restlaufzeiten eingepreiste

Inflation – die erwartete Inflation – lässt sich durch einen Abgleich mit den Umlaufrenditen entsprechender IIAs messen. Auf diesen faszinierenden Gesichtspunkt komme ich gleich noch zurück.

Eine IIA hat von Haus aus – anders als eine KA – keinen nominalen Kupon (der Kupon ist die periodische Zinszahlung) und somit auch keine nominale Umlaufrendite, sondern lediglich einen niedrigeren *realen* Kupon. Ein solcher Kupon schließt die Konsumgüterinflation nicht mit ein. Dementsprechend wird die Umlaufrendite von IIAs auch stets als reale Rendite angegeben. Der emittierende Staat legt dem Anleger jedoch zusätzlich zu dem niedrigeren realen Kupon die tatsächliche Inflation bei jeder Kupon-Zahlung obendrauf. In diesem Zuschlag besteht die Inflationsindexierung der IIA.[22] Die gesamte Zinszahlung bei einer IIA entspricht dadurch der realen Kupon-Rendite plus einer Zuzahlung für die realisierte Inflation.

Wie die Mechanik dieser Zuschlagszahlung im Detail funktioniert, übergehe ich hier aus Platzgründen, zumal sich hier die IIAs unterschiedlicher Länder teilweise unterscheiden. Das ökonomische Ergebnis ist aber bei allen IIAs, unabhängig von etwaigen kleinen Konstruktionsunterschieden, das gleiche.

Subtrahiert man nun zu einem gegebenen Zeitpunkt von der nominalen Umlaufrendite einer KA die reale Umlaufrendite der IIA mit gleicher Restlaufzeit, dann resultiert daraus die für die Restlaufzeit dieser Anleihen vom Markt eingepreiste, erwartete Inflation. Im Fachjargon heißt sie *Break-even-Inflation*. Sie ist die in KAs eingepreiste Inflation für diesen spezifischen Zeitraum. (Auf den Websites der Zentralbanken oder bestimmten Finanzportalen kann man sich über die Break-even-Inflation informieren.)

Ist ein Anleger für einen bestimmten künftigen Zeitraum hinreichend fest davon überzeugt, dass die tatsächliche Inflation höher sein wird als die Break-even-Inflation, dann sollte er eine IIA kaufen. Falls er das nicht denkt, ist er mit einer KA genauso gut oder besser bedient. Überzeugende

---

22 Da die tatsächliche Inflation für einen bestimmen Zeitraum immer erst einige Wochen nach Ablauf dieser Periode bekannt ist, wird für die Inflationsanpassung die tatsächliche Inflation aus der entsprechenden Vorperiode verwendet. Insofern erfolgt die Inflationsanpassung leicht zeitverzögert. Dieser rein logistische, nicht vermeidbare technische Aspekt repräsentiert im Durchschnitt jedoch keinen finanziellen Nachteil oder Vorteil für den Anleger.

Evidenz, dass jemand die Höhe der künftigen Inflation systematisch besser schätzen kann als der Anleihenmarkt, existiert jedoch nicht.

Nachdem wir nun eine grobe Vorstellung davon haben, was eine IIA ist und wie sie funktioniert, nun im Schnelldurchgang einige wesentliche Anlegerfragen zu IIAs und kurze Antworten.

Haben inflationsindexierte Anleihen attraktivere Langfristrenditen als konventionelle Anleihen?

Nein. Das verfügbare historische Datenmaterial hierzu ist begrenzt und hat seine qualitativen Fragezeichen, aber nach allem, was wir auf Basis der längsten verfügbaren Datenreihe für britische IIAs sagen können, die bis Januar 1985 zurückreichen, sind die nominalen und realen Renditen zwischen IIAs und KAs auf lange Sicht fast identisch. Rein theoretisch müssten IIAs etwas niedrigere Renditen haben, weil hier ja bekanntlich der Emittent und nicht der Anleger das Risiko unerwarteter Erhöhungen der Inflationsrate trägt (im Ökonomenjargon das Risiko von *Inflation Shocks*). Die Volatilität beider Assetklassen im Gesamtzeitraum 1985 bis 2024 lag in der gleichen Größenordnung, der reale maximale Drawdown war jedoch bei IIAs mit 17% (Juni 2022) gegenüber 31% (ebenfalls Juni 2022) für KAs weit geringer. IIAs sind für den Anleger also empirisch risikoärmer. Auch das entspricht der ökonomischen Sachlogik, da der Anleger bei einer IIA kein Inflationsrisiko trägt.

Schützen IIAs kurzfristig vor Inflation?

In diesem Zusammenhang möchte ich zuerst noch einmal die wichtige Unterscheidung zwischen kurzfristigem Inflationsschutz (Inflation Hedging) und langfristigem Inflationsschutz (Inflation Beating) in Erinnerung rufen, die wir in Abschnitt 2.5 kennengelernt haben. IIAs haben bei ihrer Emission typischerweise sehr lange Restlaufzeiten von über zehn Jahren. Die Korrelation der Monatsrenditen einer IIA mit einer Restlaufzeit ab zehn Jahren mit der monatlichen Inflationsrate liegt nahe bei null und ist nur minimal höher als bei einer entsprechenden KA. So betrachtet besteht kein Inflationsschutz. Das wäre nur unwesentlich besser, wenn man statt monatlicher Intervalle jährliche Intervalle zugrunde legte. IIAs haben nur dann eine Korrelation von oberhalb +0,5 mit der Inflation, wenn ihre Restlaufzeit hinreichend kurz ist. Selbst in Phasen plötzlich stark ansteigender Inflation wie ab Anfang 2021 bis Ende 2022 können inflationsindexierte Anleihen negative Renditen haben, wie es 2022 auch tatsächlich der Fall war.

Warum schützen IIAs kurzfristig so schlecht vor Inflation? Warum sind sie so erstaunlich schlechte Inflation Hedges?
Weil ihr Zinsänderungsrisiko ihren Inflationsschutz völlig »überschwemmen« (dominieren) kann und das auch häufig tut. Das ist nur dann nicht der Fall, wenn die IIA eine sehr kurze Restlaufzeit hat. Aufgrund ihres Zinsänderungsrisikos wird man mit IIAs auch über einen Zeitraum von mehreren Jahren nicht immer »mindestens die Inflation hereinverdienen«, wie mancher Anleger angesichts der Bezeichnung »inflationsgeschützte« Anleihen glauben könnte. In diesem Zusammenhang erinnern wir uns auch, dass langfristig *alle* Assetklassen vor Inflation schützen, ganz einfach deswegen, weil alle Assetklassen für Zeiträume ab etwa 25 Jahren mit sehr großer Wahrscheinlichkeit eine positive Realrendite produzieren. Das ist Inflationsschutz im Sinne von Inflation Beating.

Wie gut sind ETFs auf IIAs?
Das hierzulande verfügbare Angebot von IIA-ETFs ist immer noch kümmerlich klein und für Anleger in Deutschland und Österreich – jedenfalls in der m. E. relevanten Standardkonstellation eines Buy-and-Hold-Anlegers, der keine aktiven, spekulativen Wetten eingehen will – kaum brauchbar, da keine IAA-ETFs spezifisch auf die deutsche oder österreichische Inflation angeboten werden. Für die Schweiz existieren, wie erwähnt, überhaupt keine IIAs und somit auch keine IIA-ETFs.

Unter den Anfang 2025 auf dem deutschen Markt verfügbaren rund 30 IIA-ETFs bezogen sich zehn auf die US-Inflation, einer auf die britische Inflation, einer auf einen gemischten Schwellenländerinflationsindex und neun auf eher bizarre globale Inflationsindizes. Übrig bleiben weniger als zehn IIA-ETFs auf die Eurozoneninflation (keiner auf die deutsche, österreichische oder schweizer Inflation).

Sie haben aber noch weitere Nachteile: (a) ausnahmslos Durationen (gewichtete Durchschnittslaufzeiten) von über fünf Jahren und damit beträchtliches oder sehr hohes Zinsänderungsrisiko, (b) in allen diesen ETFs sind italienische und in manchen auch spanische und/oder griechische Anleihen enthalten. Für manch konservative Anleger ist das unattraktiv.

Zusammenfassend lässt sich sagen, dass IIAs nicht die Wunderwaffe gegen Inflationsrisiko im Anlegerdepot sind, die man aufgrund ihres Namens erwarten könnte. Generell gilt: Finanzinstrumente, die zuverlässigen kurzfristigen Inflationsschutz *und* attraktive Renditen bieten, existieren nicht.

Wer als aktiver Anleger mit IIAs Überrenditen erzielen will, muss sie zeitlich *vor* Auftreten eines Inflationsschocks (dem Auftreten hoher unerwarteter Inflation) kaufen. Wenn die Inflation schon hoch ist, ist es zu spät. Ich glaube allerdings nicht, dass jemand hinreichend zuverlässig Zeitpunkt und Ausmaß von Inflationsschocks prognostizieren kann.

Beim Schreiben dieser Zeilen im Mai 2025 fehlen im verfügbaren Angebot an IIA-ETFs auf die deutsche oder die Eurozoneninflation solche mit Durationen von unter drei Jahren.

Tiefergehender beschäftigen sich mein Kollege Daniel Kanzler in einem YouTube-Video (Kanzler 2023a) sowie mein Kollege Luca Stagnitti und ich in einem Blogbeitrag mit IIAs (Kommer/Stagnitti 2022h).

3.8 Fremdwährungsguthaben bei Banken

In verzinsliche Bankguthaben in Währungen mit einem höheren Zinsniveau als dem Euro zu investieren – das war von 2015 bis zur Niederschrift dieses Abschnittes im Mai 2025 z.B. für den USD der Fall – ist für Privatanleger in der Regel keine gute Idee.[23] Das gilt auch für das Anleihenäquivalent verzinslicher Bankguthaben, also sehr kurzfristige Staats- oder Unternehmensanleihen hoher Bonität. Tabelle 13 illustriert, warum diese Vorgehensweise nicht besonders schlau ist.

Auf den ersten Blick schien sich das Investieren in USD-Geldmarktanlagen in diesem speziellen Zehn-Jahres-Zeitraum (darunter die ca. sieben »Nullzinsjahre« in Deutschland von Mitte 2015 bis Mitte 2022) für deutsche Anleger gelohnt zu haben (Vergleich Renditen Spalten 2 und 4 in Spalte 5 in Tabelle 13). Doch wenn man das Risiko sowie verfügbare Alternativen

23 Hier geht es ausdrücklich nicht darum, ein »Zinsplus« (in Euro oder einer Fremdwährung) zu erzielen, indem man ein verzinsliches Konto bei einer Bank mit niedriger/schlechter Bonität führt (z.B. viele osteuropäischen Banken). Tagesgeldkonten in Fremdwährung (vor allem USD) kann man auch bei vielen deutschen Banken führen.

Tabelle 13: Lohnt es sich, das zeitweilig höhere Zinsniveau in bestimmten Fremdwährungen »mitzunehmen«?

1	2	3	4	5
Zeitraum: 12/2014 bis 12/2025 (10,0 Jahre)	**3-Mon.-Zinsen Eurozone in Euro**	**3-Mon.-Zinsen USA in USD**	**3-Mon.-Zinsen USA in Euro**	**50/50 Aktien/ Eurozonenzinsen in Euro**
Rendite	0,4% p.a.	1,7% p.a.	3,3% p.a.	6,0% p.a.
Volatilität	0,5% p.a.	0,6% p.a.	7,2% p.a.	6,9% p.a.
Max. Drawdown	–3%	0%	–14%	–11%

► Ohne Kosten und Steuern. ► Spalte 5: MSCI ACWI Index + 3-Monats-Zinsen Eurozone. ► Volatilität: annualisierte Standardabweichung der Monatsrenditen. ► Datenquelle: Dimensional Fund Advisors.

in Betracht zieht, war dieser → Carry Trade kein attraktiver Deal. Seine Volatilität (Schwankung) war vierzehnmal so hoch (Spalte 4 vs. Spalte 2), der maximale kumulative Verlust fünfmal so hoch (Spalte 4 vs. Spalte 2).

Die starken Schwankungen von Wechselkursen, das Wechselkursrisiko, »überschwemmen« die geringe Volatilität (die Stabilität) einer verzinslichen Geldmarktanlage in der originären Währung nach »Übersetzung« in die Heimatwährung des Anlegers vollkommen. Damit wird der Grundcharakter einer Geldmarktanlage (Volatilität nahe null) zerstört.

Aber selbst wenn man eher schräg argumentiert (»die gestiegene Volatilität stört mich nicht«), hätte man für das betreffende Vermögen leicht eine überlegene Alternative finden können, nämlich eine 50/50-Anlage in globale Aktien und eine verzinsliche Geldmarktanlage in Euro (Spalte 5 vs. Spalte 4), und eine doppelt so hohe Rendite bei etwa gleichem Risiko erzielen können. Fremdwährungsguthaben sind außerhalb von nicht planbaren Glücksfällen in relativ kurzen Zeitspannen keine attraktiven Vermögensanlagen. (Zum hier nicht adressierten Ausfallrisiko von Banken und Bankguthaben siehe Abschnitt 4.5.)

3.9 Offene Immobilienfonds

»Offene Immobilienfonds« (»OIFs«) sind ein von der Zeit überholtes, risikounehrliches Anlageprodukt[24], das in moderneren und besser regulierten Kapitalmärkten als Deutschland – beispielsweise USA und Großbritannien – für den Vertrieb an Privatanleger wegen seiner Risikounehrlichkeit gar nicht zugelassen ist. In einem Satz gesagt: Die veröffentlichte, scheinbar geringe Volatilität dieser Fonds ist mit einem riesengroßen Fragezeichen zu versehen, sie ist »unehrlich«. In einer schweren Marktkrise würde sie sich wahrscheinlich als Fake herausstellen. Die langfristigen Renditen von OIFs sind kümmerlich und liegen klar unter denen von Immobilienaktien-ETFs.

Detaillierter gehen mein Co-Autor Großmann und ich auf die Nachteile von OIFs im Blogbeitrag Kommer/Großmann 2022a ein.

3.10 Geschlossene Fonds (»Beteiligungsinvestments«)

Mit dieser typisch deutschen Fondsfehlkonstruktion werden Immobilien, Flugzeuge, Schiffe, Windfarmen, Hollywoodfilme und andere »Sachwerte« finanziert.[25] »Geschlossene Fonds« (»GFs«) sind »Private Equity für den kleinen Mann«, da es rechtliche und konzeptionelle Parallelen zu PE gibt und da man hier schon ab Beträgen von 10 000 bis 20 000 Euro investieren kann. (Private Equity selbst behandele ich direkt im nachfolgenden Abschnitt.)

Apropos typisch deutsche Fondsfehlkonstruktion: In den USA, Großbritannien und den Niederlanden, drei Ländern mit besserem gesetzlichem Anlegerschutz als Deutschland, sind GFs für den Vertrieb an normale Privatanleger aus gutem Grund nicht zugelassen.[26]

---

24 Zum Begriff »risikounehrlich« siehe Risikokonzept 4: »Sichtbares versus unsichtbares Risiko« in Abschnitt 2.1.

25 Warum das deutsche Konzept des Sachwerte-Investments rationales Investieren eher behindert als befördert und es aus diesem Grund in der angelsächsischen Welt so nicht existiert, haben mein Kollege Weis und ich in einem Blogbeitrag erläutert (Kommer/Weis 2019d).

26 Der in den USA vorhandene Nischenfondstypus »Closed End Funds« hat letztlich fast nichts mit der rechtlich und wirtschaftlich anderen Konstruktion von GFs in Deutschland gemeinsam.

Da das Image von GFs aufgrund einer schier unendlichen Zahl von Pleiten und Skandalen in den vergangenen 25 Jahren stark gelitten hat, werden sie seit einiger Zeit von ihren Anbietern unter dem euphemistischen Etikett »Unternehmensbeteiligungen« oder »Beteiligungsinvestments« vermarktet.

Von GFs ist aus vielen Gründen dringend abzuraten: (a) Sie haben exorbitant hohe offene und versteckte Nebenkosten, darunter bis zu 30% anfängliche »Set-up-Kosten« (*Weichkosten* im Branchenjargon), die aber von außen kaum erkennbar sind. (b) Sie sind rechtlich und wirtschaftlich hochkomplex und intransparent. (c) Der Anleger geht unübersehbare Rechts- und Haftungsrisiken ein (einschließlich einer denkbaren Nachschusspflicht, wenn der Fonds in Schieflage gerät). (d) Es existieren keine objektiven historischen Renditedaten zu GFs, die länger als ein paar Jahre zurückreichen (wenn es gute historische Renditen gäbe, dann wären diese Renditen verfügbar, das ist sicher). (e) GFs enthalten substanzielle Klumpenrisiken wegen der Beschränkung auf einige wenige Investitionsobjekte. (f) Die vom Fondsinitiator gemachten Renditevorhersagen sind oft überoptimistisch und stammen von einer Institution, die dazu einem eklatanten Interessenkonflikt unterliegt. (g) Etwaige Miet- oder Abnahmegarantien werden unrealistisch als 100%-ig sicher angenommen. (h) Die der Prognose zugrunde liegenden steuerlichen Parameter können sich in der Realität beinahe jederzeit ändern. (i) Diese Investments sind völlig illiquide und können normalerweise nur mit hohen Preisabschlägen vor Fälligkeit verkauft werden.

Aus all diesen Gründen sind die Erfahrungen mit GFs aus den vergangenen 25 Jahren insgesamt geradezu katastrophal.

3.11 Private Equity, Venture Capital

Bei PE handelt es sich um Eigenkapitalinvestments in nicht börsennotierte Unternehmen – daher der Terminus »Private Equity« in Abgrenzung zu »Public Equity«, also Aktien.

Das PE-Universum besteht aus drei Hauptkategorien: »Buyouts« (oder genauer »Leveraged Buyouts«/»LBOs«), »Growth Equity« (»GE«) und »Venture Capital« (»VC«).[27] Buyout-Fonds erwerben Eigenkapital an etablierten,

27 Venture Capital fällt unter den Sammelbegriff »Private Equity«. Trotzdem gren-

recht großen Unternehmen mit Umsätzen, die typischerweise 500 Millionen Euro übersteigen und eine eher niedrige Bewertung aufgrund niedriger Rentabilität erhalten. In der Regel kommt es dann zu operativen Eingriffen bis hin zu umfassenden Restrukturierungen. Bei GE erwirbt der Fonds Beteiligungen an etablierten kleinen bis mittelgroßen Unternehmen mit guter Rentabilität, die eventuell zusammengelegt werden können, um als größere Einheit eine höhere Bewertung (also Bewertungsgewinne) zu erzielen. VC-Fonds beteiligen sich an vergleichsweise winzigen, zumeist noch defizitären Start-ups mit hohem Wachstumspotenzial und hoher Bewertung. Dabei kommt, anders als bei LBOs und GEs, meist kein oder nur wenig Fremdkapital zum Einsatz.

Das globale Volumen für Buyout-Transaktionen, gemessen am Marktwert, übersteigt dasjenige für GE- und VC-Transaktionen deutlich. Deswegen wird die Gesamtrendite des weltweiten PE-Marktes stärker von Buyout-Renditen als von den beiden anderen Kategorien bestimmt.

Bis etwa 2020 war das direkte Investieren in »Private Equity« (»PE«) aufgrund der hohen Mindestanlagesummen sehr betuchten Privathaushalten oder gewerblichen Investoren vorbehalten. In neuerer Zeit haben verschiedene Banken und Finanzvertriebe einen Weg gefunden, PE-Anlagen auch schon in kleinen »Ticketgrößen« von z.B. 10 000 Euro für den breiten Anlegermarkt verfügbar zu machen.

Ein Standardinvestment in einen PE-Fonds hat in der Regel eine Laufzeit von fünf bis zehn Jahren. Vor Ablauf dieser Periode ist eine Veräußerung, ein »Exit«, seitens des Anlegers normalerweise nicht oder nur mit beträchtlichen Abschlägen auf den vom Fonds quartalsmäßig berichteten Anteilswert möglich. Am Ende der planmäßigen Laufzeit veräußert der PE-Fonds die Investments (gelegentlich auch im Wege eines Börsengangs) und schüttet die Erlöse an die Fondsanteilseigner aus. Sollte das Vorhaben sich stark unterplanmäßig entwickeln, kann es länger bis zur Veräußerung dauern oder es muss nochmal Geld nachgeschossen werden. Generell sind PE-Investments also äußerst illiquide (siehe oben).

Über die Renditen von PE-Fonds besteht in der Wissenschaft keine Einigkeit, außer darüber, dass die von der Branche selbst und nach dem Rosinenpickerprinzip veröffentlichten Renditeangaben aus einer Reihe von

---

zen sich viele VC-Branchenvertreter aus Marketinggründen terminologisch von PE ab, indem sie fälschlich von PE *und* Venture Capital sprechen.

Gründen nach oben verzerrt und nicht repräsentativ für den Gesamtsektor sind (Phalippou 2020).

Worüber in diesem Zusammenhang allerdings Klarheit besteht: Weil PE-Investments nicht börsennotiert sind, rechnen PE-Fonds die Werte der Fondsanteile zum Quartalsultimo letztlich selbst aus. Dass dabei in beträchtlichem Umfang »Renditeglättung« (»Return Smoothing«) stattfindet, ist unbestritten (Chandra u.a. 2019, Jackson u.a. 2022). Der Chef der US-Fondsgesellschaft AQR Capital Management, Cliff Asness, nennt das »Volatility Laundering« in sarkastischer Anlehnung an den Begriff »Money Laundering« (»Geldwäsche«) (Asness 2023).

Weil im PE-Sektor Volatility Laundering betrieben wird, lässt sich aus den ausgewiesenen Wert- und Renditeschwankungen eines einzelnen PE-Investments oder konventionellen PE-Indizes buchstäblich nichts über das tatsächliche Risiko des Investments ableiten. Nach meiner Überzeugung ist Volatility Laundering der wichtigste Einzelgrund für den großen Absatzerfolg von PE bei vermögenden Privatanlegern in den vergangenen zehn Jahren – die Fiktion, man bekomme hier aktienmarktartige Renditen mit deutlich weniger Risiko.

Generell kann man wohl sagen, dass die Renditen des durchschnittlichen PE-Fonds auf lange Sicht in der gleichen Größenordnung (oder leicht darüber) wie die eines breit diversifizierten Public-Equity-ETF-Investments (Aktien) liegen – bei zugleich eher höherem Risiko und niedrigerer Liquidität. Letzteres sollte insbesondere nicht superreichen Privathaushalten im fortgeschrittenen Alter als klarer, gravierender Nachteil erscheinen.

Zu den Hauptgründen für die hitzige Liebe der Finanzbranche zu PE gehören: (a) Als Anbieter verdient man mit PE besonders viel. Die laufenden Vermögensverwaltungsgebühren summieren sich aus mehreren Einzelkomponenten auf 2% bis 3,5% p.a.[28] (b) Da PE nicht börsennotiert ist, kann man über dessen Renditen sehr leicht Photoshop-Zahlen verbreiten, die beim Marketing enorm helfen. (c) PE hat für die Fondsanbieter den Vorteil im Reporting, risikoarm auszusehen, weil bei den periodischen Renditedaten kaum Volatilität sichtbar ist (Volatility Laundering). Viele Privatanleger mögen das, da es sich gut anfühlt, ein anscheinend wenig schwankendes, »risikoarmes« Investment zu besitzen. (d) Bei PE ist der

28 In einer kürzlichen Untersuchung eines Experten für »alternative Investments« (darunter PE) werden noch deutlich höhere Durchschnittskosten für PE genannt (Ennis 2025).

Anleger gefühlt in ein »unternehmerisches Vorhaben« involviert, dessen zukünftige Entwicklung zum Teil von ihm selbst (von seinem individuellen Kapitalbeitrag) abhängt. In seiner subjektiven Wahrnehmung wird er so zum »Mitunternehmer«. Sein Handeln »bewegt etwas« und es gibt eine »Story« dazu, die er beim Schwiegervater, bei Freunden und bei Arbeitskollegen erzählen kann. Das ist ein starker Kontrast zu der gefühlt anonymen Rolle, die er als »bloß passiver« Anleger im Falle eines herkömmlichen Börseninvestments (und zumal eines ETFs) einnimmt.
(e) Viele Privatanleger und Finanzjournalisten verwechseln den oft märchenhaften persönlichen Reichtum der Eigentümer großer PE-Firmen mit dem Investmenterfolg der Kunden dieser Firmen. Der Reichtum der PE-Firmeneigentümer und der Investmenterfolg der Kunden haben jedoch wenig miteinander zu tun – und wenn überhaupt, geht Ersterer oft zulasten des Letzteren.

Ausführlicher, als ich es an dieser Stelle tue, gehen meine Kollegen und ich in zwei Blogbeiträgen auf PE-Investments ein (Kommer/Weis 2021d und Kommer/Stagnitti 2024m). Diese Publikationen enthalten auch weiterführende Literaturhinweise.

3.12 Private Debt und Peer-to-Peer-Kredite

Auf ihrer seit über 100 Jahren anhaltenden Suche nach neuen Finanzprodukten mit für die Anbieter hohen Margen hat die moderne Finanzbranche viele »kreative« Ideen hervorgebracht. Eine im Privatanlegermarkt relativ neue sind Investments in »private Kredite« (neudeutsch »Private Credit«, »Private Debt« oder »Private Lending«). Das können Kredite an große, an mittelständische und an kleine Unternehmen sein, aber auch Konsumentenkredite an Privatpersonen sowie Immobilienkredite an gewerbliche Immobilieninvestoren oder private Häuslebauer.

Normalerweise werden solche Kredite von Banken ausgereicht, aber nicht bei Private Credit. Hier sind die Kreditgeber Privathaushalte und gelegentlich auch institutionelle Investoren. Die Arbeit, Kreditnehmer zu finden, die Kreditverträge und Kapitaldienstmodalitäten (einschließlich Zinshöhe) auszuhandeln und den Kredit zu verwalten, macht jedoch ein spezieller Dienstleister, ein Intermediär, also nicht die Kreditgeber. Für diese Arbeit erhält der Dienstleister eine (heftige) Provision.

Wenn dieser »Privatkredit« auf kleinem Niveau stattfindet, also für Investmentbeträge eines Privathaushaltes von, sagen wir, zwischen 1 000 und 10 000 Euro pro Transaktion, dann heißt diese Anlageform *Peer-to-Peer-Kredit*, englisch abgekürzt »P2P-Lending«. Wenn es im größeren Rahmen für vermögende Privathaushalte oder institutionelle Anleger geschieht, dann heißt es nobler »Private Credit«. (Gelegentlich wird missverständlich oder bewusst irreführend die Bezeichnung »Crowdfunding« für P2P verwendet. Bei echtem Crowdfunding handelt es sich allerdings um Spenden, also Schenkungen oder »Kredite« ohne Gewinnerzielungsabsicht.)

Bei P2P-Lending investiert der Intermediär kein eigenes Geld in die von ihm vermittelten Kredite oder – in Ausnahmefällen – prozentual nur sehr kleine Beträge. Hieraus resultieren oftmals beträchtliche Interessenkonflikte.

Zunächst einmal ist festzuhalten, dass es sich bei Private Debt/Private Credit um absolut nichts Neues handelt, obwohl viele Vermarkter, Wirtschaftsjournalisten oder Finfluencer von Private Debt als »neu« oder als »Innovation« sprechen.[29] Das Gegenteil ist der Fall: Kredite an Privatpersonen oder Unternehmen sind das älteste Investment der Menschheitsgeschichte. P2P und Private Credit sind lediglich neue, hip daherkommende *Verpackungsformen* für ein Uraltfinanzprodukt, das kurz nach der Steinzeit entstand.[30]

In der Regel werden für diese Finanzprodukte von ihren Vermarktern unrealistische Risiko-Rendite-Kombinationen verbreitet. Vor allem bei der Beschreibung des Risikos handelt es sich oft um Photoshop-Angaben auf Basis von selbst erstellten periodischen Bewertungen, die *keine* echten Marktpreise sind. Diese geglätteten Weichzeichner-Aussagen lassen sich von Privatanlegern jedoch nicht leicht verifizieren.

Generell fehlen zu Private Debt unabhängig dokumentierte, verlässliche Renditedaten über einen hinreichend langen Zeitraum (25+ Jahre). Den wenigen wissenschaftlichen Untersuchungen, die bisher existieren, liegen typischerweise nur kurze historische Betrachtungsperioden zugrunde, üblicherweise weniger als 20 Jahre. Das ist nicht nur zu wenig,

29 Private Equity und Private Debt werden auch zu den sogenannten Alternativen Investments gezählt (»alternativ« relativ zu »etablierten« Investmentformen wie Aktien und Anleihen).

30 Ich war 24 Jahre meines Berufslebens im Kreditgeschäft von Banken beschäftigt und bin mit dieser Anlageform besonders gut vertraut.

sondern die kurzen Datenreihen sind auch deswegen nicht repräsentativ, da im Verlauf des Jahres 2022 der von 1981 bis 2021 über 40 Jahre anhaltende starke Zinssenkungstrend in den westlichen Ländern endete und damit die Insolvenzhäufigkeit (»Default Rate«) der Kreditnehmer in diesem Marktsegment nach oben treiben wird.

In den Produktunterlagen sind die Angaben zu offenen und versteckten Nebenkosten, Interessenkonflikten, Illiquidität, zur Schuldnerstruktur und -bonität, Einfachheit und ganz allgemein zur Produktverständlichkeit überwiegend mangelhaft. In mindestens einer dieser Dimensionen, zumeist in mehreren, schneiden Private-Debt-Produkte, die an normale Privatanleger vermarktet werden, bei genauer fachkundiger Analyse schwach oder sogar desaströs schwach ab. Beim vierteljährlichen Reporting der Renditen dieser risikounehrlichen Investments findet systematisches Volatility Laundering statt (siehe dazu Abschnitt 3.11 zu Private Equity).

Private Credits sind illiquide Investments, die sich vorfristig überhaupt nicht oder nur mit schmerzvollen Abschlägen zum »offiziellen Berichtswert« veräußern lassen.

Die Vermarkter von Private Credit nutzen aufsichtsrechtliche Lücken – nämlich dass Kredite regulatorisch nicht als »Wertpapiere« eingestuft werden. Daher können sie als Verkäufer in ihrem Marketing viele Dinge sagen, die haftungsmäßig risikoreich wären, würden solche Kredite als Wertpapiere gelten.

Auch die bisher vorliegenden historischen Renditen, die aus o.g. Grund vermutlich für die Zukunft unrepräsentativ hoch sind, sind aus Sicht der Wissenschaft nichts Besonderes, wenn man das *echte* Risiko (nicht das geglättete, berichtete Risiko) und die Illiquidität betrachtet (Dömötör u.a. 2023, Erel u.a. 2024, Schrager 2025).

3.13 Hedge-Fonds

Noch bis ungefähr 2015 wurden Hedge-Fonds von Journalisten und YouTubern regelmäßig und devot als »Königsklasse des Investierens« bejubelt. Danach löste Private Equity Hedge-Fonds in dieser Hinsicht ab. Aber schon um 2015 und wohl noch mehrere Jahre früher waren Hedge-Fonds als Gruppe weltweit ein Renditedesaster (Lack 2012). Bis heute hat sich das Desaster weiter verschlimmert. Das zeigt Tabelle 14.

Tabelle 14: Rendite und Risiko von Hedge-Fonds im Vergleich mit einem Aktien-Anleihen-Portfolio und einem reinen Aktienportfolio – real in USD (inflationsbereinigt)

	HFRX Global Hedge Fund Index	35/65 MSCI World Index/mfr. US-Staatsanleihen	MSCI World Index
Rendite			
12/1997 bis 02/2025 (25,2 Jahre)	1,4% p.a.	2,9% p.a.	5,0% p.a.
03/2015 bis 02/2025 (10,0 Jahre)	–1,1% p.a.	1,6% p.a.	7,1% p.a.
Risiko Gesamtzeitraum			
Volatilität	6%	6%	16% p.a.
Maximum Drawdown	–32% (10/2023)	–22% (09/2022)	–54% (02/2009)

► Reale Renditen in USD. ► Beim Hedge-Fonds-Index ist nicht abschließend klar, welche Kosten darin bereits berücksichtigt sind. Bei den beiden anderen Portfolios wurden keine Kosten berücksichtigt. ► Die Datenreihe für den HFRX-Index reicht lediglich bis Januar 1998 zurück. ► Die Anleihenkomponente im gemischten 50/50-Portfolio besteht aus fünfjährigen US-Staatsanleihen. ► Volatilität: Annualisierte Standardabweichung der Monatsrenditen. ► Ohne Steuern und Kosten. ► Daten Hedge Funds Research (HFR), Dimensional Fund Advisors, MSCI.

Die in Tabelle 14 dargestellten Hedge-Fonds-Renditen sind aus Gründen, die ich hier, um Platz zu sparen, nicht einzeln angebe, möglicherweise noch nach oben hin verzerrt, da unklar ist, ob in der zugrunde liegenden Hedge-Fonds-Datenbank der sogenannte → Survivorship Bias komplett eliminiert ist. Ferner wird die Volatilität der Renditen möglicherweise zu niedrig ausgewiesen, weil manche Hedge-Fonds in illiquide Assets investieren, deren Preis sie dann von Monat zu Monat selbst schätzen (»Return Smoothing« bzw. das in Abschnitt 3.11 zu Private Equity erwähnte Volatility Laundering).

Hedge-Fonds als »Anlageform für Millionäre«[31] hatten ihre goldene Zeit von etwa 1980 bis 2000, weil es damals nur wenige von ihnen gab, der Wettbewerb zwischen ihnen also schwach war. 1990 waren es weltweit erst ungefähr 100 Fonds, heute sind es über 20 000. Ein zweiter wichtiger Grund für die guten Hedge-Fonds-Renditen in den alten Zeiten ist, dass illegales Insider Trading bis ungefähr 2007 rechtlich weniger risikoreich

31 Wenn man als Privatanleger direkt in einen Hedge-Fonds investieren möchte, erfordert das typischerweise einen Minimumbetrag von 250 000 Euro oder mehr.

als heute war, weil die diesbezügliche Strafverfolgung damals kaum existierte (Bhattacharya 2023).

Bei Hedge-Fonds existiert – genauso wie bei normalen Investmentfonds – keine nennenswerte Performance-Konstanz, die man als Anleger ausnutzen könnte (Guirguis 2021, Ipatova u.a. 2022). Es hilft also eher nicht, in einen Hedge-Fonds zu investieren, der in der jüngeren Vergangenheit besonders gute Renditen hatte.

Zu zwei besonders berühmten Hedge-Fonds habe ich zusammen mit zwei Co-Autoren 2021 Blogbeiträge veröffentlicht (Kommer/Ganowski 2021c und Kommer/Weis 2021i). Der eine Fonds ist der berühmteste und größte Hedge-Fonds der Welt, der Bridgewater Pure Alpha II Fund (Ray Dalio, Bridgewater), der andere ist der angeblich rentabelste Hedge-Fonds »aller Zeiten«, der »Medallion Fund« (Jim Simons, Renaissance Technologies). Bei beiden Fonds sehen die Fakten weniger grandios aus als die Mythen um diese Fonds in den Medien und im Internet.

3.14 Zertifikate (Structured Notes)

Generell leiden »Zertifikate«, in den USA »Structured Notes« genannt, an der schlimmen Finanzproduktkrankheit »zu viel Verpackung«. Zu ihren vielen Nachteilen und »schlechten Risiken« (zur Unterscheidung zwischen guten und schlechten Risiken siehe Abschnitt 2.1) gehören: (a) Zertifikate sind rechtlich gesehen Bankschuldverschreibungen, unabhängig davon, welches »exotische«, man könnte auch weniger nett sagen: »abstruse«, Rendite-Risiko-Profil sie dem jeweiligen Zocker (Pardon! – »Investor«) geben sollen. Wenn die Emissionsbank in Schwierigkeiten gerät, wird auch ein von ihr emittiertes Zertifikat wackeln, egal, wie gut oder schlecht sich das → Underlying entwickelt haben mag. Man denke an die von Lehman Brothers emittierten Zertifikate, bei denen Tausende Zertifikate-Anleger 2008 extrem viel Geld verloren haben. Anders formuliert: Zertifikate sind – im Gegensatz zu UCITS-Fonds und ETFs – kein Sondervermögen.[32] Das Ausfallrisiko von Zertifikaten wird nicht durch eine entsprechende Zusatzrendite kompensiert. (b) Die meisten der sage und schreibe über 1,5 Mil-

32 Zu UCITS-Fonds siehe Infobox »Investmentfonds und ihr rechtlicher Hintergrund« in Abschnitt 4.6.1.

lionen verschiedenen Zertifikate in Deutschland sind intransparent und zu komplex für normale Privatanleger, sehr viele geradezu albtraumartig komplex. (c) Ihre wahren Kosten (einschließlich der versteckten Kosten) liegen weit über denen, die in den Produkt-Fact-Sheets angegeben werden.

Zertifikate sind die Schmuddelecke des Finanzproduktgeschäfts. Sie sind in Ländern mit besserem Verbraucherschutz bei Vermögensanlagen, wie USA, Kanada, Australien und Großbritannien, aus guten Gründen nicht zum freien Vertrieb an Privatanleger zugelassen.

3.15 Optionen und andere Derivate

Für die allermeisten normalen Privathaushalte sind die unter der Überschrift dieses kurzen Abschnittes zusammengefassten »exotischen« Anlageprodukte und Anlagenstrategien, die auf → Optionen oder ähnlichen Derivaten basieren, von vornherein nicht relevant, weil ihr Praktizieren in Eigenregie hohe Kapitalmarktkenntnisse *und* einen sehr hohen Zeitaufwand voraussetzt – beides für die meisten Privathaushalte sozusagen Showstopper. Aber selbst wenn man annimmt, dass diese zwei Hindernisse im Falle eines spezifischen Privatanlegers nicht bestehen, wäre diese Art von Investment für ihn vermutlich der falsche Weg.

Die Begründung für diese Schlussfolgerung ist einfach: Die Wissenschaft hat Do-it-yourself-Trading von Privatanlegern mit Derivaten, aber auch mit konventionellen Wertpapieren, beispielsweise Aktien, Anleihen und ETFs, in den letzten ca. 30 Jahren in inzwischen vielen Dutzend renommierten Studien untersucht. Die Ergebnisse sind insgesamt nicht nur entmutigend, sondern alles in allem desaströs. Do-it-yourself-Privatanleger, die mit Trading-orientierten Anlagestrategien auf Basis von Short-Term-Strategien Geld verdienen wollen, legen in der großen Mehrzahl der Fälle über längere Zeiträume viel Geld drauf. Nach Berücksichtigung von Kosten und Risiko verdienen sie weniger als mit einem vergleichbaren passiven ETF-basierten Buy-and-Hold-Investment bei einem drastisch geringeren Arbeitsaufwand. In solchen akademischen Analysen sind steuerliche Nachteile und die »kalkulatorischen Kosten« für den Arbeitslohn des Anlegers noch nicht einmal berücksichtigt.

Wer mir nicht glaubt, der möge sich die folgenden akademischen Untersuchungen ansehen: Beckmeyer u.a. 2023, Naranjo u.a. 2023, Swedroe

2023, Chague u.a. 2024, Haghani/White 2024, Asness/Villalon 2025. Aber man kann es sich auch einfacher machen, als lange wissenschaftliche Studien zu lesen. In Deutschland ansässige Neobroker müssen aus aufsichtsrechtlichen Gründen auf ihrer Website angeben, welcher Prozentsatz ihrer Trading-Kunden in einem von der Aufsicht bestimmten Zeitfenster absolute Verluste erwirtschaftet. Typischerweise sind das über 80% bis 90%. Wäre das Zeitfenster länger, läge die Verliererquote wohl noch höher.

Die eindeutigen wissenschaftlichen und statistischen Ergebnisse halten jedoch eine Armada schräger Gestalten, die für teures Geld »Trading Seminare«, »Coaching« zu Trading und teure Newsletter offerieren, nicht davon ab, diese Anlagestrategien weiter zu vermarkten. Der Grund ist einfach: Mit ihren »Schulungsangeboten« verdienen die Anbieter verlässlich gutes Geld. Mit dem Investieren auf Basis des Inhaltes dieser Seminare wird man hingegen über längere Zeiträume hinweg ziemlich verlässlich Geld verlieren – absolut oder in Gestalt von Opportunitätskosten.

In Bezug auf den bei diesen Trading-Strategien oft wichtigen Spezialaspekt Downside Hedging haben mein Co-Autor Max Bartosch und ich einen eigenen Blogbeitrag geschrieben (Kommer/Bartosch 2022g). Downside Hedging ist das aktive Bemühen eines Anlegers, mit bestimmten Finanzprodukten (z.B. Put-Optionen) oder mit → Stop-Loss-Orders das Verlustrisiko eines Aktienportfolios einzuschränken, ohne zugleich die Gewinnchance symmetrisch zu senken. Downside Hedging funktioniert insgesamt schlecht und ist aus meiner Sicht ein Wolkenkuckucksheim.

3.16 Sammlerobjekte: Kunst, Luxusuhren, Vintage Cars und anderes

Es erstaunt mich immer wieder, wie viele ansonsten kluge, abgeklärte Menschen behaupten, man könne mit Sammlerobjekten (Gemälden und anderer Kunst, Vintage Cars, Luxusuhren, Edel-Whiskys, historischen Musikinstrumenten usw.) Geld verdienen.[33] Leider gibt es dafür keine überzeugenden wissenschaftlichen Belege, also solide Evidenz von einer hinreichend großen Gruppe von Fachleuten ohne Interessenkonflikte.

33 Geld verdienen aus Glück/Zufall in Abgrenzung zu verlässlich Geld verdienen interessiert uns hier nicht. Es ist definitionsgemäß eine Ausnahme und nicht systematisch wiederholbar.

(Geschichten über Einzelfälle und nicht dokumentierte Behauptungen überzeugen mich leider nicht; egal, wer sie erzählt.)

Ja, die Marketingabteilungen der Verkäufer von Sammlerobjekten publizieren »Indizes« zu Gemäldekunst, Sammlerautos, Edel-Whisky und anderen »Collectibles«, die anzuzeigen scheinen, dass solche Sammlerobjekte in der Vergangenheit hohe Wertsteigerungen produzierten. Diese Indizes sind jedoch das sprichwörtliche Papier nicht wert, auf dem sie gedruckt sind. Aus Platzgründen verzichte ich hier darauf, die haarsträubenden Methodenfehler zu beschreiben, die bei ihrer Konstruktion unbewusst oder bewusst (meistens bewusst) begangen wurden. Doch selbst wenn diese Indizes keine fachliche Lachnummern wären, würden sie immer noch wenig darüber aussagen, ob mit einem *bestimmten* Sammler oder mit einer bestimmten Sammelmethode hinreichende Performance-Kontinuität erzielbar ist (siehe Tabelle 4 in Abschnitt 1.4). Nur wenn das der Fall wäre, wäre systematische Outperformance des jeweiligen allgemeinen Marktes vorstellbar.

Ergo: Wer teure Dinge sammelt, sollte es alleine aus Liebhaberei tun und in dem ehrlichen, reifen Bewusstsein, dass er damit auf lange Sicht nach Berücksichtigung von Kosten, Risiko und Illiquidität wahrscheinlich Geld drauflegen wird – entweder in Gestalt absoluter Verluste oder in Gestalt finanzieller Opportunitätskosten.

4 Die relevanten Bausteine für Ihre Vermögensanlagen – vor und im Ruhestand

In diesem Kapitel gehe ich auf elf verschiedene Vermögensanlagen ein, die eine der folgenden zwei Bedingungen erfüllen: Sie sind entweder (a) uneingeschränkt nützlich und empfehlenswert oder (b) wenn nicht uneingeschränkt nützlich/empfehlenswert, so doch immerhin so gut oder jedenfalls so stark verbreitet, dass man sie nicht grundsätzlich in die Kategorie »hiervon besser die Finger lassen« einordnen kann.

4.1 Die gesetzliche Rentenversicherung und ihre Äquivalente

Die gesetzliche Rentenversicherung (GRV) – oder ihre Äquivalente bei Beamten und den freien Berufen wie Ärzten und Rechtsanwälten – ist für die allgemeine Bevölkerung in den DACH-Ländern in wohl der Hälfte aller Haushalte das finanziell wertvollste einzelne Element der Altersvorsorge im Sinne des finanzmathematischen → Barwertes. Bei einem Ehepaar mit einem schuldenfreien Eigenheim und Rentenansprüchen beider Partner übersteigt dieser Barwert häufig den Wert des Eigenheims.

Dass das GRV-Versorgungsniveau für künftige Rentner ab ungefähr Jahrgang 1960 und jünger wenig attraktiv sein wird und in den kommenden Jahrzehnten noch weiter an Attraktivität – gemessen an der Rendite auf die eingezahlten Beiträge – verlieren wird, ist inzwischen ein finanzmathematisches Faktum und auch in der Bevölkerung die herrschende Meinung. Es muss dementsprechend an dieser Stelle nicht mehr belegt werden.

Die Gründe für das sich seit 2010 und in Zukunft wohl immer weiter verschlechternde Versorgungsniveau der GRV habe ich bereits kurz in Abschnitt 1.1 erwähnt – wie auch die anderen Gründe, warum sich an dieser unerfreulichen Entwicklung nichts mehr ändern wird.

Die für die neuen Rentner in der Zukunft schlechten und für spätere Generationen sich immer weiter verschlechternde Rentabilität der GRV ist das Ergebnis der strukturellen Fehlkonstruktion der GRV kombiniert mit Feigheit und Versäumnissen der Politikerkaste. Feigheit, weil in den letzten 30 Jahren bis zum heutigen Tag wohl 90% aller Politiker die Probleme der GRV verharmlosen, um ihre Chancen auf Wiederwahl nicht zu gefährden. Versäumnisse, weil man seit Jahrzehnten die Ergänzung der GRV um funktionierende kapitalgedeckte Alternativen verschläft und vermeidet, obwohl sie in anderen Ländern schon ebenso lange erfolgreich praktiziert werden.[34]

Infobox: Ist die deutsche Rentenversicherung ein Schneeballsystem?

Die Titelfrage dieser Infobox ist keineswegs nur sarkastisch gemeint. Staatliche Rentensysteme, die auf dem sogenannten »Umlageverfahren« (»UV«) basieren, wurden schon vielfach mit Schnellballsystemen oder »Ponzi-Systemen« verglichen (nach dem amerikanischen Anlagebetrüger Charles Ponzi, 1882–1949) oder mit diesen gar gleichgesetzt. Die allermeisten westlichen Staaten, auch die USA und Deutschland, besitzen ein staatliches Rentensystem, das auf dem UV beruht, also nicht auf dem Prinzip der Kapitaldeckung wie eine private Rentenversicherung. Bei einem UV-finanzierten Rentensystem werden die Renten aus den wenige Tage oder Wochen zuvor eingezahlten Beiträgen der gleichzeitig lebenden Arbeitnehmer bezahlt. In der Welt der Vermögensanlage entspricht das im Wesentlichen der Definition eines Ponzi Scheme oder Schneeballsystems.

Schon 1967, vor 58 Jahren, verglich der spätere Wirtschaftsnobelpreisträger Paul Samuelson die gesetzliche Rentenversicherung der USA mit einem Schnellballsystem (Tabarrok 2011). Das US-System ist nicht grundsätzlich anders konstruiert als das deutsche oder österreichische – es hat lediglich für die Altersvorsorge eines Durchschnittsamerikaners eine geringere wirtschaftliche Bedeutung, was volkswirtschaftlich einem Vorteil gleichkommt. Samuelson, obgleich ein sozialdemokratisch orientierter Ökonom, konzedierte damals unverblümt die zahlreichen grundsätzlichen Gemeinsamkeiten zwischen einem UV-Rentensystem und einem Ponzi Scheme, kam allerdings trotzdem zu dem Schluss, dass das UV-Rentensystem der USA

34 Der einfache Grund für dieses »Verschlafen« liegt darin, dass mehr als die Hälfte aller Bundestagsabgeordneten ein feindseliges und ein weiteres Viertel ein stark skeptisches Verhältnis zur Marktwirtschaft und damit zu marktwirtschaftlichen Altersvorsorgekonzepten haben.

nicht zum langfristigen Kollabieren verurteilt sei, wie das für ein »normales« Schneeballsystem zwangsläufig gilt. Ein UV-Rentensystem könne dann dauerhaft überleben, wenn bestimmte Bedingungen erfüllt seien. Mit dieser trivialen Feststellung hatte Samuelson Recht. Allerdings: Während man vor 58 Jahren als Optimist eventuell noch der (wie sich herausstellen sollte irrigen) Meinung sein konnte, dass diese Bedingungen in den USA und anderen westlichen Ländern dauerhaft gegeben sein würden. In wohl allen westlichen Ländern sind diese Bedingungen, die ich unten benenne, seit rund drei Jahrzehnten immer weniger oder gar nicht mehr erfüllt.

Milton Friedman, ein anderer Wirtschaftsnobelpreisträger, nannte das amerikanische UV-Rentensystem 1999 daher »das größte Ponzi Scheme der Welt« (Friedman 1999), und in Bezug auf die involvierten Geldsummen lag er sicherlich richtig.

Was genau ist mit nicht erfüllten Bedingungen gemeint? Ein UV-Rentensystem kann letztlich finanziell nur dann nachhaltig funktionieren und überleben, wenn die folgenden Voraussetzungen mehr oder weniger in Summe gegeben sind: (a) Das zahlenmäßige Verhältnis zwischen Beitragszahlern (Arbeitnehmern) und Rentenempfängern (die »Dependency Ratio«) verschlechtert sich im Zeitablauf nicht; (b) die Renten steigen nicht schneller als die Gehälter, aus denen sich ja die Einzahlungen ableiten; (c) soweit das effektive durchschnittliche Renteneintrittsalter (in Abgrenzung zum eher unbedeutenden gesetzlichen Renteneintrittsalter) sinkt, gibt es dafür finanzmathematisch korrekte Rentenabzüge; (d) die Lebenserwartung der Bevölkerung nimmt nicht zu; (e) es werden keine Rentenbezugsberechtigten in das System aufgenommen, die vorher nicht wie alle anderen standardmäßig/regulär eingezahlt haben (in Deutschland nennt sich das »systemfremde Leistungen«, von denen es mehr als ein halbes Dutzend gibt).

In Deutschland und in anderen westlichen Ländern war während der drei vergangenen Jahrzehnte letztlich keine einzige dieser Bedingungen mehr voll erfüllt, und in Summe für alle Bedingungen galt das noch weniger. Deswegen ist die gesetzliche Rentenversicherung hierzulande schon seit Jahren auf gigantische Quersubventionierungen aus allgemeinen Steuermitteln angewiesen – sie wäre sonst längst insolvent.

Lösungen oder Abmilderungen dieses Strukturproblems können eine oder mehrere der folgenden schmerzhaften Maßnahmen sein: Erhöhung des effektiven Renteneintrittsalters (in Deutschland in moderater, aber nicht annähernd ausreichender Form bereits erfolgt), Anstieg der Renten unterhalb des Lohnwachstums, Erhöhung der Beitragssätze, zwangsmäßige Einbeziehung neuer Betragszahlern (z.B. Selbständige oder Beamte), Erhöhung der Quersubventionierung aus Steuermitteln oder eine Mischung aus all diesem – alles in allem keine optimistisch stimmende Perspektive.

Die Einfluss- und Steuerungsmöglichkeiten eines normalen Arbeitnehmers auf die Höhe seiner GRV-Rendite sind gering – abgesehen von einem einzigen Stellhebel. Dieser eine Hebel ist die Entscheidung, wie lange der Arbeitnehmer berufstätig bleiben will oder – anders formuliert – welchen Rentenabschlag er gegenüber der Rentenhöhe auf Grundlage des Renteneintritts zum gesetzlichen Rentenalter (derzeit je nach Jahrgang zwischen 65 und 67) akzeptiert.

Die private Website www.zinsen-berechnen.de kann dabei helfen, den eigenen Rentenanspruch zu quantifizieren und den aktuellen Barwert der erwarteten GRV-Rente für unterschiedlich zugrunde gelegte Restlebenserwartungen zu berechnen (zur Berechnung der persönlichen Restlebenserwartung siehe Abschnitt 6.2). Die gleichen Berechnungen kann man auch, wenn man sich dazu ausreichend versiert fühlt, in einem Tabellenkalkulationsprogramm wie MS Excel durchführen.

Nachfolgend einige kurze Hinweise zur Vorgehensweise einer Barwertberechnung für den Anspruch an die GRV: Der angemessene → Abzinsungssatz für den künftigen Zahlungsstrom, den eine gesetzliche Rente darstellt, ist eher niedrig, da das Schwankungs- und Ausfallrisiko dieses Zahlungsstroms sehr moderat ist. Für die Bestimmung des Abzinsungssatzes nimmt man beispielsweise die Umlaufrendite einer Bundesanleihe mit 20 Jahren Restlaufzeit zum Zeitpunkt der Barwertberechnung und addiert einen kleinen Risikoaufschlag von geschätzt z.B. einem oder zwei Prozentpunkten. Diese Umlaufrendite betrug Ende März 2025 für Bundesanleihen 3,05% p.a.[35] (Bei der Rente aus einem Versorgungswerk sollte

35 Die Website www.bloomberg.com und viele andere Finanzportale nennen Umlaufrenditen für deutsche Staatsanleihen. Häufig werden Umlaufrenditen missverständlich nur »Renditen« oder engl. »Yield« (statt »Yield to Maturity«) genannt.

man einen höheren Risikoaufschlag von z.B. drei bis fünf Prozentpunkten addieren.) Den Zahlungsstrom der Rente (in Per-annum-Zahlen) könnte man aus heutiger Sicht jährlich in Höhe der geschätzten künftigen Inflationsrate (im Sinne eines langfristigen Durchschnitts) oder etwas weniger ansteigen lassen.

Ein einfaches Zahlenbeispiel: Elisabeth ist soeben 67 Jahre alt geworden und wird ab sofort Rente aus der GRV beziehen. Bei ihr sind das 1200 Euro nach Steuern pro Monat (14 000 Euro p.a.). Unterstellt man, dass Elisabeth die für sie errechnete mittlere Restlebenserwartung erreicht, nämlich noch 21 Jahre, und ihre Rente jährlich um 2,5% steigt, dann beträgt der Barwert (der Wert in heutigem Geld) ihres Rentenanspruchs bei einer Abzinsungsrate von 4% (inklusive Inflation) rund 245 000 Euro.

In den Kapiteln 5 bis 11 erläutere ich, was man mit diesen Informationen im Sinne der Finanzplanung vor und im Ruhestand macht.

4.2 Betriebliche Altersvorsorge

Ansprüche an Einrichtungen der betrieblichen Altersvorsorge können wirtschaftlich und rechtlich sehr unterschiedlicher Natur sein. Den meisten ist gemein, dass sie steuerlich gefördert wurden oder werden. Häufig besteht diese steuerliche Förderung darin, dass die Einzahlungen von Arbeitnehmern zunächst aus dem unversteuerten Bruttoeinkommen erfolgen und erst später in der Rentenbezugsphase als Einkünfte der Einkommenssteuer unterliegen.[36] Hieraus resultieren zwei steuerliche Vorteile: Ein steuerlicher Barwerteffekt aus einer langfristigen Verzögerung der Besteuerung, wie er auch in Abschnitt 7.4 im Zusammenhang mit dem Buy-and-Hold-Prinzip beschrieben wird. Ferner – in den meisten Fällen – ein niedrigerer → Grenzsteuersatz, weil im Rentenalter die gesamten Einkünfte eines Steuerpflichtigen typischerweise geringer sind als während der Berufstätigkeit.

Aufgrund dieser Steuervorteile lohnt es sich manchmal, die Einzahlungen in eine »BAV«-Lösung zu maximieren, zumindest dann, wenn es

36 In den deutschen Steuergesetzen werden die Namen von Steuern seltsamerweise ohne das an sich korrekte Fugen-s geschrieben, z. B Einkommensteuer statt Einkommenssteuer, Erbschaftsteuer statt Erbschaftssteuer. In Österreich und der Schweiz begeht man diesen Fehler nicht. In diesem Buch benutze ich die orthografisch korrekte Schreibweise.

sich nicht um eine fondsgebundene Lebensversicherung handelt (siehe Abschnitt 3.1). Für diejenigen, die kurz vor dem Übergang in den Ruhestand stehen, stellt sich die Frage »Wie viel einzahlen?« nicht mehr oder kaum noch.

Generell sind Sie gut beraten, sich über die Art und Qualität der Absicherung Ihres Rentenanspruchs im Falle eines Konkurses des entsprechenden Arbeitgebers zu informieren, sofern das Unternehmen der Schuldner der Rente ist. Die Grundfrage dabei: »Ist Ihr Auszahlungsanspruch vor einer Insolvenz Ihres Arbeitgebers geschützt?«

Die → Verbarwertung eines BAV-Rentenanspruchs ist konzeptionell identisch mit der Verbarwertung der Ansprüche einer Person an die gesetzliche Rentenversicherung. Allerdings sollte der Abzinsungssatz um grob geschätzte zwei Prozentpunkte höher sein, weil das Gegenparteirisiko in Bezug auf den Rentenzahler hier höher ist.

4.3 Die selbstgenutzte Wohnimmobilie

Selbstgenutzte Wohnimmobilien sind in Deutschland wie in allen Ländern eine beliebte Form der Altersvorsorge. 57% aller deutschen Haushalte, in denen das älteste Haushaltsmitglied zwischen 65 und 74 Jahre alt ist, lebt im Eigenheim, definiert als selbstgenutzte Wohnung oder Haus.[37] Umfragen zufolge streben rund zwei Drittel aller Mieterhaushalte kurz- oder langfristig ebenfalls Eigenheimbesitz an.

In Abschnitt 1.3 haben wir bereits gesehen, dass die langfristigen Renditen im Sinne von Total Returns von Wohnimmobilien niedriger sind als die von Aktien und vermutlich niedriger als das, was die Mehrzahl aller Eigenheimbesitzer annimmt. In Tabelle 15 zeige ich, wie niedrig die infla-

---

37 Auf die gesamte Bevölkerung bezogen ist die deutsche »Homeownership Ratio« (»HOR«) 45% und damit im internationalen Vergleich sehr niedrig. Allerdings ist die von vielen Politikern und der gesamten Immobilienbranche traditionell verbreitete »Propaganda« falsch, der zufolge eine hohe nationale HOR mit hohem nationalem Wohlstand einhergehe oder dass ein Land, um wohlhabender zu werden, eine Erhöhung der HOR durch spezifische staatliche Maßnahmen anstreben müsse. Wirtschaftlich arme Länder haben mit seltenen Ausnahmen höhere HORs als reiche Länder. Die reiche Schweiz hat unter den ca. 195 Staaten weltweit die niedrigste HOR, noch niedriger als Deutschland. Letztlich sagt weder eine hohe noch eine niedrige HOR etwas Verlässliches über den tatsächlichen Wohlstand eines Landes aus.

tionsbereinigten Wertsteigerungen von Wohnimmobilien in Deutschland, der Schweiz und den USA zwischen 1970 und 2024 waren (für Österreich sind nationale Daten erst ab 2001 verfügbar).

Wer glaubt (und das sind meiner Erfahrung nach viele), dass Eigenkapitalrenditen von Immobilieninvestments im Falle der Anwendung des Kredithebels systematisch höher sind als reine Objektrenditen, befindet sich im Irrtum (siehe den Blogbeitrag Kommer/Jerschensky 2024k). Statistisch betrachtet scheint Fremdfinanzierung von Immobilien die Rendite des eingesetzten Eigenkapitals im langfristigen Durchschnitt nicht systematisch zu erhöhen, wohl aber das Risiko (Wertschwankungen des Eigenkapitals).

Tabelle 15: Inflationsbereinigte Wertsteigerungen von Wohnimmobilien in Deutschland und drei anderen Ländern im Zeitraum von 1970 bis 2024

	Deutschland	**Schweiz**	**Frankreich**	**USA**
1970 bis 2024 (55 Jahre)	0,1% p.a.	1,3% p.a.	1,7% p.a.	1,8% p.a.
Schlechtestes Jahrzehnt [A]	–2,2% p.a. (1996 bis 2005)	–2,5% p.a. (1996 bis 2005)	–0,8% p.a. (2008 bis 2017)	–2,5% p.a. (1996 bis 2005)
Bestes Jahrzehnt [A]	4,8% p.a. (2012 bis 2021)	4,4% p.a. (2012 bis 2021)	7,5% p.a. (1998 bis 2007)	6,3% p.a. (2006 bis 2015)

► Reale Wertsteigerungen in nationaler Währung. ► [A] Die beiden gezeigten Zehn-Jahres-Zeiträume sind die im jeweiligen Land schlechteste und beste Dekade auf Basis von realen Kalenderjahresrenditen innerhalb der gesamten 55 Jahre. ► Alle Wertsteigerungen ohne Kosten und Steuern (ohne Transaktionskosten, ohne Instandhaltungskosten, ohne Kosten für Versicherung und Grundsteuern). ► Mieteinkünfte nicht berücksichtigt. ► Eigenkapitaleffekte aus etwaiger Kreditfinanzierung nicht berücksichtigt. ► Datenquelle: Bank für internationalen Zahlungsausgleich, Basel.

Natürlich sind selbstgenutzte Wohnimmobilien (Eigenheime) neben einer Form der Vermögensbildung auch eine nicht quantifizierbare, emotional beeinflusste Lifestyle-Entscheidung.

In diesem Abschnitt soll es jedoch nicht primär um Rendite, Risiko und die emotionalen oder Lifestyle-Vorteile von Eigenheimbesitz gehen, sondern um ein spezifisches finanzielles Problem, vor dem viele im Ruhestand befindlichen Eigenheimhaushalte stehen. Lediglich Eigenheimhaushalte, deren Einkommens- und Vermögensstatus »über jeden Zweifel erhaben« ist, haben das besagte Problem nicht. Leser, die zu letzterer Gruppe gehören, können diesen Abschnitt daher überspringen.

Ich illustriere das Grundproblem, das auch gelegentlich unter der Überschrift »Altersfalle Eigenheim« beschrieben wird, anhand des Jungrentnerhaushalts Luisa und Ludwig, die in der Nähe von Dresden leben.

Luisa und Ludwig (nachfolgend der Kürze halber »L&L«) sind beide 65 Jahre alt und beide haben ihre Berufstätigkeit soeben beendet. Ihr Einkommen und Vermögen setzt sich folgendermaßen zusammen: (a) Einkünfte aus der gesetzlichen Rentenversicherung von zusammengenommen 3 500 Euro nach Steuern. (b) Eine schuldenfreie Dreizimmerwohnung (Eigenheim) mit einem Marktwert von 500 000 Euro. (c) Eine persönliche Liquiditätsreserve für Notfälle in Höhe von 20 000 Euro auf einem Bankkonto. (d) Ein fast neuer PKW im aktuellen Wert von 30 000 Euro.

Weil ihre zwei Renten merklich niedriger sind als zuvor die beiden Gehälter und sie nicht »frugal« leben möchten, haben L&L nun eine »Rentenlücke« von 15 000 Euro im Jahr oder 1 250 Euro im Monat. Es stellt sich die Frage: »Woher sollen die zwei diese 15 000 Euro im Jahr nehmen, wenn nicht stehlen?«

Würden L&L in der gleichen Immobilie zur Miete leben und besäßen statt des Eigenheims liquides Vermögen im Wert von 500 000 Euro, hätten sie kein Problem. Zwar wäre dann ihre Rentenlücke aufgrund der zusätzlich anfallenden Miete höher[38], aber erstens würden sie mit diesen 500 000 Euro Erträge erzielen (Zinsen, Dividenden, Kursgewinne) und zweitens – das ist der hier relevante Hauptaspekt – könnten L&L neben den Erträgen auch die *Substanz* (das Kapital) ihres liquiden Vermögens verbrauchen. Genau das geht bei einer Immobilie nicht und hier liegt für L&L das Problem.

Die Substanz oder das Kapital in einer Immobilie lässt sich nämlich nicht peu à peu verbrauchen wie bei einem Bankguthaben oder Wertpapierdepot. »Laufender Verbrauch« ist bei einer Immobilie lediglich bis zur Höhe der Nettomiete möglich.

---

38 Es gilt zu beachten, dass auch ein Eigenheim laufende Kosten verursacht, nämlich für Instandhaltung, Versicherung und Grundsteuer. Insbesondere die Kosten für Instandhaltung werden vielfach unterschätzt, vermutlich weil Banken und Immobilienbranche aus Geschäftsinteresse hierzu seit Jahrzehnten nach unten verzerrte Richtgrößen verbreiten – und vermutlich auch, weil seitens der Eigenheimbesitzer dazu Wunschdenken und Verdrängung bestehen. In Kommer/Schweizer 2021e zeigen wir, dass die Instandhaltungskosten für eine durchschnittliche Wohnimmobilie im langfristigen Mittel etwa 1,5% des Zeitwertes des Gebäudeteils betragen.

Bei einem schuldenfreien Eigenheim gibt es naturgemäß keine Mieteinkünfte, aber der Eigentümer spart sich Ausgaben in Höhe der Nettomiete (Bruttomiete abzgl. Instandhaltungskosten, Versicherung und Grundsteuer), die er ohne das Eigenheim hätte. In diesem Punkt existiert für die hier relevanten Zwecke kein wesentlicher Unterschied zwischen einer selbstgenutzten und einer vermieteten Immobilie – in beiden Fällen kann man als Eigentümer nur den laufenden Nettoertrag verbrauchen, aber nicht die in der Immobilie gebundene Substanz, das Kapital.

Ein weiterer Aspekt von Immobilien in einem »Cashflow-Kontext«: Die Nettomiete (wie oben definiert) schwankt im Zeitablauf wegen der besagten »Klumpigkeit« von Instandhaltungsaufwendungen von Jahr zu Jahr beträchtlich. Bei größeren Reparaturen kann es in einem einzelnen Jahr sogar vorkommen, dass man als Eigentümer mehr in die Immobilie einschießen muss, als man in Gestalt ersparter Miete beim Eigenheim oder echter Miete bei einem Vermietungsobjekt aus ihr herauszieht. Dann liegt in diesem Jahr ein negativer →Cashflow vor. Bei liquidem Vermögen kann das nicht passieren. Bei vermieteten Objekten kann längerfristiger Mietausfall die Klumpigkeit und Volatilität der Nettomieteinnahmen noch weiter verstärken.

Einer Lobbyorganisation der deutschen »Immobilienverrentungsbranche« zufolge sollen in Deutschland über drei Millionen Selbstnutzerhaushalte mit Haushaltsmitgliedern ab 55 Jahren existieren, die sich grundsätzlich mit einem solchen Eigenheim-bezogenen Liquiditätsproblem konfrontiert sehen, also eine Rentenlücke haben, aber ihre Immobilie nicht verkaufen möchten (Doriath 2024). Das Liquiditätsproblem bei diesen Selbstnutzerhaushalten resultiert in vielen Fällen nicht nur aus zu wenig Liquidität relativ zu den Lebenshaltungskosten, wie im Falle von L&L, sondern kann auch aus dem Wunsch resultieren, die Immobilie zu modernisieren oder eine größere Lifestyle-Ausgabe zu finanzieren (Beispiel Wohnmobil).

Ich beschreibe nun im Schnelldurchgang zehn finanzielle Lösungsansätze – »Liquiditätsschaffungsmodelle« – für solche Eigenheimhaushalte. Bei allen zehn Ansätzen geht es letztlich darum, das in der Immobilie gebundene Kapital für die Eigentümer zumindest teilweise freizusetzen, sprich liquide zu machen, im Fachjargon: das Kapital in der Immobilie zu *monetisieren*, sodass es bei Bedarf vom Eigentümer verbraucht werden kann.

Ich werde diese Ansätze hier jedoch aus Platzgründen nur ganz kurz und knapp beschreiben. Umfassender werden sie im Blogbeitrag von Kommer/Bartsch 2024i dargestellt.

Der Vollständigkeit und Systematik halber beginne ich mit den zwei einfachsten und naheliegendsten Lösungen, die die meisten betroffenen Eigenheim besitzenden Haushalte jedoch gerade nicht wollen.

Lösung 1 – Absenkung des Lebensstandards: Im Grunde genommen ist das eine Nichtlösung für das Problem von L&L und auf alle Fälle eine, die sie nicht möchten.

Lösung 2 – Der Verkauf des Eigenheims, um eine neue, preisgünstigere Immobilie zu kaufen: Neudeutsch nennt sich diese Lösung »Downsizing«. Sie kommt aber für L&L nicht in Betracht, weil sie ihren Lebensstandard nicht senken wollen. In einer kleineren oder schlechter gelegenen, günstigeren Wohnung zu leben, würde aber genau das bedeuten. Lösung 2 scheidet somit ebenfalls aus.

Lösung 3 – Der Verkauf des Eigenheims und Mieten einer gleichwertigen Immobilie: L&L würden in diesem Fall ihre Wohnung einfach verkaufen, um dann ein neues, preismäßig etwa identisches Objekt in der Nähe zu mieten. Ein offensichtlicher Vorzug der Verkaufslösung relativ zu den sieben weiteren Strategien besteht darin, dass diese Vorgehensweise rechtlich und wirtschaftlich besonders einfach ist. Außerdem kann die neue Mietimmobilie passgenau nach gesundheitsbedingten und sonstigen Kriterien von L&L ausgesucht werden, die für ein älteres Ehepaar zu diesem Zeitpunkt vorwärtsgerichtet wichtig sind, beispielsweise Barrierefreiheit oder räumliche Nähe zu Sohn und Schwiegertochter.

Lösung 4 – Einen Teil des Eigenheims vermieten: Den sprichwörtlichen Untermieter hereinholen: Das ist aus vielerlei Gründen nicht nach jedermanns Geschmack und auch nicht nach dem von L&L. Die Vermietung eines Teils der Immobilie scheitert darüber hinaus bei zahlreichen Eigenheimen daran, dass die Immobilie vom Grundriss her oder aus anderen baulichen Gründen nicht zur Teilvermietung geeignet ist.

Lösung 5 – Verkauf bei gleichzeitiger Einräumung eines Nießbrauchrechts: Die Immobilie wird verkauft. Der Käufer (das könnte ein spezialisiertes Unternehmen oder eine Privatperson sein) räumt dem »Alteigentümer« (nachfolgend der Kürze halber »Alt-ET«) ein lebenslanges Nießbrauchrecht ein, das notariell beurkundet und ins Grundbuch eingetragen wird. Bei einer Wohnimmobilie gibt es in der Standardkonstellation dem Nießbraucher (dem Alt-ET) das Recht, weiterhin bis zu seinem Lebensende in dem Objekt zu wohnen, obwohl der Nießbraucher nicht mehr Eigentümer ist. Das Nießbrauchrecht ist ein jahrhundertealter Typ von Nutzungsrecht für Immobilien (oder andere Wirtschaftsgüter) und wird in über 50 Paragrafen des BGBs detailliert geregelt. Weil diese im Grundbuch eingetragene »Last« das Objekt für den Käufer weniger wertvoll macht, ist der Verkaufspreis relativ zu einem nießbrauchfreien Objekt entsprechend niedriger. Der Alt-ET kann sein Nießbrauchrecht nicht verkaufen, vererben oder verschenken. Wer die Kosten für die Instandhaltung trägt, kann einzelvertraglich geregelt werden, typischerweise ist es der Nießbraucher.

Lösung 6 – Verkauf bei gleichzeitiger Einräumung eines Wohnrechts: Sie ist der Lösung 5 sehr ähnlich, nur wird hier kein Nießbrauch, sondern ein Wohnrecht (rechtlich korrekter formuliert: Wohnungsrecht) für den Alt-ET im Grundbuch eingetragen (§ 1093 BGB). Ein Wohnrecht ähnelt dem Nießbrauch, ist aber gesetzlich stärker eingegrenzt und damit wirtschaftlich weniger wertvoll, bspw. verfällt ein Wohnrecht normalerweise wertlos, sobald der Alt-ET auszieht, was für ein Nießbrauchrecht nicht gilt. Weil ein Wohnrecht weniger wert ist, ist die Kaufpreiszahlung an den Alt-ET für ein gegebenes Objekt nach Abzug der Last für das Wohnrecht höher als bei einem Nießbrauchrecht.

Lösung 7 – »Teilverkauf« an einen spezialisierten Finanzdienstleister: Beim Teilverkauf wird ein Teil des Eigenheims – zumeist 50%, selten mehr – an einen spezialisierten Finanzdienstleister verkauft. Dieser leistet dann eine Kaufpreiszahlung an den Alt-ET. Zugleich wird dem Alt-ET ein lebenslanges Nießbrauchrecht eingeräumt (siehe dazu Ausführungen in Lösung 5).

In der Standardkonstellation trägt der Alt-ET sämtliche Instandhaltungskosten, auch die für den verkauften Teil. Für den verkauften Teil muss der Alt-ET an den Käufer monatlich ein »Nutzungsentgelt« zahlen, eine Art Miete, obwohl er ja kein Mieter, sondern Nießbraucher ist. Die Höhe des Nutzungsentgelt orientiert sich primär am Zinsniveau zum Zeitpunkt des Teilverkaufs, weniger an der ortsüblichen Miete.

So wie Teilverkaufslösungen typischerweise vertraglich strukturiert und bepreist sind, stellen sie in den allermeisten Fällen eine aus Sicht des Alt-ETs unfaire Verteilung von Chancen, Nutzen und Kosten zwischen Alt-ET und Finanzdienstleister dar. Das sieht die deutsche Finanzaufsicht BaFin ebenfalls so (BaFin 2023).

Lösung 8 – Rückmietkauf: Der »Rückmietkauf« (englisch »Sale & Leaseback«) besteht im einfachen Verkauf der Immobilie an eine private Person oder an ein gewerbliches Immobilienunternehmen. Dabei ist von vornherein geplant, eine »logische Sekunde« nach Vollzug des Verkaufes einen langfristigen Mietvertrag zwischen dem Alt-ET und Käufer abzuschließen, das Objekt also an den Alt-ET zurückzuvermieten. Typischerweise verzichtet der Käufer im Mietvertrag langfristig oder jedenfalls für mehrere Jahre auf sein ordentliches Kündigungsrecht einschließlich auf das Recht einer Eigenbedarfskündigung. Auch die Höhe der künftigen Miete kann langfristig via Staffelmietvertrag oder Indexmietvertrag verbindlich fixiert werden. Der neue Eigentümer wird zum Vermieter und trägt künftig die Instandhaltungskosten.

Generell ist der Rückmietkauf rechtlich simpel und wirtschaftlich erfreulich unkomplex. Viele normale Immobilienmakler offerieren die Suche nach einem zum Rückmietkauf bereiten Käufer als Dienstleistung.

Lösung 9 – Konventionelle Beleihung der Immobilie (Seniorendarlehen): Die eigentlich naheliegendste Lösung, ein schuldenfreies Eigenheim zu monetisieren, das man nicht verkaufen und aus dem man auch nicht ausziehen möchte, ist eine Beleihung, also die Aufnahme eines Bankkredits gegen Eintragung einer Grundschuld. Weil dieser Weg so naheliegend ist, ist er in den angelsächsischen Ländern ausdrücklich auch für Eigentümer oberhalb von 60 Jahren ganz normal und weit verbreitet.[39] In den angelsächsischen Ländern heißt dieser Vorgang »Home Equity Take Out«.

39 Die Finanzmärkte in den angelsächsischen Ländern (USA, Kanada, Großbritannien, Australien, Neuseeland) sind insgesamt weiter entwickelt, moderner und leistungsfähiger als in Deutschland. Auch der Privatanlegerschutz ist dort schärfer geregelt.

Ein solcher »Seniorenkredit« (neudeutsch »Best-Ager-Darlehen«) ist ein gewöhnliches grundpfandrechtlich besichertes Immobiliendarlehen. Der Kreditbetrag ist in der Regel auf 50% des von der Bank ermittelten Marktwertes der Immobilie beschränkt. Der Kredit hat bspw. eine Laufzeit von zehn oder 15 Jahren und ist endfällig, d. h., es findet bewusst keine laufende Tilgung statt. Der Kreditnehmer zahlt lediglich die laufenden Zinsen.

Die Rückführung des Darlehens am Ende der vorgesehenen Laufzeit erfolgt entweder über einen Verkauf der Immobilie oder aus anderen Mitteln oder der Kredit wird noch einmal verlängert.

Falls es zum Erbfall kommt, kann das Darlehen von den Erben übernommen und weitergeführt oder getilgt werden. Falls die Erben Immobilie + Kreditlast nicht wollen (z.B. weil der Wert der Immobilie stark gefallen ist), haben sie das risikolose Recht, das Erbe auszuschlagen.

Was spricht gegen eine Beleihung zur Monetisierung eines schuldenfreien Eigenheims? Gar nichts, denn es ist die einfachste und fast immer preisgünstigste Lösung, die dem Alt-ET relativ zu allen anderen Alternativen wohl am wenigsten Kontrolle über sein bestehendes Heim nimmt. Der Alt-ET bleibt hier auch nach der Transaktion Eigentümer.

Merkwürdigerweise glauben viele Eigenheimbesitzer hierzulande, dass (a) die Idee, im fortgeschrittenen Alter neue Schulden zu machen, »irgendwie nicht richtig« sein könne oder (b) dass man bei einer Bank ab 60 keine Immobilienfinanzierung mehr bekomme – beides ein Irrtum. Wäre (a) grundsätzlich falsch, gäbe es in den Ländern mit besser entwickelten Finanzmärkten keinen Home Equity Take Out. Zu (b): Natürlich will und muss jede Bank bei der Kreditgewährung eine Bonitätsprüfung durchführen, selbst wenn der Wert der Sicherheit den Kreditbetrag deutlich übersteigt, wie bei jedem Best-Ager-Kredit. Und ja, ein Kreditnehmerhaushalt aus Mitgliedern oberhalb des 60. Lebensjahres braucht, unabhängig von der Sicherheit (der Grundschuld auf dem Objekt), eine gewisse Mindestbonität. In erste Linie heißt das, dass die reinen Zinszahlungen (ohne Tilgung) aus vorhandenen liquiden Mitteln bedient werden können. Meines Erachtens sollte ein Haushalt, der das Ziel hat, sein Eigenheim ohne Verkauf oder ohne Auszug zu monetisieren, zuallererst die Gangbarkeit dieser Route prüfen.[40]

40 In Abschnitt 1.9 spreche ich mich dafür aus, nach Beendigung der Berufstätigkeit in Bezug auf das Privatvermögen und die Haftung dieses Privatvermögens Schuldenfreiheit anzustreben. Hiervon bestehen im Einzelfall berechtigte Ausnahmen.

Lösung 10 – Beleihung über eine »Umkehrhypothek« (»Rückwärtsdarlehen«): Die »Umkehrhypothek« (»UH«) kommt, wie so viele Finanzinnovationen, aus den USA. Dort heißt sie »Reverse Mortgage«. Im Grunde genommen kann man auf eine ausführliche Darstellung der UH hier verzichten, da sie in Deutschland sowieso nur von ganz wenigen Finanzdienstleistern und wohl ausnahmslos zu unattraktiven Konditionen angeboten wird.

Der Hauptnachteil einer Umkehrhypothek besteht darin, dass der Kaufpreis der Immobilie nicht als Einmalbetrag, sondern als Leibrente (Rente bis zum Tod) ausgezahlt wird. Solche privaten Renten haben Nachteile, die ich in Abschnitt 3.2 dargestellt habe. Die Nachteile sind so groß, dass sie für die UH eigentlich immer einen Dealkiller darstellen.

Fassen wir zusammen: Das in einem Eigenheim gebundene Kapital ist strukturell illiquide. Liquide ist lediglich der laufende Ertrag, also die Nettomiete, ob tatsächlich vereinnahmt, wie bei einem Vermietungsobjekt, oder in Gestalt einer vermiedenen Mietzahlung wie bei einem Eigenheim. Allerdings kann dieser laufende Ertrag im Zeitablauf beträchtlich schwanken und sogar zeitweilig negativ werden.

Für Eigenheimbesitzer im vorgerückten Alter mit einer Rentenlücke oder anderweitig enger Liquiditätssituation stellt sich die Frage, wie sie das in der Immobilie gebundene Kapital monetisieren können.

Ich habe in diesem Abschnitt zehn verschiedene Lösungswege aufgezeigt. Zwei von diesen zehn Wegen – Teilverkauf und Umkehrhypothek – halte ich für grundsätzlich schlecht und strukturell wirtschaftlich unattraktiv. Die Hauptgründe dafür sind die rechtliche und wirtschaftliche Komplexität dieser Konstruktionen sowie die Tatsache, dass auf Anbieterseite zu viele Parteien mitverdienen wollen. Oft derer vier: Makler, Verrentungsanbieter, die Bank des Verrentungsanbieters und (bei Leibrentenmodellen) die Lebensversicherungsfirma.

Wen meine Argumente nicht überzeugen und wer grundsätzlich Interesse an Teilverkauf oder Umkehrhypothek hat, dem empfehle ich, ein oder besser mehrere konkrete Angebote einzuholen. Um Anbieter ausfindig zu machen, genügt es im ersten Schritt »Anbieter von Teilverkauf für Eigenheim« oder »Anbieter von Umkehrhypothek« zu googeln. Ich glaube, dass ein konkretes Angebot meine Skepsis in den allermeisten Fällen bestätigen wird.

4.4 Vermietete Immobilien

Der herrschenden Meinung in der Bevölkerung zufolge ist Vermietung ein lukratives Geschäft zulasten von Mieter und insbesondere für vermögende Privathaushalte eine clevere Route zu (a) einem stabilen Einkommensstrom (zu »passivem Einkommen«), (b) attraktiven Eigenkapitalrenditen und (c) beides mit vergleichsweise wenig Risiko.

Mit Fakten und harten Zahlen lässt sich diese verbreitete Auffassung allerdings schwer belegen. Ziel (a) – der stabile Einkommensstrom – wird mit Vermietungsimmobilien definitiv nicht dauerhaft erreicht. Dafür ist der Saldo aus Mietzahlungen und Instandhaltungsaufwendungen über einen Zeitraum von, sagen wir, zehn Jahren viel zu ungleichmäßig und zu risikoreich – generell und noch mehr, solange eine nennenswerte Kreditfinanzierung an der Immobilie hängt. Bei einer Immobilie wird es, anders als bei einer Kapitalmarktanlage, sogar ab und an so sein, dass in einem Jahr ein negativer Cashflow entsteht. Der Vermieter muss, obwohl er vielleicht nicht will, Geld in das Investment *einzahlen*.

Für Ziel (b) – durchgängig oder überwiegend attraktive EK-Renditen bei Vermietungsimmobilien, wenn diese nicht gewerblichen Kleinvermietern gehören[41] – liegt keine wissenschaftliche Evidenz vor. Wenn Sie mir nicht glauben, dann lesen Sie bitte die Blogbeiträge Kommer/Weis 2019j und Kommer/Jerschensky 2024k.

Ziel (c) – wenig Risiko – ist klar unrealistisch. Das gibt es bei vermieteten Immobilien nie – und ganz besonders selten, wenn noch Schulden auf ihnen lasten.

Bei vielen normal vermögenden Haushalten vor oder im Ruhestand bilden Immobilien ein »ungesundes« Klumpen- und Konzentrationsrisiko.[42] Soweit dieses Konzentrationsrisiko aus der Existenz eines Eigenheims (Haus, Wohnung) resultiert, in dem der Haushalt aus Lifestyle-Gründen leben will, ist das Risiko bis zu diesem Grade gerechtfertigt. Soweit ein Konzentrationsrisiko jedoch aus Vermietungsimmobilien re-

41 »Kleinvermieter« ist ein Terminus des statistischen Bundesamtes und bezeichnet Vermieter, die das Vermietungsgewerbe nicht hauptberuflich betreiben und typischerweise weniger als acht Wohneinheiten vermieten.

42 Auf superreiche Haushalte mit einem Nettovermögen von, sagen wir, über 5 Millionen Euro pro Haushaltsmitglied treffen die nachfolgenden Ausführungen nicht oder nur eingeschränkt zu.

sultiert, erscheint es mir bei normal vermögenden Haushalten aus vier Gründen nicht wirklich attraktiv und in vielen konkreten Fällen regelrecht töricht. (a) Weil ein Abbau des Risikos hier die mit einem Eigenheim verknüpften emotionalen Sachverhalte und Lifestyle-Aspekte des Haushaltes nicht tangieren würde. (b) Weil der Risikograd des Gesamtportfolios (des Gesamtvermögens) durch den Abbau sänke. (c) Weil die Liquidität durch den Abbau erhöht werden könnte. (d) Weil die Rentabilität des Vermögens vermutlich zunähme, jedenfalls wenn das freiwerdende Kapital zumindest zur Hälfte oder mehr in ein global diversifiziertes Aktienportfolio flösse. (e) Weil viele Vermieter im fortgeschrittenen Alter die Vermieterrolle zunehmend als Belastung empfinden. Letztere Bürde wird auch durch die Zwischenschaltung eines (teuren) Immobilienverwalters nur partiell abgemildert. Die Arbeitsbelastung und die »Freiheitsbeschränkungen«, die häufig mit Vermietung einhergehen, muss sich kein Haushalt im Rentenalter mehr zumuten, der diese Arbeitsbelastung und Einschränkung nicht aus echter Freude genuin freiwillig auf sich nimmt – sozusagen als Hobby oder Beschäftigungstherapie. Das dürfte bei Vermietern ab dem siebten Lebensjahrzehnt die Ausnahme sein und bei vielen lange davor.

Aus Risikogründen besonders stark abzulehnen sind etwaige Schulden auf diesen Vermietungsimmobilien, wenn der betreffende Haushalt persönlich für diese Schulden haftet. Dann wäre ein Verkauf oder zumindest partieller Verkauf, um alle Schulden mit privater Haftung zu tilgen, noch klarer angeraten.

4.5 Unverzinsliche und verzinsliche Bankeinlagen

Rund 40% des liquiden Vermögens der Deutschen liegt auf verzinslichen und unverzinslichen Bankkonten. Bei der einkommensschwächeren Hälfte der Bevölkerung wird dieser Prozentsatz noch höher sein. Das ist insofern sehr bedauerlich, als mit dieser Anlageform bei ökonomisch korrekter Betrachtung kein Vermögensaufbau möglich ist. Tabelle 16 veranschaulicht diesen Sachverhalt.

Die einfache und ziemlich eindeutige Schlussfolgerung aus Tabelle 16: Nach Abzug von Steuern und Inflation und ggf. Kosten für Kontoführung bewegt sich die Rendite eines verzinslichen Bankguthabens auf lange Sicht

Tabelle 16: Die durchschnittliche Rendite aus verzinslichen Bankguthaben (Geldmarktzinsen) von 1950 bis 2023 (74 Jahre)

	Mittelwert 22 westliche Länder	Deutschland
Nominale Rendite	5,2% p.a.	3,6% p.a.
Geschätzte Steuern auf nominale Rendite (25%)	–1,3% p.a.	–0,9% p.a.
Nominale Rendite nach Steuern	3,9% p.a.	2,7% p.a.
Inflation	–4,4% p.a.	–2,5% p.a.
Rendite nach Steuern und Inflation	–0,5% p.a.	0,2% p.a.

► Die 22 Länder in der mittleren Spalte sind die 22 größten westlichen Volkswirtschaften einschließlich USA, Japan, Deutschland, Österreich, Schweiz. Es handelt sich bei der Rendite von 5,2% p.a. in der obersten Zeile um den einfachen Mittelwert der Renditen in der jeweiligen nationalen Währung. Es liegen die Renditen kurzfristiger Staatsanleihen aus den jeweiligen Ländern in der lokalen Währung zugrunde, da für verzinsliche Bankguthaben keine Daten für alle Länder über den hier relevanten Zeitraum verfügbar sind. Bankguthaben hätten evtl. geringfügig höhere Vor-Kosten-Renditen gehabt. Im Gegenzug wurden hier keine Bankkosten abgezogen, die jedenfalls bis etwa 2010 in den meisten Ländern die partiell etwas höhere Rendite gegenüber Staatsanleihen aufgesogen hätten. ► Ein Steuersatz von 25% wurde von mir angenommen. ► Datenquelle: Dimson/Marsh/Staunton.

im Bereich von null oder darunter. Würde man die schlechteste 20-Jahres-Periode aus den 74 Jahren, die in Tabelle 16 zugrunde liegen, auswählen, kämen noch einmal deutlich niedrigere Renditen heraus.

Wegen dieser niedrigen effektiven Renditen fehlt dem zugrunde liegenden Sparvorgang die »Seele des Investierens«, nämlich der Zinseszinseffekt, also die zumindest grundsätzliche Chance, irgendwie nennenswert von ihm zu profitieren. Ein Bankguthaben liefert einfach eine zu geringe durchschnittliche Rendite nach Steuern, Inflation und Kosten, um einen echten realen Vermögensaufbau zu erlauben, bei dem nachhaltige *Rendite* und nicht nur zusätzliche Sparleistungen zum steigenden Vermögen beiträgt. In diesem Sinne kann man kategorisch festhalten: Mit verzinslichen Bankguthaben findet kein echter Vermögensaufbau statt.

Jemand könnte einwenden, dass es sich hier um einen üblen Fall von »Abzocke« durch die Banken handelt. Das sehe ich nicht so. Renditen am Finanzmarkt sind primär eine Kompensation für Risiko, also »Schmerzensgeld für Risikoschmerzen«. Die drei hier wichtigsten Formen von Risiko sind (a) Rückzahlungsrisiko (Ausfallrisiko), (b) Schwankungsrisiko des Vermögens (Volatilität) und (c) Illiquiditätsrisiko (zu einem gewünschten Zeitpunkt nicht sofort und ohne gravierende Abzüge vom Marktwert den Wert des Investments in Cash zurückverwandeln zu können).

Ja, ein Bankguthaben, das betraglich innerhalb der gesetzlichen Einlagensicherungsgrenze (der Anteil des Guthabens, der de jure oder de facto durch den Staat garantiert wird) liegt, repräsentiert in Bezug auf diese drei Risikotypen tatsächlich eines der risikoärmsten Investments, die für Privatanleger erzielbar sind. Ein solches gegen Ausfall »garantiertes« Bankguthaben ist weit risikoärmer als ein Investment in Aktien, in langfristige Anleihen, in Immobilien, in Gold, in Bitcoin, in Rohstoffe oder in Sammlerobjekte und natürlich auch weit risikoärmer als Finanzprodukte, die diese Anlageklassen in verpackter Form beinhalten, beispielsweise kapitalbildende Lebens- und Rentenversicherungen, Zertifikate und Investmentfonds.

Wenn Renditen primär Risikoprämien sind und wenn ein Anleger kein Risiko oder jedenfalls das auf diesem Planeten niedrigstmögliche Risiko eingehen möchte, dann kann er in einem solchen Fall (bei Bankguthaben innerhalb der gesetzlichen Einlagensicherungsgrenze) logischerweise auch keine echte Rendite erwarten, also eine Rendite nach Abzug von Inflation, Steuern und Kosten. Vor diesem Hintergrund sind die in der untersten Zeile von Tabelle 16 dargestellten kümmerlichen Renditen nicht überraschend, sondern, im Gegenteil, sehr plausibel. Sie werden sich daher auch in der langfristigen Zukunft für Zeiträume von ungefähr 15 Jahren an aufwärts nicht fundamental ändern.

Wir haben hier gesehen, dass verzinsliche Bankguthaben strukturell eine Rendite nach Steuern, Inflation und Kosten von nahe null haben und damit kein echter Vermögensaufbau möglich ist. Es stellt sich dann die naheliegende Frage, für welche Zwecke und in welchen Konstellationen solche Investments überhaupt sinnvoll sind, mit anderen Worten, wann ergibt ein Bankguthaben überhaupt Sinn? Verzinsliche Bankguthaben sind in den folgenden drei Konstellationen sinnvoll:

(a) Für die »persönliche Liquiditätsreserve« (»PLR«), den Notgroschen, den jeder Haushalt eigentlich aufbauen sollte, bevor er überhaupt ans Investieren denkt (zu PLR siehe Infobox in Abschnitt 7.2.1).
(b) Als »risikofreie« (risikoarme) Investmentkomponente im Rahmen eines diversifizierten Gesamtportfolios aus mehreren verschiedenen Anlageklassen, von denen einige als »Renditemotor« für die Erzeugung

echter Renditen und andere, wie das verzinsliche Bankguthaben, für das Beisteuern von Stabilität bzw. die Risikodämpfung im Gesamtportfolio zuständig sind. Das ist das Weltportfolio-Konzept, das ich in den Kapiteln 7 und 8 beschreibe. So betrachtet ist das Bankguthaben der Sicherheitsanker, der Airbag in einem gemischten Portfolio. Allerdings gilt dabei die wichtige Einschränkung, dass dieses Bankguthaben die Betragsgrenze der staatlichen Einlagensicherung nicht überschreitet. Soweit ein Haushalt ein größeres risikoarmes Investment tätigen möchte (einen größeren Sicherheitsanker braucht), existiert dafür eine bessere Alternative, nämlich Geldmarktfonds, auf die ich weiter unten in Abschnitt 4.7 eingehe.

(c) Für vorübergehendes kurzfristiges »Geldparken«, wenn einem Haushalt soeben eine größere Geldsumme zugeflossen ist – auch wenn damit die gesetzliche Einlagensicherungsgrenze überschritten wird. Ein solcher Zufluss könnte beispielsweise aus dem Verkauf einer Immobilie, einer Unternehmensbeteiligung oder aus einer Erbschaft herrühren. Der Haushalt sollte dann allerdings innerhalb von wenigen Monaten entscheiden, in welche anderen Investments die soeben erhaltenen Geldmittel fließen – Investments, die eine bessere Kombination aus Renditeerwartung und Ausfallrisiko darstellen als ein Bankguthaben oberhalb der gesetzlichen Einlagensicherung.

Wir fassen zusammen: Mit verzinslichen Bankguthaben ist nach Steuern, Kosten und Inflation kein nachhaltiger Vermögensaufbau möglich. Dennoch können verzinsliche Bankguthaben, soweit sie bei einem gegebenen Haushalt betraglich innerhalb der gesetzlichen Einlagensicherung liegen, eine sinnvolle Rolle als begrenzter Teil des Gesamtvermögensportfolios spielen.

4.6 ETFs (börsengehandelte Indexfonds)

In diesem besonders wichtigen Abschnitt des vorliegenden Buches werden wir einen Kernbaustein einer rationalen Vermögensstrategie und Vermögensstrukturierung für normale Menschen vor und im Ruhestand kennenlernen: ETFs. Ich persönlich halte ETFs – anders als viele andere Finanzprodukte – nicht einfach nur für interessant, ich halte sie für genuin faszinierend. Würde es sie nicht schon seit gut 30 Jahren geben, man müsste sie glatt erfinden. Doch steigen wir ohne weitere Vorrede ins Thema ein.

4.6.1 Was genau sind ETFs?

Das Kürzel »ETF« steht für »Exchange Traded Fund«, zu Deutsch »börsengehandelter Fonds«. ETFs sind, trotz ihres nach komplexer Finanzinnovation klingenden Dreibuchstabenakronyms, ein einfaches und leicht zu verstehendes Investmentprodukt, wie dieser und die nachfolgenden Abschnitte zeigen werden.

Zunächst einmal sind ETFs ganz normale Investmentfonds, aufsichtsrechtlich auch Publikumsfonds genannt. Das Wort »Publikum« bezieht sich hier auf die allgemeine Öffentlichkeit, also Verbraucher oder Privatanleger in Abgrenzung zu gewerblichen Investoren oder Profianlegern.

Ein Investmentfonds bündelt die individuellen Anlagebeträge vieler einzelner Anleger und investiert dieses Geld als Pool gemäß seiner veröffentlichten Strategie in börsengehandelte Kapitalmarktanlagen. Das sind vor allem Aktien oder Anleihen, aber auch andere Anlageklassen. Ein Investmentfonds ist also ein kollektives Investmentvehikel für Privatanleger – so ähnlich wie ein Mehrfamilienhaus ein kollektives Immobilieninvestment für mehrere Eigentümer oder Investoren sein kann.

Abbildung 4 gibt einen Überblick über die wichtigsten Fondstypen. Ihnen allen gemeinsam ist das Bündelungs- oder Pooling-Prinzip. Es wird im Finanzmarkt nicht nur für Fonds genutzt, sondern auch bei kapitalbildenden Lebensversicherungen und bei Immobilienprojekten mit mehr als einem Eigentümer.

Investmentfonds für Privatanleger wurden 1924 in den USA erfunden. Es handelt sich somit um eine sehr alte, lang etablierte Anlageform. Investmentfonds verbreiteten sich danach ab den 1960er-Jahren in Europa und Asien. Im Verlauf dieser 100 Jahre sind sie in Bezug auf Transparenz und Sicherheit ihrer rechtlichen Struktur immer weiter verbessert worden. UCITS-Fonds in der EU dürften das am schärfsten und besten regulierte Finanzprodukt überhaupt sein.

Indexfonds als eine Variante der Investmentfonds entstanden Anfang der 1970er-Jahre, sind also auch schon über 50 Jahre alt. ETFs als eine Sonderform von Indexfonds wurden Anfang der 1990er-Jahre erfunden.

Abbildung 4: Wie sich Investmentfonds und ETFs in das Universum aller Fondstypen einordnen lassen

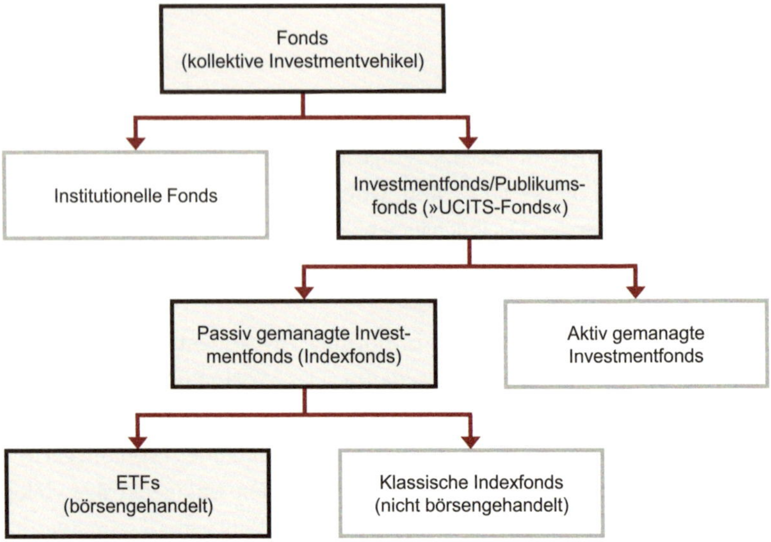

► Zur Erläuterung von UCITS-Fonds siehe Infobox »Investmentfonds und ihr rechtlicher Hintergrund« weiter unten in diesem Abschnitt. ► Institutionelle Fonds umfassen Hedge-Fonds, Private-Equity-Fonds, → Sovereign-Wealth-Funds, US Pension Funds, deutsche geschlossene Fonds und sonstige institutionelle Fonds. ► Klassische Indexfonds werden zwar in den USA und in der Schweiz auf dem Privatanlegermarkt angeboten, nicht jedoch in Deutschland. Weltweit haben klassische Indexfonds immer noch einen Marktanteil von rund 40% an allen Indexfonds.

Geld via Investmentfonds anzulegen, hat für normale Privatanleger vier große Vorteile: (a) Es erfordert weniger Fachkenntnisse, als direkt in Einzelwertpapiere zu investieren; (b) es macht weniger Arbeit als Einzelwertpapiere; (c) es erlaubt Kleinanlegern mit Anlagebeträgen ab 25 Euro, eine risikoreduzierende Streuung (Diversifikation) zu erzielen, die mit Direktanlagen so günstig und so einfach niemals möglich wäre; und (d) im Falle von ETFs senkt es die Nebenkosten des Investierens auf ein Niveau, das von keinem anderen Finanzprodukt unterboten wird, sofern man systematisch und breit diversifizieren möchte – ein Ziel, das eigentlich jeder Privatanleger haben sollte. Die große Bedeutung von niedrigen Kosten für den langfristigen Anlageerfolg habe ich in Abschnitt 1.5 erläutert.

Viele Leser werden aktiv gemanagte, sprich normale oder traditionelle, Investmentfonds besser kennen als ETFs. Bei einem normalen Investmentfonds wie z.B. einem Aktien- oder einem Anleihenfonds (auch altmodisch Rentenfonds genannt), gibt es einen Fondsmanager. Sein Job besteht darin, das Geld der Anleger auf Basis einer festgelegten Anlagestrategie möglichst erfolgreich zu investieren. (Gegenüber den Anlegern wird diese Anlagestrategie fast ausnahmslos nur diffus in blumigen Worten festgelegt.) Erfolgreich investieren heißt in diesem Zusammenhang, eine relativ zur sinnvoll vergleichbaren Konkurrenz attraktive Rendite-Risiko-Kombination zu erzielen.

Normale Investmentfonds werden als »aktiv gemanagte« oder einfach nur als »aktive Fonds« bezeichnet; aktiv deswegen, weil der Fondsmanager aktiv versucht, attraktive Wertpapiere herauszupicken bzw. unattraktive zu vermeiden. Dabei ist er bestrebt, gute Börsenphasen mitzunehmen und schlechte zu umgehen, also das Fondsvermögen vor deren Beginn in risikoarme Cash-Anlagen umzuschichten. Wie schlecht aktives Investieren relativ zu passivem Buy-and-Hold-Investieren mit ETFs funktioniert, habe ich in Abschnitt 1.4 gezeigt.

Wie oben erwähnt sind ETFs (normalerweise) Indexfonds.[43] Ein ETF bildet ganz unspektakulär einfach und »passiv« einen Börsenindex ab. Fachjargon: Der ETF *repliziert* den Index. Bekannte Aktienindizes sind der DAX für Deutschland und der S&P 500 Index für die USA oder der MSCI World Index für den globalen Aktienmarkt. Statt »bilden einen Börsenindex ab« könnte man geringfügig vereinfacht auch sagen: »bilden den Markt ab«. Weil ETFs einen Index abbilden, sind sie Indexfonds. Mit einem Börsenindex misst man die Rendite und die Renditeschwankungen einer definierten Gruppe von Wertpapieren im Zeitablauf.

Der DAX beispielsweise repräsentiert als Index die Aktien der 40 größten deutschen Unternehmen (Large Caps), der MSCI World Standard Index Aktien großer und mittelgroßer Unternehmen (Large Caps und Mid Caps) mit einem primären Börsenlisting in einem von 23 Industrieländern, der MSCI Emerging Markets Index Aktien großer und mittelgroßer Unternehmen in rund 24 Schwellenländern. Unter den etwa 195 Staaten der Erde existieren viele, die keine eigene Börse haben, z.B. Mikrostaaten wie Monaco, Liechtenstein oder San Marino, und viele Entwicklungsländer wie beispielsweise Turkmenistan oder Sudan. Ein ausreichend großes Unternehmen aus einem solchen Staat würde sich, wenn

43 Zu den Anfang 2025 in Deutschland noch vergleichsweise seltenen aktiv gemanagten ETFs siehe gleichnamige Infobox in Abschnitt 4.6.4.

es eine Börsennotierung anstrebte, in einem anderen Staat mit einer hinreichend großen und attraktiven Börse listen lassen.

Das Gewicht eines einzelnen Unternehmens im Aktienindex bemisst sich in den meisten Fällen nach seinem Börsenwert, seiner »Marktkapitalisierung«, englisch »Market Capitalisation« (siehe dazu die Infobox in Abschnitt 2.2) – daher die englischen Bezeichnungen »Large Cap«, »Mid Cap«, »Small Cap« für unterschiedlich große Unternehmen.

Börsenindizes, oder allgemeiner Finanzmarktindizes, existieren für jede Art von Kapitalmarktanlage: für Aktien, Anleihen, Rohstoffe, Gruppen von Edelmetallen, Immobilien, Derivate, Kryptowährungen und sogar für Kunst, beispielsweise Gemälde klassischer Meister, Luxusuhren, Oldtimer-Autos oder historische Musikinstrumente. Ein Index kann sich geografisch auf ein Land, eine Region oder die gesamte Weltwirtschaft oder länderübergreifend auf Branchen beziehen. Auch Themenindizes existieren, beispielsweise ein Index auf Unternehmen zum Thema künstliche Intelligenz, Blockchain, Cybersecurity, Cannabis-bezogene Unternehmen oder Unternehmen im Bereich alternde Gesellschaft.

Börsenindizes werden auch als Benchmark (Vergleichsmarke) für aktiv gemanagte Portfolios, inklusive Fonds, verwendet.

Infobox: Investmentfonds (UCITS-Fonds) und ihr rechtlicher Hintergrund

Was in Deutschland häufig einfach Investmentfonds genannt wird, ist in der Rechtssprache ein *UCITS-Fonds*. »UCITS« steht für »Undertakings for Collective Investments in Transferable Securities« oder im Amtsdeutsch: »Organismus für gemeinsame Anlagen in Wertpapieren« (»OGAW«). Bei allen ETFs, die in den EU-Staaten grenzüberschreitend zum Vertrieb an Privatanleger (Verbraucher) zugelassen sind, handelt es sich um UCITS-Fonds; dasselbe gilt für alle konventionellen (aktiv gemanagten) Investmentfonds. (Nicht-UCITS-ETFs werden in Europa sehr selten vertrieben, wenn überhaupt, wohl nur in der Schweiz.) Seit 1985 hat die EU fünf sogenannte UCITS-Richtlinien erlassen, die die 27 EU-Mitgliedstaaten in nationales Recht umzusetzen hatten. (Die Schweiz, Liechtenstein und Norwegen schließen sich bei solchen Sachverhalten in der Regel freiwillig an.) In Deutschland geschah dies zuletzt 2013 in Gestalt des »Kapitalanlagengesetzbuchs« (»KAGB«-Gesetz). Die UCITS-Richtlinien haben die primären Ziele, (a) den europäischen Binnenmarkt für Fonds, die an Privatanleger vertrieben werden, zu stärken, also den Wettbewerb zu intensivieren (z.B. durch EU-weite, einheitliche aufsichtsrechtliche Standards) und (b) hierbei einen hohen Anlegerschutz zu gewährleisten. Ein UCITS-Fonds, der in einem einzelnen EU-Mitgliedstaat eine rechtliche Zulassung erworben hat und dort der staatlichen Aufsicht unterliegt, darf in allen anderen EU-Mitgliedstaaten an Privatanleger vertrieben werden. UCITS-Fonds sind in gewisser Weise die am schärfsten und engsten regulierten Anlageprodukte überhaupt. Besonders wichtig für Anleger ist auch, dass das Fondsvermögen als Sondervermögen nicht dem Insolvenzrisiko der Fondsgesellschaft ausgesetzt ist (mehr zum wichtigen Aspekt Sondervermögen in Abschnitt 4.6.4). Zur Abgrenzung zwischen echten ETFs und unechten ETFs (ETNs, ETCs) siehe Infobox in Abschnitt 4.6.4.

Wie sich ein Index zusammensetzt und von wem er in welchen Abständen (z.B. minütlich oder in längeren Zeitabständen) neu berechnet und veröffentlicht wird, ist nach einer verbindlichen, schriftlich fixierten, transparenten, regelgebundenen, sachlogischen Methodik festgelegt. Diese Methodik erstellt ein anderes Unternehmen als dasjenige, das den Indexfonds auflegt. Jeder Anleger kann die Methodik des Index nachprüfen, denn sie ist öffentlich zugänglich. Nach der anfänglichen Festlegung ändert sich die Methodik normalerweise nie mehr. Börsenindizes sind somit keine willkürliche und schon gar keine »firmeninterne« Angelegenheit der Fondsgesellschaft, die von der schwankenden Meinung und dem nie abschließend bestimmbaren Kompetenzniveau, dem Gesundheitszustand und der Motivation einer einzelnen Person wie einem Fondsmanager abhängen.

In Deutschland werden derzeit etwa 2600 ETFs an Privatanleger vertrieben. Mit diesen 2600 ETFs lassen sich fast alle für Privatanleger relevanten Indizes und dadurch alle wesentlichen Anlageklassen abdecken: Aktien einschließlich Immobilienaktien, Geldmarktanlagen, Anleihen, Edelmetalle, Rohstoffe und Kryptowährungen. Zum Vergleich: In Deutschland werden mehr als 9000 aktiv gemanagte Investmentfonds angeboten.

ETF-Anteile sind hochliquide. Das heißt, sie können – wie eine Aktie – jederzeit innerhalb von einem oder wenigen Werktagen zum Marktpreis verkauft und damit in Bargeld umgewandelt werden. Im Vergleich zu Immobilien, kapitalbildenden Lebensversicherungen, offenen Immobilienfonds, geschlossenen Fonds oder Private-Equity-Beteiligungen ist das an sich schon ein großer Vorteil.

Mit ETFs kann man schon ab sehr kleinen Beträgen investieren, beispielsweise in Gestalt eines monatlichen ETF-Sparplans ab 10 Euro pro Monat. Bei keinem anderen renditeträchtigen Investment sind die erforderlichen Minimumbeträge kleiner. Viele → Direktbanken (Onlinebroker) offerieren Sparpläne auf populäre ETFs ganz ohne Ausführungskosten, also kostenlos.

Auch die Umsetzung eines Auszahlplans, mit dem man sich beispielsweise im Ruhestand eine »private Rente« schafft, ist mit ETFs leichter möglich als mit nahezu jeder anderen Finanzanlage und unendlich viel leichter als mit einem Immobilieninvestment.

Wenn ETFs so viele Vorteile besitzen, wie kommt es dann, dass man von seinem Bankbetreuer oder Finanzberater so wenig über ETFs hört? Warum raten die meisten konventionellen Banken und viele Vermögensverwalter ihren Kunden von ETFs – über 30 Jahre nach der Einführung dieser einzigartig erfolgreichen Finanzinnovation ab – sogar ab? Die Antwort darauf ist simpel: Banken, konventionelle Vermögensverwalter und Fondsvermittler verdienen an ETFs nur ein Zehntel bis ein Fünftel dessen, was sie am Verkauf und der Vermittlung konventioneller Investmentfonds oder anderer Finanzprodukte verdienen. Deswegen finden diese Finanzdienstleister ETFs gar nicht lustig und versuchen, sie gegenüber ihren Kunden entweder totzuschweigen oder, wenn Totschweigen bei manchen Kunden nicht mehr funktioniert, sie mit – aus wissenschaftlicher Sicht – oft haarsträubenden Argumenten schlechtzureden. In Abschnitt 4.6.5 gehe ich auf diese und andere in den Medien und in Diskussionsforen im Internet immer wieder aufpoppende Kritik an ETFs ein.

4.6.2 In was man mit ETFs investieren kann

Anlegen in ETFs wird bewusst oder unbewusst oft mit einem Investment in Aktien gleichgesetzt. Das ist jedoch zu kurz gegriffen. Mit ETFs kann man in alle Anlageklassen investieren. Dieser Abschnitt gibt dazu einen Überblick.

- **Anlageklasse Aktien:** Weltweit existieren etwa 9 500 börsennotierte Unternehmen, die in den intensiv regulierten Listing-Segmenten der etwa 50 großen nationalen Börsen notiert sind (in Deutschland etwa 400). Das globale Aktienuniversum lässt sich in vielfältige Sub-Anlageklassen aufteilen: nach Ländern, Regionen, Branchen, Themen, Nachhaltigkeits-Level und anderen Kriterien. All diese Sub-Anlageklassen sind über spezielle Aktienindizes und damit über ETFs investierbar.
- **Anlageklasse Unternehmensanleihen:** Die Grundmerkmale von Anleihen erläutert die Infobox in diesem Abschnitt. Unternehmensanleihen werden von konventionellen Unternehmen und Banken ausgegeben (»emittiert«), um sich Fremdkapital (in Abgrenzung zu Eigenkapital wie bei Aktien) zu besorgen.[44] Die Welt der Unternehmensanleihen ist weitaus breiter gefächert als die der Aktien. Beispielsweise gab es von der Siemens AG im Februar 2025 nur eine Aktie (einen Aktientyp), aber über 30 verschiedene Anleihen.
- **Anlageklasse Staatsanleihen:** Wenn Staaten Schulden machen (Fremdkapital aufnehmen), dann tun sie das vorwiegend durch die Emission von Staatsanleihen (in geringem Umfang durch Aufnahme von Krediten bei Banken). Innerhalb eines gegebenen Staates sind dessen Anleihen normalerweise die risikoärmsten Investments, gemessen am Risiko von Kursschwankungen (Volatilität) und dem Ausfallrisiko (Rückzahlungsrisiko).
- **Anlageklasse Geldmarktanlagen:** Geldmarktanlagen stellen eine spezifische Anleihenkategorie dar, die man als eigene Anlageklasse betrachten kann. Geldmarktanlagen sind Staats- und Unternehmensanleihen (a) hoher Bonität, (b) sehr kurzer Restlaufzeit (typischerweise unter 18 Monaten, also geringem Zinsänderungsrisiko), (c) maximaler Liquidität[45] und (d) ohne Wechselkursrisiko. Auch verzinsliche Bankguthaben innerhalb der gesetzlichen Einlagensicherung kann man zu Geldmarktanlagen rechnen. Geldmarktanlagen sind kein Cash im wört-

---

44 Bei sehr großen Unternehmen spielen Bankkredite – die typische Fremdkapitalquelle nicht börsennotierter Unternehmen – eine untergeordnete Rolle.

45 Maximale Liquidität bedeutet, dass die Nebenkosten der Umwandlung in Cash minimal sind und dass diese Umwandlung typischerweise innerhalb von weniger als vier Werktagen erfolgt. Immobilien sind in dem Sinne sehr illiquide, da diese »Umwandlungskosten« (Transaktionskosten) sehr hoch sind und es üblicherweise Monate, manchmal Jahre bis zum vollständigen Vollzug des Kaufes und dem Fließen des Kaufpreises dauert.

lichen Sinne, aber die »Cash-nächste« Anlageform. Innerhalb einer gegebenen Währung stellen Geldmarktanlagen im Wesentlichen das Investment mit dem höchsten Liquiditätsgrad, der niedrigsten Volatilität und dem niedrigsten Ausfallrisiko dar.

- **Anlageklasse Immobilien:** Mit ETFs kann man in Immobilienaktien oder genauer gesagt in Immobilienaktienindizes investieren (nicht in einzelne Immobilienobjekte). Ein Beispiel für eine Immobilienaktie ist die der Vonovia SE (DAX-Mitglied und größter Wohnungsvermieter in Europa). Immobilienaktien-ETFs sind die überlegene Alternative zu offenen Immobilienfonds.
- **Anlageklasse Edelmetalle:** Mit ETFs (genauer ETPs) kann man in die Edelmetalle Gold, Silber, Platin und Palladium investieren.
- **Anlageklasse Rohstoffe:** Lässt man Edelmetalle außen vor, existieren vier weitere Rohstoffkategorien: Agrar-Rohstoffe (z.B. Weizen, Mais, Reis, Schweinebäuche, Baumwolle, Holz), Basismetalle (z.B. Kupfer, Nickel, Zink, Aluminium, seltene Erden), Energie (Kohle, Erdöl, Erdgas) und Mineralien (z.B. Bauxit, Phosphat, Schwefel). Privatanleger können in Rohstoffe überhaupt nur über ETFs investieren.
- **Anlageklasse Kryptowährungen:** In Kryptowährungen, allen voran Bitcoin und Ethereum (die beiden bedeutendsten Kryptowährungen), kann man via Krypto-ETF (ETP) wesentlich einfacher und bequemer investieren als über ein Direktinvestment in eine Kryptowährung.

Vielleicht werden sich einige Leser wundern, warum Bankguthaben – die in Deutschland volumenmäßig unter Privatanlegern am meisten verbreitete Form für liquide Vermögensanlagen – hier nicht als Anlageklasse auftauchen. Die Antwort ist einfach: Bankguthaben sind keine Anlageklasse, sie sind ein Finanzprodukt, eine verpackte Anlageklasse, genauer eine Verpackung der oben erwähnten Anlageklasse Geldmarktanlagen (zur Thematik Verpackung als entscheidendes Merkmal von Finanzprodukten siehe Abschnitt 1.6). Aus Investmentperspektive bestehen für Bankguthaben einige große praxisrelevante Fragezeichen, insbesondere für Bankguthaben, die betraglich oberhalb der gesetzlichen Einlagensicherung liegen (100 000 Euro pro Bank-Kunde-Kombination). Auf diese wichtigen Fragezeichen komme ich in Abschnitt 4.5 zu sprechen.

4.6.3 Was ETFs für Privatanleger so besonders macht

ETFs vereinigen einen Blumenstrauß von zehn vorteilhaften Eigenschaften, der sie für die Vermögensanlage von Privatanlegern einzigartig geeignet macht.

- **Eigenschaft 1: Verständlichkeit.** ETFs sind leichter zu verstehen als die allermeisten anderen Finanzprodukte und Formen der Vermögensbildung – auch leichter als beispielsweise die Vermögensanlage vermietete Immobilie.
- **Eigenschaft 2: Transparenz.** Bei einem ETF weiß der Anleger zu Beginn und fortlaufend klarer als bei jedem anderen Finanzprodukt, in was sein Geld tatsächlich investiert ist. In Sachen Transparenz liegen buchstäbliche Welten zwischen ETFs einerseits und beispielsweise kapitalbildenden Lebens- oder Rentenversicherungen oder einem Vermögensverwaltungsvertrag mit einer Bank andererseits.
- **Eigenschaft 3: Geringer Arbeitsaufwand, Bequemlichkeit und hohe Liquidität.** Wer als Do-it-yourself-Anleger unterwegs ist, der wird keine Anlageform finden, mit der sich der Arbeitsaufwand im Zeitablauf besser minimieren lässt als ETFs. Die hohe Liquidität trägt zu dieser Bequemlichkeit bei. Niemand wird bei ETFs jemals in die Bredouille kommen: »Oh je, ich brauche in drei Wochen ungeplant soundsoviel Bargeld und bin aber im Moment nicht liquide.«
- **Eigenschaft 4: Niedrige Kosten.** Investieren ist niemals frei von Transaktionskosten für Kauf und Verkauf sowie fortlaufenden Nebenkosten. Die in dieser Hinsicht teuersten Investments sind Immobilien. ETFs gehören zu den günstigsten. Selbst ein Portfolio aus einzelnen Aktien auf Buy-and-Hold-Basis ist realistisch betrachtet langfristig nicht günstiger als ein ETF, wenn man das für jeden rationalen Privatanleger anstrebenswerte Ziel breite Streuung (Diversifikation) zugrunde legt.
- **Eigenschaft 5: Sicherheit der rechtlichen Struktur.** Die rechtliche Struktur eines ETFs ist in Bezug auf ihre Robustheit unübertroffen. Im nächsten Abschnitt zeige ich, was ETFs so robust macht und was das bedeutet.
- **Eigenschaft 6: Scharfe Regulierung und Anlegerschutz.** ETFs sind das in Deutschland und der EU am schärften regulierte Anlageprodukt und diese Regulierung ist – fast bin ich geneigt zu sagen: ausnahmsweise – uneingeschränkt positiv. Auch dazu mehr im nächsten Ab-

schnitt. ETFs werden als Finanzprodukt z.B. schärfer reguliert als Bankguthaben, kapitalbildende Lebensversicherungen, offene Immobilienfonds, Zertifikate und natürlich auch als alle anderen Finanzprodukte, die nur an sogenannte professionelle Anleger vertrieben werden dürfen.

- **Eigenschaft 7: Universalität/Flexibilität.** ETFs sind in ihrer praktischen Anwendbarkeit so vielfältig wie die ikonischen roten Schweizer Taschenmesser von Victorinox. Wie ich weiter oben erläutert habe, kann man mit keinem Finanzprodukt in mehr verschiedene Anlageklassen und dabei trennschärfer und übersichtlicher investieren als mit ETFs.
- **Eigenschaft 8: Wissenschaftliche Herleitung.** ETFs sind eine Variante von Indexfonds. Indexfonds wurde Anfang der 1970er-Jahre erfunden, um die Ergebnisse einiger bahnbrechender wissenschaftlicher Forschungen aus der Zeit von ungefähr 1955 bis 1970 in die Praxis umzusetzen. Eine vergleichbar unmittelbare Ableitung aus der Wissenschaft statt aus Marketingerwägungen der Finanzbranche kann kein anderes Finanzprodukt für Privatanlegerhaushalte für sich reklamieren.
- **Eigenschaft 9: Modulares Baukastenprinzip.** ETFs bilden Anlageklassen direkt, rein, trennscharf und transparent ab. Daher eignen sie sich konkurrenzlos gut zur Ergänzung der anderen Vermögensanlagen, die bei einem Privathaushalt fast unweigerlich schon vorhanden sind – ohne nachteilige Überlappungen, Doppelabbildungen und damit Konzentrationsrisiken.
- **Eigenschaft 10: »Aktiv-Passiv-Flexibilität«.** Von ETFs heißt es in den Medien, dass sie »das Werkzeug für passives Investieren« seien. Das stimmt zwar, ist aber nur die halbe Wahrheit. Mit ETFs kann man auch aktiv investieren. Der größere Teil der gut 15 000 Milliarden US-Dollar, die Ende 2024 weltweit in ETFs steckten, repräsentiert aktives, nicht passives Investieren. Wer also spekulativ (aktiv) investieren möchte, der kann das auch mit ETFs umsetzen.

Nun habe ich eine Reihe von Vorteilen von ETFs genannt. Daraus ergibt sich die naheliegende Frage: »Und was sind die Nachteile von ETFs?« Auf die Nachteile und die Kritik an ETFs komme ich weiter unten in diesem Kapitel zu sprechen. Zunächst aber noch etwas tiefergehend zur oben erwähnten Eigenschaft Nr. 5, der rechtlichen Robustheit von ETFs.

4.6.4 Warum die ETF-Struktur rechtlich sicher und robust ist

ETFs sind in zweierlei Hinsicht rechtlich besonders sicher. (a) Ein Konkurs (eine Insolvenz) der Fondsgesellschaft (des ETF-Anbieters) spielt für die Vermögensposition der entsprechenden ETF-Anleger keine Rolle. (b) Ein Konkurs der Depotbank des Anlegers ist für dessen Vermögensposition ebenfalls unschädlich.

Zu (a): Das Anlegervermögen in einem gegebenen einzelnen UCITS-Fonds (siehe dazu Infobox in Abschnitt 4.6.1) ist rechtlich sowie technisch-infrastrukturell vom Vermögen der verwaltenden Fondsgesellschaft und auch vom Vermögen der anderen Fonds getrennt, die die Fondsgesellschaft sonst noch verwaltet – daher der Begriff »Sondervermögen«. Die Fondsgesellschaft ist nicht Eigentümerin der Anlegergelder, sondern nur ihre Verwalterin oder Treuhänderin. Ein Konkurs der Fondsgesellschaft ist für die Vermögensposition eines Anlegers in einem von ihr verwalteten ETF unmaßgeblich. Das gilt für alle sogenannten UCITS-Fonds in der EU (konventionelle ETFs sind UCITS-Fonds)[46] und für »Mutual Funds« in den USA.

Infobox: Die Abgrenzung zwischen echten und unechten ETFs

Die Produktbezeichnung »ETF« ist nicht rechtlich geschützt und im Prinzip kann jeder Finanzdienstleister sein x-beliebiges Finanzprodukt »ETF« nennen. Weil das so ist, wird die Abkürzung ETF in der Finanzbranche oft nicht trennscharf verwendet. In diesem Buch meine ich mit ETFs stets börsengehandelte Indexfonds, die die regulatorischen Vorgaben für UCITS-Fonds oder die entsprechenden Vorgaben in den USA erfüllen. Was UCITS-Fonds sind, habe ich weiter oben in der Infobox in Abschnitt 4.6.1 beschrieben. Eines der wichtigsten UCITS-Regularien ist, dass ein UCITS-Fonds mindestens 90% (und in der Praxis sind es üblicherweise 100%) seines Vermögens (des Anlegervermögens) in börsengehandelte, liquide Wertpapiere investieren *und* hierbei Mindestbedingungen hinsichtlich Streuung (Diversifikation) einhalten muss. Das kann bei ETFs, die Rohstoff-Indizes oder einzelne Kryptoanlagen und Edelmetalle abbilden, naturgemäß nicht zutreffen, da

46 Rohstoff-ETFs, Edelmetall-ETFs und Krypto-ETFs sind keine UCITS-Fonds. Inwieweit das ein Nachteil für die Anleger ist, behandle ich in den produktbezogenen Abschnitten in Kapiteln 3 und 4.

Rohstoffe, Kryptowährungen und Edelmetalle keine Wertpapiere sind und Diversifikation hier gar nicht oder nur sehr eingeschränkt möglich ist. Deswegen handelt es sich bei ETFs auf Rohstoffe, Kryptos und Edelmetalle nicht um echte UCITS-ETFs, sondern sozusagen um »unechte ETFs«. Diese werden manchmal als ETFs, aber häufiger als »ETCs« (»Exchange Traded Commodities«) oder »ETPs« (»Exchange Traded Products«) bezeichnet. Bei ETCs oder ETPs handelt es sich letztlich um von Banken ausgegebene Bankanleihen, die jedoch keine Zinsen zahlen wie eine normale Anleihe, sondern dem Anleger die Wertsteigerung eines Rohstoff-Index, eines Edelmetalls oder einer Kryptowährung liefern. An sich ist der Anleger bei einem ETC oder ETP dem Pleiterisiko (Ausfallrisiko) der emittierenden Bank ausgesetzt, was auf einen echten ETF nicht zutrifft. Dieses Ausfallrisiko wird jedoch de facto dadurch beseitigt (»geheilt«), dass die mit den Anlegergeldern finanzierten Investments in Rohstoffe (Rohstoff-Terminkontrakte), Edelmetalle oder Kryptowährungen an die Anleger verpfändet sind. Die ähnliche Bezeichnung »ETN« (»Exchange Traded Notes«) ist der englische Begriff für »Zertifikate« (siehe Abschnitt 3.14), die mit ETFs, ETCs oder ETPs eigentlich nichts zu tun haben.

Die Sondervermögen-Struktur ist keine deutsche oder europäische Erfindung, sondern eine amerikanische. Sie ist steinalt, hat sich während Dutzender schwerer Marktkrisen in den vergangenen 100 Jahren bewährt und ist die globale Norm bei Investmentfonds für Privatanleger.

Die Trennung des Sondervermögens vom Vermögen der Fondsgesellschaft wird technisch auch dadurch sichergestellt, dass das Fondsvermögen bei einer separaten Depotbank verwahrt wird (nicht zu verwechseln mit der Depotbank des Anlegers). Diese Depotbank der Fondsgesellschaft unterliegt ihrerseits der nationalen Bankenaufsicht. Sowohl ein Konkurs der Fondsgesellschaft als auch der Konkurs der Depotbank der Fondsgesellschaft wären aus Anlegersicht unmaßgeblich, weil Anleger davon schlicht nicht betroffen sind.

Nun zum Gesichtspunkt (b): Habe ich als ETF-Anleger ein Gegenparteirisiko meiner Depotbank? Antwort: Nein, das habe ich nicht. Die Insolvenz der Depotbank des Anlegers wäre für dessen Vermögenspositionen und ETF-Bestände unerheblich, da die Wertpapiere und Fondsanteile in einem Wertpapierdepot wiederum nicht Eigentum der Bank sind, sondern nur von ihr *verwahrt* werden. Per Analogie: Der Inhalt eines Bankschließfachs ist nicht Eigentum der Bank, sondern wird – wie ETF-Anteile in einem Depot – ebenfalls nur von ihr verwahrt. Im Falle der Insolvenz der Bank verbleibt der Inhalt des Schließfaches natürlich beim Schließfachinhaber.

Dieser Schutzmechanismus (dass die Bank bei Depots als reine Verwahrstellen fungiert) gilt nicht für Kontoguthaben (Girokonten, Sparkonten, Tagesgelder, Festgelder) und auch nicht in Bezug auf das zum Depot gehörende Verrechnungskonto, das die Depotbank des Anlegers führt. Mehr zum wichtigen Thema Gegenparteirisiko oder Ausfallrisiko in Abschnitt 4.5.

Die Kombination aus Sondervermögen bei UCITS-Fonds und dem Verwahrstellenstatus der Depotbanken existiert als Struktur nunmehr seit mehr als 100 Jahren und hat sich durch eine kaum noch zählbare Abfolge von internationalen und nationalen politischen und wirtschaftlichen Krisen bewährt. Diese Struktur ist sprichwörtlich »betonhart«. Wir erinnern nur an die jüngsten zurückliegenden Marktkrisen, den Dotcom-Crash ab Anfang 2000, die große Finanzkrise ab Anfang 2008 und den Corona-Crash im ersten Halbjahr 2020 und das Jahr 2022 (in dem Aktien und langfristige Anleihen gleichzeitig auf Tauchstation gingen, was nicht oft vorkommt). Diese Stresstests hätten kaum härter sein können und alle haben ETFs als rechtliche Struktur mit Bravour bestanden.

4.6.5 Die Kritik an ETFs und an passivem Investieren – Was ist dran an ihr?

In diesem Abschnitt adressiere ich im Schnelldurchgang 17 Anti-ETF-Argumente. Ich halte mich dabei aus Platzgründen sehr knapp. Ausführlicher gehe ich auf diese Argumente in Kommer 2017b ein. Leser, denen meine nachfolgenden Ausführungen nicht detailliert genug erscheinen, können diesen Blogbeitrag konsultieren.

Anti-ETF-Argument 1: Der Marktanteil von Indexing (passivem Investieren) ist mit über 25% schon gefährlich hoch und er steigt offenbar weiter. Die Fakten: Der globale Marktanteil von *passivem Investieren* – darum geht es hier letztlich – beträgt nicht 25%, sondern bewegt sich (Stand Ende 2024) wohl eher bei 2% bis 5%. Die falschen Zahlen resultieren aus konzeptionellen Fehlern und der Nutzung fragwürdiger Datengrundlagen. In einem Blogbeitrag von Januar 2023 (Kommer/Kapoor 2023a) leite ich zusammen mit meinem Co-Autor Kapoor den korrekten Marktanteil her.

Anti-ETF-Argument 2: Indexing beeinträchtigt das angemessene Funktionieren der → Kapitalallokationsfunktion der Finanzmärkte. Wenn es zu viel Indexing gibt, kommt diese volkswirtschaftlich essenzielle Funktion zum Erliegen. Die Fakten: Das Traden (Handeln) von Aktien und Anleihen zwischen Börsenteilnehmern ist für die Emittenten von Aktien und Anleihen (Unternehmen und Staaten) Cashflow- und Gewinn-neutral – beeinflusst also beides nicht. Die Bedeutung der Kapitalallokationsfunktion der Finanzmärkte wird deswegen weit überschätzt. Tatsächlich ist es die *Realwirtschaft*, die Unternehmen durch den Kauf von Produkten Kapital zuführt und durch Nichtkauf (indirekt) entzieht, sprich: Konsumenten und die Einkäufer in Unternehmen sind für eine effiziente Kapitalallokation hauptverantwortlich.

Anti-ETF-Argument 3: Wenn alle passiv investieren würden, wird es nicht mehr funktionieren. Deshalb ist passiv investieren fragwürdig. Die Fakten: Ja, die Vorteile von passiv investieren setzen voraus, dass nicht alle Marktteilnehmer passiv anlegen. Genau dasselbe gilt allerdings für *jede* der unendlich zahlreichen aktiven Anlagestrategien, die weltweit existieren. Wenn der korrekt berechnete globale Marktanteil von passivem Investieren von aktuell wohl rund 2% bis 5% auf über 80% gestiegen ist, dann kann sich jeder passive Anleger auf Basis der dann vorliegenden Fakten immer noch überlegen, ob er von diesem Punkt an ins aktive Lager wechselt. Ich nehme an, dass dieser Punkt in den nächsten 25 Jahren nicht und vielleicht sogar nie erreicht werden wird.

Anti-ETF-Argument 4: Passive Anleger sind Trittbrettfahrer der aktiven Anleger. Die Fakten: Ja, das sind sie, genauso wie die Käufer von Gebrauchtwagen Trittbrettfahrer des Neuwagenmarkts sind. Es existieren Tausende von Märkten, auf die das bizarre Trittbrettfahrerargument anwendbar wäre.

Anti-ETF-Argument 5: Aktiv gemanagte Fonds können im Crash das Geld sicher anlegen und Verluste dämpfen, ein ETF muss dem Index hilflos nach unten folgen. Die Fakten: Diese Aussage ist einfach falsch. Grundfalsch. Und dass sie falsch ist, wird anhand der Argumente und Zahlen in Abschnitt 1.4 deutlich.

Anti-ETF-Argument 6: Indexfonds/ETFs tragen zur Erhöhung des Risikos an den Kapitalmärkten bei. Die Fakten: Mit von Wissenschaftlern ausgewählten objektiven Zahlen lässt sich dieses Argument nicht belegen, allenfalls mit gezielt ausgewählten Daten und mit selektiv ausgewählten Geschichtchen über Einzelfälle.

Anti-ETF-Argument 7: Indexfonds/ETFs haben die Korrelationen zwischen einzelnen Aktien erhöht und den Nutzen von Diversifikation gesenkt. Die Fakten: Die Wissenschaft ist sich uneins über dieses schwer eindeutig zu überprüfende Argument. Ein großer Teil der in den letzten 30 Jahren beobachteten Erhöhung dieser Korrelationen geht wohl auf andere Ursachen zurück als auf Indexfonds/ETFs.

Anti-ETF-Argument 8: Es gibt eine Blase bei Indizes und ETFs. Blasen, also relativ zu den realökonomischen Fundamentaldaten überhöhte Bewertungen, kann es nur bei Aktien oder Anleihen geben, nicht bei einer bloßen Verpackung – ETFs – von Aktien oder Anleihen.

Anti-ETF-Argument 9: Die drei größten Indexfondsanbieter – BlackRock, Vanguard und State Street – halten bei einzelnen Unternehmen bis zu 25% der Aktienstimmrechte. Das ist gefährlich viel Marktmacht. Die Fakten: Hier werden willkürlich die Beteiligungsquoten rechtlich und wirtschaftlich getrennter, miteinander scharf konkurrierender Wettbewerber aufaddiert. Das ist ungefähr so »intelligent«, wie die Marktanteile von Volkswagen, Toyota und Tesla aufzuaddieren und dann zu behaupten, diese aufaddierte Zahl sei der Beleg für eine marktbeherrschende Einflussgröße.

Anti-ETF-Argument 10: Ein Zusammenbruch der genannten drei größten Indexfondsanbieter würde die globale Finanzarchitektur in Gefahr bringen. Die Fakten: Hinter diesem Argument steckt die Unkenntnis des grundlegenden Unterschieds zwischen Großbanken, deren Zusammenbruch tatsächlich Systemrelevanz haben kann, und dem ganz anderen Geschäftsmodell von Fondsgesellschaften. Selbst ein 90%-iger Börsencrash würde das Vermögen der Fondsgesellschaften nicht schädigen, weil diese Verluste gar nicht deren Vermögen (deren Bilanz) beträfe, sondern das Vermögen der Anleger.

Anti-ETF-Argument 11: In einer Megakrise oder schweren Systemkrise sind Investments in Einzelwertpapiere technisch sicherer als Investments in ETFs. Ein Direktanleger in Einzelwertpapieren würde schneller und sicherer an sein Eigentum gelangen, als das bei ETFs (verpackten Investments) der Fall wäre. Die Fakten: (a) Generell ist dieses Kontra-Argument eine rein theoretische Spekulation ohne Beleg durch empirisch-historische Daten, also konkrete Beispiele oder Analogien aus der Geschichte der Kapitalmärkte in den letzten 150 Jahren. (b) Sollte in einer Megakrise eine Börsenschließung erfolgen, was in den meisten westlichen Ländern während des Zweiten Weltkriegs für mehrere Jahre der Fall war, würde das unterschiedslos jede Art von börsennotiertem Investment betreffen – natürlich auch Einzelwertpapiere. (c) ETFs sind eines der weltweit am schärfsten und engsten regulierten Finanzprodukte, schärfer reguliert als kapitalbildende Lebens- und Rentenversicherungen, Zertifikate, offene Immobilienfonds, geschlossene Fonds, direkte Investments in Edelmetalle oder Kryptowährungen und viele Finanzprodukte, einschließlich des Betriebs von Bankschließfächern und nicht börsennotierten Unternehmensbeteiligungen. (d) Das globale ETF-Volumen macht inzwischen rund 15 000 Milliarden USD aus (Stand Anfang 2025). Diese Größe stellt sicher, dass Staaten und Aufsichtsbehörden alles tun werden, den ETF-Markt in einer Krise nicht schlechter funktionieren zu lassen als andere Segmente des Kapitalmarktes. (e) Die manchmal geäußerte These, dass der Eigentumsnachweis bei ETF-Anteilen in oder nach einer Megakrise oder in einem einzelnen rechtlichen Streitfall (außerhalb einer Megakrise) schwerer zu führen sei als bei Einzelwertpapieren (Aktien, Anleihen), ist wenig plausibel, wenn man sich vergegenwärtigt, dass ETF-Anteile und Einzelwertpapiere mit den gleichen technischen Systemen gehandelt und verwaltet werden. Sollte eine Börse vom Staat geschlossen werden, sind davon Einzelwertpapiere und andere Finanzprodukte genauso betroffen wie ETFs.

Infobox: Aktiv gemanagte ETFs

Manche Privatanleger setzen ETFs mit passivem Investieren gleich. Das hat noch nie gestimmt, weil man mit ETFs schon immer sehr gut die aktive Anlagestrategie Market Timing betreiben konnte – also das Gegenteil von Buy and Hold. Market Timing heißt im Zeitablauf aktiv zwischen Anlageklassen hin und her wechseln, also »rein-raus« betreiben. Seit über zehn Jahren gibt es zudem aktiv gemanagte ETFs, die eben gerade nicht »passiv« einen Börsenindex abbilden. Zu ihnen zählen Stock-Picker-ETFs (wie die der bekannten amerikanischen Tech-Investorin Cathie Wood), algorithmisch gemanagte aktive ETFs (die zwar regelgebunden, aber nicht indexbezogen investieren), Single-Stock-ETFs[47], inverse ETFs[48] und geleveragte ETFs. Gelegentlich werden auch sogenannte Smart-Beta-ETFs (Factor-Investing-ETFs) zu den aktiven ETFs gezählt. All diese aktiven ETFs mit Ausnahme von Single-Stock-ETFs waren Anfang 2025 in Deutschland verfügbar.

Anti-ETF-Argument 12: Die Struktur mancher ETF-Typen ist risikoreich für die Anleger. Gemeint sind Swap-ETFs, sogenannte gehebelte ETFs (Leveraged-ETFs) und Short-ETFs. Die Fakten: Der globale Marktanteil von Swap-ETFs liegt bei rund 3%. Die Marktanteile von Leveraged-ETFs und Short-ETFs sind noch deutlich kleiner.

Anti-ETF-Argument 13: Wertpapierleihe bei ETFs ist ein obskures, risikoreiches Seitengeschäft von ETFs und kann schwer beurteilbare Risiken mit sich bringen. Die Fakten: Wertpapierleihe darf unterschiedslos von *allen* Investmentfonds – aktiven und passiven – praktiziert werden, nicht nur von ETFs, also auch von aktiv gemanagten Investmentfonds, Hedge-Fonds, Sovereign-Wealth-Funds, amerikanischen Pensionsfonds und anderen institutionellen Fonds. Warum Wertpapierleihe erstens harmlos und zweitens nützlich ist, habe ich mit meinem Co-Autor Großmann in einem Blogbeitrag beschrieben (Kommer/Großmann 2020m).

---

47 Single-Stock-ETFs bilden nur eine einzelne Aktie ab, die allerdings im ETF geleveraged wird (Investieren mit Kredithebel).

48 Mit inversen ETFs (auch Short-ETFs genannt) kann man auf fallende Kurse spekulieren.

Anti-ETF-Argument 14: Mit ETF-Investieren erzielt man nur die Marktrendite (nur die jeweilige Anlageklassen-Rendite). Dieses Argument ist technisch und formal gesehen richtig. Trotzdem produziert Buy-and-Hold-Anlegen mit ETFs statistisch höhere Renditen als aktives Anlegen – siehe Abschnitt 1.4.

Anti-ETF-Argument 15: Ein ETF investiert automatisch auch in die schlechten Aktien. Diesen Nachteil habe ich bei aktiv gemanagten Fonds oder beim Stock Picking nicht. Die Fakten: Was die schlechten Aktien sind, weiß man nur zuverlässig hinterher. Aktive Anleger (z.B. Fondsmanager, Vermögensverwalter, Do-it-yourself-Anleger) wissen es offenbar in der Mehrzahl der Fälle nicht im Voraus. Ansonsten rentierten nicht mehr als 50% aller aktiv gemanagten Portfolios schlechter als ihre passive ETF-Benchmark.

Anti-ETF-Argument 16: Ein MSCI World ETF ist »kopflastig«. Die USA als Region macht über 60% aus und die größten zehn Einzelpositionen über 15%. Das ist schlechte Diversifikation. Die Fakten: Ja, das stimmt, aber wer sich daran auf Depotebene stört, der kann das leicht über die Nutzung anderer oder zusätzlicher ETFs nach eigenem Gusto korrigieren.

Anti-ETF-Argument 17: In ETFs auf Buy-and-Hold-Basis zu investieren ist langweilig und unsexy. Die Fakten: Sofern ein Anleger die Geldanlage primär durch die Brille des Unterhaltungswertes und der damit vielleicht erzielbaren »Bragging Rights« (das »›Recht‹, mit etwas anzugeben«) betrachtet, stimmt diese Kritik am passiven Investieren mit ETFs. Wer im Investieren maßgeblich Entertainment sucht, wird an breit gestreuten ETF-Investments auf Buy-and-Hold-Basis in der Tat keinen Gefallen finden. Mein Kompromissvorschlag an einen Anleger, der ETFs für zu langweilig hält: Investieren Sie 90% Ihres liquiden Vermögens über ETFs auf Buy-and-Hold-Basis, so wie es in diesem Buch in Kapitel 7 und 8 vorgeschlagen wird, und 10% sozusagen in ein kleines Zockerdepot, mit dem Sie Ihren sportlichen Finanzehrgeiz ausleben.

Wie wir nun gesehen haben, ist der größte Teil der ETF-Kritik einseitig oder falsch und kommt von Personen mit einem Interessenkonflikt oder von Journalisten, die mit Angstmache und Sensationalismus Auflagen und

Klickraten steigern wollen. Immerhin: In einigen technischen Spezialaspekten hat diese Kritik im Laufe der Jahre dazu beigetragen, ETFs noch sicherer und noch transparenter zu machen.

ETFs haben in den vergangenen gut 30 Jahren drei denkbar harte Stresstests sowie weitreichenden strukturellen und regulatorischen Wandel in den Kapitalmärkten problemlos überstanden. Darunter die schweren »Stresstests« Dotcom-Crash ab Anfang 2000, Große Finanzkrise ab Mitte 2007 und Corona-Crash in der ersten Hälfte 2020. In diesen drei Jahrzehnten gab es außerdem noch viele, viele kleinere, speziellere oder lokale Krisen am Kapitalmarkt. Aus der rechtlichen Struktur von ETFs hat meines Wissens bis zum heutigen Tag kein Privatanleger weltweit je einen Schaden erlitten. Kein Finanzprodukt hat in den vergangenen 50 Jahren global einen größeren Nutzen für Kleinanleger generiert als Indexfonds, einschließlich ihrer ETF-Variante.

4.7 Geldmarktfonds, Geldmarkt-ETFs

»Geldmarktanlage« (engl. »Money Market Investment«) ist der ökonomische Fachbegriff für ein Cash-artiges oder Cash-nahes Investment, das in drei wichtigen Risikodimensionen im Prinzip nicht mehr oder kaum noch weiter verbesserbar ist: (a) bei der Reduktion der Volatilität, (b) bei der Reduktion des »Ausfallrisikos« (»Credit Risk«) und (c) bei der Maximierung seiner Liquidität, also der schnellstmöglichen Veräußerbarkeit gegen Cash binnen ein bis drei Werktagen zum Marktkurs mit vernachlässigbaren Verkaufskosten. Eine Geldmarktanlage darf aus Sicht des Anlegers und seiner → funktionalen Währung kein Wechselkursrisiko beinhalten.

Nur sogenannte Geldmarktanlagen – kein anderes Investment – erzielen in diesen drei Dimensionen gleichzeitig die in dieser Welt erzielbaren Höchstnoten, und wem diese drei Aspekte kombiniert in einer Anlage wichtig sind, der hat keine echte, sondern bestenfalls eine Pseudoalternative zu Geldmarktanlagen.

Geldmarktanlagen kann man salopp als die grundsätzlich risikoärmsten Anlagen bezeichnen, jedenfalls in Bezug auf die Kombination Volatilitätsrisiko + Ausfallrisiko + Liquiditätsrisiko. In der heutzutage vorwiegend auf Englisch formulierten ökonomischen Theorie werden im Zusammenhang mit Geldmarktanlagen auch oft die Bezeichnungen »Riskfree Investment«, »Riskfree Asset« oder »Riskfree Return« verwendet, obwohl das streng genommen nicht stimmt. Kein Investment war jemals in *jeder* Hinsicht »risikofrei« und kann es auch nicht sein.

Welche Geldmarktanlagen existieren?

Verzinsliche Bankguthaben (Tagesgelder, Termingelder, Festgelder, Sparkonten), soweit sie – wichtig – betraglich unter die gesetzliche Einlagensicherungsgrenze fallen. Um potenzielle Missverständnisse auszuräumen: Ein Tagesgeld in USD ist daher aus Sicht eines Anlegers mit funktionaler Währung Euro oder Schweizer Franken keine Geldmarktanlage, da es aufgrund des Wechselkursrisikos viel zu instabil, sprich zu volatil ist.

Daneben sind für Privat- und Profianleger die in der Praxis wohl relevantesten Geldmarktanlagen sogenannte klassische, aktiv gemanagte Geldmarktfonds und passiv gemanagte Geldmarkt-ETFs, die kurzlaufende High-Quality-Anleihen abbilden (Anleihen im oberen Bonitätsspektrum). Das können Staats- oder Unternehmensanleihen sein. Manche Geldmarkt-ETFs bilden statt eines Anleihenkorbes einen kurzfristigen Referenzzinssatz ab, z.B. den 3-Monats-Euribor oder den ESTR-Zinssatz.

Weil sie in Bezug auf ihre Volatilität (Renditeschwankungen) so risikoarm sind, haben Geldmarktanlagen logischerweise geringe reale Renditen (siehe Tabelle 1, Abschnitt 1.3). Diese niedrigen Renditen sind gewissermaßen die »Kosten« für die Sicherheit im Sinne kurzfristiger Stabilität und die maximale Liquidität von Geldmarktinvestments. Maximale Liquidität bedeutet zugleich maximale Flexibilität, Freiheit und maximale Optionalitäten.

Detaillierter als in diesem kurzen Abschnitt gehen mein Kollege Daniel Kanzler und ich in einem Blogbeitrag auf Geldmarktfonds ein. Darin werden auch konkrete Geldmarktfonds und Geldmarkt-ETFs genannt (Kommer/Kanzler 2023h).

4.8 Gold

Gemäß Tabelle 1 in Abschnitt 1.3 lieferten Aktien in den 50 Jahren von 1975 bis 2024 eine dreimal so hohe Realrendite wie Gold, obwohl Gold beim Risiko (Volatilität der Jahresrenditen) schlechter abschnitt als Aktien. So weit die nackten Zahlen.

»Gold Bugs« (»Gold-Fans«) führen die folgenden Argumente für ein Investment in das Edelmetall ins Feld: (a) Gold ist nicht beliebig vermehrbar und soll daher langfristig attraktive Renditen haben. (b) Gold wird seit über 3000 Jahren (manche sagen seit über 6000 Jahren) als Zahlungsmittel und/oder Wertaufbewahrungsmittel eingesetzt. (c) Gold ist inflationsfest, gleicht also die Geldentwertung auch in Hochinflationsphasen gut aus. (d) Gold schneidet in schweren weltpolitischen Krisen renditemäßig gut ab. (e) Gold wird in Zukunft (noch) rentabler als in der Vergangenheit, weil die Staatsschuldenquoten in den letzten Jahren weltweit stark gestiegen sind.[49] (f) Gold ist als Beimischung in einem Aktienportfolio nützlich, weil es eine geringe Korrelation zu Aktien hat. (g) Gold hat (in Deutschland) steuerliche Vorteile.

Argument (a) ist irrelevant, auch wenn das die allermeisten Gold-Fans mental nicht akzeptieren können oder wollen. Tatsache ist, dass unendlich viel Dinge auf unserem schönen Planeten Erde existieren, die nicht beliebig vermehrbar sind und von denen trotzdem kein Mensch auf die Idee käme, sie als Investment zu betrachten, z.B. Kieselsteine oder Kohlenstoffatome. Argument (b) sagt nichts aus über die in der Zukunft zu erwartenden Rendite-Risiko-Kombination von Gold, und auf diese kommt es ja an. Außerdem war Gold in diesen 3000 Jahren bis 1971 ein allgemein gebräuchliches Zahlungsmittel bzw. eine Währung, was aber heute nicht mehr der Fall ist. Argument (c) ist gewiss nicht so klar und eindeutig, wie in der Gold-Fan-Community geglaubt wird. Dafür ist die Korrelation zwischen monatlichen oder vierteljährlichen Goldrenditen und der Inflation viel zu niedrig. Argument (d) steht ebenfalls auf wackeligen Beinen. Beispiel: Am Ende des Zweiten Weltkriegs war der Goldpreis in Dollar niedriger als am Anfang. Argument (e) ist ganz einfach Meinung oder Spekulation.

Am überzeugendsten finde ich persönlich die Argumente (f) und (g). Eine Gold-Beimischung von (maximal) 10% des Gesamtvermögens eines Haushaltes (exklusive Humankapital) kann die erzielbare Rendite-Risiko-

49 Staatsschulden zu Bruttoinlandsprodukt. (Die absolute Höhe der Staatsschulden ist – im Unterschied zu dem, was viele »Untergangspropheten« behaupten – bedeutungslos, weil diese absolute Zahl vermutlich selbst dann steigen würde, wenn die eigentlich relevante Staatsverschuldungsquote sänke.)

Kombination für das Gesamtvermögen verbessern.[50] Ob das für in einem gegebenen Zehn- oder 20-Jahres-Zeitraum in der Zukunft tatsächlich geschieht, kann jedoch niemand garantieren. Grund für den potenziellen Beimischungsvorteil: Goldrenditen einerseits und die Renditen von Aktien, Immobilien und zinstragenden Anlagen andererseits entwickeln sich zumindest zeitweilig gegenläufig. Die Korrelation zwischen Gold und dem Weltaktienmarkt war von 1975 bis 2024 mit +0,11% erfreulich niedrig.

Außerdem hat im Privatvermögen gehaltenes Gold, einschließlich Gold in Gestalt von Gold-ETFs/ETCs, in Deutschland (aber wohl nicht in den meisten anderen Ländern) steuerliche Vorteile. Nach einem Jahr Haltefrist sind die Wertsteigerungen von Gold, das im Privatvermögen gehalten wird, steuerfrei.

Gold über einen ETF (oder genauer ETP oder ETC) zu kaufen und zu halten bedeutet zudem geringe Transaktionskosten und bequemere Verwaltung. Physisches Gold zu Hause im Tresor zu verwahren, wäre mir in Bezug auf die damit einhergehende Einbruchs- und Überfallgefahr persönlich zu gefährlich. Ich glaube, dass niemand dieses leicht vermeidbare Risiko Familienmitgliedern zumuten sollte, die im gleichen Haus leben (mehr zur Frage, warum Gold ETC physischem Gold vorzuziehen ist, siehe Kommer 2023a).

Alles in allem kann mich Gold nur im Sinne einer moderaten Beimischung in einem Portfolio überzeugen, das primär aus einer, zwei oder drei Hauptanlageklassen besteht (Aktien, Anleihen, Immobilien). Dass Goldrenditen in den rund zehn Jahren bis heute (März 2025) so hoch waren wie die von Aktien (in Teilzeiträumen davon höher oder niedriger), zählt für mich nicht. Auch zehn Jahre sagen bei Anlageklassen nichts über die nachhaltige, fundamentale Rendite-Risiko-Kombination aus. Ich kann aber gut nachvollziehen, wenn das jemand anders sieht, jedenfalls in Bezug auf eine Beimischung in der oben genannten Größenordnung.

Silber und Platin lieferten seit 1975 deutlich schlechtere Renditen als Gold.

Lesern, die sich genauer über Gold als Investment informieren wollen, empfehle ich den Blogbeitrag dazu von meinem Kollegen Weis und mir (Kommer/Weis 2019k).

---

50 Wo nicht ausdrücklich anders spezifiziert, meine ich mit »Gesamtvermögen« in diesem Buch stets das gesamte Vermögen des Haushaltes (exklusive Humankapital), nicht nur das liquide Vermögen.

4.9 Rohstoffe

Die Anlageklasse Rohstoffe besteht aus fünf Rohstoff-Hauptgruppen: Energie (Kohle, Erdöl, Erdgas), Edelmetalle (Gold, Silber, Platin, Palladium), Basismetalle (Kupfer, Blei, Zink, Aluminium und andere), Mineralien (Bauxit, Phosphat, Schwefel und andere) sowie Agrar-Rohstoffe (z.B. Getreide, Tabak, Kaffee, Fleisch). Edelmetalle und ganz besonders Gold kann man aus Anlegersicht als Sonderfall betrachten, was ich in diesem Buch tue. Mit Gold haben wir uns bereits im vorigen Abschnitt befasst. Daher soll es hier primär um den Rohstoff exklusive Edelmetalle gehen.

Wie Tabelle 1 in Abschnitt 1.3 zeigt, hat die Anlageklasse Rohstoff in den vergangen 50 Jahren im Vergleich zu Aktien bescheiden rentiert. Wer die niedrige Langfristrendite von Rohstoffen und ihre Volatilität, die ebenso hoch ist wie die von Aktien, unattraktiv findet, der wird auf diese Anlageklasse verzichten wollen. Für diejenigen Leser, die ein Rohstoff-Investment dennoch in Erwägung ziehen, nachfolgend die aus meiner Sicht wichtigsten Informationen.

Als Anleger kann man – mit Ausnahme von Edelmetallen – nicht in Rohstoffe direkt investieren. Für Direktanlagen in Rohstoffe – im Finanzjargon: *Commodity Spot Market Investments* – wären die Lagerkosten, Transportkosten und Versicherungskosten viel zu hoch. Man versuche einmal für 10 000 Euro Eisenerz, Öl oder Weizen zu kaufen und dann notwendigerweise in Empfang zu nehmen. Jede denkbare Rendite eines solchen Vorhabens würde für Privatanleger durch die Kosten von Transport und Lagerung aufgefressen.

Wer als Privatanleger in Rohstoffe investieren möchte, der muss das über »Rohstoff-Futures«, zu Deutsch »Rohstoff-Termingeschäfte«, tun. Alle Rohstoff-ETFs (wiederum exklusive Edelmetall-ETFs) repräsentieren Rohstoff-Futures. Rohstoff-Futures sind nichts Esoterisches und letzten Endes nicht komplizierter als Aktien oder Anleihen, aber sie funktionieren völlig anders. Wer Rohstoff-Investments tätigen will, sollte diese Funktionsweise verstehen. Deren Grundzüge und andere wissenswerte Fakten zu Rohstoff-Investments werden in einem Blogbeitrag von meinem Kollegen Daniel Kanzler und mir beschrieben (Kommer/Kanzler 2021a).

Dass Rohstoffe »endlich« seien oder »zwangsläufig immer knapper werden« und ihre Preise deswegen langfristig unweigerlich steigen würden, ist ein nicht ausrottbares Ammenmärchen, das Untergangspropheten und faktenignorierende Radikalökologen schon seit gut 200 Jahren verbreiten.[51] Energie-Rohstoffe sind schon deswegen nicht endlich, weil die Sonne jeden Tag gigantische Mengen von Energie kostenlos auf die Erde sendet. Öl kann aus Kohle erzeugt werden, die noch mindestens 300 Jahre reicht. Agrarrohstoffe sind ebenso wenig endlich. In Bezug auf die allermeisten übrigen Rohstoffe gilt, dass wir wahrscheinlich 90% der auf diesem Planeten vorhandenen Mengen noch nicht abgebaut haben, weil das bisher ganz einfach nicht nötig oder technisch-ökonomisch noch nicht möglich war (z.B. Bergbau in großen Meerestiefen). Die allermeisten »endlichen« Rohstoffe können bei entsprechenden Preisverhältnissen durch Alternativen substituiert werden. Diese Substituierbarkeit wird durch den technischen Fortschritt mit der Zeit immer leichter und häufiger umsetzbar. Weil das Knappheitsargument faktisch nicht stimmt, kann es auch keine strukturell preistreibende Wirkung haben.

Die drei einzigen für mich überzeugenden Argumente zugunsten von Rohstoff-Investments sind die folgenden:

Rohstoffe haben zumeist dann gute Renditen, wenn die Inflation merklich steigt oder sehr hoch ist. Das war in den 1970er-Jahren der Fall und auch in der jüngeren Hochinflationszeit von Mitte 2020 bis Ende 2023. In Phasen, in denen die Inflation wieder stark anzieht oder längere Zeit hoch ist, dürften Rohstoff-Futures davon renditemäßig profitieren. In diesem Sinne tragen Rohstoffe zum kurz- und mittelfristigen (aber nicht zum langfristigen) Inflationsschutz in einem Portfolio bei.

Rohstoff-Preise steigen oft, aber beileibe nicht immer, in schweren politischen Krisen, soweit diese ökonomisch bedeutende, große Staaten einschließen. Allerdings: Nach dem Ende solcher Krisen fallen die Preise wieder – manchmal bald danach, manchmal später und langsamer.

Rohstoff-Renditen korrelieren schwach mit den Renditen von Aktien und Anleihen und eignen sich insofern gut zur Diversifikation eines Aktien-Anleihen-Portfolios.

---

51 Erstmalig durch den Ahnherren aller Untergangspropheten, den britischen Ökonomen Thomas Malthus (1766–1834).

Infobox: Das Via-Negativa-Prinzip in der Vermögensanlage

Erfolgreich Vermögen bilden oder vorhandenes Vermögen bewahren ist nicht nur eine Frage des: »Was tun?«, sondern auch eine Frage von: »Was nicht tun?«, »Was unterlassen?«, »Was beenden?« – also von Fehlervermeidung und Fehlerbeendigung.

»Vermeide Fehler!« – das klingt als Ratschlag in Gelddingen und auch im Leben allgemein langweilig und altbacken. Man kann dieses handlungsleitende Konzept allerdings auch sexier benennen, beispielsweise als »Via-Negativa-Prinzip«, aus dem Lateinischen »Via Negativa«, »der negative Weg« oder »der Weg des Vermeidens«. Via Negativa in diesem Sinne steht für die Methode, gute Ergebnisse zu erzielen, indem man schädliche Entscheidungen vermeidet und negative Zustände beendet. Im Vordergrund steht hier also nicht das positive Tun oder Erschaffen, sondern das negative Vermeiden, Umgehen und Beenden.

In Kapitel 3 (»Anlageprodukte, von denen Sie eher die Finger lassen sollten«) haben wir uns mit über 20 Finanzanlagen beschäftigt, die wahrscheinlich Schäden in einem Portfolio (insbesondere Opportunitätskosten) anrichten werden. Im ganzen Buch verteilt beschreibe ich Investmentfehler, die es zu vermeiden gilt. All das ist Via Negativa. Wer ein langfristig erfolgreicher Anleger werden möchte, für den ist die Via Negativa ein essenzielles Erfolgsrezept, das nach meinem Eindruck jedoch zu häufig vernachlässigt wird, weil die Beschäftigung mit »neuen«, »richtigen«, »guten« Dingen für uns alle irgendwie sexier ist.

Im deutschen Privatanlegermarkt waren Anfang 2025 über 110 Rohstoff-Futures-ETFs (oder exakter ETCs) verfügbar, die verschiedene breite Rohstoff-Futures-Indizes oder Futures auf einzelne Rohstoffe abbilden. Aufgrund der Unterschiede bei den Indizes bzw. einzelnen Rohstoffen unterscheiden sich die historischen Renditen der einzelnen ETFs/ETCs über Zeiträume bis zu rund fünf Jahren zum Teil recht stark. Im Einzelfall führen auch Spezialeigenschaften zu abweichenden Renditen, wie beispielsweise das Hedging von Wechselkursen.

Wer in Rohstoffe investiert, sollte das aus Risikogründen über einen breit diversifizierten Rohstoff-Index tun, der alle oben genannten Rohstoff-

Hauptgruppen abbildet. (Mit Zertifikaten – siehe Abschnitt 3.14 – kann man auch auf fast jeden individuellen Rohstoff, z.B. Zucker oder Aluminium, und auch auf Spotmarkt-Rohstoffe (also nicht Futures) spekulieren. Davon rate ich jedoch ab, weil Zertifikate generell schlechte Anlageprodukte sind und weil hier zumeist die Diversifikation fehlt.

In gewisser Weise nützt es uns allen, wenn Rohstoff-Preise fallen. Dann profitieren wir als Konsumenten davon, weil die Preise für Güter und Dienstleistungen (die allgemeine Inflation) davon günstig nach unten beeinflusst werden.

In Summe sind mir persönlich die Vorteile von Rohstoff-Investments in Anbetracht ihrer schwachen Langfristrenditen zu gering. Deswegen habe ich keine im Portfolio. Ich kann aber verstehen, wenn jemand die hier aufgeführten Argumente pro Rohstoff-Beimischung im Depot für überzeugend hält.

4.10 Kryptoanlagen: Bitcoin und Ethereum

Die älteste der über 10 000 heute existierenden Kryptowährungen, Bitcoin, ist erst 16 Jahre alt. Das ist zu kurz, um aus Investmentsicht wirklich verlässliche allgemeine Aussagen über Bitcoin im Speziellen und Kryptowährungen aus einer Investmentperspektive treffen zu können. Gleichwohl hat die Zulassung von frei an Privatanleger vertriebenen ETFs (genauer ETPs) auf Bitcoin und Ethereum in den USA Anfang 2024 in gewisser Weise die Ankunft zumindest dieser beiden wichtigsten Kryptowährungen im Mainstream der Investmentwelt markiert. (In Europa waren solche ETFs schon länger aufsichtsrechtlich erlaubt.)

Kryptos sind für normale Privathaushalte kein »Muss-Investment«. Meines Erachtens braucht sie ein normaler Privathaushalt nicht. Auf alle Fälle sollte jeder, der ein Kryptoinvestment in Betracht zieht, das in Kenntnis der folgenden Fakten und Überlegungen tun:

Die meisten Bitcoin-Enthusiasten in den Medien und im Internet unterscheiden nicht sauber zwischen Thema (A): »Kryptowährungen als vermeintliche Revolution in der Geldpolitik, im Zahlungsverkehr und vielleicht auch Gesellschaftspolitik« auf der einen Seite und dem letztlich ganz anderen Thema (B): »Bitcoin als Vermögensanlage und Altersvorsorge für normale Privathaushalte« auf der anderen Seite. Diese beiden eigentlich völlig verschiedenen Seiten von Kryptos (und Bitcoin im Speziellen) und dazu noch technische Aspekte der Blockchain-Technologie werden in den traditionellen und den sozialen Medien leider heillos miteinander verquirlt. Das macht viele Aussagen, die aus so »verpanschtem« Denken abgeleitet werden, fragwürdig oder ganz falsch. Nachfolgend geht es mir allein und ausschließlich um Thema (B).

Für ein Investment kommen m. E. nur die zwei nach ihrer Marktkapitalisierung (und damit nach ihrem bisherigen »Markterfolg«) größten Kryptowährungen in Betracht: Bitcoin oder Ethereum. Von anderen Währungen sollte man die Finger lassen, weil es bei ihnen noch mehr Unwägbarkeiten als bei Bitcoin und Ethereum gibt, und bei diesen zweien sind es schon genug. Wo nicht anders angegeben, beziehen sich die folgenden Ausführungen ausschließlich auf Bitcoin.

Die exorbitant hohen Kryptorenditen, ganz besonders in der Zeit von 2010 bis November 2021, sollte niemand als primären Grund für ein Kryptoinvestment verwenden. In dieser Höhe werden sich solche Renditen für längere Perioden nicht wiederholen. Wie und warum die historischen Bitcoin-Renditen von Personen, die direkt und indirekt an Krypto verdienen, aus manipulativem Kalkül oder Inkompetenz fehlinterpretiert werden, geht aus dem YouTube-Video von Lochner/Kommer 2024 hervor.

Bitcoin hat – genauso wie Gold – keinen »intrinsischen« (»fundamentalen«) Wert, weil es (a) keinen Cashflow erzeugt und (b) bisher keinen nennenswerten kommerziellen Nutzen hat. (Der bisher – Stand März 2025 – begrenzte kommerzielle Nutzen der gesonderten Kryptowährung Bitcoin Cash als Zahlungsmittel ist hier irrelevant, weil Bitcoin Cash nicht das Gleiche ist wie Bitcoin. Auch lagen die Renditen von Bitcoin Cash bisher drastisch unterhalb derer von Bitcoin. Einige sogenannte Stablecoins werden in begrenztem Umfang für Zahlungsverkehrszwecke eingesetzt, haben aber aufgrund ihrer Konstruktion kein nennenswertes Renditepotenzial.)

Der Wert einer Coin entsteht lediglich daraus, dass ein Dritter einen bestimmten Preis in konventioneller Währung für Bitcoins bezahlen will. Der hierzu manchmal von Krypto-Fans vorgebrachte Einwand, normale Papiergeldwährungen hätten ebenfalls keinen intrinsischen Wert, ist falsch, da diese Währungen (seit Jahrzehnten und manchmal Jahrhunderten) gesetzliche und tatsächliche Zahlungsmittel sind, was beides für Kryptowährungen per heute (März 2025) in keinem einzigen Land der

Welt der Fall ist.[52] (Gold existiert als Wertaufbewahrungsmittel seit mindestens 3000, vielleicht 6000 Jahren, Bitcoin seit 16.)

Die Qualifikation als »gesetzliches Zahlungsmittel« ist in diesem Zusammenhang bedeutsam. Dieses Merkmal besagt, dass der Staat Steuerzahlungen und andere Abgaben an den Staat *ausschließlich* in dieser Währung annehmen muss bzw. annimmt, dass *jeder* im Staatsgebiet seine finanziellen Verbindlichkeiten in dieser Währung begleichen kann und dass der Staat seine Schulden primär in dieser Währung aufnimmt. Das allein schon gibt der entsprechenden Währung im Staatsgebiet einen ungeheuren Akzeptanzvorteil und -vorsprung vor allen anderen Währungen.

Dass speziell Bitcoin (in Abgrenzung zu Bitcoin Cash) – die bedeutendste Kryptowährung – jemals in nennenswertem Umfang im Zahlungsverkehr eingesetzt wird, erscheint aus zwei mächtigen Gründen unwahrscheinlich. Erstens wollen es die allermeisten Regierungen und Zentralbanken nicht (siehe weiter unten). Zweitens ist Bitcoin als Zahlungsmittel genuin ungeeignet. Es ist zu langsam, zu teuer, hierbei gegenüber anderen Kryptowährungen technisch zu veraltet und regulären Währungen in Kombination mit kommerziellen Zahlungsverkehrsdienstleistern technisch, verbreitungsmäßig und kostenmäßig hoffnungslos unterlegen. Darüber hinaus ist sein Wert für ein Zahlungsmittel viel zu volatil. Die Wahrscheinlichkeit, dass andere Kryptowährungen, vor allem die weitgehend renditelosen Stablecoins, Bitcoin Cash oder evtl. Ethereum, irgendwann einmal in *nennenswertem* Umfang echte Zahlungsmittel werden, ist höher als für Bitcoin.

Warum wollen Regierungen und Zentralbanken keine wirkliche Verbreitung von Bitcoin als Zahlungsmittel? In dem Maße, wie Kryptowährungen die reguläre Währung eines Landes als Zahlungsmittel und Wertaufbewahrungsmittel verdrängen, würde das die Geldpolitik dieses Landes zunehmend wirkungslos, machtlos machen. Neben der Fiskalpolitik ist die Geldpolitik einer der zwei Hauptarme der staatlichen Wirtschaftspolitik und damit natürlich auch der Sozialpolitik. Staaten werden meines Erachtens nicht zulassen, dass ihnen durch Kryptowährungen ein großer Teil der Einflussnahme und Steuerung auf Wirtschaft und Soziales

52 Für begrenzte Zeit war Bitcoin parallel zum US-Dollar im bettelarmen lateinamerikanischen Land El Salvador gesetzliches Zahlungsmittel. Dieses Experiment wurde aber Ende 2024 wegen mangelnder Akzeptanz durch die Bevölkerung wieder eingestellt.

in einem Land genommen wird. Das gilt für Demokratien und Autokratien gleichermaßen.

Außerdem würde Bitcoin (im Unterschied zu Ethereum und anderen Kryptowährungen) als dominierendes Zahlungsmittel möglicherweise deflationär wirken. Geschätzt 95% aller Volkswirte an Universitäten, Forschungsinstituten, Finanzaufsichtsbehörden und in Zentralbanken glauben, dass eine strukturell deflationäre Währung große volkswirtschaftliche Schäden anrichten würde.[53]

Da aber Kryptowährungen bisher wirtschaftspolitisch keine Rolle spielen und da man mit Antikrypto-Politik eine kleine, aber nicht mikroskopische Wählergruppe gegen sich aufbringen würde, lassen die meisten Staaten den bunten und chaotischen Kryptowährungsmarkt bis auf Weiteres gewähren und beobachten diese »Nischenveranstaltung« im Sinne eines interessanten Experiments, aus dem man vielleicht selbst Erkenntnisse und Nutzen für die eigene Geld- und Währungspolitik ziehen kann.

Falls eine Kryptowährung doch einmal zu einem normalen, allgemein gebräuchlichen Zahlungsmittel werden würde, hätte sie danach – wie alle normalen Währungen – keine nennenswerte positive Realrendite mehr. Die inflationsbereinigte langfristige Renditeerwartung einer echten, normalen Währung liegt im Durchschnitt bei null (gemessen in einer anderen [echten] Währung über einen längeren Zeitraum). Das ist eine unstrittige, uralte und eigentlich banale Erkenntnis der Investmenttheorie.

Die Volatilität von Bitcoin war bisher eingeweidezerreißend hoch: Rund sechsmal so hoch wie die eines global diversifizierten Aktienportfolios, das ja aus Privatanlegersicht seinerseits schon sehr volatil ist. In den 16 Jahren seiner Existenz erlebte Bitcoin im Grunde genommen sieben Crashs mit maximalen Drawdowns von 50% oder mehr. Die allermeisten Anleger halten diese Volatilität nur aus, wenn sie lediglich einen kleinen Teil ihres Gesamtvermögens betrifft.

Bei Direktinvestments in Kryptowährungen bestand bisher (sogar noch Anfang 2025) das statistisch relevante Risiko, direkt oder indirekt Opfer eines Hacks zu werden, also eines elektronischen Diebstahls oder einer

---

53 Gold als Währungsstandard war langfristig nicht deflationär, obwohl das manchmal behauptet wird. Unter dem Goldstandard im 19. und 20. Jahrhundert und davor bei silbergedeckten Währungen gab es über lange Zeiträume gerechnet eine leichte Inflation.

anderen kriminellen Schädigung von Kryptoguthaben.[54] Auch das Risiko des unabsichtlichen Verlusts der elementaren »Private Keys«, die ein Bitcoin-Eigentümer braucht, um seine Coins zu verwalten und zu nutzen, ist statistisch beträchtlich. Es wird geschätzt, dass zwischen 2% und 20% aller jemals produzierten Bitcoins in der Vergangenheit auf diese Weise unwiderruflich verloren gegangen sind. Das entspricht einem 100%-Verlust für den jeweiligen Eigentümer.

Eine Reihe von im Internet verbreiteten Pro-Bitcoin- bzw. Pro-Krypto-Argumenten sind falsch, darunter beispielhaft, dass der Preis von Bitcoin deswegen weiter steigen müsse, weil Bitcoin nicht beliebig vermehrbar sei, dass Bitcoin nicht von Staaten oder Notenbanken kontrolliert oder beschlagnahmt werden könne, dass Bitcoin die Anonymität von Zahlungen garantiere und dass Bitcoin Inflationsschutz böte (zum oft missverständlichen Konzept Inflationsschutz siehe Abschnitt 2.5).

Die Forschungslage zu Kryptowährungen ist bisher noch unübersichtlich und vorläufig. Ein wirklicher Konsens unter Wissenschaftlern existiert nicht.

Positiv zu vermerken ist, dass Kryptorenditen eine niedrige Korrelation zu anderen Anlageklassen haben und Bitcoin oder Ethereum daher im Prinzip gute Diversifizierer sind. Außerdem sind die Wertsteigerungen von Kryptowährungen in Deutschland nach einer Haltefrist von zwölf Monaten steuerfrei (sofern im steuerlichen Privatvermögen befindlich).

Ein empfehlenswertes kurzes Buch zu Bitcoin stammt von Christian Rieck, wenngleich sein Titel *Der Bitcoin-Gelduntergang* bizarr missraten und missverständlich ist (Rieck 2024).

Und natürlich ist es denkbar, aber eben keineswegs gewiss, dass Bitcoin oder Ethereum trotz der von mir genannten Risikofaktoren in der mittel- und langfristigen Zukunft weiterhin attraktive Renditen erzeugen. Wenn man das glaubt, wie würde man ein Investment in Kryptowährungen dann konkret umsetzen?

Wer sich dazu entscheidet, Kryptowährungen »physisch« zu erwerben, sollte sich über diesen für Laien relativ komplexen Weg zuerst umfassend informieren. Hierzu kann dieses Buch aus Platzgründen nichts sagen. Ein technisch einfacherer und für normale Privatanleger mit viel weniger Ar-

54 Die amerikanische Programmiererin Molly White führt seit Jahren ein frei zugängliches, laufend aktualisiertes Verzeichnis dieser Vorfälle unter folgendem Link: https://web3isgoinggreat.com.

beitsaufwand und weniger operativem Risiko einhergehender Weg besteht darin, einen Bitcoin- oder Ethereum-ETF, genauer gesagt ETNs, zu kaufen. Weniger risikoreich ist dieser Weg insofern, als hier kein Verlustrisiko für die Private Keys besteht. Auch andere potenzielle teure operative Fehler, die ein nicht versierter Privatanleger beim Kaufen, Lagern und Verkaufen von Coins machen könnte, werden hier seltener vorkommen oder sind de facto ganz ausgeschlossen. Einfacher ist dieser Weg definitiv, weil Krypto-ETNs genauso gekauft und verkauft werden wie normale ETFs. Der Krypto-ETN liegt bequem und übersichtlich im Wertpapierdepot. Auch Hacking-Risiken und Risiken aus der Pleite einer Krypto-»Börse« wie FTX (2022) und Bybit (2025) sind auf diesem Wege weit niedriger.[55]

Bei der Besteuerung existiert nach der derzeitigen Informations- und Rechtslage in Deutschland kein Unterschied zwischen direkt erworbenen Bitcoins und indirekt über einen ETN erworbene Coins.

Wer in Bitcoin oder Ethereum investieren möchte, sollte diese Anlagen dem risikobehafteten Portfolioanteil im Weltportfolio-Konzept zuordnen. Wie groß ein Kryptoinvestment aus meiner Sicht maximal sein sollte, wird in Abschnitt 7.6 behandelt.

4.11 Direkte Unternehmensbeteiligungen (»meine Firma«)

Eine kleine Minderheit der Leser dieses Buches wird eine unternehmerische Beteiligung an einem Unternehmen besitzen – typischerweise die »eigene Firma«, oft in der Rechtsform einer Kapitalgesellschaft, manchmal auch einer Personengesellschaft. (Rein freiberufliche Tätigkeiten in der Rechtsform der Einzelfirma, die im weitesten Sinne »One Person Shows« sind, werden in der Regel kein veräußerbares Unternehmen repräsentieren.)

55 Krypto-»Börsen« wie Binance, FTX oder Bypit sind keine Börsen, wie sie sich ein normaler Privatanleger vorstellt und wie es normale, regulierte Wertpapierbörsen, z.B. die Deutsche Börse in Frankfurt oder die NYSE in New York, auch tatsächlich sind. Krypto-Börsen scheinen sich immer wieder rechtlichen und infrastrukturellen (technischen) »Besitz« an den Coins der Kunden zu verschaffen, wodurch solche Hacking-Desaster und Anlegerschäden an diesen Börsen erleichtert werden und vielleicht sogar vorprogrammiert sind. Bei einer echten Börse wäre das nicht oder zumindest weit weniger der Fall.

Eine solche Unternehmensbeteiligung repräsentiert einen Vermögenswert, der relativ zu anderen »normalen« Vermögenswerten (Assets) maximal komplex ist. Komplex heißt hier insbesondere auch: risikoreich und illiquide.

Beginnen wir mit dem Risiko: Kleine und mittlere Unternehmen sind für sich betrachtet ganz einfach riskante Unterfangen. Diese banale Feststellung wird auch nicht dadurch relativiert, dass die meisten Eigentümer von Unternehmen, die sie selbst gegründet haben und/oder in denen sie selbst noch tätig sind, ihr Unternehmen als risikoarm wahrnehmen. Dass es sich hierbei um eine Sicherheitsillusion handelt, lässt sich leicht zeigen. Erstens haben kleine und mittelgroße Unternehmen statistisch kurze Lebenserwartungen von nur etwa 20 Jahren (siehe dazu der Blogbeitrag Kommer/Lauterwasser 2024h).[56] Aber man kann das Risiko von einzelnen kleinen und mittelständischen Unternehmen auch noch anders illustrieren als mit dem Hinweis auf ihre kurze Lebenserwartung. Wenn Sie Unternehmer sind, stellen Sie sich für einen Moment vor, Ihre Firma sei ein DAX-Mitglied. Wählen Sie dann ein beliebiges der 40 DAX-Unternehmen aus. Betrachten Sie nun den Aktienkurs dieses Unternehmens auf einem Finanzportal, z.B. dem der Comdirect (das ich oft nutze) während der letzten zehn oder 20 Jahre. Vergegenwärtigen Sie sich nun, dass der Wert Ihrer Unternehmensbeteiligung noch drastisch stärker (!) schwankt und das statistische Pleiterisiko Ihrer Firma weit höher ist als das eines DAX-Unternehmens, denn Ihre Firma ist im Vergleich winzig.

Nun zur Illiquidität: Ein kleines/mittelständischen Unternehmen oder eine Beteiligung daran zu veräußern, ist in der Regel ein technisch aufwendiger und rechtlich sehr anspruchsvoller Prozess. Er kann sich über Jahre hinziehen. Statistisch betrachtet ist kein Vermögenswert illiquider als die Beteiligung an einer kleinen/mittelständischen Firma.

Wenn man nun bedenkt, dass solche Unternehmensbeteiligungen oft mehr als 50% des Vermögens eines Unternehmerhaushaltes ausmachen, der auf den Ruhestand zusteuert, dann haben wir eine – gelinde gesagt – »komplexe« Situation: ein intrinsisch hohes Risiko auf Unternehmensebene, das auf Ebene des Eigentümerhaushaltes durch den

56 Jeff Bezos, Gründer und ehemaliger CEO von Amazon, hat keine Illusionen über den Risikograd seiner Firma. In einer Rede vor der verdutzten Amazon-Belegschaft sagte er 2018: »One day Amazon will fail. Amazon will go bankrupt.«

Konzentrationsaspekt noch vergrößert wird. Dazu kommt die hochgradige Illiquidität des Vermögenswertes.

Aus meiner Sicht sollte/muss ein nicht superreicher Haushalt mit einer solchen Unternehmensbeteiligung spätestens fünf Jahre vor der geplanten Beendigung der eigenen (Vollzeit-)Berufstätigkeit damit beginnen, einen realisierbaren Plan zu entwickeln, also eine granulare Vorstellung davon haben, was mit dieser Unternehmensbeteiligung ab dem besagten Beendigungszeitpunkt geschehen soll und wird. Der Beendigungszeitpunkt ist deswegen so kritisch, weil (a) das Haushaltseinkommen ab diesem Punkt möglicherweise sinken wird und/oder (b) weil die eigene Gesundheit und die verbleibende Lebenszeit dann deutlicher als vorher beginnen, als das zu erscheinen, was sie auch tatsächlich sind: endliche Ressourcen.

Zu den wichtigsten Fragen und Sachverhalten, die man sich als Inhaber/Hauptgesellschafter dabei stellen und auf die man m. E. innerhalb der »Fünf-Jahres-Frist« vor dem Übertritt in den kompletten oder teilweisen Ruhestand ehrliche, realistische Antworten entwickeln muss, gehören:

(1) An wen werde ich meine Beteiligung veräußern oder per Schenkung oder Erbgang übertragen?
(2) Falls ein Verkauf geplant bzw. notwendig ist: Bin ich in der Lage, den Unternehmenswert zu ermitteln oder ermitteln zu lassen? Wie hoch ist der geschätzte Unternehmenswert?
(3) Bin ich in der Lage, einen solchen Veräußerungsprozess in Eigenregie von A bis Z prozessual umzusetzen? Wie finde ich Käufer, sofern es nicht bereits einen Käufer oder potenzielle Käufer gibt? Wenn ich das nicht in Eigenregie machen kann, habe ich eine Vorstellung davon, welche Berater mich dabei unterstützen könnten und was das kosten wird?
(4) Wie sieht mein Zeitplan für den Verkauf aus? Was tue ich oder habe ich schon getan, um ihn umzusetzen?

Kein Unternehmen wird ewig existieren und noch weniger wird es ewig gute Erträge und ausschüttbare Gewinne produzieren. Jeder rationale Unternehmer muss spätestens fünf Jahre vor dem geplanten bzw. gewünschten Übertritt in den Ruhestand – egal, ob allmählicher oder schlagartiger Übergang – einen Exit-Plan in Bezug auf seine Beteiligung und seine Rolle im Unternehmen haben. In diesem Zusammenhang möchte ich gerne noch einmal auf Abschnitt 1.7 hinweisen. Darin adressiere ich einige weitere

Argumente, die beim Übergang von der Phase des Vermögensaufbaus in die Vermögensnutzung/Vermögensbewahrung zu bedenken sind. Dieser Übertritt ist für keine Bevölkerungsgruppe so anspruchsvoll wie für mittelständische Unternehmerhaushalte.

5 Die Bestandsaufnahme: Wo stehe ich?

Wer ein Ziel erreichen will, sollte wissen, von wo aus er startet. Das Ziel in unserem Fall ist die kluge Planung und Durchführung der finanziellen Seite Ihres Ruhestands – egal, ob dieser Ruhestand erst in einigen Jahren beginnen wird oder schon begonnen hat. Der Start- oder Ausgangspunkt ist die aktuelle wirtschaftliche Situation Ihres Haushaltes, Ihr finanzieller Status quo, Ihre Ist-Situation.

Diesen Status quo hinreichend präzise und granular – nicht nur diffus und ungefähr – zu kennen, zu verstehen und zu dokumentieren, wird uns dabei helfen, die Gretchenfragen: »Reicht mein Geld?«, »Welchen Lebensstandard kann ich mir leisten?«, »Wie viel kann ich vererben?« im nachfolgenden Kapitel 6 zu beantworten. Ein verlässliches Bild unseres wirtschaftlichen Status quo wird uns auch in den restlichen Teilen dieses Buchs von Nutzen sein, in denen es darum geht, allgemeingültige Erkenntnisse, Methoden und Empfehlungen bestmöglich auf Ihre einzigartige persönliche Situation anzuwenden.

Bei der Dokumentation und Interpretation Ihres finanziellen Status quo wollen wir uns dem Prinzip nach an der Vorgehensweise eines kleinen, modernen Unternehmens orientieren, also so tun, als ob Ihr Haushalt ein Kleinunternehmen sei. Dabei spielt es keine Rolle, ob der Haushalt aus einer, aus zwei oder mehr Personen besteht.

Der ökonomische Ist-Zustand eines Unternehmens kommt in seiner Bilanz und in seiner Gewinn-und-Verlust-Rechnung zum Ausdruck. Zunächst zur Bilanz. Sie ist eine in sich konsistente, vollständige und aussagekräftige Aufstellung von Vermögen und Schulden an einem bestimmten Zeitpunkt. Nachfolgend benutze ich überwiegend die Bezeichnung »Bilanz« für das, was in Bezug auf Privathaushalte anderswo häufig weniger präzise »Vermögensaufstellung« genannt wird. (In Wikipedia wird das Konzept der Bilanz für einen Privathaushalt kurz, aber anschaulich unter dem Stichwort »Privatbilanz« illustriert.)

Eine Bilanz besteht aus der Auflistung und Bewertung der Vermögenswerte und der Verbindlichkeiten. Der Differenzbetrag aus den beiden ist das Eigenkapital des Haushalts, also der Anteil aller Vermögenswerte, der letztlich aus eigenen Mitteln finanziert wurde, gegenüber dem Rest, der direkt oder indirekt mit Fremdmitteln bezahlt wurde. Bei dieser Denke in den Grundkategorien von Eigen- und Fremdkapital wollen wir zunächst bewusst davon absehen, ob ein bestimmter Kredit für den Erwerb eines bestimmten Vermögenswertes aufgenommen wurde.

Oft scheitert die Erstellung einer aussagekräftigen Haushaltsbilanz an dem Umstand, dass für eine Reihe von Assets (Vermögenswerten) zunächst einmal kein eindeutiger Geldwert verfügbar ist und/oder ihre Bewertung (die Bestimmung eines Geldwertes) mit Arbeitsaufwand verbunden ist. Sofern Sie, lieber Leser, es ernst meinen mit dem Thema finanzielle Planung Ihres Ruhestandes, sind beide Aspekte keine valide Entschuldigung dafür, die Bewertung zu unterlassen. Der erste und unverzichtbare Schritt für eine solche Planung ist nun einmal die Erstellung einer annähernd vollständigen Haushaltsbilanz.

Warum sind diese Bewertungshürden in Wirklichkeit keine Entschuldigung? Erstens ist jedes Asset grundsätzlich finanziell bewertbar. Das wird dieser Abschnitt zeigen. Zweitens ist Uneindeutigkeit beherrschbar, z.B. indem man für ein solches Asset drei Werte ermittelt: einen Worst-Case-Wert (Wert im angenommenen schlechtesten Fall), einen Mid-Case-Wert (Wert im wahrscheinlichsten Fall) und einen Best-Case-Wert (Wert im besten Fall). Für die Zwecke der Haushaltsbilanz nehmen Sie dann z.B. den einfachen Durchschnitt dieser drei möglichen Szenarien oder eine andere konservative Zahl, die aus Ihrer Sicht Sinn ergibt. Drittens wird spätestens bei Ihrem Ableben für die Zwecke der Erbschaftssteuererklärung sowieso eine Bewertung auch derjenigen Assets stattfinden müssen, die keinen einfach erkennbaren Marktpreis haben.

In der Praxis wird es sinnvoll sein, für eine Haushaltsbilanz ein Tabellenkalkulationsprogramm auf Ihrem Computer zu verwenden. Die bekannteste Tabellenkalkulation heißt Microsoft Excel, aber es existiert eine Vielzahl gleichwertiger, zum Teil auch webbasierter Applikationen, die für diese simple Tabellenrechnung genauso gut geeignet sind. Selbstverständlich kann man eine Vermögensaufstellung auch »altmodisch« auf Papier durchführen. Muster und Vorlagen finden sich im Internet massenhaft, wenn man »Vermögensaufstellung Vorlage« googelt. Diese Aufstellungen und Listen mögen zum Teil eher »grobkörnig« sein, Sie geben

Ihnen aber – in Ergänzung zu meinen folgenden Ausführungen – gute Anhaltspunkte, wie eine Haushaltsbilanz aussehen kann.

Bevor wir zu den einzelnen Typen von Assets (Vermögenswerten) und Verbindlichkeiten kommen, die in der Bilanz eines Haushaltes auftauchen können, wollen wir uns noch kurz mit einer aus meiner Sicht fundamentalen Methodenfrage befassen. Es geht um eine Rechenmethode, die uns beim Kassensturz helfen wird, auch dann ein Preisschild an ein Asset zu hängen (also eine Bewertung in Geldeinheiten vorzunehmen), wenn erst einmal unklar ist, was der Geldwert oder Marktwert dieses Assets ist. Diese Situation kommt oft vor, wie wir gleich sehen werden.

Klar und leicht ist die Bestimmung des aktuellen Geldwertes z.B. bei einem Bankguthaben, bei einer börsennotierten Aktie, bei einer vor kurzem gekauften Immobilie oder bei einem Auto. Weniger einfach oder völlig unklar hingegen ist die Bestimmung dieses Wertes bzw. Preises bei Assets, die keinen leicht verfügbaren oder beobachtbaren Marktpreis haben. Zu ihnen gehören die folgenden:

- Ansprüche an die gesetzliche Rentenversicherung oder deren Äquivalente (Beamtenpensionen und Renten aus berufsständischen Versorgungswerken)
- Ansprüche an kapitalbildende Lebensversicherungen, private Rentenversicherungen und Betriebsrenten
- Nicht börsennotierte Unternehmensbeteiligungen
- Nießbrauchrechte bei einer Immobilie
- Unterhaltsansprüche im Rahmen einer Scheidung
- Komplexe oder sehr langfristige private Kreditforderungen
- Humankapital (die in der verbleibenden Zeit bis zur Beendigung der Berufstätigkeit noch zu erwartenden Nettoeinkünfte, z.B. aus Angestelltentätigkeit)

Die wichtigste Methode, mit der man für solche Assets einen aktuellen Gegenwartswert ermitteln kann, heißt → Barwertmethode, auch Verbarwertung oder Abzinsungsmethode genannt. Eine Barwertermittlung brauchen wir für einen Vermögenswert oder eine Verbindlichkeit immer dann, wenn dieser Vermögenswert oder diese Schuld keinen mehr oder weniger klar erkennbaren Marktpreis hat und auch sonst keine einfachere oder offensichtlich zuverlässige Bewertungsmethode existiert, z.B.

den Ihnen bekannten Preis aus dem kürzlichen Kauf/Verkauf eines gut vergleichbaren Assets A als Indikator für den aktuellen Marktwert des zu bewertenden Assets B zu verwenden.

Allgemein kann man sagen: Die Barwertmethode ist die gängigste Bewertungsmethode in der Betriebswirtschaft und sie ist konzeptionell vielen anderen Bewertungsmethoden überlegen. Mit ihr lässt sich in sachlogisch stimmiger Weise ein aktueller Geldwert oder Marktwert schätzen, wenn eben ein solcher fehlt. Auch in der Rechtsprechung ist die Barwertmethode der dominierende Bewertungsansatz.

Infobox: Ein Asset ist ein Zahlungsstrom

Eine der faszinierendsten Einsichten, die sich ganz zu Anfang in einem Wirtschaftsstudium eröffnet, ist folgende: Der ökonomische Wert (der Preis) jedes Vermögenswertes (Assets) und jeder Verbindlichkeit zu einem gegebenen Zeitpunkt ergibt sich aus dem Zahlungsstrom (dem Cashflow), den dieses Asset in der Zukunft seinem Eigentümer liefern wird, und aus der Unsicherheit (dem Risiko) dieses Zahlungsstroms. In der Vergangenheit angefallene Cashflows spielen dabei letztlich keine Rolle. Einige Beispiele: Der Wert einer Immobilie besteht aus dem Barwert aller (geschätzten) zukünftigen Nettomieteinnahmen; wenn die Immobilie nicht bis in alle Ewigkeit gehalten wird, dann aus dem Barwert der Nettomieteinnahmen bis zum Verkauf plus dem Nettoverkaufserlös (der finale Cashflow). Der Wert eines Unternehmens ist der Barwert aller geschätzten Ausschüttungen an die Eigentümer plus Verkaufserlös des Unternehmens. Der Wert eines Kredits ergibt sich aus dem Barwert des künftigen Kapitaldienstes (Zins und Tilgung). Wie sieht es aus mit einer Aktie? Ist hier der Wert nicht einfach der Börsenkurs? Ja natürlich, aber der Börsenkurs ist nichts anderes als die kollektive Schätzung aller Marktteilnehmer über die zukünftigen Dividenden, die »bis in alle Ewigkeit« an den jeweiligen Inhaber der Aktie fließen werden. Der Verkauf eines Assets ist der finale Zahlungsstrom an den vorherigen Eigentümer, den Verkäufer. Eingangs habe ich die Unsicherheit oder Ungewissheit dieser Zahlungsströme erwähnt. Was hat es damit auf sich? Unsichere Cashflows sind weniger wert als betragsgleiche sichere Cashflows. Das entspricht auch unserer Intuition. Der Grad der Unsicherheit kommt im Abzinsungssatz für diese Cashflows zum Ausdruck.

Wir werden uns in diesem Buch nicht mit den finanzmathematischen Details der Barwertmethode befassen, weil Sie als Leser diese Details nicht kennen müssen, um Barwerte zu nutzen und mit ihnen umzugehen. Sie sollten jedoch wissen, dass diese Methode existiert und was sie konzeptionell tut und ist: Die Barwertmethode erlaubt uns, Zahlungsströme (Cashflows) in der Zukunft (z.B. über die nächsten fünf oder 30 Jahre) in eine einzige Zahl in *heutigem* Geld zu transformieren, also einen *Gegenwartswert* zu schätzen. Die Infobox »Ein Asset ist ein Zahlungsstrom« in diesem Abschnitt erläutert den Zusammenhang zwischen Vermögenswert und Cashflows.

Alles in allem bewerkstelligt die Barwertmethode drei fundamentale Dinge, die miteinander zusammenhängen und die wir für die Erstellung einer Haushaltsbilanz brauchen: Erstens hilft die Methode uns zu schätzen, was dauerhaft oder zeitweilig »marktpreislose« Assets mit jeweils unterschiedlichen Zahlungsströmen heute wert sind (z.B. Rentenansprüche, Immobilien oder Unternehmensbeteiligungen). Zweitens macht sie unterschiedliche Zahlungsströme (Assets) miteinander korrekt vergleichbar. Drittens erlaubt sie, Gegenwartswerte, anders als Zahlungsströme, für die Zwecke der Erstellung einer Haushaltsbilanz ökonomisch korrekt zu addieren und zu subtrahieren (subtrahieren im Falle von Schulden).

Die Barwertmethode transformiert also einen Zahlungsstrom, der aus gleichbleibenden oder schwankenden Zahlungen über einen langen Zeitraum hinweg in der Zukunft bestehen kann, in eine einzige Zahl. Diese Zahl ist der Gegenwartswert dieses Zahlungsstroms, sein Wert in heutigem Geld. Der bei einer Barwertberechnung verwendete Abzinsungssatz spiegelt die Unsicherheit (das Risiko) und die Opportunitätskosten der zukünftigen Zahlungsströme wider (je höher die Unsicherheit, desto höher der Abzinsungssatz). Wenn Sie sich mit der mittelmäßig komplexen Theorie, die der Barwertmethode zugrunde liegt, genauer vertraut machen möchten, sind die Wikipedia-Einträge unter den Stichworten »Barwert«, »Kapitalwert« und »Discounted Cashflow« ein guter Anfang.

Im Internet finden sich zahlreiche allgemeine und auch viele spezialisierte Barwertrechner, z.B. www.zinsen-berechnen.de. An anderer Stelle in diesem Buch nenne ich weitere spezialisierte Barwertrechner, z.B. solche für Ansprüche an die gesetzliche Rentenversicherung oder für Humankapital.

Hier ein konkretes Beispiel für die Verbarwertung von Zahlungsströmen: Klara ist soeben 55 Jahre alt geworden. Seit sie mit 16 Jahren nach ihrer Mittleren Reife als Lehrling berufstätig wurde, hat sie – mit einer neunjährigen Pause wegen ihrer drei Kinder – schon 30 Jahre in die gesetzliche Rentenversicherung eingezahlt und plant, in zwölf Jahren mit 67 in den Ruhestand zu gehen. Die Deutsche Rentenversicherung hat ihr vor kurzem, wie jedes Jahr, die sogenannte Renteninformation geschickt. Diesem Dokument zufolge wird Klara mit Vollendung ihres 67. Lebensjahres eine monatliche Bruttorente von 1670 Euro (netto, nach Steuern geschätzt, ca. 1450 Euro) beziehen, sofern sie bis dahin weiterhin unverändert Beiträge einzahlt und sofern die der Prognose zugrunde liegenden Annahmen eintreffen werden.

Ferner hat Klara vor drei Jahren dem damals neu gegründeten Unternehmen ihrer Tochter und deren zwei Geschäftspartnern einen Kredit von 100 000 Euro gewährt. In fünf Jahren wird Klara gemäß Kreditvertrag von dem Unternehmen eine Zahlung von 300 000 Euro, bestehend aus den bis dahin aufgelaufenen (»kapitalisierten«) Zinsen sowie der Volltilgung, erhalten. Das Unternehmen von Tochter & Co. floriert. Es bestehen aus heutiger Sicht eigentlich keine Zweifel, dass Klara die 300 000 Euro abzüglich Ertragssteuern in fünf Jahren auch tatsächlich zufließen werden. Das gegenwärtige Zinsniveau für deutsche Staatsanleihen mit fünfjähriger Laufzeit beträgt 2,5% p.a., das für 25-jährige Staatsanleihen 3% p.a. (Die beiden fiktiven Zinssätze werden deswegen erwähnt, weil sie für die sogenannte → Abzinsung der Zahlungsströme aus Rente und Kredit von Bedeutung sind.)

Sowohl Klaras Rentenanspruch als auch der Kreditrückzahlungsanspruch sind beachtliche Vermögenswerte. »Aber wie viel sind die beiden Assets in heutigem Geld jeweils genau wert?« Die Barwertmethode hilft uns, diese Frage zu beantworten. Klaras Rentenanspruch hat einen Wert in heutigem Geld von ungefähr 342 000 Euro, ihr Kreditrückzahlungsanspruch ungefähr 204 000 Euro. Mit diesen Gegenwartswerten gehen die beiden Assets in Klaras Haushaltsbilanz ein.

Das einfache Aufaddieren der künftigen Zahlungen (genauer der *erwarteten* künftigen Zahlungen) hätte für beide Vermögenswerte nur ungenaue und zu hohe Ergebnisse produziert. Bloßes Aufaddieren führt allenfalls bei Zahlungsströmen, die weniger als zwei bis vier Jahre in der Zukunft liegen und/oder sehr geringe Rendite produzieren, zu einem einigermaßen korrekten Ergebnis. Bei lange in die Zukunft reichenden Zahlungsströmen führt bloßes Aufaddieren zu überhöhten Gegenwartswerten.

Nachdem wir diese methodische Sachfrage adressiert haben, ist nun der Weg frei für unsere Beschäftigung mit den konkreten Vermögenswerten, die die Bilanz eines Privathaushaltes bilden. Tabelle 17 listet die Assets auf und nennt Besonderheiten, insbesondere solche, die für deren geldliche Bewertung (»Bepreisung«) relevant sind. Bei einigen der Assets erfordert die Bewertung ein wenig Arbeit oder Nachdenken Ihrerseits.

Mit den Verbindlichkeiten sowie den laufenden Einnahmen und Ausgaben befassen wir uns anschließend. In Kapitel 3 und 4 wurden die meisten dieser Vermögenswerte und ihre Grundeigenschaften bezüglich Rendite, Risiko und Liquidität beschrieben. Wenn Sie an dieser Stelle die Natur dieser Vermögenswerte und das in Tabelle 17 und 18 Gesagte nicht gleich verstehen, machen Sie sich keine Sorgen. Der weitere Verlauf des Buches wird diese Unklarheiten beseitigen.

Noch eine weitere Vorbemerkung in Bezug auf Ehepartner, andere Lebensgemeinschaften und allgemeine Güterstandsfragen. Solange zwei Eheleute oder Lebensgemeinschaftspartner nicht konkret beabsichtigen, sich zu trennen, ist es meistens zweckmäßig, eine aggregierte, gemeinsame Haushaltsbilanz für die Partnerschaft zu erstellen – ohne Rücksicht auf die rechtliche Zuordnung einzelner Vermögens- oder Einkommensteile. Die rechtliche Zuordnung würde ja im Normalfall erst oder nur im Falle einer Trennung bedeutsam werden. Ohne diese Trennung ist die Partnerschaft fast immer als eine »ökonomische Einheit« zu werten, bei der, salopp formuliert, alles in den großen Topf geworfen werden kann. Natürlich können Sie als Teil einer Partnerschaft von diesem Prinzip abweichen und eine getrennte Bilanz nur für sich allein erstellen, wenn Sie dafür spezifische Gründe haben.

Tabelle 17: Vermögenswerte, die in eine Vermögensaufstellung eines Haushalts (Bilanz) eingehen können

Vermögenswert (Asset)	Bepreisung: Wie lässt sich ein Barwert (Gegenwartswert) für diesen Vermögenswert finden?
Physisches Bargeld	Bewertung unproblematisch.
Bankvermögen, liquides Vermögen	Gemeint sind Bankguthaben, Aktien, Anleihen, Fondsanteile und andere börsennotierte Wertpapiere – alles, was auf einem Bankkonto oder Bankdepot liegen kann. Bewertung unproblematisch.
Gold und andere Edelmetalle	Bewertung unproblematisch.
Kreditforderungen	Häufig wird der aktuelle Kreditsaldo ein hinreichend realistischer Anhaltspunkt für den Marktwert sein. Wenn der Zinssatz stark von einem entsprechenden Marktzinssatz abweicht und/oder die Rückzahlung sehr unsicher ist, dann könnte diese Faustregel jedoch nicht stimmen. In diesem Fall ist eine manuelle Barwertrechnung hilfreich.
Selbstgenutzte Wohnimmobilie	Wenn Sie sich nicht einigermaßen sicher sind, was Ihre Immobilie ungefähr wert ist, können Sie im Internet zu recht geringen Kosten ein Wertgutachten anfertigen (»Desktop-Bewertung«). Traditionell arbeitende Immobilienwertgutachter existieren wie Sand am Meer, sind aber teurer. Bei der Wertermittlung sollte berücksichtigt werden, dass ein Verkauf möglicherweise rund 5% Nebenkosten des Verkaufspreises produziert. Zu selbstgenutzten Wohnimmobilien in der Altersvorsorge siehe auch Abschnitt 4.3.
Nießbrauchrechte bei Immobilien	Die Bewertung eines solchen Wohnrechts ist schwieriger als die von konventionellem Eigentum an einer Immobilie. Letztlich muss hier eine fiktive Miethöhe und »Mietdauer« geschätzt werden, um das Nießbrauchrecht zu bewerten. Unter Umständen bedarf es zur Bewertung der Expertise eines Immobilienfachmanns oder Steuerberaters.
Vermietete Immobilien, unbebaute Grundstücke	Siehe Anmerkung zur selbstgenutzten Wohnimmobilie. Immobilien, die nicht in die Kategorie »Wohnen« fallen, sind etwas schwieriger zu bewerten als Wohnimmobilien. (Zu Vermietungsimmobilien als Investment siehe Abschnitt 4.4.)
Kapitalbildende Lebensversicherungen, private Rentenversicherungen	Bei einer kapitalbildenden Versicherung entspricht der sogenannte Rückkaufswert letztlich dem Barwert, also dem aktuellen Geldwert. Die Versicherung kommuniziert Ihnen den Rückkaufswert entweder von Haus aus jedes Jahr, oder Sie bekommen ihn auf Anforderung. (Zu kapitalbildenden Versicherungen als Investment und Altersvorsorge siehe Abschnitt 3.1.)

Vermögenswert (Asset)	Bepreisung: Wie lässt sich ein Barwert (Gegenwartswert) für diesen Vermögenswert finden?
Gesetzliche Rente oder Äquivalent (Beamtenpension, Pensionen aus Versorgungswerk)	Bei Menschen, die auf den Ruhestand zugehen oder schon im Ruhestand sind und die längere Zeit in ihrem Leben Einkünfte aus nichtselbständiger Tätigkeit (Gehaltseinkommen) bezogen haben, ist ihr Rentenanspruch häufig das wertvollste wirtschaftliche Asset und eines, für das man recht einfach einen Barwert berechnen kann. (Siehe hierzu die Details in Abschnitt 4.1.) Die Äquivalente zur gesetzlichen Rente für Beamte ist die Beamtenpension. Für kammerfähige »freie« Berufe (z.B. Ärzte, Apotheker, Architekten, Notare, Rechtsanwälte oder Steuerberater) sind es die Renten aus den jeweiligen berufsständischen Versorgungswerken.
Betriebsrente (betriebliche Altersvorsorge)	Für diese wird vom Unternehmen oder dem Finanzdienstleister oft kein Rückkaufswert (siehe oben) genannt. Wenn das der Fall ist, müssen Sie selbst oder jemand, der Sie unterstützt, eine Verbarwertung vornehmen.
Unterhaltsansprüche	Eventuell kann Ihnen ein spezialisierter Anwalt bei der Feststellung eines aktuellen Wertes weiterhelfen. (Wenn die Ansprüche aus einer Scheidung, die viele Jahre zurückliegt, herrühren, ist der damalige Barwert jetzt vermutlich zu hoch.)
Sonstige Forderungen und Rechte	In diese breite, bunte Kategorie kann sehr vieles fallen: Gesellschafterdarlehen (sofern sie nicht de facto Eigenkapital sind), ein Kredit an einen Freund, Peer-to-Peer-Kredite und alle möglichen ökonomisch substanziellen Rechte und Ansprüche. Soweit der (ungefähre) Marktwert nicht bekannt ist, lässt er sich meist mit der Barwertmethode schätzen.
Nicht börsennotierte Unternehmensbeteiligungen	Die Bewertung einer solchen Beteiligung ist oft nicht einfach. Davon unabhängig haben die Gesellschafter oft wenigstens eine grobe Vorstellung, was die Beteiligung realistisch wert ist, jedenfalls im Sinne einer Bandbreite. Bewertungen werden mit der Barwertmethode (Discounted-Cashflow-Methode) oder anderen Methoden der Unternehmensbewertung gemacht.
Anteile an geschlossenen Fonds	Bei einem wirtschaftlich nicht angeschlagenen geschlossenen Fonds (nicht angeschlagene sind eher die Ausnahme als die Regel) könnte der ursprüngliche Kaufwert abzüglich eines etwaigen Fremdfinanzierungssaldos eine grobe Wertindikation sein. Sofern der Fonds in leichten oder schweren Schwierigkeiten ist, könnte es eine Preisindikation auf einem Zweitmarkt geben – siehe beispielhaft die Webseite www.zweitmarkt.de. (Zu geschlossenen Fonds als Investment siehe Abschnitt 3.10.)
Automobil	Die Bewertung ist normalerweise unproblematisch. Auch im Internet gibt es dafür zahlreiche Hilfen (googeln Sie »Bewertung gebrauchtes Auto«). Diese Position könnten Sie ignorieren, sofern Ihr Fahrzeug weniger als rund 20 000 Euro wert ist.

Vermögenswert (Asset)	Bepreisung: Wie lässt sich ein Barwert (Gegenwartswert) für diesen Vermögenswert finden?
Hausrat	Die wirtschaftliche Bewertung des Hausrates sollte recht einfach sein. Diese Position könnten Sie ignorieren, insbesondere sofern Ihr Hausrat (Möbel, Haushaltsgeräte, Fahrräder etc.) unter rund 30 000 Euro wert ist.
Sammlerobjekte, Kunstwerke	Diamanten und andere Edelsteine, Schmuck, wertvolle Uhren, Kunstwerke, alte Automobile, Briefmarkensammlungen, Münzsammlungen, andere Sammlerobjekte – die Bewertung solcher Objekte ist für Laien häufig schwierig, aber wenn Sie etwas Zeit und Arbeit in die Recherche investieren, sollte es möglich sein, eine Bandbreite für den Marktwert zu finden. Setzen Sie der Einfachheit und Vorsicht halber einen Wert von 25% über der unteren Bandbreitenzahl an. (Zu Sammlerobjekten als Investment siehe Abschnitt 3.16.)
Erwartete Erbschaften oder Schenkungen	Für viele Haushalte sind erwartete Erbschaften ein Asset, dessen Berücksichtigung in ihrer Vermögensaufstellung ihnen Unbehagen bereitet. Rein wirtschaftlich würde die Berücksichtigung Sinn ergeben, jedenfalls bei größeren erwarteten Werten bzw. Beträgen. Den Barwert der erwarteten Erbschaft könnten Sie wahrscheinlichkeitsgewichten, wenn Sie sehr akkurat vorgehen wollen. (Etwaige Erbschafts- und Schenkungssteuern sollten subtrahiert werden.) Sie können auf diese Position aber auch ganz verzichten, wenn Sie Ihre Planung nicht von einer etwaigen Erbschaft oder Schenkung abhängig machen möchten.
Humankapital	Humankapital ist auch für Haushalte kurz vor Eintritt in den Ruhestand typischerweise noch ein wertvolles Asset. Auf der Website www.finanzfluss.de befindet sich ein kostenloser Humankapitalrechner. Wenn Sie schon endgültig im Ruhestand sind, ist das Humankapital normalerweise null.

Tabelle 18 hat die gleiche Funktion wie Tabelle 17, bezieht sich jedoch auf die Verbindlichkeiten (Schulden) des Haushaltes, die von der Summe der Vermögenswerte abgezogen werden müssen, um zum Nettovermögen (dem Eigenkapital) zu gelangen. Eine genaue Ermittlung des Gegenwartswertes von Vermögenswerten setzt voraus, dass man auch etwaige Verkaufskosten als Abzugsposten berücksichtigt. Das gilt insbesondere für Immobilien. Ein weiterer ins Gewicht fallender Abzugsposten könnten latente Steuern sein, die in Tabelle 18 erläutert werden.

Tabelle 18: Verbindlichkeiten, die in eine Vermögensaufstellung eines Haushalts (Bilanz) eingehen können

Verbindlichkeiten	**Bepreisung: Wie lässt sich ein Barwert (Gegenwartswert) für diese Verbindlichkeit finden?**
Immobilienkreditschulden	Der Barwert ist im Normalfall identisch mit dem aktuellen Kreditsaldo. Bei Krediten, deren Zinssatz deutlich von dem aktuellen Marktzinssatz abweicht, gilt diese Regel nicht unbedingt. (Liegt der Kreditsatz merklich über dem aktuellen Marktzinssatz, ist der Barwert des Kredites höher als der Kreditsaldo und umgekehrt.)
Konsumkreditschulden	Der Barwert ist identisch mit dem aktuellen Kreditsaldo. Konsumschulden ergeben sich aus dem Erwerb von Autos, Möbeln und anderen Konsumgütern. (Leasing, Ratenkauf und Mietkauf sind ökonomisch identisch mit Kreditfinanzierung.)
Dispokreditschulden, Kreditkartenschulden	Der Barwert ist identisch mit dem aktuellen Kreditsaldo.
Latente Steuern	Latente Steuern sind in diesem Zusammenhang Steuern, die in Bezug auf einen Vermögenswert in der Zukunft voraussichtlich abgeführt werden müssen, insbesondere bei einem Verkauf des Vermögenswertes, bei seiner Verschenkung oder Vererbung. Dieser Zeitpunkt in der Zukunft kann unbestimmt und weit entfernt sein. Latente Steuern könnten z.B. auf die bereits aufgelaufenen Wertsteigerungsgewinne bei der Veräußerung von Kapitalmarktanlagen anfallen oder bei Immobilien, die sich im Betriebsvermögen befinden. Wer eine genaue Haushaltsbilanz erstellen möchte, sollte darüber nachdenken, wo latente Steuern verborgen sind und diese in ihrem aktuellen Wert berücksichtigen (wenn also der Verkauf oder Erbgang jetzt stattfände).
Eventualverbindlichkeiten	*Eventualverbindlichkeiten* ist BWL-Jargon für wirtschaftlich materielle Verbindlichkeiten und Zahlungsverpflichtungen, die (a) mit hoher Wahrscheinlichkeit anfallen werden, aber erst in der entfernten Zukunft, oder (b) zwar sehr bald anfallen könnten, deren Eintritt aber ungewiss ist. Latente Steuern (siehe oben) könnten ein Beispiel für (a) sein; eine mögliche Strafzahlung aus einem laufenden Gerichtsverfahren eines für (b). Ein weiteres Beispiel ist die Garantie, die man für die Schulden eines Dritten oder Verpflichtungen eines Dritten abgegeben hat, z.B. die Haftung von Eltern für die Immobilienkreditschuld ihrer Kinder. Wenn die realistisch geschätzte Wahrscheinlichkeit sehr niedrig ist, aus dieser Garantie in Anspruch genommen zu werden, dann kann man sie in der Haushaltsbilanz ignorieren – aber nur dann. Aufführen sollte man sie in jedem Fall, mindestens zu einem Wert von null.

Eine einmal erstellte Haushaltsbilanz wird im Zeitablauf allmählich an Aussagekraft und Korrektheit verlieren. Nachdem die Bilanz jedoch das erste Mal erstellt worden ist, ist ihre Aktualisierung – wann immer Sie das machen wollen – vergleichsweise einfach, da Sie dann vermutlich 90% der Arbeit schon erbracht haben. Ein Tipp: Vermerken Sie insbesondere bei der geldlichen Bewertung der einzelnen Assets (soweit die Bewertungsfrage nicht trivial ist, wie etwa bei liquiden Anlagen), wann Sie eine bestimmte Wertangabe für ein einzelnes Asset gemacht haben und auf welche Quellen, Daten und Überlegungen Sie dabei zurückgegriffen haben. Sie werden sich selbst für die Dokumentation dieser Nachvollziehbarkeit und die damit einhergehende Zeitersparnis für die Aktualisierung später danken.

Nachdem wir nun die einzelnen Vermögenswerte identifiziert und bewertet haben, können wir sie noch nach einem sehr einfachen Schema bzgl. Risiko und Liquidität einordnen. Beim Risiko unterscheiden wir ganz simpel nach »1« = niedriges erwartetes Risiko, »2« = mittleres erwartetes Risiko und »3« = hohes erwartetes Risiko. Beim (erwarteten) Liquiditätsgrad nach »1« = hoch liquides Investment, »2« = mittelmäßig liquides Investment und »3« = illiquides Investment. Natürlich steht es Ihnen frei, die Einstufungen in Tabelle 19 bezüglich Risiko und Liquidität nach eigenen Vorstellungen zu modifizieren, und in einzelnen Fällen können diese vorgeschlagenen »Standardeinstufungen« natürlich falsch sein.

In Bezug auf selbstgenutzte oder vermietete Wohnimmobilien höre ich von Mandanten oft, dass sie diese Assets eher in Risikostufe 1 oder 2 sehen (statt wie hier vorgeschlagen Risikostufe 3). Hier kommt der verbreitete Irrglaube über das Risiko von Direktanlagen in einzelne Immobilien zum Ausdruck. Darauf bin ich in den Abschnitten 4.3 und 4.4 eingegangen.

Kredite und alle anderen Verbindlichkeiten sind als »negative Assets« zu betrachten. Ein Immobilienkredit ist also rechnerisch wie ein negatives Immobilieninvestment zu sehen, ein Dispokredit oder Konsumentenkredit ist wie »negativer Cash« zu betrachten (Kredite mit konzeptionell den gleichen Risikograden gemäß Tabelle 19 wie die dazugehörigen Assets).

Nachdem wir uns bisher mit Vermögen befasst haben, das in der nahen oder fernen Zukunft zur Deckung von Lebenshaltungskosten der jetzigen oder zukünftiger Generationen beitragen soll, kommen wir nun noch zur »Einnahmen- und Ausgabenrechnung« (»EAR«) des Haushaltes.

Bei einem Unternehmen würde man das die »Gewinn- und Verlustrechnung« oder kurz »GuV« nennen. Die EAR-Übung ist einfacher als

Tabelle 19: Eine simple und grobe Klassifizierung typischer Vermögenswerte nach Risiko und Liquidität

Vermögensart	Risikograd	Liquiditätsgrad
1. Risikoarmes Vermögen		
Cash-artiges Vermögen [1]	1	1
Gesetzliche Rentenversicherung [2]	1	3
Humankapital [3]	1	3
2. Risikobehaftetes Vermögen		
Private Rentenvers. & BAV & KLV [4]	2	3
Aktien und vergleichbare Anlagen [5]	3	1
Nicht börsennotierte Unternehmensbeteiligungen	3	3
Immobiliendirektanlagen [6]	3	3
Geschlossene Fonds [7]	3	3
Sonstige Assets [8]	2	2

► [1] Z.B. Bankguthaben innerhalb der gesetzlichen Einlagensicherung (außerhalb dieser Einlagensicherungsgrenze abweichend Risikograd 3 aufgrund des Ausfallrisikos), Geldmarktfonds, Anleihenfonds. ► [2] GRV und Beamtenpensionen. ► [3] Siehe Abschnitt 2.1. ► [4] Ansprüche an private Rentenversicherungen einschl. berufsständische Versorgungswerke, betriebliche Altersvorsorge, kapitalbildende Lebensversicherungen. ► [5] Einzelwertpapiere, Aktienfonds, Anleihenfonds, Mischfonds, Rohstoff-Fonds, offene Immobilienfonds, Zertifikate, P2P, Crowdfunding, Private Equity, Hedge-Fonds-Investment, Kryptowährungen, Edelmetalle. ► [6] Z.B. selbstgenutzte Wohnimmobilien, vermietete Immobilien, Bauplätze, Land- und Forstwirtschaftsgrund. ► [7] Z.B. Fonds auf Immobilien, Schiffe, Container, erneuerbare Energien, Medien. ► [8] Z.B. wertvolle Kunst- und Sammelgegenstände, vollkaskoversicherte Kfz, private Kreditvergabe.

die Erstellung der Haushaltsbilanz. Ihr Hauptziel ist eine repräsentative Schätzung der langfristig durchschnittlichen Haushaltsnettoeinkünfte und Haushaltsausgaben für die kurz- und langfristige Zukunft. Ein »Nebenerfolg« ist, dass Ihr bisher nur diffuses Wissen darüber, wofür Sie Ihr sauer Verdientes oder Erspartes im Laufe der Zeit konkret ausgeben, einer erfrischenden Gewissheit weicht.

Bekanntlich führen viele Wege nach Rom. Das gilt auch für die Aufgabe, eine historische EAR-Rechnung der jüngeren Vergangenheit zu erstellen. Ich persönlich würde die folgende Route wählen: Man nehme die Kontoauszüge der relevanten Girokonten und Kreditkartenabrechnungen für die letzten 24 Monate – entweder die aus Papier (bzw. per Download im PDF-Format) oder elektronische Daten, also einen Download (meistens im sogenannten CSV-Datenformat oder im Excel-Datenformat). Dann trage man alle Einnahmen und Ausgaben in eine Tabelle ein und ordne jeden Zahlungsposten (Cashflow) einer der nachfolgend genannten GuV-Kategorien zu:

(a) Einnahmen:
- Gehaltseinkommen (netto, nach Abzug von Steuern und Sozialversicherungsbeiträgen)
- Anderes Einkommen (netto)

(b) Ausgaben:
- Wohnen, Wohnnebenkosten (bei selbstgenutzter Immobilie einschl. Kapitaldienst für Immobilienkredite und verdurchschnittlichte Rückstellungen für Instandhaltung)
- Nahrungsmittel, Getränke
- Mobilität, Transport, Kfz
- Gesundheit, Beauty
- Kleidung, Schuhe
- Unterhaltung, Restaurantbesuche
- Hobbys, Sport, Urlaub, Reisen
- Unterhaltszahlungen
- Versicherungskosten
- Telekommunikation, Medien, Internet
- Geschenke, Spenden, Mitgliedsbeiträge, Abos

(c) Über- oder Unterdeckung: Sie subtrahieren nun die Summe aus (a) von der Summe aus (b). Ausgaben für Sparen und Investieren werden hier nicht berücksichtigt.[57]

Am Ende sollte eine repräsentative Aufstellung erfolgen, die die gesamten Einnahmen und Ausgaben des Haushaltes lückenlos darstellt und in sinnvolle Kategorien gruppiert. (Im Internet finden sich unter den Stichworten »Haushaltsbuch« oder »Einnahmen und Ausgaben Privathaushalt« Dutzende von ähnlichen Listenbeispielen.) Aus dieser Tabelle lässt sich dann belastbar ableiten, was die nachhaltigen Einnahmen und Ausgaben des

57 Man könnte hier korrekt einwenden, dass das Tilgungselement in einer Immobilienkreditrate (Annuitätenrate) Sparen oder Investieren darstellt und somit nicht berücksichtigt werden sollte. Diese Überlegung können wir andererseits der Einfachheit halber auch ignorieren.

Haushaltes insgesamt und pro Kategorie sind und wie hoch monatlich die durchschnittliche Überdeckung oder Unterdeckung zwischen Einnahmen und Ausgaben ist – also das, was wir wissen wollen, und das, was wir als Ausgangsinformation im nachfolgenden Kapitel 6 dieses Buches brauchen.

Insgesamt werden Sie vielleicht über manche Erkenntnisse und Überraschungen staunen, die aus dieser Übung resultieren. Sie mag sogar der Anlass sein, an der ein oder anderen Stelle zu sagen: »So viel möchte ich dafür in Zukunft nicht mehr ausgeben.«

Sie können die Ausgabekategorien natürlich auch gröber oder feiner rastern, als ich es oben getan habe, oder sie anderweitig modifizieren. Sehr wahrscheinlich fehlen unter den von mir genannten Kategorien eine oder zwei, die für Sie persönlich wichtig sind und die Sie entsprechend hinzufügen sollten. Ferner werden Sie feststellen, dass man eine gegebene Ausgabe (oder Einnahme) im Prinzip zwei der hier genannten Kategorien zuordnen könnte. In solchen Fällen gilt es, konsistent zu sein und sich für eine Kategorie zu entscheiden.

Je länger der historische Zeitraum ist, den Sie auswerten, desto aussagekräftiger werden tendenziell Ihre Zahlen sein. Wenn Sie 24 Monate ausgewertet haben, dividieren Sie die ermittelten Summen pro Kategorie am Ende durch 24, bei 12 Monaten durch 12, um zum repräsentativen, kalkulatorischen Monatswert zu kommen.

Die meisten besonders großen, einmaligen Ausgaben wie z.B. der Kauf eines Automobils, teurer Möbel oder nennenswerte Instandhaltungsaufwendungen an einer Immobilie haben »Investitionscharakter«, sind also buchhalterisch keine »laufenden Ausgaben« bzw. Lebenshaltungskosten. Investitionen sind Ausgaben, die einen Nutzen über einen Zeitraum von mehr als einem Jahr produzieren. Beim Kauf eines Automobils ist das schön offensichtlich. Wie berücksichtigen Sie solche Investitionen in der EAR? Diese Posten sollten Sie auf die erwartete Nutzungsdauer umlegen. Bei einem Auto könnte man die Anschaffungskosten durch 10 teilen, weil man der Einfachheit halber annimmt, dass sich der Wert nach zehn Jahren null angenähert hat (oder eine andere Zahl, die Ihnen realistisch erscheint). Einmalige Positionen, die wahrscheinlich nie mehr wiederkehren werden, können Sie für die Zwecke der EAR eventuell ignorieren.

Bei Barabhebungen vom Konto schätzen Sie pauschal die dahintersteckenden Ausgabenkategorien und Einzelbeträge, sofern Sie die Quittungen nicht aufgehoben haben – was ja bei Barkäufen die Regel sein dürfte.

In dem eher unwahrscheinlichen Fall, dass Sie Gefallen an der Unternehmung »Haushaltsbuch« bzw. »Budgetierung« gefunden haben, ist vielleicht das künftige Führen eines elektronischen Haushaltsbuches für Sie interessant. Hierzu sind im Internet und für Smartphones zahlreiche kostenlose und kostenpflichtige Applikationen verfügbar.

Sollten Sie bei der Erstellung einer Haushaltsbilanz und einer Einnahmen-Ausgaben-Rechnung in Eigenregie nicht zum Ziel kommen, könnten Sie sich für diese Spezialaufgabe professionelle Unterstützung suchen. Sofern Sie das in Erwägung ziehen, habe ich in Kapitel 12 einige Hinweise für Sie.

6 Die Gretchenfragen: »Reicht mein Geld?«, »Welchen Lebensstandard kann ich mir leisten?«, »Wie viel kann ich vererben?«

6.1 Die essenziellsten Grundpfeiler der finanziellen Ruhestandsplanung

In Bezug auf die Ruhestandsschlüsselfragen: »Reicht mein Geld im Ruhestand?«, »Welchen Lebensstandard kann ich mir im Ruhestand leisten?« und/oder »Wie viel kann ich vererben?« lassen sich bei Haushalten in der zweiten Lebenshälfte drei Haushaltstypen unterscheiden: *A-Haushalte* ohne oder mit nur geringem Nettovermögen (Bruttovermögen abzüglich Schulden), *B-Haushalte* mit mittlerem bis hohem Nettovermögen und *C-Haushalte* mit sehr hohem Nettovermögen. Letztere Gruppe wird für die Zwecke dieses Buches definiert als Haushalte mit einem Pro-Kopf-Nettovermögen von mehr als 2,5 Millionen Euro. Sie sind die »wirklich Reichen« und machen weniger als 1% der Bevölkerung aus. Der Lebensstandard (die gewohnten Lebenshaltungskosten) eines Haushaltes nimmt naturgemäß von A nach C hin zu, aber weniger stark, als das Nettovermögen von A nach C hin steigt.

Ein finanzielles Merkmal von A-Haushalten besteht darin, dass es bei ihnen keine realistische Chance gibt, Vermögen zu vererben oder vorher zu verschenken. Bei B-Haushalten ist hingegen eine solche Chance oder Aussicht grundsätzlich für einen nennenswerten Teil ihres heutigen Vermögens vorhanden, sofern man unterstellt, dass der Haushalt das im Prinzip möchte. Bei C-Haushalten ist das Vermögen relativ zum gewohnten Lebensstandard, den Lebenshaltungskosten, so hoch, dass sich die Beantwortung der Frage: »Reicht mein Geld im Ruhestand?« überwiegend erübrigt. Die Antwort erfordert kein großes Nachrechnen und lautet in den allermeisten Fällen sowieso: »Na, klar.« Allenfalls bei der zweiten Gretchenfrage: »Welchen Lebensstandard kann ich mir leisten?« mag es beim ein oder anderen C-Haushalt am unteren Ende der oben genannten Vermögensspanne noch ein (kleines) Fragezeichen geben.

Den ersten wesentlichen Schritt auf dem Weg zu einer aussagefähigen Antwort auf die Gretchenfragen haben wir in Kapitel 5 skizziert: Die Erstellung einer vollständigen, belastbaren Haushaltsbilanz und einer Einnahmen- und Ausgabenrechnung (EAR). Damit haben Sie schon einen maßgeblichen Teil der Arbeit geleistet und damit wissen Sie – mit der hierbei möglichen Gewissheit und Genauigkeit –, wie hoch Ihr Nettovermögen (Eigenkapital) derzeit ist, auf welche Komponenten Bruttovermögen und Schulden aufgeteilt sind und wie viel Ihr gewohnter Lebensstandard kostet.

Im nächsten Schritt sollten Sie für sich selbst die folgende Frage beantworten: »Wie viel Vermögen will ich mindestens hinterlassen, also weitervererben?« Sie können das gedanklich tun oder – noch besser – diese Frage in Ihr Dokument »Haushaltsbilanz und EAR« mit aufnehmen und darin Ihre Antwort und alle Details und Überlegungen dazu schriftlich dokumentieren (wiederum empfehle ich, die einzelnen Antworten zu datieren, weil Sie damit im Zeitablauf sehen werden, dass und vielleicht auch warum sich Ihre Meinung über zentrale Sachverhalte ändern kann).

Angenommen, Sie gehören zur Gruppe der B-Haushalte und können daher an sich davon ausgehen, dass Sie Ihren Kindern oder anderen Personen bei Ihrem Tod Vermögen hinterlassen werden. Auch in dieser Konstellation könnte es für Sie interessant sein, sich mit der »Die with Zero«-Philosophie« (»Sterbe mit null [Vermögen]«) des amerikanischen Fondsmanagers und Buchautors Bill Perkins zu beschäftigen (Perkins 2021). Die Quintessenz von Perkins lesenswertem Buch: In den letzten rund 40% unseres Lebens sollten B-Haushalte ihre Ausgaben für Lebenshaltungskosten, Spenden und Schenkungen erhöhen. Sie sollten nicht versuchen, ihr schon vorhandenes Vermögen auf dem aktuellen Level zu bewahren oder es sogar noch weiter zu vergrößern, nur um ein »Maximum« an ihre Kinder zu vererben. Das – so Perkins – sei weder im echten Interesse der Kinder noch im echten Interesse des Vermögensinhabers. Man muss nicht alles für sich akzeptieren und umsetzen, was Perkins in seinem Buch schreibt, aber es enthält manche kluge Überlegung und Anregung.

Infobox: Wie tief und wie lange kann der globale Aktienmarkt einbrechen?

Diese Frage lässt sich recht einfach und meines Erachtens auch verlässlich beantworten, indem man sich die Entwicklung des globalen Aktienmarktes in den letzten 125 Jahren seit 1900 ansieht. Ab diesem Zeitpunkt haben wir Aktienmarktdaten guter Qualität für die meisten westlichen Länder (für kürzere Zeiträume auch für weitere große Länder wie China, Indien, Russland und Indonesien). In diesen 125 Jahren haben viele unglaublich schwere Krisen und Tragödien stattgefunden: zwei Weltkriege, viele große regionale Kriege, viele schwere und schwerste internationale oder globale Wirtschaftskrisen, Pandemien[58] und Naturkatastrophen. Mit anderen Worten: »denkbar schwere Stresstests« für die globale Wirtschaft und den globalen Aktienmarkt. Ich betone hier *globalen* Aktienmarkt, weil ich ausdrücklich nicht den amerikanischen Aktienmarkt, den deutschen Aktienmarkt, einen sonstigen nationalen Aktienmarkt oder eine einzelne Branche meine. Der globale Aktienmarkt ist ganz einfach viel risikoärmer und resilienter als jeder nationale Markt einschließlich des amerikanischen Markts. Aus einer Auswertung dieser 125 Jahre Aktienmarktgeschichte können wir – geringfügig vereinfacht – Folgendes ableiten: Der maximale Drawdown des globalen Aktienmarktes beträgt inflationsbereinigt etwa 50% bis 60%. Einbrüche dieser Tiefe ereigneten sich mehrfach in den letzten 125 Jahren (aber eben keine Einbrüche, die noch gravierender waren). Die typische Dauer bis zur vollständigen Erholung nach Beginn eines solchen tiefen Crashs (also dem Wiedererreichen des Vor-Crash-Indexstandes) beträgt etwa fünf bis sechs Jahre. Die einzige historische Ausnahme hiervon ist die Periode von April 2000 (dem Beginn des Dotcom-Crashs) bis Mitte 2013. Im Juni 2007 – zu diesem Zeitpunkt hatte sich der globale Aktienmarkt fast ganz (aber nur fast) wieder vom Dotcom-Crash erholt – begann die große Finanzkrise. Bei ihr setzte die Erholung des Aktienmarktes wieder ab März 2009 ein. Allerdings wurde der Aktienmarktgipfel von April 2000 erst wieder Mitte 2013 erreicht. Die Erholung in einem durchschnittlichen Aktienmarkt-Crash von ungefähr 30% vollzog sich naturgemäß deutlich schneller.

58 An der Spanischen Grippe von Februar 1918 bis ungefähr April 1920 starben Schätzungen zufolge zwischen 1% und 5% der damaligen Weltbevölkerung.

Mancher geschichtskundige Leser wird jetzt einwerfen: »Moment mal, der Crash in der Weltwirtschaftskrise ab 1929 war doch viel stärker als minus 55% und dauerte 25 Jahre (bis 1954) bis zur vollständigen Erholung!« Falsch, obwohl diese kapitalmarkthistorische Desinformation seit Jahrzehnten massenhaft in Finanzbüchern und im Internet verbreitet wird. Warum und in welcher Weise sie falsch ist, beschreibe ich in der Infobox »Der Aktienmarkt und die Weltwirtschaftskrise 1929 bis 1939« in Kapitel 13.

Individuelle Immobilien und verzinsliche Bankguthaben können deutlich längere → Nullrenditeperioden produzieren als ein global diversifiziertes Aktienportfolio, wenn man mit dem Immobilienobjekt bzw. der Zeitperiode besonderes Pech hat. Das gilt ganz besonders, wenn Inflation, Steuern und Kosten (sowie ggf. der Fremdkapitaldienst bei Immobilien) rechnerisch korrekt berücksichtigt werden.

Durch Diversifikation über die Haupt-Anlageklassen Aktien, risikoarmen Anleihen, Immobilien und ggf. Edelmetalle hinweg kann man die Tiefe und Länge von solchen Einbrüchen auf Gesamtvermögensebene des Haushaltes fast beliebig stark abmildern.

Zurück zur Frage: »Was und wie viel wollen Sie vererben?« Ihre ehrliche und realistische Beantwortung ist deswegen unverzichtbar, weil die Höhe des finanziell möglichen Lebensstandards für all jene B-Haushalte maßgeblich davon abhängt, welchen Anteil Ihres Vermögens in heutigen Geldeinheiten gerechnet Sie an die nächste Generation weitergeben möchten. Bei A-Haushalten stellt sich die Frage des Vererbens definitionsgemäß erst gar nicht und bei C-Haushalten erübrigt sie sich in gewisser Weise.

Ein Zahlenbeispiel: Katja ist soeben 65 Jahre alt geworden und in Rente gegangen. Sie schätzt ihre gesundheitliche Verfassung als normal ein und kann deswegen mit einer normalen Restlebenserwartung rechnen.[59] Katja ist geschieden und lebt als Single. Sie hat einen erwachsenen Sohn, der finanziell nicht von ihr abhängig ist und mit seiner Frau zwei Kinder hat. Der Sohn könnte Katja im Notfall voraussichtlich nicht finanziell unter-

59 Im folgenden Abschnitt befassen wir uns mit der Ermittlung der hier relevanten Restlebenserwartung.

stützen, da noch ein weiteres Kind geplant ist und die wirtschaftlichen Verhältnisse moderat sind. Katja würde das auch nicht wollen.

Katjas Nettovermögen beträgt 250 000 Euro und besteht ausschließlich aus liquiden Bankanlagen. Nicht in dieser Summe enthalten ist der Barwert ihres Anspruchs an die gesetzliche Rentenversicherung, von der sie seit letztem Monat eine monatliche Rente von 1 500 Euro netto erhält. Ihre gesamten monatlichen Lebenshaltungskosten betragen 2 500 Euro einschließlich Mietaufwand. Ihre Rentenlücke beläuft sich somit auf 1 000 Euro monatlich und 12 000 Euro jährlich. Das ist der Betrag, den sie monatlich (exklusive etwaiger Ertragssteuern) aus ihrem liquiden Vermögen entnehmen muss, wenn sie ihren Lebensstandard nicht senken will.[60]

Nach Lektüre der Hinweise im folgenden Abschnitt 6.2 weiß Katja, dass sie statistisch im Sinne ihrer mittleren Lebenserwartung 84 Jahre alt werden wird. Mit einer Wahrscheinlichkeit von 20% wird sie ein Alter von 95 Jahren erreichen. Mit der in diesem Kontext »konservativeren« Zahl 95 will sie daher für die Zwecke der »Reicht mein Geld?«-Frage« kalkulieren.

Katja würde gerne rund 100 000 Euro (in heutigem Geld) an ihren Sohn vererben. Unterstellt man eine normale inflationsbereinigte (reale) Nettorendite (Renditen nach Abzug von Inflation, Steuern und Kosten) von 2,5% p.a., die Katja für eine hinreichend sichere Kapitalanlage im langfristigen Durchschnitt erzielen kann, ist das Ziel einer Weitervererbung von (real) 100 000 Euro jedoch nur sehr eingeschränkt wahrscheinlich. Ihr Vermögen würde bei der gegebenen Depotentnahme von 1 000 Euro pro Monat bis zum 84. Lebensjahr mit einer Wahrscheinlichkeit von etwa 50% unter den realen Wert von 100 000 Euro (100 000 Euro in heutigem Geldwert) gesunken sein. Sollte Katja 95 Jahre alt werden, wird sie bis dahin mit großer Wahrscheinlichkeit ihr ganzes Vermögen aufgebraucht haben.

Diese Entwicklungspfade sähen nur dann anders aus, wenn Katja entweder unrealistisch hohe Renditen mit ihrem Depot erzielte oder wenn sie ihre reale Entnahme von 1 000 Euro im Monat deutlich reduzierte. Ersteres ist illusorisch (es würde auf risikoreiches Zocken mit wirtschaftlich potenziell fatalen Konsequenzen hinauslaufen) und Letzteres hätte eine nicht gewollte Absenkung ihres Lebensstandards zur Folge. Katja muss

60 Die Finanzportale www.finanzfluss.de und www.finanztip.de enthalten jeweils einen »Rentenlückenrechner«. Es kann hilfreich sein, wenn Sie nach Lektüre des ganzen Kapitels 7 dieses Buches einen Blick auf diese Rechner werfen (einfach den Namen der Website zusammen mit »Rentenlückenrechner« googeln).

also – sollte ihr die »befreiende Wirkung der Wahrheit« wichtig sein – die Möglichkeit eines teilweisen oder vollständigen Kapitalverzehrs akzeptieren. Sie sollte aus meiner Sicht sicherstellen, dass ihr Sohn nicht davon ausgeht, einen nennenswerten Betrag von ihr zu erben. Der Nachlass an den Sohn könnte allenfalls dann 100 000 Euro oder sogar höher sein, wenn Katja früh verstirbt, und das dürfte keiner der Beteiligten wollen.

Natürlich könnte Katja könnte unserer Schlüsselfrage: »Wie viel Vermögen will ich mindestens hinterlassen?« auch ganz ausweichen oder sie nur mit einem diffusen »so viel wie möglich« beantworten. Das ist die Herangehensweise eines großen Teils der betroffenen Bevölkerung.

Für jene von uns, die nicht Bill Gates, Elan Musk oder Jeff Bezos heißen, kann dieser Wegducken- oder Vogel-Strauß-Ansatz unschöne Konsequenzen haben. Weil er auf Illusionen in Bezug auf den Kapitalverzehr basiert, kann er in den Jahrzehnten des Ruhestands eine befreite, rationale und effiziente Nutzung des hart erarbeiteten Vermögens verhindern, anstatt dem Anleger zu ermöglichen, den Lebensabend finanziell bestmöglich zu genießen.

Darüber hinaus kann der Vogel-Strauß-Ansatz den Familienfrieden vor dem eigenen Tod oder danach mit dem gefährlichen Virus falscher Erwartungen und Enttäuschungen seitens der Erben infizieren.

In den folgenden beiden Abschnitten werden wir die finanziellen und technischen Aspekte dieses wichtigen Teils der eigenen Ruhestandsplanung genauer betrachten.

6.2 Anlagehorizont und Restlebenserwartung: Kennen Sie Ihre Zahlen?

Obwohl über die hohe Bedeutung des Konzepts des Anlagehorizonts im Zusammenhang mit Anlageberatung und Vermögensanlage Einigkeit besteht, wird es immer wieder ganz unterschiedlich interpretiert und angewendet – oft ohne dass sich alle jeweils Beteiligten über die verschiedenen Interpretationsunterschiede und ihre Konsequenzen im Klaren sind. Für Bald- und Schon-Ruheständler ist ein korrektes Verständnis ihres Anlagehorizontes aus offensichtlichen Gründen von großer Bedeutung.

In meiner Beratungspraxis begegne ich häufig den folgenden fünf verschiedenen Interpretationen von »Anlagehorizont«. Alle fünf sind für die

Mehrzahl aller Haushalte zu kurz angesetzt, um bei der Ermittlung der passenden Asset-Allokation (siehe Kapitel 7)[61] sinnvoll zugrunde gelegt zu werden:

- Der explizit festgelegte oder geschätzte Zeitraum, bis ein bestimmtes, einzelnes Investment im Rahmen einer aktiven Anlagestrategie veräußert werden wird, um danach den Erlös für andere Zwecke einzusetzen. Dieses Investment kann eine Immobilie, eine Aktie, ein ETF oder ein Goldbarren sein. Bei einem → Day Trader wäre dieser Zeitraum typischerweise ein Tag oder wenige Tage, bei normalen aktiven Privatanlegern einige Monate oder Jahre.
- Bei einem liquiden Investment der Zeitraum bis zur geplanten oder erwarteten nächsten partiellen Liquiditätsentnahme für Konsumzwecke.
- Der verbleibende Zeitraum bis zum Eintritt in den Ruhestand.
- Die erwartete oder mittlere Restlebenserwartung.
- Ein mehr oder weniger willkürlich durch den Anleger festgesetzter Anlagehorizont, z.B. drei Jahre.[62]

Aus meiner Sicht sind alle diese fünf verbreiteten Definitionen von Anlagehorizont für normale Ruheständler oder angehende Ruheständler zu kurz und in diesem Sinne falsch. Die ersten drei Interpretationen von Anlagehorizont repräsentieren in Wirklichkeit lediglich Teilaspekte einer Anlagestrategie oder Liquiditätsplanung und haben mit dem tatsächlichen Anlagehorizont des Haushaltes wenig oder nichts zu tun – jedenfalls wenn man diesen Begriff rational interpretieren und für sich nutzen möchte. Die vierte Interpretation ist näher dran an der Wahrheit, aber auch hier fehlt noch ein bisschen Wegstrecke bis zum Ziel.

Bei sehr vermögenden Haushalten, deren laufende Einkünfte aus Vermögen mit hoher Wahrscheinlichkeit in den allermeisten einzelnen Jahren und insgesamt während ihrer Restlebenserwartung über ihren Lebenshaltungskosten liegen werden und die daher mit hoher Wahrscheinlichkeit

---

61 In diesem Kapitel werde ich genau auf die enorm wichtige Frage der Asset-Allokation eingehen. An dieser Stelle könnte man anstelle von Asset-Allokation auch vereinfacht Anlagestrategie sagen.

62 Solche merkwürdigen Anlagehorizonte sind in sogenannten Private-Banking-Mandaten oft anzutreffen. Bei genauer Überlegung repräsentieren sie die »bedingungslose Kapitulation« vor der Frage: »Was ist Ihr Anlagehorizont?«

substanzielles Vermögen hinterlassen werden, geht der Anlagehorizont aus offensichtlichen Gründen über ihren Tod hinaus. Bei allen anderen ist der statistisch »erwartete« Zeitpunkt des Ablebens für die Zwecke der Planung der Asset-Allokation eine relevante Marke.

Der tatsächliche Anlagehorizont der meisten, nicht supervermögenden Privatanleger entspricht ihrer statistischen mittleren Restlebenserwartung *zuzüglich* einer sinnvoll ermittelten »Pufferzeitspanne« für den Fall, dass die Person länger lebt als im statistischen Durchschnitt – und das tun 50% aller Menschen. (Die andere Hälfte lebt weniger lang als ihre mittlere Lebenserwartung.)

Stellen wir zunächst sicher, dass wir bezüglich des Begriffs »Lebenserwartung« nicht aneinander vorbeireden. Die Bezeichnung »Lebenserwartung« ist ungenau oder missverständlich. Die Lebenserwartung – die Bezeichnung »Restlebenserwartung« wäre eigentlich präziser – eines Menschen bei Geburt ist nämlich im Sinne des zu erwartenden Lebensalters eine ganz andere und deutlich niedriger als die eines Menschen, der schon 30 oder 50 oder 90 Jahre alt ist. Daher müsste eine klarere Terminologie eigentlich so lauten: »Restlebenserwartung bei Geburt« oder »Restlebenserwartung im 40. Lebensjahr« statt einfach nur »Lebenserwartung«. Die Restlebenserwartung, ausgedrückt als voraussichtliches Sterbealter, steigt nämlich mit jedem Jahr, das wir älter werden. Tabelle 20 veranschaulicht diesen Sachverhalt.

Tabelle 20: Mittlere statistische Restlebenserwartung und »80. Perzentil der Restlebenserwartung« für in Deutschland lebende Männer und Frauen, die aktuell 60 Jahre alt sind

	50%-Wahrscheinlichkeit, dieses Lebensalter mindestens zu erreichen		20%-Wahrscheinlichkeit, dieses Lebensalter mindestens zu erreichen (»80. Perzentil«)	
	Erwartetes Lebensalter beim Tod	Anzahl Restlebensjahre	Erwartetes Lebensalter beim Tod	Anzahl Restlebensjahre
Mann	84,3	24,3	93,0	33,0
Frau	88,0	28,0	96,0	36,0

► Quelle: www.7jahrelaenger.de, www.wie-alt-werde-ich.de. ► Es wurden keine die Schätzung präzisierenden besonders positiven oder besonders negativen Zusatzinformationen berücksichtigt (z.B. hinsichtlich Körpergewicht, Raucherstatus, Alkoholkonsum, Vorerkrankungen, Sporttreiben). Eine Berücksichtigung solcher Faktoren könnte substanzielle Auswirkungen auf die Zahlen haben. Die Website www.wie-alt-werde-ich.de erlaubt die Erfassung dieser und weiterer personenspezifischer Merkmale und damit individuell präzisere Schätzungen.

Die (mittlere) Lebenserwartung bei Geburt oder in einem bestimmten höheren Lebensalter (also diejenige mit einer 50%-Wahrscheinlichkeit) ist die Median-Lebenserwartung, also dasjenige Alter, vor dem genau eine Hälfte dieses Geburtsjahrgangs (Fachjargon: *Alterskohorte*) voraussichtlich gestorben sein wird und die andere Hälfte noch leben wird. Dabei sollte ein Lebenserwartungsrechner im Internet auf der sogenannten Generationen- oder Kohortensterbetafel basieren, die künftig noch zu erwartende (geschätzte) medizinische Fortschritte berücksichtigt und nicht nur direkt und unverändert aus den historischen Daten, aus der Periodensterbetafel abgeleitet ist. Letztere würde zu niedrigeren Lebenserwartungswerten führen.

In Tabelle 20 habe ich zusätzlich eine für unsere Zwecke maßgebliche Lebenserwartung angegeben, nämlich diejenige, die die in der Tabelle genannte Alterskohorte von heute 60-jährigen Deutschen mit einer 20%-Wahrscheinlichkeit erreichen.

Ein Beispiel: Angenommen, Hanna ist heute 60 Jahre alt und möchte wissen, wie viel sie von ihrem Nettovermögen von 200 000 Euro über den Rest ihres Lebens pro Monat verbrauchen kann. In diesem Fall sollte Hanna dieser Berechnung nicht ihre mittlere Restlebenserwartung zugrunde legen (gemäß Tabelle 20 wären das noch 28 Jahre,) sondern die höhere Zahl von noch 36 Jahren, denn mit einer 20%-igen Wahrscheinlichkeit wird sie 96 Jahre alt oder älter. Es wäre ja ein Vabanquespiel, wenn Hanna ihrem Vermögen von jetzt an so viel entnimmt, dass es in 28 Jahren aufgezehrt sein wird, wenn sie zugleich statistisch eine 50%-ige Chance hat, älter zu werden.

Viele Beispielsrechnungen zu Fragen à la: »Wie viel Vermögen muss ich ansparen?« oder »Wie viel Vermögen kann ich jährlich verbrauchen?« im Internet und in Medienartikeln legen trotzdem implizit oder explizit die *mittlere* Restlebenserwartung zugrunde. Diese Vorgehensweise ist zu optimistisch und damit unverantwortlich.

Fazit

Der Anlagehorizont von Privathaushalten ist im Normalfall identisch mit ihrer Restlebenserwartung, nicht mit irgendeinem kürzeren Zeitraum, der vom »taktischem Hin und Her« im Rahmen einer aktiven Anlagestrategie oder von Liquiditätsüberlegungen diktiert wird. Lediglich für Haushalte, die hinreichend sicher wissen, dass ihr Vermögen sowieso nicht bis zum geschätzten Todeszeitpunkt reichen wird, oder für Haushalte, die hinreichend sicher wissen, dass sie zu einem früheren Zeitpunkt einen großen Teil ihres Vermögens für Konsumzwecke (z.B. Kauf einer Immobilie oder für eine Schenkung) »verbrauchen« werden, ist der Anlagehorizont kürzer als die mittlere Restlebenserwartung plus Pufferzeitraum.

Für Haushalte, die ihr Vermögen oder einen Teil davon bis zum Tod mit hoher Wahrscheinlichkeit nicht verbrauchen werden, geht der Anlagehorizont über den geschätzten Zeitpunkt des Ablebens hinaus.

6.3 Rechnen ohne Berücksichtigung von Unsicherheit

Wenn Privathaushalte sich bewusst und explizit mit den ruhestandsbezogenen Gretchenfragen: »Reicht mein Geld?«, »Welchen Lebensstandard kann ich mir leisten?« oder »Wie viel kann ich vererben?« auseinandersetzen, können sie dabei unterschiedlich anspruchsvoll vorgehen. Mit »anspruchsvoll« meine ich hier die Qualität und Aussagekraft der Ergebnisse der Kalkulationsmethode, die verwendet wird.

In diesem Abschnitt werden wir uns mit zwei simplen Methoden befassen – die allereinfachste zuerst. Nennen wir sie die Bierdeckelmethode, die ich nachfolgend an einem Beispiel illustriere.

Pauline und Arnold, verheiratet, beide 60 Jahre alt, haben nach den Hinweisen in Kapitel 5 (»Bestandsaufnahme«) für ihren gemeinsamen Haushalt eine Bilanz und eine Einnahmen-Ausgaben-Rechnung erstellt. Ihr Vermögen sieht folgendermaßen aus: (a) selbstgenutzte Dreizimmerwohnung mit einem Schätzwert von 280 000 Euro, (b) Bankguthaben in Höhe von 70 000 Euro, (c) Rückkaufswert von zwei kapitalbildenden Lebensversicherungen in einer Gesamthöhe von 60 000 Euro (die beiden zahlen nicht mehr in die Versicherungen ein). Schulden gibt es nicht.

Pauline und Arnold sind berufstätig und beide wollen in fünf Jahren in den Ruhestand eintreten. Bis dahin glaubt das Ehepaar, dass es gemeinsam noch 4 000 Euro pro Jahr zurücklegen kann, also 20 000 Euro bis zum Ruhestand. Gemäß den kürzlich bei dem Ehepaar eingegangenen Benachrichtigungen der Deutschen Rentenversicherung (jährliche

Renteninformation) werden die zwei mit 65 zusammen voraussichtlich 1800 Euro Rente brutto beziehen. Ihre Lebenshaltungskosten betragen 3000 Euro im Monat (36000 Euro jährlich). Das gesamte Nettovermögen des Ehepaars wird mit 65 – ohne den Barwert der gesetzlichen Rentenversicherung – somit voraussichtlich 430000 Euro betragen. (Der Einfachheit halber habe ich für die fünf Jahre von jetzt bis zum Rentenbeginn keine Renditen angenommen.)

Die mittlere statistische Restlebenserwartung liegt, ausgedrückt als finales Lebensjahr, für Pauline bei 88 Jahren und für Arnold bei 84 Jahren. Mit einer 20%-igen Wahrscheinlichkeit wird Arnold älter als 93 und Pauline älter als 96 (zur Ermittlung dieser Zahlen siehe Abschnitt 6.2). Dass *beide* 93 bzw. 96 oder älter werden, hat eine Wahrscheinlichkeit von 20% × 20% = 4% (ist also relativ unwahrscheinlich).

Wendet man nun die Bierdeckelmethode an – ignoriert man also der Einfachheit halber etwaige Renditen aus Vermögen, Steuern und anderen Faktoren (wie das Renditereihenfolgerisiko aus Abschnitt 2.4) –, dann ergeben sich zusammengefasst folgende Berechnungsergebnisse:

- Sofern Arnold und Pauline die mittlere statistische Lebenserwartung erreichen, wird ihr Vermögen komfortabel ausreichen (ca. 130000 Euro blieben am Ende).
- Sofern Arnold und Pauline beide das 80.-Perzentil-Lebensalter erreichen (93 und 96), wird ihr Vermögen so gerade eben ausreichen (ca. 6000 Euro blieben am Ende).
- Das Gesamtvermögen der beiden wird bei diesen Renteneinkünften und Ausgaben für Lebenshaltungskosten selbst dann ausreichen, wenn Arnold 93 und Pauline 96 Jahre alt wird – aber nicht viel länger.
- Das liquide Vermögen allein (hier Gesamtvermögen abzüglich Immobilienwert) wird so oder so nicht ausreichen, weder wenn die beiden nur ihre mittlere statistische Lebenserwartung erreichen noch wenn die beiden 93 und 96 oder älter werden. Weil das so ist, sollte das Ehepaar beizeiten (am besten jetzt) überlegen, wie es die illiquide Immobilie irgendwann monetisieren könnte. Mit dieser Fragestellung haben wir uns in Abschnitt 4.3 beschäftigt.

Diese einfache Berechnung geht weiter und ist genauer als das, was die meisten angehenden Ruheständler tatsächlich kalkulieren, aber sie ist dennoch ziemlich grob und nur begrenzt verlässlich. Sie ist deshalb nur begrenzt verlässlich, weil sie eine Reihe wichtiger Faktoren ignoriert. Zu diesen gehören unter anderen:

- Die Rendite aus dem Vermögen fehlt. (Im Beispielsfall von Pauline und Arnold dürfte das Weglassen dieses einzelnen Aspekts relativ wenig ins Gewicht fallen – vorwiegend, weil es nur noch fünf Jahre bis zum Beginn der Vermögensverbrauchsphase sind, weil das Vermögen relativ zum Verbrauch nur moderat hoch ist und weil es in niedrig rentierliche Anlagen investiert ist).
- Das Risiko von Wertschwankungen des Vermögens fehlt (vor allem das Risiko negativer Wertschwankungen und das Renditereihenfolgerisiko – siehe Abschnitt 2.4).
- Die Belastung mit Steuern fehlt.
- Die Möglichkeit, dass die Lebenshaltungskosten des Ehepaars nach Beendigung der Berufstätigkeit und nach Eintritt in den Ruhestand fallen werden, fehlt. Eine Reduktion von 20% bis 25% wird dabei oft als grobe Faustregel herangezogen.
- Die Möglichkeit, dass die Lebenshaltungskosten aufgrund von Krankheit oder Pflegebedürftigkeit oder anderer ungeplanter Entwicklungen gegen Ende der Restlebenserwartung über die in unserer einfachen Kalkulation verwendeten 36 000 Euro pro Jahr steigen werden, fehlt.

Wie sieht es aus mit der Berücksichtigung der Inflation? Muss man sie nicht immer in Betracht ziehen, wenn man Finanzkalkulationen für einen langen Zeitraum von 20 oder 35 Jahren anstellt? Nicht unbedingt. Wenn man es klug anstellt, kann man die Inflation bei solchen Berechnungen ignorieren und umgeht damit das nicht unbeträchtliche Problem, die Höhe der künftigen Inflation über einen langen Zeitraum hinweg schätzen zu müssen und dabei stark danebenzuliegen.

Klug anstellen heißt in diesem Fall, dass man von vornherein überall und konsistent nur mit realen (inflationsbereinigten) Zahlen, also in heutigen Geldwerten, rechnet. Das impliziert, dass 1 Euro in 25 Jahren die gleiche Kaufkraft wie 1 Euro heute hat. Das funktioniert dann, wenn man ausnahmslos *alle* Größen, die in die Berechnung einfließen, in realen Größen formuliert und eingibt. Namentlich gilt das natürlich für Investmentrenditen, Zinsen, die langfristige Entwicklung von Gehältern, Renten, Wertsteigerungen von Immobilien, Mieteinnahmen, Lebenshaltungskosten usw. Insgesamt ist die Kalkulation in realen Zahlen nicht nur einfacher, sondern auch verständlicher.[63] Trotzdem rechnen die meisten Finanzberater in nominalen (nicht inflationsbereinigten) Zahlen und machen sich selbst und ihren Mandanten damit das Leben unnötig schwer.

Zwischenfazit: Mit der Bierdeckelmethode – die sich auf die vier Grundrechenarten beschränkt und außer ein bisschen Fleiß und Gründlichkeit keine konzeptionell komplexe Vorgehensweise voraussetzt – kann man auf Basis einer einigermaßen korrekten Haushaltsbilanz und Einnahmen-Ausgaben-Rechnung bei der Beantwortung der Gretchenfragen schon relativ weit kommen – weiter vermutlich als die meisten Haushalte, die sich dem Ruhestand nähern oder schon im Ruhestand sind.

Eine etwas anspruchsvollere Rechenmethode, die aber immer noch weitgehend ohne Berücksichtigung des essenziellen Faktors Unsicherheit auskommt, ist die folgende:

Man verwendet einen der zahlreichen Internet-basierten Finanzrechner oder – für technisch versierte Zeitgenossen – ein Tabellenkalkulationsprogramm wie Microsoft Excel und stellt diese Berechnungen an, indem man für die angenommene Restlebenszeit eine realistische Nettorendite (Rendite nach Steuern und Kosten) unterstellt.[64] Größenordnungen für diese Nettorenditen kann man aus Tabelle 21 in diesem Abschnitt ableiten. Mit solchen Internet-basierten Finanzrechnern oder einem Tabellenkalkulationsprogramm lässt sich auch die Entnahmehöhe im Zeitablauf variieren, wenn man unterschiedliche Szenarien berechnen möchte.

---

63 Lediglich in komplexen Fällen, z.B. bei superreichen Haushalten (C-Haushalte gemäß Abschnitt 6.1), die auch noch in der Ruhestandsphase hohe Erträge/Einkünfte aus ihrem Vermögen erzielen und/oder bei denen steuerlich absetzbare Aufwandszinsen und Abschreibungen (Afa) eine große ertragsmäßige und damit vermögensmäßige Bedeutung haben, würde die Rechnung mit realen Zahlen nicht gut funktionieren. Grund: Steuern, Zinsen und Afa werden auf nominale (nicht inflationsbereinigte) Bemessungsgrundlagen erhoben. Allerdings stellt sich bei diesen Haushalten die Frage: »Reicht mein Geld?« sowieso selten.

64 Gute Finanzrechnertools gibt es auf www.zinsen-berechnen.de. Für diesen Fall bspw. das Modul »Vorsorgerechner – Sparen für Ihre private Zusatzrente« und das Modul »Entnahmeplan für Rente aus Kapitalvermögen«. Auch das Finanzportal www.finanzfluss.de enthält eine Reihe nützlicher Rechentools.

Tabelle 21: Grobe Richtwerte (Schätzwerte) für die erwarteten, sehr langfristigen inflationsbereinigten Renditen ausgewählter Anlageklassen ohne Kosten und Steuern

	Reale Renditen (gerundet)
Aktien Global	6% p.a.
Mittelfr. Unternehmensanleihen, Investment Grade	3% p.a.
Mittelfr. Staatsanleihen höchster Bonität	2% p.a.
Selbstgenutzte Wohnimmobilie	3% p.a.
Gold	2,5% p.a.
Geldmarktrenditen (»risikofreie« Anlage)	1% p.a.
Rohstoffe (Rohstoff-Futures)	0,5% p.a.
Kunst und andere Sammlerobjekte	–1% p.a.

► Es handelt sich hier wie stets in diesem Buch um geometrische Durchschnittsrenditen. Arithmetische Durchschnittsrenditen, die für eine Monte-Carlo-Simulation (siehe nachfolgender Abschnitt 6.5) verwendet werden müssten, wären etwas höher. Hierbei könnte man pragmatisch jeweils eine um einen Prozentpunkt höhere Jahresrendite verwenden. ► Nach deutlichen Markteinbrüchen in einer Anlageklasse und nach deutlichen Zinssteigerungen bei zinstragenden Anlageklassen erhöht sich die erwartete Rendite in die Zukunft gerichtet relativ zu den hier angegebenen Werten. ► Verpackte Investments wie Investmentfonds einschließlich ETFs, kapitalbildende Versicherungen, geschlossene Fonds, Hedge-Fonds, Private-Equity-Fonds, Peer-to-Peer-Kredite usw. sind für die Zwecke dieser Tabelle nach ihrem Inhalt (die Anlageklasse, die den Kern bildet) zu beurteilen zzgl. Verpackungskosten (zum Thema Verpackung bei Finanzprodukten siehe Abschnitt 1.6).

Eine simple Form der Berücksichtigung von Unsicherheit bzw. Risiko lässt sich in diese Kalkulationen einbauen, indem man unterschiedlich optimistische und pessimistische Szenarien in Betracht zieht, beispielsweise mit verschiedenen Nettorenditen und Entnahmehöhen.

Sie haben nun einen Eindruck davon erhalten, dass die Beantwortung der Gretchenfragen: »Reicht mein Geld?«, »Welchen Lebensstandard kann ich mir leisten?« und »Wie viel kann ich vererben?« ein wenig Mühe und Arbeit von Ihnen erfordert und leider keine simplen Schwarz-Weiß-Antworten produziert. Doch beides – Mühe und Ambivalenz der Antworten – gilt für fast alle bedeutenden Fragen im Leben. Diese Mühe und Arbeit in eine solche Berechnung nicht zu investieren, kommt einem Blindflug oder Vogel-Strauß-Ansatz gleich – keine kluge Vorgehensweise.

Wenn Sie darüber hinaus daran interessiert sind, wie das für Ruheständler bedeutsame Renditereihenfolgerisiko (dessen Theorie wir in Abschnitt 2.4 kennengelernt haben) die Beantwortung der Gretchenfragen beeinflusst, dann wird der folgende Abschnitt für Sie einen Erkenntnisgewinn bringen.

6.4 Die »4%-Entnahmeregel« und warum sie gefährlich ist

In unzähligen Ratgeberbüchern und Veröffentlichungen von Finanzjournalisten oder Finfluencern ist zu lesen, eine »4%-Entnahmerate« sei »machbar« oder sei »eine gute Faustformel« für eine »nachhaltige Entnahmerate« (engl. »Save Withdrawal Rate), die über einen Zeitraum von 30 oder mehr Jahren bei einem diversifizierten Aktien-Anleihen-Portfolio (z.B. bei einer 60/40-Asset-Allokation) sehr selten oder nie zu einem vollständigen Aufbrauchen (vollständigen Verzehr) des Portfolios führe.

Entnahmerate ist dabei definiert als der prozentuale jährliche Entnahmebetrag im Verhältnis zum Depotwert am Beginn der Entnahmeperiode. Dabei ist es gleichgültig, ob die Entnahme über Ausschüttungen oder Anteilsverkäufe erfolgt.[65] Es liegt standardmäßig die Annahme zugrunde, dass dieser absolute Geldbetrag im Zeitablauf mit der Inflationsrate (genauer gesagt der Inflationsrate des Vorjahres) zunimmt, damit er seine Kaufkraft dauerhaft beibehält.

Leider ist die 4%-Regel, wie im ersten Absatz formuliert, unrealistisch, da zu optimistisch. Auf Basis einer sogenannten »Monte-Carlo-Simulation« (»MCS«), die wir im nächsten Abschnitt kennenlernen werden, führt eine 4%-Entnahme (wie oben definiert) über Zeitfenster von 30+ Jahren zu einer »Pleitequote« von über 20% (und oft beträchtlich über 20%), jedenfalls wenn die MCS mit aus der Wissenschaft abgeleiteten, realistischen Annahmen für Rendite und Risiko gefüttert wird. Pleite heißt in diesem Zusammenhang, dass das Portfolio vor Ende des Betrachtungszeitraums (des Planungszeitraums) vollständig aufgezehrt wird.

In einer MCS werden typischerweise mehrere Tausend Einzelfälle (unterschiedliche Prognosen/Einzelszenarien für die Zukunft) gerechnet. Wenn etwa 20% oder mehr dieser Einzelprognosen in der vorzeitigen

65 Diese »Gleichgültigkeitsannahme« ist korrekt, wie wir in Abschnitt 10.1 sehen werden.

Pleite enden, dann spricht man üblicherweise von einer intolerierbar hohen »Failure Rate« (»Pleitequote«).

Manche Leser mögen sich fragen, warum eine 4%-Entnahmerate zu hoch sein soll. Schließlich erzielt man mit einem passiv gemanagten Aktien-Anleihen-Portfolio bei einer Asset-Allokation von z.B. 100/0, 90/10 bis hinunter zu 50/50 über lange Zeiträume vor Kosten und Steuern eine nominale Durchschnittsrendite merklich oberhalb von 4% p.a.

Hier sind die Gründe für den mangelnden Realismus der 4%-Regel bei einem Entnahmezeitraum von 30 oder mehr Jahren, sofern man eine statistische Pleitehäufigkeit von 20% nicht überschreiten will:

(1) Das Renditereihenfolgerisiko (das wir in Abschnitt 2.4 kennengelernt haben) muss berücksichtigt werden. Da, wo es besteht, ist die Annahme falsch, dass eine Entnahmerate, die unterhalb der langfristig durchschnittlichen Nettorendite des Vermögens liegt, sicher funktionieren wird (nie zu einer vorzeitigen Pleite führt). Lesen Sie in Abschnitt 2.4 noch einmal nach, wenn Ihnen das Renditereihenfolgerisiko momentan nicht mehr gut in Erinnerung ist.
(2) Abgesehen vom Renditereihenfolgerisiko bezieht sich die 4%-Regel auf eine *reale*, nicht auf eine *nominale* Entnahmerate, da ja der (absolute) jährliche Entnahmebetrag mit der Inflation erhöht wird. Das bedeutet, man muss diese 4% p.a. korrekterweise zu inflationsbereinigten (realen) historischen Renditen ins Verhältnis setzen, und die sind um ca. 2,5 Prozentpunkte niedriger als die nominalen Renditen.
(3) Ferner sind bei einer solchen Berechnung Kosten und Steuern zu berücksichtigen, die die nominalen historischen Renditen von Anlageklassen noch einmal um grob geschätzt 2,5 Prozentpunkte senken.
(4) Viele Autoren, die nachhaltige Entnahmeraten auf Basis von historischen Daten berechneten, verwendeten dazu US-Kapitalmarktdaten (typischerweise monatliche Renditedaten ab 1926, dem Jahr, in dem die Datenreihen einer berühmten Datenbank der Universität Chicago beginnen). Die Renditen von Aktien und Anleihen im US-Markt waren aber vor allem im Zeitraum 1926 bis etwa 1950 weit höher als in fast allen anderen westlichen Ländern (und im Durchschnitt von 1926 bis heute immer noch merklich höher). Anders formuliert: Diese Datenreihe ist aus Sicht der Wissenschaft nach oben verzerrt. (Mehr zu dieser »Datenanomalie« siehe Kommer/Kanzler 2024g.)

Tatsache ist, dass bei Entnahmezeiträumen von über 30 Jahren eine Entnahmerate von 4% p.a. zu häufig zu einem vorzeitigen vollständigen Portfolioverbrauch führt, also zu einer Pleite. (Bei Entnahmezeiträumen, die nennenswert kürzer als 30 Jahre sind, sind Entnahmeraten von 4% oder höher dann naturgemäß eher realistisch.)

Manche Leser werden sich an dieser Stelle fragen, warum angesichts dessen die 4%-Rate in Ratgeberbüchern, in Medien, im Internet und von Finanzberatern so häufig »als machbar« bezeichnet wird. Grund Nr. 1: Die Ersteller solcher Aussagen bevorzugen es, aus Interessenkonflikten heraus ihrer Klientel möglichst optimistische Zahlen zu präsentieren. Grund Nr. 2: Es handelt sich um simple Inkompetenz bei den Erstellern solcher Berechnungen. Sie wissen offenbar zu wenig von den o.g. »vier Problemursachen« bei der Durchführung von Entnahmerechnungen. Grund Nr. 3: 1994 veröffentlichte der US-Ökonom William Bengen zur Fragestellung der nachhaltigen Entnahmerate die erste systematische Untersuchung (Bengen, 1994). Der Studie lagen historische US-Kapitalmarktdaten von 1926 bis 1992 zugrunde. In dieser Studie kam Bengen zu dem Ergebnis, dass man aus einem 50/50-Aktien-Anleihen-Portfolio jährlich 4% des Anfangswerts in Geldeinheiten plus Inflation entnehmen kann, ohne Gefahr zu laufen, das Portfolio über einen 30-Jahres-Zeitraum jemals ganz aufzubrauchen. Das entspricht einer 0%-Pleitewahrscheinlichkeit. Die Bengen-Ergebnisse wurden in den Jahrzehnten danach von vielen Finanzjournalisten und Finanzberatern unkritisch übernommen, nachgeplappert und »versteinerten« seitdem in der populären Finanzratgeberliteratur, obwohl sie aus heutiger Sicht überholt und zu optimistisch sind.[66]

Erstens ist ein Betrachtungszeitraum von 30 Jahren heute angesichts der gestiegenen Lebenserwartung für viele »Jung-Rentner-Haushalte« im Falle von vorzeitigem Ruhestand oftmals zu kurz, ganz besonders, wenn man nicht die mittlere Lebenserwartung, sondern die 80.-Perzentil-Erwartung ansetzt. Zweitens benutzte Bengen, wie oben in Argument 4 erwähnt, nicht repräsentative historische US-Daten. Drittens ignorierte Bengen Kosten und Steuern, die aber natürlich die tatsächlich erzielbare Rendite eines Anlegers senken. Viertens verwendete Bengen eine Variante der Monte-

66 Gelegentlich wird auch die 1998er-Untersuchung von Cooley, Hubbard und Walz (die sogenannte Trinity-Studie) als Ursprung der 4%-Regel genannt, die zu ähnlichen Ergebnissen wie Bengen kam. Die Bengen-Studie erschien jedoch vier Jahre früher.

Carlo-Simulations-Technik, die zwar nicht falsch ist, aber relativ zur heute verwendeten, hier beschriebenen Standardvariante eine weitere optimistische Tendenz beinhaltete. Fünftens kam es sogar bei Bengen in der Mehrzahl der Einzelprognosen zu einem teilweisen und in einigen wenigen zu einem weitgehenden (wenn auch nicht vollständigen) Kapitalverzehr. Auch das wird häufig »vergessen«, wenn von der Bengen-Studie die Rede ist.

Sofern Sie sich mit der aktuellen wissenschaftlichen Literatur zur Save Withdrawal Rate beschäftigen wollen, dann wäre Anarkulova u.a. (2023) ein guter Start.

6.5 Rechnen mit Berücksichtigung von Unsicherheit: Monte-Carlo-Simulation

Bei den beiden einfachen Rechenmethoden für Entnahmeszenarien in Abschnitt 6.3 handelt sich um »lineare«, »deterministische« Berechnungen. Solche Berechnungen unterstellen letztlich, dass der Weg in die Zukunft ein linearer, völlig »gerader« Pfad ist. Bei linearen Verfahren wird ausgeblendet, dass Portfoliorenditen bzw. Vermögenswerte in die Zukunft gerichtet um einen Mittelwert herum schwanken und diese Schwankungen einschließlich ihre Reihenfolg nicht zuverlässig prognostiziert werden können. Geringfügig vereinfacht kann man sagen, dass diese linearen Verfahren in einer Situation mit einer jährlichen Entnahmerate von größer als ca. 2% p.a. potenziell falsche, zu optimistische Ergebnisse produzieren. Dieser Geburtsfehler der linearen Methode lässt sich in geringem Umfang – aber eben nicht wirklich – heilen, indem man (wie oben beschrieben) unterschiedlich optimistische und pessimistische »Punktschätzungen« anstellt.

Will man Fragen wie »Reicht mein Vermögen?«, »Wie viel Entnahme pro Monat kann ich mir leisten?« oder »Wie lange muss ich noch arbeiten?« für einen langen Zeitraum aussagekräftiger als mit Punktschätzungen beantworten, muss man zu einer anspruchsvolleren Prognosetechnik übergehen, nämlich zur sogenannten Monte-Carlo-Simulation.

Bei einer Monte-Carlo-Simulation wird ein mathematischer Algorithmus zur Lösungsfindung einer wahrscheinlichkeitsmathematischen Problemstellung eingesetzt. MCS als Simulations- und Vorhersage-Technik wurde während des Zweiten Weltkriegs von den in Fachkreisen berühmten Mathematikern Stanislaw Ulam und John von Neumann im Rahmen eines Nuklearwaffenprojekts im Los Alamos Scientific Laboratory in den USA entwickelt. Aufgrund der Geheimhaltungspflicht des Projekts war ein Codename für das neue Verfahren erforderlich. Die beiden wählten Monte-Carlo-Simulation, weil Ulams Onkel gelegentlich im Monte-Carlo-Casino in Monaco dem Glücksspiel frönte. MCS wird heutzutage in praktisch allen naturwissenschaftlichen Disziplinen wie der Biologie, der Chemie, der Mathematik und der Physik eingesetzt – und auch in der Ökonomie.

In dem für unsere Zwecke relevanten Investmentkontext werden bei einer MCS auf Basis von Annahmen über die erwartete Rendite und Volatilität dieser Rendite eines Portfolios die Restlebenserwartung des Anlegers sowie seine periodischen Portfoliozuführungen und -entnahmen berechnet. Der Computer spuckt einige Hunderte oder Tausende unterschiedliche Fälle, sogenannte Iterationen, aus (ein Fall oder eine Iteration ist eine einzelne Prognose). Der Computer sortiert dann die resultierenden Fälle vom besten bis zum schlechtesten Fall und bereitet diesen »Blumenstrauß« aus Iterationen mit einfachen statistischen Kennzahlen in tabellarischer und grafischer Form für den Anwender auf.

Die Mindestanzahl der notwendigen Iterationen, die benötigt wird, um zu einem belastbaren Ergebnis zu gelangen, hängt davon ab, was man simulieren möchte. Für die – im Vergleich zur Lösung bestimmter Probleme in der Biologie oder Physik – einfachen Zwecke der Simulation der Entwicklung eines Investmentportfolios werden 1000 Iterationen in der Regel als ausreichend betrachtet.

Die MCS hilft dabei, das in Abschnitt 2.4 beschriebene Renditereihenfolgerisiko besser zu verstehen und zu managen. Eine MCS kann verfahrensmäßig auf verschiedene Arten durchgeführt werden. Bei der am meisten verbreiteten Methode werden eine durchschnittliche Jahresrendite und eine Volatilität dieser Renditen angenommen. Auf Basis einer unterstellten statistischen Normalverteilung (Gauß'sche Glockenkurve) der zukünftigen Renditen werden vom Computer Tausende von Iterationen (Einzelprognosen) berechnet. In der Simulation wird eine zufällige Abfolge der periodischen Portfoliorenditen angenommen. Dieses Standardverfahren könnte man als »klassische« MCS bezeichnen.[67] Es existieren

67 Gelegentlich ist zu hören, dass die Annahme einer Normalverteilung von

daneben auch noch etwas abgewandelte Methoden, auf die ich hier aus Platzgründen nicht eingehe.

Unabhängig von der gewählten Methode gilt: In die Zukunft gerichtet ist die Entwicklung von Vermögensanlagen unsicher, und je länger der Prognosezeitraum, desto größer die Streubreite der möglichen Endvermögenswerte. Bei einer MCS wird versucht, diese Unsicherheit für Erkenntniszwecke des Anlegers zu »modellieren«. Die Berücksichtigung der Unsicherheit künftiger Renditen, vor allem ihrer zeitlichen Abfolge in einem Entnahmekontext, unterscheidet MCS fundamental von den in Abschnitt 6.5 beschriebenen linearen Portfolioentwicklungsberechnungen (Punktschätzungen). Diese beziehen letztlich keine Unsicherheit mit ein und sind deshalb für die Beantwortung der hier maßgebenden Anlegerfragen weniger gut geeignet als die MCS.

So viel zur Theorie. Nun aber zur Praxis, das heißt zu konkreten Konstellationen, in denen MCS sinnvoll eingesetzt werden kann.

MCS kann dafür verwendet werden, zu beurteilen, wie wahrscheinlich es ist, dass das Vermögen eines Haushalts bei einem gegebenen Lebensstandard (Einkommen abzüglich Ausgaben) für einen bestimmten Zeitraum ausreicht. MCS kann jedoch auch schon zu einem viel früheren Zeitpunkt eingesetzt werden, nämlich um herauszufinden, wie lange und wie viel ein Haushalt noch sparen muss, bis er sich zur Ruhe setzen kann. Hierzu werden im Grunde genommen (und hier etwas vereinfacht) zwei zeitliche Phasen des zugrunde liegenden Portfolios in der Simulation abgebildet: eine Sparphase (Vermögensaufbau) und eine Entnahmephase (Vermögensverwendung). In der Sparphase bildet der Anlegerhaushalt Vermögen, das heißt, die Portfoliozuführungen übersteigen die -entnahmen; in der Entnahmephase konsumiert der Haushalt das angesparte Vermögen ganz oder teilweise, das heißt, die Portfolioentnahmen übersteigen die -zuführungen.

Führt man eine MCS durch, lange bevor man in den Ruhestand eintreten möchte, lassen sich daraus besonders nützliche Erkenntnisse und

---

Wertpapierrenditen eine zu optimistische Abbildung der Realität an den Kapitalmärkten sei. Diese Kritik greift bzgl. MCS nicht. Es existieren alternative MCS-Verfahren, bei denen statt einer Normalverteilung um einen Mittelwert herum konkrete historische Monats- oder Jahresrenditen verwendet werden, die die historischen Abweichungen von der Normalverteilung beinhalten (Ausreißerrenditen). Dieses alternative Verfahren produziert üblicherweise sogar optimistischere Ergebnisse als das klassische Verfahren.

Schlussfolgerungen für die Gegenwart ableiten. Besonders nützlich, weil dann nämlich noch Zeit dafür ist, auf Basis der MCS-Ergebnisse in der Gegenwart grundlegende Weichenstellungen vorzunehmen, also z.B. mehr zu sparen, weniger auszugeben oder länger zu arbeiten. Zehn oder 20 Jahre später kämen solche Anpassungen vielleicht zu spät.

Wie geht man bei der Durchführung einer MCS vor? Zunächst bestimmt man die Eingabegrößen: die Höhe des vorhandenen Vermögens, die monatliche Spar- bzw. Entnahmerate, den Betrachtungshorizont (häufig ist das die geschätzte Restlebenserwartung) und die erwartete Portfoliorendite und -volatilität.[68] Das MCS-Computerprogramm berechnet dafür dann z.B. 1000 oder 10 000 mögliche Fälle. In der folgenden Tabelle 22 habe ich die Ergebnisse einer beispielhaften Testsimulation für den Haushalt Schulz zu Illustrationszwecken dargestellt. Die Eheleute Erik und Anna Schulz sind beide 50 und planen, in zehn Jahren zeitgleich und frühzeitig mit 60 Jahren in Rente zu gehen; die Ansparphase dauert also noch eine Dekade. Danach soll das angesparte Vermögen mit hoher Wahrscheinlichkeit mindestens 30 Jahre ausreichen.

Hier die zugrunde liegenden Annahmen: Der Haushalt investiert die nächsten zehn Jahre lang jährlich 50 000 EUR in sein Portfolio und entnimmt daraus dann 30 Jahre lang jährlich 50 000 EUR; das Anfangsvermögen des Haushalts (Lebensalter 50) beträgt 1 000 000 Euro. Wir unterstellen ein 60/40-Portfolio (Asset-Allokation Aktien-Anleihen) mit einer arithmetischen Durchschnittsrendite nach Abzug von Steuern, Kosten und Inflation in Höhe von 3,0% p.a. (arithmetischer Durchschnitt). Die Volatilität (Standardabweichung) beträgt 12,0% (annualisierte Volatilität der Monatsrenditen).

Zur Interpretation von Tabelle 22: In unserem Beispiel des Haushalts Schulz wurden insgesamt 1 500 000 Euro in das Portfolio einbezahlt (Spalte B). In den schlechtesten 10% der Fälle hätte das Portfolio nicht bis zum Lebensalter von 85 Jahren gereicht (Spalte C). In 50% der Fälle wäre das Portfolio des Haushalts am Ende des Zeitraums noch über 1 240 000 EUR wert gewesen (Spalte D). In den besten 10% der Fälle wäre das Portfolio am Ende des Zeitraums auf mehr als 5 260 000 Euro angewachsen (Spalte F). Das Vermögen hat in 18% (100% – 82%) der Fälle nicht bis zum

68 Diese Rendite muss aus den erwarteten arithmetischen Durchschnittsrenditen abgeleitet werden, nicht aus den etwas niedrigeren geometrischen Durchschnitten, die in Tabelle 21 angegeben sind.

Tabelle 22: Die Ergebnisse einer Monte-Carlo-Simulation auf Basis einer Normalverteilung für den Beispielfall des Haushalts Schulz

A	B	C	D	E	F	G	H
Vollendetes Lebensalter	**Saldo der bisherigen Einzahlungen**	**Ø der schlechtesten 10% aller Fälle (10. Perzentil)**	**Mittlerer Fall/ Median (50. Perzentil)**	**Durch-schnittlicher Fall (arithmetischer Ø)**	**Ø der besten 10% aller Fälle (90. Perzentil)**	**Standardabweichung (Schwankungsbreite)**	**Portfolio-Überlebenswahrscheinlichkeit (Erfolgsquote)**
50	1000000	1000000	1000000	1000000	1000000	0	100%
55	1250000	1021000	1384000	1417000	1856000	335000	100%
60	1500000	1190000	1773000	1887000	2700000	625000	100%
65	1500000	919000	1697000	1906000	3240000	945000	100%
70	1500000	657000	1619000	1944000	3588000	1319000	100%
75	1500000	450000	1558000	1959000	3943000	1578000	99%
80	1500000	192000	1491000	1982000	4327000	1891000	95%
85	1500000	—	1336000	2048000	4906000	2340000	89%
90	1500000	—	1240000	2165000	5267000	2977000	82%

► Quelle: Eigene Berechnungen auf Basis des MCS-Tools der Gerd Kommer Invest GmbH. ► Geldbeträge auf volle Tausend gerundet. ► Alle Zahlen inflationsbereinigt und in Euro. Da mit inflationsbereinigten Daten gerechnet wurde, sind weder eine Schätzung der Inflation noch eine Anpassung der Spar- und Entnahmeraten an die Inflation notwendig. ► Spalte B: Kumulative Einzahlungen des Haushalts in das Portfolio. ► Spalte C/D/F: 10./50./90. Perzentil des Haushaltsvermögens. ► Spalte E: Arithmetischer Durchschnitt des Haushaltsvermögens (Endvermögen). ► Spalte G: Standardabweichung des Endvermögens. Zwei Drittel aller Fälle bewegen sich plus/minus eine Standardabweichung vom durchschnittlichen Fall (Spalte E). ► Spalte H: Der prozentuale Anteil der Fälle, in denen das Haushaltsvermögen bis zum Ende der vorgegebenen Betrachtungsperiode ausreicht (auch Erfolgsquote/Success Rate genannt). Die Pleitequote (Failure Rate) ist 100% minus Erfolgsquote.

90. Lebensjahr des Haushalts ausgereicht (Spalte H). Zum Unterschied zwischen (arithmetischem) Durchschnitt und Median siehe Glossar.

Insgesamt kann das rechnerische Ergebnis in diesem Beispiel als nicht völlig zufriedenstellend bezeichnet werden, weil das Portfolio in 18% der Fälle nicht bis zum 90. Lebensjahr reicht. Diese Pleitequote dürfte für viele Haushalte nicht tolerierbar hoch sein. Die meisten Fachleute halten eine Quote von bis zu 15% noch für akzeptabel. Bei einem solchen Ergebnis oberhalb ca. 15% muss sich der Haushalt überlegen, wie er seinen Plan ändern möchte. Denkbar wäre eine Erhöhung der Sparquote (also eine Senkung des jetzigen Lebensstandards), eine Verschiebung des Ruhestandsdatums auf einen späteren Zeitpunkt, eine Absenkung des Entnahmebetrags im Ruhestand, eine »Flexibilisierung der geplanten Entnahmerate« oder eine irgendwie geartete Kombination aus diesen vier und eventuell anderen möglichen Maßnahmen.

Flexibilisierung oder Dynamisierung der geplanten Entnahmerate bedeutet hier die Bereitschaft des Haushaltes, nach einem deutlich unterplanmäßigen Renditejahr die Entnahmen z.B. um ein Viertel zu senken und erst wieder zu erhöhen, nachdem die vorher unterplanmäßigen Renditeergebnisse aufgeholt wurden. Viele marktüblichen MCS-Anwendungen können solche (regelgebundenen) Dynamisierungen der Entnahmen jedoch nicht abbilden. Das MCS-Tool der Gerd Kommer Invest GmbH kann es. Diese Funktionalität wurde in der Berechnung in Tabelle 22 aus Vereinfachungsgründen jedoch nicht genutzt. Hätte man sie genutzt, würde sich eine niedrigere Pleitequote, also insgesamt positivere Ergebnisse ergeben, während gleichzeitig die durchschnittliche Entnahme über den Gesamtzeitraum überwiegend unverändert bliebe.

Wäre eine Erhöhung der Aktienquote im Portfolio (also eine Erhöhung der erwarteten Rendite) eine Lösung für die Schulzens? Nicht unbedingt. Ein häufig beobachtetes Phänomen bei MCS in Bezug auf die Variierung der Asset-Allokation lautet wie folgt: Je »aggressiver«, also aktienlastiger die gewählte Asset-Allokation oberhalb von einer Aktienquote von etwa 50% bis 70% gewählt wird, desto besser werden die mittleren und guten Fälle und desto schlechter werden die rund 10% bis 30% der schlechtesten Fälle. Anders formuliert: Die guten Fälle werden in dem Maße, wie die Aktienquote zulasten der Anleihenquote steigt, noch besser und die schlechten Fälle noch schlechter. Umgekehrt wirkt eine Bewegung in Richtung konservativere, also anleihenlastigere Asset-Allokation. Hier zeigt sich wieder einmal das berühmte Grundgesetz der Ökonomie: »There is no free lunch« (»Es gibt kein Gratismittagessen«).

Kommen wir zu einer zusammenfassenden Einschätzung des MCS-Verfahrens und dazu, was es leisten kann und was es nicht leisten kann:

- MCS übt einen positiven Zwang auf den Anleger aus, sich mit der in der Realität immer vorhandenen Unsicherheit über die wertmäßige Entwicklung seines Portfolios in der Zukunft auseinanderzusetzen. Der Anleger bekommt damit ein viel besseres Gefühl für die Wahrscheinlichkeiten verschiedener Ergebnisse, als das bei deterministischen Rendite- und Endvermögensberechnungen der Fall ist.
- Durch Variieren von Inputs und Annahmen, die einer MCS zugrunde liegen, wird für den Anleger – besser als bei der linearen/deterministischen Methode – erkennbar, was die wichtigsten Stellhebel für die langfristige Vermögensbildung sind und wie nicht linear diese Stellhebel oftmals wirken. Dadurch kann MCS dabei helfen – und das dürfte ihr größter Nutzen sein –, Weichenstellungen (z.B. Reduktion der monatlichen Portfolioentnahmen oder Verschiebung des Ruhestandbeginns nach hinten) dann vorzunehmen, wenn es dafür noch nicht zu spät ist.
- Die Konfrontation mit der oft erstaunlich großen Unsicherheit (z.B. der Streuung der Endvermögenswerte) über Zeiträume von 20 bis 50 Jahren verursacht bei manchen Anlegern Unbehagen, weil sie es nicht gewohnt sind, »probabilistische« Betrachtungen anzustellen, also z.B. Streubreiten von Endvermögenswerten oder die Portfolio-Überlebenswahrscheinlichkeit zu interpretieren.

Zusammenfassend können wir festhalten, dass die Monte-Carlo-Simulation ein hochgradig nützliches Tool ist, wenn es darum geht, ruhestandsbezogene Fragen wie: »Wie viel muss ich bis zum Ruhestand noch ansparen?«, »Reicht mein Vermögen?« oder »Wie viel Entnahme pro Monat kann ich mir im Ruhestand leisten?« zu beantworten. Hierbei ist MCS dem in der Finanzbranche üblichen Standardverfahren der einfachen Punktschätzung (Finanzplanung oder klassische Finanzplanung genannt) überlegen.

Kann ein Privathaushalt eigenständig eine Monte-Carlo-Simulation durchführen? Ja, wenn er sehr solides Finanzwissen und gute Basiskenntnisse in Statistik hat. Hier drei Websites, die frei zugängliche Internet-basierte MCS-Rechner bereitstellen:

- Das MCS-Tool »Entspar-Simulation« des Lehrstuhls Behavioral Finance an der Universität Mannheim – https://www.behavioral-finance.de/forschung/entspar-simulation/
- »The Crowdsourced FIRE Simulator« (cFIREsim, englischsprachig) – www.cfiresim.com
- »Portfolio Visualizer« (englischsprachig) – www.portfoliovisualizer.com (die anspruchsvollste Finanz-MCS im Internet, die ich kenne. Nicht alle Funktionen sind kostenfrei)

Wer sich nicht in der Lage fühlt, eine MCS selbst durchzuführen, könnte sich an einen entsprechend spezialisierten Honorarberater, Finanzplaner oder Vermögensverwalter wenden (siehe Kapitel 12).

6.6 Wenn Ihr Plan A nicht funktioniert, dann braucht es einen Plan B

Angenommen, Sie definieren Ihren Plan A wie folgt: »Mein vorhandenes Einkommen und mein Vermögen (alternativ: Mein in x Jahren erwartetes Einkommen und dann aufgebautes Vermögen) reichen mit hoher Wahrscheinlichkeit aus, den von mir angestrebten Lebensstandard im Ruhestand bis zu meinem soundsovielten Lebensjahr zu finanzieren. (Das betreffende Lebensjahr sollte gemäß Konvention so gewählt sein, dass statistisch lediglich maximal eine 20%-Chance besteht, länger zu leben. Wie Sie diese Zahl ausrechnen können, erläutert Abschnitt 6.2.)

Wenn Sie derzeit schon ein gutes Bauchgefühl dafür haben, dass Ihr Plan A aufgehen wird, oder dies sogar wissen, dann brauchen Sie diesen Abschnitt nicht zu Ende zu lesen. Wenn dieser Erkenntnis- oder Gefühlszustand noch nicht erreicht ist, dann lohnt die Beschäftigung mit alternativen Plan-B-Maßnahmen. Das sind Modifikationen gegenüber Plan A, die einzeln oder gemeinsam helfen sollen, die finanzielle Seite Ihres Ruhestands nachhaltiger, realistischer und stabiler zu machen. Tabelle 23 listet solche Abhilfemaßnahmen für zwei Stadien auf – das Stadium vor Eintritt in den Ruhestand und das Stadium Ruhestand. Alle diese Maßnahmen sind einerseits unangenehm und werden Ihnen andererseits mindestens teilweise trivial erscheinen. Dennoch glaube ich, dass es sich lohnt, sie einmal gesammelt zu betrachten und sich durch den Kopf gehen zu lassen, jedenfalls sofern Plan A vielleicht nicht funktionieren wird.

Tabelle 23: Übersicht der möglichen Plan-B-Abhilfemaßnahmen, »wenn das Geld voraussichtlich nicht reicht«

Haushalt befindet sich vor Eintritt in den Ruhestand	**Haushalt befindet sich bereits im Ruhestand**
— Ruhestandseintritt weiter in die Zukunft verschieben, also länger arbeiten. Ökonomisch heißt das, zusätzliches Humankapital zu schaffen. — Arbeitszeit erhöhen, wenn man nur Teilzeit arbeitet, sprich zusätzliches Humankapital erzeugen und dann die Sparquote erhöhen. — In eine Beschäftigung wechseln, die besser bezahlt ist, aber evtl. weniger erfüllend (wenn sie erfüllender wäre, hätten Sie sie vermutlich schon lange gewählt). Dadurch Sparquote erhöhen. — Lebenshaltungskosten für Kleidung, Hobbys, Auto, Freizeitgestaltung, Urlaub etc. senken. Dadurch Sparquote erhöhen. — Wohnkosten senken durch Umzug in eine kleinere/günstigere Immobilie. Für einen Mieter ist das einfacher, aber es geht auch für einen Selbstnutzer. Dadurch Sparquote erhöhen. — Mehr Investmentrisiko eingehen, aber die Konsequenzen akzeptieren, wenn sich das Risiko negativ materialisiert. — Umzug/Wegzug in eine Region oder in ein Land, wo die Lebenshaltungskosten und/oder Einkommenssteuern niedriger sind (zum Thema Auswanderung siehe Abschnitt 11.2).	— Wieder anfangen, einer einkommensgenerierenden Beschäftigung nachzugehen. Das dürfte für sehr wenige Haushalte im Ruhestand realistisch oder akzeptabel sein. — Illiquide Vermögenswerte veräußern/monetisieren (nicht börsennotierte Unternehmensanteile, Immobilien, Kunstgegenstände), damit ggf. die Substanz dieser Assets »entnommen«/verbraucht werden kann (siehe Erläuterung am Beispiel Immobilien in Abschnitt 4.3). — Lebenshaltungskosten für Kleidung, Hobbys, Auto, Freizeitgestaltung, Urlaub etc. senken. — Wohnkosten senken durch Umzug in eine kleinere/günstigere Immobilie. Für einen Mieter ist das einfacher, aber es geht auch für einen Selbstnutzer. — Mehr Investmentrisiko eingehen, aber die Konsequenzen akzeptieren, wenn sich das Risiko negativ materialisiert. — Umzug/Wegzug in eine Region oder in ein Land, wo die Lebenshaltungskosten und/oder Einkommenssteuern niedriger sind (zum Thema Auswanderung siehe Abschnitt 11.2). — Kinder, sofern vorhanden, um finanzielle Unterstützung bitten.

Keine dieser Plan-B-Maßnahmen ist komfortabel oder in der Praxis einfach umzusetzen. Man wird sie nur in Erwägung ziehen wollen, wenn es unvermeidlich ist. Trotzdem ist die bewusste Entscheidung, eine oder mehrere von ihnen zu einem selbst gewählten Zeitpunkt zu ergreifen, immer noch tausendmal besser, als die Dinge dem Schicksal zu überlassen und wie die Titanic nachts, ungebremst im winterlichen Nordatlantik, mit einem Eisberg zu kollidieren.

7 Der Weltportfolio-Ansatz: Die Hauptelemente für Anleger vor und im Ruhestand

7.1 Was er ist und auf welchen Prinzipien er basiert

Das Weltportfolio-Konzept ist ein Investmentansatz für Privatanleger. Seine Zwecke sind langfristige Vermögensbildung, Vermögensschutz und Altersvorsorge – nicht das spekulative Ziel, schnell reich zu werden. Das Weltportfolio-Konzept soll von ganz normalen Menschen mit einem geringen Budget an Zeit und Interesse in Eigenregie praktisch umsetzbar sein.

Insbesondere kennzeichnen den »Weltportfolio-Ansatz« (nachfolgend der Kürze halber »WPF-Ansatz«) folgende Grundmerkmale:

- Ableitung aus der Wissenschaft, nicht aus der subjektiven Meinung einer Einzelperson oder aus einer einzelnen Institution.
- Prognosefreiheit: Es werden keine Wertpapierprognosen, volkswirtschaftliche oder politische Prognosen oder andere kurz- und mittelfristige Prognosen genutzt, weil diese Nutzung statistisch mehr Schaden anrichten als Nutzen bringen würde.
- Vermeidung von aktivem Investmentmanagement, da dieses auf lange Sicht unattraktive Rendite-Risiko-Kombinationen produziert. Auch das statistisch kontraproduktive Warten auf einen »günstigen« Einstiegszeitpunkt ist aktives, prognosebasiertes Investmentmanagement, das vermieden werden sollte.
- Diversifikation: Es wird in wohldefinierte, breit diversifizierte Anlageklassen statt in Einzelwerte investiert. So wird die maximal mögliche Eliminierung von Einzelwertrisiken und Gegenparteirisiken (Ausfallrisiken) erreicht. Klumpen- und Konzentrationsrisiken in Bezug auf einzelne Länder, einzelne Branchen oder einzelne Unternehmen sollen vermieden werden.
- Buy and Hold (Kaufen und Halten): Es gibt kein meinungsbasiertes Hin und Her oder Rein und Raus im Zeitablauf. Buy and Hold wird ergänzt

um regelbasiertes Rebalancing, dessen Nutzen in Bezug auf Rendite und Risiko ebenfalls aus der Wissenschaft abgeleitet ist.

- Produktmäßige Umsetzung: Das WPF-Konzept wird primär über ETF umgesetzt, für eine betraglich begrenzte Komponente des Portfolios eventuell auch über ein Tagesgeld (siehe weiter unten), soweit dieses betraglich innerhalb der gesetzlichen Einlagensicherung liegt und damit vor dem Ausfallrisiko geschützt ist, das einzelne Banken notwendigerweise repräsentieren.
- Via Negativa: Sie ist eine Metapher für die vorwärtsgerichtete Beseitigung oder zumindest die Reduktion vorhandener schlechter Investmentprodukte im eigenen Vermögensportfolio und für die Vermeidung von verhaltensbedingten Investmentfehlern und Irrtümern. Die am meisten verbreiteten schlechten Finanzprodukte habe ich in Kapital 3 beschrieben. Soweit sich solche vor Etablierung des Weltportfolios im Vermögensportfolio des Haushaltes befinden, werden sie veräußert oder ihr Gewicht im Portfolio reduziert, wenn das aus steuerlicher und rechtlicher Sicht möglich und sinnvoll ist.

Der WPF-Ansatz ist für Do-it-yourself-Anleger einfacher, weniger arbeitsaufwendig, kostengünstiger und transparenter als jede Form traditionellen, aktiven Investierens jenseits eines verzinslichen Tagesgelds.

Der Ansatz eignet sich gleichermaßen für Anleger, die auf den Ruhestand zusteuern, und für Ruheständler. Im Ruhestand können damit unterschiedliche Ziele verfolgt werden: vollständiger Kapitalverzehr bis zum Ableben, eine begrenzte Entnahme aus dem liquiden Vermögen, eine weitere Vermögensbildung für die nachfolgenden Generationen oder für einen gemeinnützigen Zweck. Der WPF-Ansatz lässt normalen, nicht supervermögenden Haushalten im Ruhestand – anders als Immobilieneigentum – ein Maximum an finanzieller Flexibilität und hilft, das finanzielle Langlebigkeitsrisiko zu reduzieren. In Abbildung 5 wird die zweisäulige Grundstruktur des WPF-Konzeptes grafisch dargestellt.

Im WPF-Ansatz werden Anlageklassen, also »Märkte«, auf Buy-and-Hold-Basis abgebildet. Einzelwertrisiko soll vollständig oder, soweit es irgend möglich ist, wegdiversifiziert sein. Einen Markt abzubilden ist gleichbedeutend mit dem Verzicht darauf, den Markt zu schlagen, also dem Verzicht auf die Nutzung expliziter oder impliziter Prognosen beim Anlegen. Eine implizite Prognose ist eine Vorhersage, die nicht wie eine

Vorhersage aussieht, aber trotzdem eine ist. Beispiel: »Tech-Aktien haben aufgrund der KI-Fantasie im Markt derzeit besonders attraktive Renditeaussichten.« Der Anleger geht also keine im statistischen Mittel schädlichen Wetten auf einzelne Wertpapiere, einzelne Branchen, einzelne Themen, einzelne Länder, einzelne Fondsmanager oder einzelne Marktphasen ein.

Abbildung 5: Schematische Darstellung eines Weltportfolios

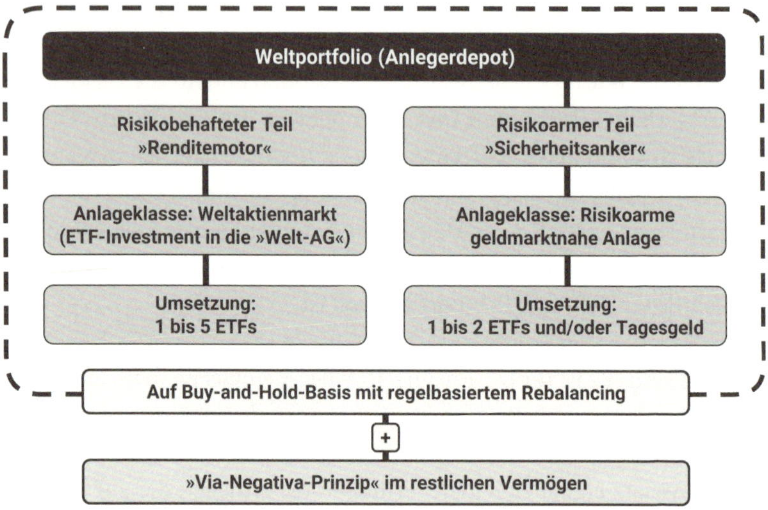

► Tagesgeld/Bankguthaben nur bis zur Obergrenze der gesetzlichen Einlagensicherung, also in der EU 100 000 Euro pro Bankkunde.

In der Anlageklasse Aktien, dem Renditemotor im Weltportfolio, werden mit einem oder mehren ETFs mehrere Tausend Einzelwerte aus allen rund 195 Ländern der Erde abgedeckt (ca. 50 dieser Länder haben nennenswerte Börsen, aber die Unternehmen selbst können auch aus Ländern kommen, die keine Börse haben und daher an einer Börse in einem anderen Land gelistet sind).

In der Anlageklasse »risikoarme geldmarktnahe Anlage«, dem Stabilitätsanker im Weltportfolio, werden zinstragende Anlagen in Gestalt von Staats- und Unternehmensanleihen abgebildet. Im wissenschaftlichen Jargon handelt es sich hierbei um eine pragmatische, leicht umsetzbare Annäherung an das Konzept des »Riskfree Assets« oder des »Riskfree

Returns«. Soweit dabei Staatsanleihen eingesetzt werden, müssen diese Staaten zu denjenigen mit der höchsten Bonität weltweit gehören. Soweit Unternehmensanleihen eingesetzt werden, müssen die emittierenden Unternehmen im oberen Bonitätsdrittel liegen (→ Investment-Grade-Anleihen). Einzelemittentenrisiko bei Unternehmensanleihen wird wegdiversifiziert, indem mindestens 150 verschiedene Emittenten im Portfolio sein sollen. Das Zinsänderungsrisiko wird auf ein sehr niedriges Niveau gesenkt, indem die Restlaufzeit (Duration) dieser Anleihen im Mittel unter zwei Jahren beträgt. Relativ zur funktionalen Währung des Anlegers darf kein Wechselkursrisiko bestehen.

Das Weltportfolio soll maximal liquide sein – auch deswegen, weil die meisten nennenswerten anderen Vermögenswerte von Privathaushalten typischerweise sehr illiquide sind, z.B. Immobilien, das Humankapital bei noch berufstätigen Haushalten, Ansprüche an die gesetzliche, an private und an betriebliche Rentenversicherungen, Beteiligungen an geschlossenen Fonds, Private-Equity-Beteiligungen, Beteiligungen an operativen Unternehmen sowie Sammlerobjekte.

Die anlegerspezifische prozentuale Gewichtung zwischen dem risikobehafteten und dem risikoarmen Portfolioteil im WPF-Ansatz heißt »Level-1-Asset-Allokation«. Sie ist der wichtigste einzelne Stellhebel, um die Mischung aus Rendite und Risiko, die Ertragserwartung und den Risikograd des Portfolios zu bestimmen. Dieses Gewichtungsverhältnis kann 100/0, 90/10, 80/20, 70/30, 60/40, 50/50, 40/60, 30/70, 20/80, 10/90 und 0/100 betragen. Auf die Auswahl der für Sie richtigen Level-1-Asset-Allokation gehe ich in Abschnitt 7.2 ein.

Im WPF-Anleger wird Rendite primär als Kompensation, als »Schmerzensgeld« für bewusst genommenes, »gutes Risiko« betrachtet. Rendite ist keine Belohnung für »brillante Investmentideen«, »Guru-Können« oder richtige Prognosen, weil diese drei Anlageelemente keinen systematisch positiven und im Gegenteil sogar oft einen negativen Einfluss auf den Anlageerfolg haben. Ein WPF-Anleger lehnt Investmentpornografie à la »Rendite ohne Risiko« oder »garantierte Rendite« oder »jetzt auf *dieses* sichere Investment umsteigen, um dem nahenden Crash zu entgehen« als törichte, gefährliche Sirenengesänge ab.

Kosten sollen, soweit es sinnvoll ist, reduziert werden, weil beim Investieren der Grundsatz teurer = besser, der bei Gütern und Dienstleistungen außerhalb des Kapitalmarktes in der Regel gilt, hier nicht gilt. Die Minimierung von Kosten ist allerdings kein Selbstzweck – ansonsten würde man nur in kostenfreie Bankguthaben investieren.

Bestimmte begrenzte Beimischungen (Gold, Rohstoffe, Kryptoanlagen) sind denkbar, gehören aber nicht zur Standard- oder Basisversion des WPF-Konzeptes (siehe Abschnitt 7.6).

Finanzberatung, Produktverkauf und Vermögensverwaltung, die mit Interessenkonflikten beim Berater, Verkäufer oder Vermögensverwalter einhergehen, lehnt ein rationaler WPF-Anleger ab.

Ein WPF-Anleger evaluiert den Erfolg seiner Anlagestrategie nicht über sinnlos kurze 12-Monats-Zeiträume, sondern gibt seinem Portfolio mindestens fünf, besser aber zehn Jahre Zeit, um sich zu beweisen. Ein WPF-Anleger weiß, dass zu jedem Zeitpunkt bestimmte konzentrierte Investments existieren, die für bestimmte rückwärtsgerichtete Anlageperioden seine WPF-Anlage geschlagen haben. Er ist zu klug, um aus dieser banalen Tatsache abzuleiten, dass sein WPF-Investment ein Fehler oder nur die zweitbeste Lösung war.

Ein WPF bemüht sich generell, so rational wie möglich zu agieren und Emotionen und Meinungen aus seinen Vermögensanlagen so weit wie irgend möglich herauszuhalten. Der Anleger übt kritische Selbstreflektion und Demut angesichts der eigenen historischen Investmentfehler und der grundsätzlichen Unfähigkeit des Menschen, die Zukunft von sozialen Systemen wie dem Kapitalmarkt verlässlich vorhersehen zu können.

7.2 Ein simpler Weltportfolio-Vorschlag zur Umsetzung

Die nachfolgenden zwei Abschnitte erläutern, wie ein konkretes Weltportfolio aufgebaut ist. Das geschieht in zwei Schritten. Im ersten Schritt legt der Anleger seine sogenannte Level-1-Asset-Allokation (»Level-1-AA«) für sich fest, im zweiten seine Level-2-Asset-Allokation (»Level-2-AA«). Was sich hinter diesen beiden simplen Konzepten verbirgt, werden Sie auf den folgenden Seiten erfahren.

7.2.1 Die »Level-1-Asset-Allokation« festlegen

> »Ihre Investment-Performance wird fast vollständig durch einen einzigen Faktor bestimmt – Ihre Asset-Allokation über breite Anlageklassen hinweg. Aktien- oder Fondspicking sowie Market Timing – die Faktoren, von denen traditionell angenommen wird, sie würden den Anlageerfolg bestimmen –, sind tatsächlich annähernd irrelevant.«
>
> *(Finanzbuchautor und Neurologe William Bernstein)*

Aus der Helikopterperspektive besteht das WPF lediglich aus zwei Komponenten: einer risikobehafteten Aktienkomponente und einer risikoarmen zinstragenden Komponente (siehe Abbildung 5 im vorhergehenden Abschnitt). Nichts im WPF-Konzept hat mehr Einfluss auf die erwartete Rendite, das erwartete Risiko oder die Liquidität als diese einfache Aufteilung – auch nicht die Entscheidung zwischen ETF A versus ETF B innerhalb der einzelnen Anlageklassen.

Der risikobehaftete Teil (global diversifizierte Aktien) dient – wie Mast und Segel bei einer Segeljacht – als das Fahrzeugelement, das den Vortrieb erzeugt, vorausgesetzt, der Wind (die Märkte) ist freundlich.

Der risikoarme Portfolioteil entspricht bei der Jacht den Vorrichtungen und Geräten, die der Sicherheit dienen, wie z.B. Rettungsboot, Schwimmwesten und Anker. Diese Gerätschaften geben dem Schiff keinen Vortrieb. Im Gegenteil, sie bremsen den Vortrieb aufgrund von Gewicht und Luftwiderstand, sind unbequem (Schwimmwesten), nehmen knappen Platz weg und kosten sogar Geld. Diese scheinbaren Nachteile sind aber dennoch okay, denn jeder Skipper weiß, dass es ohne Anker, Schwimmwesten und Rettungsbote nicht geht, wenn man jahrelang auf den Ozeanen kreuzen will. Ganz ähnlich geht es beim risikoarmen Portfolioteil – dem Stabilitätsanker im Portfolio – ausdrücklich nicht darum, die Rendite des Portfolios zu erhöhen, sondern ihm den gewünschten Sicherheitsgrad – man könnte auch Resilienz oder »Antifragilität« sagen – zu verleihen.

Ein anderer guter Vergleich zum risikoarmen Portfolioteil ist die Gebäudebrandversicherung bei einem Wohnhaus. Die Versicherung trägt nicht nur nichts zur Rendite (Wertsteigerung plus Miete minus Instandhaltung) des Hauses bei, sie reduziert diese Rendite sogar noch. In den allermeisten Fällen wird der Hauseigentümer nach 30 Jahren feststellen können, dass die Versicherungsbeiträge (Prämien) scheinbar für die Katz waren, denn es hat keinen Feuerschaden gegeben. Trotzdem wäre es sehr irrational, beim Erwerb des Hauses keine solche Versicherung abzuschließen.

Hohe und überhöhte Renditeerwartungen an den Stabilitätsanker zu stellen, ist ein verbreiteter und gefährlicher Anlegerfehler. Wir rufen uns in Erinnerung: Risikoarm heißt hier kein oder nur ein ganz geringes Volatilitätsrisiko, das niedrigstmögliche Ausfallrisiko, kein Wechselkursrisiko und maximale Liquidität. Wie hoch (oder besser formuliert: wie niedrig) realistische Langfristrenditen nach Abzug der Inflation für sichere zinstragende Anlagen sind, habe ich in Abschnitt 4.5 dargestellt.

Tabelle 24 zeigt elf Level-1-AAs für ein WPF mit ihren jeweiligen Rendite- und Risikoeigenschaften. Im folgenden Abschnitt 7.2.2 kommen wir zur Level-2-AA. Sie ist die Übersetzung einer Level-1-AA in einen konkreten Anlagevorschlag auf Produktebene.

Zur Interpretation der Zahlen in der untersten Tabellenzeile, »Erwartete reale Rendite p.a.«, bitte noch einmal einen Blick auf die Infobox »Das Konzept der erwarteten Rendite« in Abschnitt 1.4 werfen. Neben den dort genannten Erläuterungen bitte beachten: (a) Es handelt sich hier um sogenannte geometrische Durchschnittsrenditen (arithmetische Durchschnittsrenditen wären höher). (b) Das jeweils aktuelle Bewertungsniveau spielt bei der Berechnung erwarteter Renditen eine große Rolle. Ist es beispielsweise zwölf Monate später deutlich niedriger, dann steigen die erwarteten Renditen, ist es höher, dann fallen sie. Den Werten in Tabelle 24 liegt ein »normales«, »mittleres« Bewertungsniveau zugrunde.

Bei entsprechenden Anlegerpräferenzen können dem risikobehafteten Portfolioteil im WPF im begrenzten Umfang optionale Beimischungen hinzugefügt werden, die jedoch nicht zur Standardversion des Weltportfolios gehören. Solche Beimischungen werden in Abschnitt 7.6 erläutert.

Tabelle 24: Kennzahlen für Risiko und Rendite von elf Portfolios aus global diversifizierten Aktien (ohne → Faktorprämien) und einer »risikofreien« Anlage auf Basis von inflationsbereinigten Renditen in Euro von 1970 bis 2024 (55 Jahre)

Portfolio-Nr.	1	2	3	4	5
Risikobehafteter Portfolioteil (Aktien)	100%	90%	80%	70%	60%
Risikoarmer Portfolioteil (zinstragende Anlagen)	0%	10%	20%	30%	40%
Maximaler kumulativer Verlust, nominal	–53%	–48%	–43%	–38%	–32%
Erwartete reale Rendite p.a.	5,4%	5,1%	4,9%	4,6%	4,2%

Portfolio-Nr.	6	7	8	9	10	11
Risikobehafteter Portfolioteil (Aktien)	50%	40%	30%	20%	10%	0%
Risikoarmer Portfolioteil (zinstragende Anlagen)	50%	60%	70%	80%	90%	100%
Maximaler kumulativer Verlust, nominal	–26%	–19%	–13%	–7%	–3%	–4%
Erwartete reale Rendite p.a.	3,9%	3,5%	3,1%	2,7%	2,2%	1,7%

► Ohne Kosten und Steuern. ► Indizes Aktienteil: MSCI World Standard 1970 bis 1987, MSCI ACWI Standard 1988 bis 1995, danach MSCI ACWI IMI. Indizes »risikofreier« Portfolioteil: 50/50-RexP (deutsche mittelfristige Staatsanleihen) und deutscher Geldmarkt (Frankfurter Geldmarkt 3-Monats-Gelder bis Ende 1998, danach 3-Monats-Euribor). ► Datenquellen MSCI, Deutsche Bundesbank.

Vielen Lesern werden die Renditezahlen in Tabelle 24 enttäuschend niedrig und die Risikokennzahlen beunruhigend hoch erscheinen, aber so sind nun einmal die Fakten (siehe auch die historischen Langfristdaten in Tabelle 1, Abschnitt 1.3 und die dortigen Erläuterungen zur Höhe historischer Renditen von Anlageklassen).

Für mich sind in diesem Zusammenhang vor allem zwei Feststellungen wichtig: Entscheidend ist weniger die absolute Höhe der Renditen als die relative Höhe, also die Höhe im Verhältnis zu den verfügbaren Alternativen. Wie wir in Tabelle 1 gesehen haben, besteht für Aktien eine mehr als doppelt so hohe Renditeerwartung wie für Immobilien und eine rund sechsmal so hohe wie für verzinsliche Bankguthaben.

Außerdem sind die Renditen in Tabelle 24, so niedrig sie erscheinen mögen, Renditen, die wohl mehr als 90% aller aktiv gemanagten Portfolios (aktiv gemanagte Fonds, Vermögensverwalter-Depots, Do-it-yourself-Depots) über Zeiträume von fünf Jahren an und aufwärts *nicht* erreichen. Dass das so ist und warum es so ist, habe ich in Abschnitt 1.4 beschrieben.

Infobox: Die persönliche Liquiditätsreserve

Die PLR ist Ihr Notgroschen, Ihre eiserne Reserve für Notfälle – so etwas wie das Extrapaar Socken auf der Gebirgswanderung oder die zusätzliche Powerbank für Handy und Laptop auf der Dienstreise. Eine PLR zu haben, schenkt mentale Stärke und verhindert, dass man bei der erstbesten »Panne im Lebensplan« sein Weltportfolio anzapfen muss. Letzteres wäre das Gegenteil von Buy and Hold, die wahrscheinliche Zementierung von Verlusten, der Verzicht auf die »Magie des Zinseszinses«, die Reduktion des Steuervorteils im WPF-Konzept (siehe Abschnitt 7.4) und allgemein der Beleg dafür, dass der vorherige Plan nicht resilient war. Eine ausreichend dimensionierte PLR kann dazu beitragen, dass so etwas nicht passiert. Mit Vermögensbildung beginnen zu wollen, ohne eine korrekt dimensionierte PLR zu haben, bedeutet, den zweiten vor dem ersten Schritt zu tun.

Betraglich sollte die PLR zwischen dem Sechsfachen und dem Zwölffachen Ihrer durchschnittlichen monatlichen Lebenshaltungskosten liegen. An welchem Ende dieses Spektrums Sie persönlich liegen wollen, müssen Sie selbst beurteilen. Im Optimalfall brauchen Sie Ihre PLR über Jahrzehnte hinweg nie nutzen, weil Ihr »laufender Cashinflow«, also die laufenden Einnahmen, stets hoch genug sind, um Ihre Ausgaben zu decken. Wenn Sie – in einem ungeplanten Liquiditätsengpass – Mittel aus Ihrer PLR entnehmen, müssen Sie sie bei der nächsten Möglichkeit wieder auffüllen. Diese Disziplin schulden Sie Ihrem Selbstrespekt und Ihrem Vermögensbildungs-Mindset. Vor diesem Auffüllen sollten Sie sich keine Extravaganzen (Urlaubsreisen, Luxus etc.) leisten. Praktisch empfiehlt es sich, die PLR als Tagesgeld (innerhalb der gesetzlichen Einlagensicherung) auf einem gesonderten Bankkonto (nicht Ihr reguläres Girokonto) zu parken. Hier sind maximale Liquidität und maximale Sicherheit wichtig. Rendite ist sekundär.

Die für Sie passende Level-1-AA wählen Sie folgendermaßen aus: Studieren Sie ausgiebig den für die einzelnen Portfolios genannten maximalen kumulativen Verlust (Maximum Drawdown). Wenn Sie eine bestimmte Level-1-AA auswählen, müssen (!) Sie sich sicher sein, dass Sie diesen Verlust mental und liquiditätsmäßig aushalten können, ohne schlaflose Nächte zu haben, »ohne das Handtuch zu werfen«, sprich zu verkaufen, und natürlich ohne den Familienfrieden zu gefährden. Man kann es auch anders formulieren: In den risikobehafteten Portfolioteil darf man nur Mittel investieren (oder investiert lassen), die man zu jedem gegebenen Zeitpunkt (also nicht nur anfänglich) mit an Sicherheit grenzender Wahrscheinlichkeit (und ich meine »mit an Sicherheit grenzender Wahrscheinlichkeit«) in den folgenden fünf Jahren nicht benötigt.

Historisch gesehen ist eine nominale Nullrenditeperiode für ein 100%-Aktienportfolio (gemeint sind Aktien Global) von zehn Jahren in den zurückliegenden 100 Jahren mehrfach aufgetreten, und darauf müssen Sie mit dem Aktienteil Ihres Portfolios grundsätzlich gefasst sein.[69] (Bei einer einzelnen Immobilie dürfte eine zehnjährige Nullrenditeperiode für den eigenkapitalfinanzierten Teil in den zurückliegenden 100 Jahren noch viel häufiger geschehen sein, aber das lässt sich mit den verfügbaren historischen Zahlen nicht belegen, ganz abgesehen davon, dass das die betreffenden Haushalte oft gar nicht voll realisieren oder realisieren wollen.)

Wer in einer Aktien-Crash-Phase teilweise oder ganz aussteigt (verkauft) und älter als 35 Jahre ist, wird den damit vermutlich angerichteten Renditeschaden statistisch in seinem verbleibenden Anlegerleben wohl nicht mehr aufholen. Das wollen wir unbedingt vermeiden, und deswegen sollte man im Zweifel lieber eine konservativere Level-1-Asset-Allokation wählen, vor allem, wenn man weniger als fünf Jahre Erfahrung mit Aktieninvestments hat.

Die folgende Tabelle 25 fasst die Faktoren zusammen, die die Risikotragfähigkeit eines Haushalts bestimmen. In der linken Spalte sind drei Risikobegrenzungskriterien genannt. Sie sind alle drei gleich wichtig. Dasjenige der drei Kriterien, bei dem ein Haushalt am konservativsten (risikoscheuesten) abschneidet, bestimmt schlussendlich die Risikotragfähigkeit des Haushaltes.

Ein Beispiel für die nervlich-emotionale Bereitschaft, Risiko zu tragen: Ich nehme dabei an, Anleger Oskar wählt heute Portfolio 2 aus Tabelle 24. Ein Jahr nach Aufsetzen des Portfolios beginnt ein Aktien-Crash. Nach vier Monaten Marktabschwung beginnen die Dinge »ernsthaft ungemütlich« zu werden. Nach 14 Monaten hat sich Oskars Portfolio um 35% in Richtung Süden bewegt. Schon als sein Depot die 10%-Verlustmarke durchbrach, begann er eine psychische Belastung zu empfinden. Jetzt, bei minus 35%, ist er verzweifelt, hat vorher nicht gekannte Einschlafprobleme und kann tagsüber oft stundenlang kaum noch an etwas anderes denken als seine (Buch-)Verluste. Gegenüber seiner Lebenspartnerin Sabrina hat Oskar ein schlechtes Gewissen, denn sie votierte ursprünglich für die weniger renditeträchtige Weltportfolio-Variante 6 (50/50), da ihr das Drawdown-Risiko von Variante 2 zu hoch erschien. Aber Oskar überredete seine Partnerin vor zwei Jahren, seiner Präferenz zu folgen.

---

69 Würde man diese Feststellung nur auf amerikanische Aktien beziehen, wäre das Bild eher negativ.

Tabelle 25: Die drei Kriterien, die die Risikotoleranz nach oben begrenzen: »Fähigkeit«, »Notwendigkeit« und »Bereitschaft«, gutes Investmentrisiko zu tragen

Risikobegrenzungskriterium	**Subjektiv versus objektiv**	**Erläuterung**
Die wirtschaftliche *Fähigkeit*, Risiko zu tragen	Objektiv	Die objektiven Ausgangsbedingungen des Haushaltes: z.B. (i) das Startvermögen, also das gesamte Nettovermögen einschließlich Humankapital, nach Abzug aller Schulden (Leverage ist risikoerhöhend), (ii) die Stabilität (der Risikograd) dieses Vermögens, (iii) das laufende Einkommen des Haushaltes nach Abzug aller Lebenshaltungskosten, (iv) die Stabilität dieses Einkommens, (v) der Anlagehorizont und (vi) der Liquiditätsbedarf in den kommenden fünf Jahren. Je besser diese Bedingungen insgesamt sind, desto tendenziell höher ist die Risikotragkapazität bei diesem Kriterium.
Die wirtschaftliche *Notwendigkeit*, Risiko zu tragen	Objektiv	Die notwendige Investmentrendite, die der Haushalt rein theoretisch bei einem vorgegebenen Endvermögensziel erzielen müsste. Diese ergibt sich aus dem Zielvermögenszuwachs bei einem gegebenen Startvermögen während des Anlagehorizontes. Je höher diese notwendige Minimumrendite, desto tendenziell höher ist die Risikotragenotwendigkeit hinsichtlich dieses Kriteriums.
Die nervlich-emotionale *Bereitschaft*, Risiko zu tragen	Subjektiv	Die nervlich-emotionale Bereitschaft und tatsächliche mentale Fähigkeit, verlustbedingten Stress auszuhalten. Je stressresistenter das risikoscheueste Mitglied des Haushaltes ist, desto tendenziell höher ist die Risikotragkapazität bei diesem Kriterium. Die nervlich-emotionale Bereitschaft, Risiko zu tragen, wird im Zeitablauf üblicherweise durch wachsendes Investmentwissen und wachsende Erfahrung mit Aktien erhöht. Bei manchen Menschen nimmt diese Bereitschaft nach Erreichen des etwa 50. bis 60. Lebensjahrs wieder ab.

Wenn Oskar und Sabrina nun aus Stress, also der Angst davor, dass es noch schlimmer kommen könnte, oder aus einem Liquiditätsengpass heraus einen Teil der Aktienkomponente ihres Portfolios oder sogar das ganze Portfolio verkaufen, machen sie Buchverluste zu endgültigen Verlusten. Mit großer Wahrscheinlichkeit zementieren die beiden damit ihr Unglück. Sie nehmen ihrem Portfolio vermutlich die Chance, sich wieder aus der Verlustzone heraus aufzurappeln.

Ich will damit nicht sagen, dass ein solcher Verkauf *immer* die falsche Entscheidung ist. Erstens kann man das erst nach Jahren endgültig beurteilen und zweitens kann es dann die richtige Entscheidung sein, wenn man feststellt, dass man seine ursprünglich Risikotragfähigkeit falsch eingeschätzt, nämlich überschätzt hat. Das ist sehr bedauerlich, aber es ist auch menschlich. Am besten ist es, man macht diesen Fehler gar nicht erst. Deshalb gilt: Wenn Sie sich nicht sicher sind, dann wählen Sie ein Portfolio, das eine oder zwei Stufen konservativer ist (in der Tabelle 24 nach rechts gehend) als das, was Ihnen vorschwebt. Nachdem Sie einige Jahre Zeit hatten, sich an das mit einer bestimmten Level-1-AA einhergehende Schwankungspotenzial Ihres Portfolios zu gewöhnen, können Sie auf Basis realer, eigener Erfahrungen und Lerneffekte später ja immer noch einen Gang hochschalten.

»Risikotoleranz« besitzt eine Person also genau bis zu dem Punkt, an dem die Person angesichts eines Drawdowns des Gesamtportfolios von Intensität X eine deutliche Beeinträchtigung ihres Seelenfriedens empfindet oder anfängt, ihr Verhalten zu ändern.

Je weiter Sie weg sind von der Phase, in der Sie wahrscheinlich oder sicher Entnahmen aus Ihrem Portfolio tätigen werden, desto länger ist unter sonst gleichen Umständen Ihr Anlagehorizont.

Ein Beispiel: Gloria ist 66 Jahre alt und wird ihre Berufstätigkeit bald beenden. Sie hat ein Bankdepot, das sie mit großer Wahrscheinlichkeit »nie anrühren muss«, weil ihre sonstigen Einkünfte aus einer Rente und einer vermieteten Immobilie ihre Lebenshaltungskosten merklich übersteigen werden.

Gregor ist gleich alt, wird ebenfalls bald in den Ruhestand gehen. Er wird aus seinem Bankdepot jedoch Entnahmen von über 4% im Jahr tätigen müssen, um die Lücke zwischen seiner Rente und seinen Lebenshaltungskosten zu schließen. Unter sonst gleichen Umständen könnte man sagen, dass der Anlagehorizont von Gloria länger ist und sie sich im Prinzip eine höhere Aktienquote erlauben könnte. Das heißt auch: Je näher Ihr Haushalt in Bezug auf das Depot der Vermögensverbrauchsphase kommt (vielleicht weil Sie auf den Ruhestand zusteuern), desto kürzer wird Ihr Restanlagehorizont tendenziell. Das könnte bedeuten, dass Sie – unter sonst gleichen Umständen – Ihre Level-1-AA von Jahr zu Jahr etwas konservativer machen müssen. Wie das praktisch geht, wird weiter unten in Abschnitt 7.5 (»Rebalancing«) erläutert.

In gewisser Weise stellt die in Tabelle 24 genannte Risikokennzahl (maximaler Drawdown) eine praxisfremde Worst-Case-Perspektive dar. Praxisfremd insofern, als dabei realitätsfern unterstellt wird, (a) ein Anleger investiert exakt am schlechtestmöglichen Tag und (b) er gibt den gesamten Betrag in einer Summe in den Markt (also nicht über einen längeren Zeitraum verteilt). Unter 50 Aktienanlegern wird es vermutlich nur einen geben, auf den diese beiden Bedingungen zutreffen. Vermögen in Form von Humankapital oder anderes Vermögen außerhalb des Weltportfolios wird in dieser Betrachtung ebenfalls nicht berücksichtigt, denn würde man den Drawdown auf Basis des echten Gesamtvermögens berechnen, wäre er unter Umständen geringer.

Die WPF-Rendite wird, nach allen Kosten und Steuern, auf lange Sicht mit großer Wahrscheinlichkeit höher sein als die der meisten vergleichbaren aktiven Anlageportfolios – vergleichbar im Sinne des eingegangenen erwarteten Risikos (»Ziel-Risiko«). Das hat einige einfache Gründe: niedrigere Kosten, die Vermeidung schlechter Finanzprodukte, die Vermeidung renditeschädlicher Effekte aus → Return Chasing und ein vorteilhafter steuerlicher Barwerteffekt durch Buy and Hold (siehe weiter unten Abschnitt 7.4).

7.2.2 Die »Level-2-Asset-Alllokation« festlegen

Kommen wir nun zur Level-2-Asset-Allokation. Sie ist das Befüllen der beiden Gefäße *Risikobehaftet* und *Risikoarm* in Abbildung 5, Abschnitt 7.1, mit granulareren Anlageklassen, die durch konkrete Anlageprodukte abgebildet werden.

Das WPF kann in unterschiedlichen Komplexitätsstufen realisiert werden – je nach Anlegerpräferenz und -bedürfnissen. In diesem Buch stelle ich lediglich die »WPF-Variante 1« vor, weil sie aufgrund ihrer Simplizität für die allermeisten normalen Privathaushalte am besten geeignet ist. In meinem Buch *Souverän investieren mit Indexfonds und ETFs – Ein Investmentbuch für fortgeschrittene Privatanleger* (7. Auflage 2025) sind zusätzlich noch drei komplexere Varianten enthalten. Variante 1 ist am einfachsten aufzusetzen, am pflegeleichtesten und sie funktioniert auch gut bei kleinen Anlagevolumina.

Eine Vorbemerkung zur Frage der Auswahl spezifischer ETF-Produkte: Ich nenne nachfolgend lediglich *Indizes* für die einzelnen Anlageklassen.

Für diese Indizes werden im deutschsprachigen Raum jeweils mehrere ETFs von verschiedenen Anbietern vertrieben. Ich nenne jedoch keine spezifischen ETFs. Das Benennen bestimmter ETFs wäre aus einer Reihe von Gründen nicht zielführend. Erstens, weil eine konkrete Produktliste angesichts der laufenden und begrüßenswerten Fortentwicklung des ETFs-Marktes bereits in wenigen Monaten anfangen würde zu veralten. Dieses Buch wird jedoch mehrere Jahre im Druck sein. Zweitens ist es natürlich so, dass für eine gegebene Anlageklasse innerhalb des Weltportfolios nicht nur ein, zwei oder drei spezifische ETFs infrage kommen, die man in einem Buch erwähnen könnte. Eine ETF-Liste in diesem Buch würde also lang werden und wäre dennoch nie lang genug. Drittens existieren exzellente Onlinetools, die für die Suche und Identifikation von ETFs strukturell besser geeignet sind als ein Buch. Auf sie gehe ich weiter unten in Abschnitt 8.1 ein.

Wer in Eigenregie ein Weltportfolio aufbauen möchte, der sollte die Voraussetzung mitbringen, die dafür passenden ETFs selbst auswählen zu können.

Kommen wir nun zu den beiden Hauptelementen des Weltportfolios, dem risikobehafteten Portfolioteil und dem risikoarmen Teil.

Der risikobehaftete Teil besteht im einfachsten Fall aus einem einzelnen ETF, der den Weltaktienmarkt umfassend, überlappungsfrei (möglichst ohne Doppelabbildungen) und lückenlos abdeckt. Dafür existieren derzeit (Anfang 2025) mehrere globale Aktienindizes, zu denen in Deutschland zahlreiche ETFs vertrieben werden:

- FTSE All World – Regionen: Industrieländer + Schwellenländer; Größenklassen: Large Caps + Mid Caps
- MSCI ACWI (All Country World Index) – Regionen: Industrieländer + Schwellenländer; Größenklassen: Large Caps + Mid Caps
- Solactive GBS Global Market Large Cap & Mid Cap – Regionen: Industrieländer + Schwellenländer; Größenklassen: Large Caps + Mid Caps
- MSCI ACWI IMI (All Country World Index Investable Market) – Regionen: Industrieländer + Schwellenländer; Größenklassen: Large Caps + Mid Caps + Small Caps

Der berühmte MSCI World (Standard) Index fehlt in der Auflistung, weil er nach meinem Dafürhalten nicht ausreichend breit und gut diversifiziert ist. Er enthält keine Small-Cap-Aktien (Nebenwerte) und er enthält keine Schwellenländeraktien, obwohl Schwellenländer inzwischen rund 50% der Weltwirtschaftsleistung ausmachen. Zudem leidet der MSCI World Index aktuell (März 2025) besonders stark an drei Konzentrations- und Klumpenrisiken in den hoch bewerteten (teuren) Teilen des globalen Aktienmarktes: Klumpen-USA, Klumpen-Tech-Sektor und Klumpen-Top-10-Einzelaktien. Diese Probleme und Schwächen bestehen in den oben aufgelisteten Indizes weniger.

Für einige dieser Indizes existieren Aktien-ETFs, die in Euro oder andere Währungen gehedgt (abgesichert) sind. Von solchen globalen Aktien-ETFs mit Wechselkurssicherung ist abzuraten. Die Frage der Wechselkursabsicherungen wird im folgenden Abschnitt behandelt.

Diese Indizes decken je nach Index zwischen 80% und 90% des Weltaktienmarktes ab. Die einzelnen Aktien und damit auch das Land oder die Region, denen eine Aktie nach dem Ort ihres Börsenlistings zugeordnet ist, sind nach ihrer Marktkapitalisierung gewichtet.

Generell sollte ein Weltportfolio im Aktienteil idealerweise sowohl Schwellenländer als auch Small Caps beinhalten, denn nur so kann man von einem kompletten Investment in die »Welt AG« sprechen.

An dieser Stelle eine kurze Werbeeinblendung: Mein Unternehmen hat zusammen mit dem großen britischen Finanzkonzern Legal & General einen globalen Aktien-ETF aufgelegt, den L&G Gerd Kommer Multifactor Equity UCITS ETF (WKN WELT0A für die thesaurierende und WELT0B für die ausschüttende Variante). Dieser ETF ist in der Breite seiner Abdeckung vergleichbar mit anderen ETFs auf den o.g. MSCI ACWI IMI Index, unterscheidet sich aber von diesen, weil der GK-ETF sogenannte Faktorprämien berücksichtigt und andere Merkmale hat, die Konzentrationsrisiken abmildern sollen.

Natürlich kann man die Abdeckung des Weltaktienmarktes (also der Weltwirtschaft) in geografischer Dimension und in der Dimension Unternehmensgrößenklassen auch modular über die Kombination mehrerer jeweils engerer ETFs erreichen. Das wird häufig dann der Fall sein, wenn man mit dem Aufsetzen des Weltportfolios nicht bei null anfängt, sondern schon ältere ETFs im Depot hat, die man aus steuerlichen Gründen nicht verkaufen möchte.

Der risikoarme Portfolioteil kann ebenfalls auf unterschiedliche Weise umgesetzt werden. Für alle Lösungen gilt: (a) Es sollte aus Sicht des Anlegers (bzw. seiner funktionalen Währung) kein Wechselkursrisiko bestehen, (b) es sollte nur Anleihen mit gehobener Bonität enthalten sein (→ Investment Grade), (c) die Laufzeit (Duration) der Anleihen im ETF sollte nicht über drei Jahre liegen, um das Zinsänderungsrisiko auf ein niedriges Niveau zu begrenzen.

Alles in allem soll der risikoarme Portfolioteil High-Quality-Anleihen repräsentieren. Bei Unternehmensanleihen sollten insgesamt mindestens 150 verschiedene Emittenten im Portfolio vertreten sein. Die Mischung zwischen Staatsanleihen und Unternehmensanleihen könnte im Verhältnis ein Drittel Staatsanleihen zu zwei Drittel Unternehmensanleihen liegen. Abweichungen von dieser Gewichtung sind akzeptabel und in den meisten Fällen unproblematisch.

Nach meiner Erfahrung sind Privatanleger weniger vertraut mit der Anlageklasse Anleihen als mit der Anlageklasse Aktien, obwohl die Anlageklasse Anleihen weltweit größer und für risikoarme Anlagen besonders relevant ist. (Eine kurze, aber nicht trivial kurze Einführung in das Thema Anleihen geben Kommer/Schweizer 2024a.)

Auch ein verzinsliches Tagesgeld, soweit es betraglich innerhalb der gesetzlichen Einlagensicherung liegt *und* der »garantierende« Staat mindestens ein Bonitätsrating von AA– besitzt (Ratingstufe 4 von etwa 25),[70] ist im risikoarmen Portfolioteil akzeptabel. Allerdings dürfte die Rendite eines durchschnittlichen Tagesgeldes auf lange Sicht um einen halben bis einen Prozentpunkt p.a. niedriger als die von Anleihen liegen, die die o.g. Kriterien erfüllen.

Wer mit der Rendite seines *Gesamt*portfolios – und nur auf diese Gesamtrendite kommt es an – unzufrieden ist, muss den Anteil des risikobehafteten Portfolioteils erhöhen und den Anteil des risikofreien Portfolioteils dementsprechend senken – unter bewusster Inkaufnahme der damit einhergehenden Risikozunahme. Rendite ist die Belohnung für das Tragen von (gutem) Risiko. Hingegen wäre die Umwandlung des Sicherheitsankers im Portfolio in eine risikobehaftete Komponente mit höherer

70 Eine Tabelle mit allen Ratingnoten finden Sie auf der deutschen Wikipedia unter dem Stichwort »Liste der Länder nach Kreditrating« und im Blog-Beitrag Kommer/Schweizer 2024a.

erwarteter Rendite ein grundsätzlicher Fehler.[71] Er beruht auf der gefährlichen Illusion, dass man Sicherheit und Rendite *zugleich* haben könne.

Folgende Indizes kommen für einen Anleger mit der funktionalen Währung Euro infrage:

Staatsanleihen:

- FTSE MTS Highest Rated Macro-Weighted Government Bond Index 1–3 Years
- Iboxx € Germany 1–3 TR Index
- eb.rexx Government Germany 1.5–2.5 Index
- ICE US Treasury 1–3 Year (EUR Hedged) Index
- EuroMTS Cash 3 Months Index (sehr kurzlaufende Staatsanleihen in Euro)

Unternehmensanleihen:

- Solactive Euro Corporates 0–3 Year Liquid EUR Index,
- Bloomberg Euro Corporate Bond 0–3 Index
- iBoxx EUR Liquid Investment Grade Ultrashort Index
- JP Morgan Global Credit Index Ultra Short ex Banks 2% Issuer Capped (EUR Hedged) Index
- Solactive €STR + 8.5 Daily Total Return Index (Geldmarktfonds)

Wie dieser Abschnitt gezeigt hat, ist das Weltportfolio im einfachsten Fall schon mit zwei ETFs oder einem ETF und einer Tagesgeldanlage realisierbar. Wenn es um Geldanlagen geht, bringen Einfachheit und Transparenz enorme Vorteile: Erstens bedeuten sie niedrige Kosten und erhöhen damit die Renditeerwartung. Zweitens senken sie den einmaligen Arbeitsaufwand am Anfang und dauerhaft beim »Betrieb« des Portfolios. Sie senken auch das operative Risiko. Drittens erlauben sie auch ganz »normalen« Privatanlegerhaushalten, ihr Depot wirklich zu verstehen und sich damit zu identifizieren. Niedriger Arbeitsaufwand und hohe Identifikation erhöhen wiederum die Wahrscheinlichkeit, dass der Anlegerhaushalt über Jahre und Jahrzehnte bei diesem Ansatz bleibt und seinem Portfolio damit die Chance gibt, die Risikoprämien, die im Portfolio stecken, auch tatsäch-

71 Dieses Ziel könnte man z.B. über die Nutzung von Anleihen mit schlechterer Bonität (Hochzinsanleihen), von Anleihen mit längerer Laufzeit oder von Anleihen in Fremdwährungen mit einem höheren Marktzinsniveau erreichen.

lich zu ernten und von der Macht des Zinseszinses zu profitieren. Ohne diese beiden Effekte wird erfolgreiche Altersvorsorge kaum funktionieren.

In den verbleibenden Abschnitten dieses Kapitels sowie im Folgekapitel 8 beschäftigen wir uns mit weiteren praktischen Umsetzungsaspekten, denn der Teufel steckt bekanntlich im Detail, und das gilt auch fürs Geldanlegen.

7.3 Wechselkursrisiko: Wie damit umgehen?

Wer in liquide Anlagen, einschließlich ETFs in Aktien oder Anleihen, investiert, der sollte sich grundsätzlich über die Frage des Wechselkursrisikos (auch Währungsrisiko genannt) Gedanken machen. Erfreulicherweise ist diese Thematik für ein ETF-Investment, wie es in diesem Buch empfohlen wird, simpel. (Gleichwohl existiert nach meiner Erfahrung kaum ein Teilgebiet von Investieren, bei dem selbst fortgeschrittene Privatanleger so häufig und so eindeutig klaren Verständnisfehlern unterliegen, wie es beim Wechselkursrisiko passiert.) Die wesentlichen Einsichten und Umsetzungsaspekte aus Sicht eines Privatanlegers lassen sich folgendermaßen zusammenfassen:

Die in der Praxis vielleicht wichtigste Feststellung ist, dass die »Fondswährung« (ökonomisch präziser die »Berichtswährung«) eines ETFs für sich genommen rein gar nichts über das Wechselkursrisiko des Investments aussagt, insbesondere nicht bei Aktien-ETFs. Die Fondswährung ist bei manchen, aber nicht bei allen außerhalb Deutschlands investierenden ETFs ein Namensbestandteil, typischerweise am Ende des ETF-Namens. Ein Beispiel hierfür sind die folgenden beiden willkürlich ausgewählten ETFs auf den bekannten US-Aktienindex S&P 500: (a) Amundi ETF S&P 500 UCITS ETF USD (WKN A2H575) und (b) BNP Paribas Easy S&P 500 UCITS ETF EUR (WKN A1W4DP). Beim ersten ETF ist der USD die Fondswährung, beim zweiten der Euro. Beide ETFs haben für den Anleger, egal, ob Deutscher, Österreicher, Schweizer, Brite oder Japaner, jedoch exakt das gleiche Wechselkursrisiko – ganz einfach deswegen, weil die Fondswährung für das tatsächliche Wechselkursrisiko komplett irrelevant ist. Diese Regel gilt für Aktien-ETFs allgemein, egal, ob sie den US-Aktienmarkt, den chinesischen Aktienmarkt oder den globalen Aktienmarkt abbilden.

In einem halbwegs global diversifizierten Aktienportfolio (das mit ETFs ja leicht zu erstellen ist) ergibt es ökonomisch keinen Sinn, einen bestimmten Wechselkurs, beispielsweise den USD-Euro-Wechselkurs, abzusichern. Das hat folgende Gründe: (a) Realwirtschaftlich auf Ebene der Einzelunternehmen in dem oder den ETFs sind in einem solchen Portfolio *Hunderte* von Wechselkursen und Wechselkursrisiken enthalten – und eben nicht nur der USD-Euro-Kurs. Das trifft bereits auf große einzelne Unternehmen zu, wie z.B. Apple, und es trifft natürlich noch mehr zu auf ein Portfolio aus Hunderten Großunternehmen, die aus Dutzenden Währungsräumen Vorleistungen beziehen und in diesen Währungsräumen Umsätze erzielen. Wenn das so ist, ist es nicht nur sinnlos, sondern kontraproduktiv, nur eines dieser Risiken, einen einzelnen Wechselkurs, durch Absicherung (Hedging) zu fixieren. In gewissem Sinne kann man hier von Pseudowechselkurssicherung sprechen. (b) Wechselkurse schwanken zwar kurz- und mittelfristig stark und nicht verlässlich prognostizierbar, haben in der funktionalen Währung des Anlegers aber inflationsbereinigt eine Renditeerwartung von null. Weil das so ist, können Wechselkursveränderungen die Rendite eines Portfolios gemessen in der Heimatwährung des Anlegers über einen Monat oder fünf Jahre sowohl erhöhen als auch senken, ihr Einfluss wird aber mit zunehmender Länge des Zeitfensters, gerechnet in realer Rendite in der Heimatwährung, tendenziell immer weiter abnehmen. (c) Wechselkursrisiko und Wechselkurschance sind zwei Seiten derselben Medaille. (d) Wechselkursgesicherte Aktien-ETFs sind teurer als solche ohne Sicherung. Aufgrund dieser vier Argumente waren im März 2025 von etwa 1740 in Deutschland vertriebenen Aktien-ETFs nur etwa 70 wechselkursgesichert.

Dass die Aktienmärkte aus Ländern mit »Weichwährung« (Währungen, die langfristig gegenüber den sogenannten Hartwährungen verlässlich abwerten) wegen dieser chronischen Abwertungstendenz zwangsläufig niedrigere Renditen, gemessen in einer Hartwährung, produzieren, ist falsch, auch wenn es unserem Bauchgefühl entspricht. Schwellenländer als Gruppe haben gegenüber Hartwährungen notorisch abwertende Währungen. Trotzdem weisen sie von 1988 bis 2024 (35 Jahre) leicht höhere Aktienrenditen auf als Industrieländer.

Bei Anleihen-ETFs gelten grundsätzlich andere Regeln. Sofern die Anleihen im Portfolioteil die Funktion des Stabilitätsankers haben, sollte bei einem Anleihen-ETF kategorisch *kein* Wechselkursrisiko relativ zur Heimatwährung des Anlegers bestehen. Warum nicht? Weil Wechselkurse kurz- und mittelfristig stark und nicht zuverlässig prognostizierbar schwanken, würde ein Wechselkursrisiko die Risikopufferfunktion solcher ETFs vollkommen »überschwemmen« und zerstören (Sicherheit im Sinne von geringen Kurs- und Renditeschwankungen gemessen in der Heimatwährung des Anlegers). Wer mit dem Euro als Heimatwährung beispielsweise in US-Staats- oder US-Unternehmensanleihen investieren möchte, sollte das über einen Anleihen-ETF mit Wechselkurssicherung tun, im Ökonomenjargon mit *Hedging des Wechselkurses*. Anders sieht es eventuell aus, wenn jemand gezielt auf Wechselkursänderungen spekuliert (wovon ich abrate) oder wenn jemand in internationale Anleihen geringer Bonität investiert (Hochzinsanleihen), die dem risikobehafteten Portfolioteil zuzuordnen sind.

Dass der Euro eine Weichwährung oder »Wackelwährung« sei, ist von manchen »Experten« im Kontext von (oft berechtigter, aber genauso oft auch überzogener) EU-Skepsis verbreiteter modischer Nonsens, der sich mit Zahlen leicht widerlegen lässt. In den 26 Jahren von Januar 1999 (Einführung des Euros) bis Dezember 2024 hat der Euro gegenüber einem handelsstromgewichteten Korb von 70 Währungen um kumulativ 20% oder 0,7% p.a. aufgewertet.

Im Übrigen ist eine abwertende heimische Währung (für einen Anleger in Deutschland ein abwertender Euro) unter sonst gleichen Umständen in Bezug auf die Rendite seiner internationalen Investments ein Vorteil, eine Aufwertung hingegen ein Nachteil.

Das bringt uns zum letzten Gesichtspunkt. Finanzportfolionachteile aus der Aufwertung der Heimatwährung gegenüber anderen Währungen werden bei normal vermögenden Haushalten durch Vorteile aus dieser Aufwertung bei der Kaufkraft des Haushaltes für importierte Güter und Dienstleistungen oder Auslandsreisen ausgeglichen – eine *natürliche Hedge*, wie man im Ökonomenjargon sagen könnte. Wechselkurseffekte wirken sich für einen gegebenen Haushalt in dessen Anlageportfolio und in seiner Konsumsphäre tendenziell entgegengesetzt aus.

Lesern, die sich tiefgehender mit dem oft missverstandenen Aspekt Wechselkursrisiko für ETF-Anleger befassen möchten, empfehle ich den Blogbeitrag »Währungsabsicherung: Wann sinnvoll, wann nicht?« (Kommer/Weis 2018a).

7.4 Steuern sparen durch Buy and Hold

Buy and Hold ist ein zentraler Bestandteil des Weltportfolio-Konzepts. »Buy and Hold« (»BAH«) hat drei bekannte Vorteile und einen weitgehend unbekannten. Die bekannten sind Kostensenkung, geringerer Aufwand für Do-it-yourself-Anleger und Vermeidung von potenziell renditeschädlichen Timing-Fehlern. Eher unbekannt ist Vorteil Nr. 4: die Senkung der effektiven Steuerbelastung.

Gemeint ist der sogenannte → Barwertvorteil »nachgelagerter Steuerzahlungen« auf Aktien, einschließlich Aktien-ETFs. Dabei gilt die einfache Regel: Je länger die Halteperiode (je länger man BAH bei Aktien betreibt), desto stärker ist der Rückgang des *effektiven* Steuersatzes. Vom effektiven Steuersatz in Abgrenzung zum gesetzlichen oder statuarischen Steuersatz spricht man, wenn der Zeitwert (Barwert, Gegenwartswert) des Geldes, der Zinseszinseffekt und eventuell andere Faktoren, die die *tatsächliche* (im Steuerjargon: die *effektive*) Steuerbelastung mindern, bei der Ermittlung der tatsächlichen Steuerquote im Unterschied zum gesetzlichen Steuersatz mit in Betracht gezogen werden.

Im Folgenden werde ich schrittweise erklären, woraus dieser Steuervorteil von BAH genau resultiert und wie hoch er ist.

Ein aktiver Anleger, der seine einzelnen Aktien oder Aktienfondsanteile mehr oder weniger laufend kauft und verkauft (also Aktien oder Aktien-ETF-Anteile im Depot durchschnittlich nur ein Jahr oder wenige Jahre hält), hat diesen Steuervorteil nicht oder nur in sehr geringem Maße. Man profitiert von ihm nur bei langfristigem BAH.

Tabelle 25 illustriert und quantifiziert den Steuervorteil anhand eines konkreten Zahlenbeispiels. Die der Berechnung in Tabelle 25 zugrunde liegenden Annahmen lauten wie folgt:

Anfängliches Einmalinvestment von 100 Euro in Aktien. Nominale Kursrendite 7% p.a., Dividendenrendite 2,5%, nominale Gesamtrendite 9,5% p.a. Der BAH-Anleger realisiert Kursgewinne jeweils erst am Ende der in der obersten Tabellenzeile genannten Anlageperiode, der aktive Anleger realisiert Kursgewinne einmal im Kalenderjahr oder häufiger. Die Dividendeneinkünfte werden bei beiden Anlegertypen jährlich besteuert. Der Steuersatz beträgt 26,375% (gerundet 26,4%) (Abgeltungssteuer + Solidaritätszuschlag, keine Kirchensteuer).

Tabelle 25: Der steuerliche Barwertvorteil bei Aktienanlagen durch Buy and Hold – Annahme anfängliches Einmalinvestment von 100 Euro (alle Zahlen gerundet)

Steuereffekte bei einem aktiven Anleger gegenüber einem Buy-and-Hold-Anleger	Nach einem Jahr	Nach 10 Jahren	Nach 20 Jahren	Nach 30 Jahren	Nach 40 Jahren
Vorsteuerrendite für beide Anlegertypen	9,5% p.a.	9,5% p.a.	9,5% p.a.	9,5% p.a.	9,5% p.a.
Aktiver Anleger: Vermögensendwert nach Steuer	€ 107	€ 197	€ 387	€ 730	€ 1494
BAH-Anleger: Vermögensendwert nach Steuer	€ 107	€ 205	€ 452	€ 1025	€ 2365
Vorsprung Endvermögen BAH-Anleger	0%	+5%	+18%	+33%	+58%
Aktiver Anleger: Effektiver Steuersatz	26,4%	26,4%	26,4%	26,4%	26,4%
BAH-Anleger: Effektiver Steuersatz	26,4%	21,4%	17,6%	15,1%	13,4%
Steuervorteil BAH-Anleger (Prozentpunkte)	0	5,0%	8,8%	11,3%	13,0%
Aktiver Anleger: Nachsteuerrendite	7,0% p.a.	7,0% p.a.	7,0% p.a.	7,0% p.a.	7,0% p.a.
BAH-Anleger: Nachsteuerrendite	7,0% p.a.	7,5% p.a.	7,8% p.a.	8,1% p.a.	8,2% p.a.
Renditevorteil BAH-Anleger (Prozentpunkte)	0,0% p.a.	0,5% p.a.	0,8% p.a.	1,1% p.a.	1,2% p.a

► Die Wirkung der österreichischen Kapitalertragssteuer (KESt) von 27,5% ist diesbezüglich mit der deutschen Abgeltungssteuer von 25% plus SolZ und Kirchensteuer vergleichbar. In der Schweiz sind Kursgewinne von Wertpapieren für Privatanleger steuerfrei; auf Dividenden- und Zinserträge ist die normale Einkommenssteuer zu entrichten.

Woher kommt der Steuervorteil des BAH-Anlegers? Stellen Sie sich Anleger Lukas und Anlegerin Laura vor. Beide erzielen drei Jahre hintereinander mit ihren Investments Kursgewinne von genau 10% im Jahr. Sie starten zu Beginn von Jahr 1 mit 100 000 Euro (Gewinne aus laufenden Erträgen ignorieren wir für die Zwecke dieses Beispiels). Wir unterstellen der Einfachheit halber einen Steuersatz von 25%. Lukas ist ein aktiver Anleger. Die allermeisten seiner individuellen Investments (z.B. Aktien) hält er nicht länger als ein Jahr. Laura praktiziert radikales BAH. Am Ende von Jahr 1 muss Lukas 2 500 Euro Steuern abführen (25% von 10 000 Euro), Laura dagegen nichts. Daher kann Lukas am Beginn von Jahr 2 von seinem Vorjahresgewinn nur 7500 reinvestieren, Laura hingegen die vollen 10000 Euro. Beide verdienen wieder annahmegemäß 10%. Am Ende von Jahr 2 hat Laura somit 2500 × 10% = 250 Euro mehr verdient als Lukas. Wenn dieser Prozess z.B. über 30 Jahre fortgesetzt wird, dann entsteht der Barwertvorteil, der anhand unterschiedlicher Zahlen in Tabelle 25 illustriert ist. Bezogen auf Gewinne aus Dividenden, die ja kalenderjährlich besteuert werden, gibt es keinen steuerlichen Barwertvorteil.

Warren Buffett hat die »Steuerstundung« bei noch nicht realisierten Kursgewinnen sehr anschaulich »ein zinsloses Darlehen vom Staat« genannt, mit dem der Anleger vorläufig weiter wirtschaften und Geld verdienen kann.

In Wirklichkeit dürfte der zu erwartende Endwertvorsprung eines BAH-Anlegers bei langen Anlageperioden noch größer sein als in Tabelle 25 beziffert, weil ich dort die höheren Transaktionskosten des aktiven Anlegers relativ zum BAH ignoriert habe.

Bei einem im Zeitablauf allmählich erfolgenden Investment, wie z.B. einem Fondssparvertrag, wäre der Vorteil – da die »geldgewichtete« Investitionsperiode (Duration) kürzer ist – naturgemäß geringer, aber auf jeden einzelnen Euro bezogen bestünde der Vorteil grundsätzlich in gleicher Weise.

Der Barwertvorteil von BAH in Euro ausgedrückt ist umso größer, je höher der zugrunde liegende Steuersatz auf Wertsteigerungsgewinne ist. Sollte es in Deutschland zur Erhöhung des Steuersatzes auf Kapitalerträge kommen, würde dadurch der relative steuerliche Barwertvorteil durch Buy and Hold noch weiter steigen. Auch eine dauerhafte Zunahme der Inflation, die mittel- und langfristig nahezu sicher zum Anstieg der nominalen Aktienrenditen führen würde, würde den relativen Vorteil erhöhen.

Dieser Steuervorteil existiert in jeder Steuerjurisdiktion, in der Wertsteigerungsgewinne zu versteuern sind. Er ist also nicht Deutschland-spezifisch.

Banken und bankenunabhängige Vermögensverwalter praktizieren überwiegend eine Totschweigepolitik in Bezug auf den steuerlichen Barwertvorteil aus BAH, da er für sie ertragsschädigend ist. Sie verdienen am häufigen Kaufen und Verkaufen und vermarkten aktionistisches Rein-Raus bei ihrer gutgläubigen Klientel als »Kompetenz« oder »Risikomanagement«. Ähnliches gilt für die allermeisten Finanzjournalisten und

Finfluencer. Sie ignorieren das Thema Steuern sparen durch BAH ebenfalls, weil sie andernfalls nicht mehr monatlich eine neue aktionistische Sau durchs Dorf treiben könnten, um Auflage oder Klickzahlen zu steigern.

Mir ist klar, dass die Leser dieses Buches lebensaltersbedingt mehrheitlich einen kürzeren Anlagehorizont als 40 Jahre haben, gebe dabei aber zu bedenken, dass zumindest für einen Teil des Depotwertes ein jahrzehntelanger Anlagehorizont bestehen kann: Vermögensteile, die voraussichtlich vererbt werden. Für sie besteht grundsätzlich ein weit über das eigene Ableben hinausgehender Anlagehorizont.[72]

Der beträchtliche Steuervorteil von BAH bei Aktieninvestments ist völlig legal, erfordert keinen steuerlichen »Strukturierungsaufwand«, resultiert nicht in einer fragilen steuerlichen Gestaltung und braucht nicht einmal einen Steuerberater.

Das Erzielen dieses Steuervorteils setzt beim Anleger lediglich Geduld und Disziplin voraus – und natürlich die Fähigkeit, »Nein danke« zu sagen zum ewigen Hin und Her, Raus und Rein, das die traditionelle Finanzbranche und die Finanzmedien so innig lieben und uns immer wieder vorschlagen.

7.5 Rebalancing: Ihr Portfolio auf Kurs halten

Wer sich für passives Investieren mit ETFs entscheidet, der sollte sich auch mit dem Konzept und der Umsetzung von Rebalancing befassen.

Tabelle 26 illustriert den Hintergrund von Rebalancing (»RB«) anhand eines Zahlenbeispiels für ein simples Portfolio aus drei Einzelbestandteilen (drei ETFs) und mit einem gesamten anfänglichen Anlagebetrag von 10 000 Euro. Die unterschiedlichen Renditen der drei Portfoliokomponenten in der Betrachtungsperiode – hier ein Jahr – führen zu einer deutlichen Verschiebung der Asset-Allokation zwischen Beginn und Ende des Jahres.

---

72 Auf nicht realisierte Kursgewinne entfällt erst bei Realisierung durch den Beschenkten oder den Erben Einkommenssteuer (Kapitalertragssteuer). Das ist die sogenannte Fußstapfentheorie in der Erbschaftssteuer. Der Erbe oder Beschenkte tritt einkommenssteuerlich in die Fußstapfen des Schenkers oder Erblassers.

Tabelle 26: Illustration der Notwendigkeit von Rebalancing

	Portfoliokomponente A (ETF 1)	Portfoliokomponente B (ETF 2)	Portfoliokomponente C (ETF 3)	Gesamtportfolio
Erwartete Rendite	**niedrig**	**mittel**	**hoch**	
Erwartetes Risiko	**niedrig**	**mittel**	**hoch**	
Ausgangssituation am Anfang von Jahr 1				
Gewichtung im Gesamtportfolio (Asset-Allokation)	40%	30%	30%	100%
Geldbetrag	4000 €	3000 €	3000 €	10000 €
Situation am Ende von Jahr 1				
Rendite der Einzelkomponenten in Jahr 1	0%	–10,0%	+30,0%	6,0%
Neuer Geldbetrag Ende Jahr 1	4000 €	2700 €	3900 €	10600 €
Neue Gewichtung im Portfolio Ende Jahr 1 (Asset-Allokation)	38%	25%	37%	100%

► Zahlen kaufmännisch gerundet. ► Alle Berechnung ohne Berücksichtigung etwaiger Steuereffekte.

Am Ende des Jahres hat sich der Rendite-Risiko-Charakter des Portfolios in Richtung mehr Risiko und mehr Renditeerwartung (mehr Renditechancen) entwickelt. Die risikoreichste Komponente im Portfolio, ETF 3, hat jetzt ein Gewicht von 37% statt zuvor 30%. Relativ betrachtet sind das 23% zu viel (37% ÷ 30% – 1), jedenfalls wenn man annimmt, dass die ursprüngliche Asset-Allokation immer noch Gültigkeit haben soll, was ich hier tue. Umgekehrt steht es bei den risikoärmeren Komponenten (ETF 1 und 2). Sie sind im Portfolio nun zu gering gewichtet.

»RB« ist der »regelbasierte Prozess«, Ungleichgewichte wieder ins Lot zu bringen, die im Zeitablauf durch Marktentwicklungen, nicht durch den Willen des Anlegers, entstanden sind. Die Motivation dabei besteht darin, den ursprünglich bewusst gewählten Rendite-Risiko-Charakter des Portfolios nicht durch Marktentwicklungen zu verlieren. In diesem Sinne ist RB zunächst einmal eine Form von Risiko- und Rendite-Management, weil damit verhindert wird, dass das Portfolio im Zeitablauf risikoreicher oder risikoärmer (und ertragsschwächer) wird.

Ein anderer Grund, der für RB spricht, ist sein tendenziell renditefördernder Effekt bezogen auf RB innerhalb von Anlageklassen mit ähnlichen erwarteten Renditen, also Anlageklassen ähnlichen Risikos. Im günstigsten Fall kann das langfristig um 0,2 bis 0,4 Prozentpunkte pro Jahr zusätzliche Rendite ausmachen. Dieser Effekt wird in der Literatur als »Rebalancing-Bonus« oder »Diversifikationsrendite« bezeichnet.

Keinen solchen Effekt hat RB hingegen zwischen Anlageklassen mit deutlich unterschiedlicher erwarteter Rendite (also z.B. zwischen Aktien und risikoarmen Anleihen). Hier senkt RB tendenziell die Portfoliorendite, da man mit RB ja gerade verhindert, dass die höher rentierlichen Anlageklassen ihr Portfoliogewicht im Zeitablauf ausdehnen.

Wie wird RB konkret praktiziert und wie wird es umgesetzt? »Richtiges«, diszipliniertes RB erfordert nicht, dass in jedem Moment exakt oder fast exakt die Zielstruktur des Portfolios realisiert sein muss. Vorübergehende Abweichungen sind durchaus erlaubt, sofern die Befolgung der RB-Methode (a) strikt und mechanisch ist (also einer generell formulierten Regel folgt), (b) über einen Zeitraum von maximal 24 bis 36 Monaten die realistische Aussicht besteht, wieder nahe zur Zielstruktur zurückzukommen und (c) Verzögerungen/Abweichungen beim/vom Erreichen der Zielstruktur primär motiviert sind durch Einsparungen von Transaktionskosten oder Steuern.

Bezogen auf das Beispiel in Tabelle 26 wäre somit das Gewicht von Portfoliokomponente A (ETF 1) noch nicht unbedingt zu korrigieren, weil es nur geringfügig vom Zielgewicht abweicht.

Grundsätzlich existieren die folgenden vier Konzepte und Techniken, die beim RB eine Rolle spielen: In Bezug auf den Auslösungsmechanismus von RB unterscheidet man (a) kalenderbasiertes RB und (b) bänderbasiertes RB. In Bezug auf die Umsetzung (Durchführung) von RB gibt es (a) Cashflow-basiertes RB und (b) Umschichtungs-RB.

Anleger in der Vermögensaufbauphase verwenden in Normalfall neue Finanzmittel für das RB, einschließlich eines Fondssparplans, den man etwa alle zwölf Monate aus RB-Gesichtspunkten ändert. Nachinvestments (Zuführungen zum Depot) werden stets in die Depotkomponente investiert, die relativ zum Zielgewicht am stärksten untergewichtet ist. Hier handelt es sich um Cashflow-basiertes RB. Es kann zu jedem beliebigen Zeitpunkt und auch in kleinen Beträgen stattfinden. Über einen ETF-Sparplan, den man jährlich oder in größeren Abständen entsprechend anpasst oder umstellt, lässt sich wunderbar CF-basiertes RB im Weltportfolio betreiben.

Anleger in der Vermögensverbrauchsphase bewerkstelligen RB über Entnahmen. Diese finden aus derjenigen Anlageklasse statt, deren prozentuales Gewicht über dem Zielgewicht liegt. Auch hier handelt es sich um CF-basiertes RB. CF-basiertes RB hat gegenüber Umschichtungs-RB den Vorteil, dass keine Transaktionskosten oder Steuerabflüsse anfallen, die nicht sowieso anfallen würden. Es ist in diesem Sinne also kostenlos.

Soweit kein Cashflow-basiertes RB möglich ist oder es volumenmäßig nicht ausreicht, um nahe genug an die Zielgewichtung zurückzukommen, ist Umschichtungs-RB erforderlich. Volumenmäßig nicht ausreicht bedeutet: Es besteht keine realistische Aussicht, dass die erwarteten Cashflows (Zuflüsse, Entnahmen) das Portfolio innerhalb von etwa 24 Monaten wieder einigermaßen ins Lot (in die Zielstruktur) zurückbringen werden. Umschichtungs-RB kann auf zwei Arten erfolgen:

Als kalenderbasiertes Umschichtungs-RB: Einmal im Jahr in einem bestimmten Monat (z.B. immer im Januar) überprüft der Anleger die Abweichungen der einzelnen Portfoliokomponenten vom Zielgewicht. Da, wo diese Abweichungen nicht trivial klein sind, nimmt er entsprechende Umschichtungen (Verkäufe, Käufe) vor, um die Zielstruktur wiederherzustellen.

Als bänderbasiertes Umschichtungs-RB: Hier werden zunächst RB-Bänder definiert. Ein Beispiel: Bei einer gegebenen Asset-Allokation bleibt man im Falle von prozentualen Verschiebungen, wie sie in Tabelle 26 beschrieben sind, so lange untätig, bis mindestens eine Anlageklasse ihre Zielallokation bspw. um 20% über- oder unterschreitet. Das RB-Band hat also eine Weite von plus/minus 20%. Soll die risikoarme Portfoliokomponente beispielsweise 40% in einem Portfolio umfassen, würde das bedeuten, dass sich diese Portfoliokomponente zwischen 32% und 48% bewegen darf. Außerhalb dieses Bandes werden Umschichtungen vorgenommen.

In einem Aktien-Crash ist RB auf Sicht von fünf Jahren aufwärts vermutlich besonders rentabel, da man damit antizyklisch (kontrarisch) günstige oder günstiger bewertete Aktien nachkauft. Zugleich erfordert RB in dieser Situation besonders viel Disziplin. Sehr viele Privatanleger werden diese Disziplin und den Mut dazu in dieser Situation nicht haben, obwohl

Rebalancing dann tendenziell besonders renditeträchtig ist. Hier trennt sich die Spreu der »schwachen, naiven, undisziplinierten Anleger« vom Weizen der »starken, klugen, disziplinierten«. Hierzu mehr in Kapitel 13: »Was tun im Aktien-Crash?«.

Kalenderbasiertes und bänderbasiertes RB lassen sich auch miteinander kombinieren, wenngleich ich persönlich eine solche Kombination eher für zu viel des Guten halte.

Aus wissenschaftlicher Sicht gibt es keine klare Aussage, ob die Kalender-Methode (z.B. fortlaufend, jährlich oder zweijährlich) oder die Bänder-Methode zu bevorzugen sind. Die Wahl ist also Geschmacksache.

Keinesfalls sollte man RB in Form eines verkappten Market Timing betreiben. RB sollte ein strikt mechanischer, disziplinierter und regelbasierter Vorgang sein und nicht in taktische Spekulation auf steigende oder fallende Kurse ausarten.

Im Internet finden sich mehre kostenlose RB-Rechner, mit denen Sie für eine gegebene Depotstruktur leicht ermitteln können, was die Zielbeträge in einer gegebenen Situation für Ihr Depot sind (Sie könnten das natürlich auch mit einer selbst gebastelten Excel-Tabelle herausfinden). Googeln Sie einfach die Worte »ExtraETF Rebalancing-Rechner« oder »Finanzfluss Rebalancing-Rechner«.

Wenn Sie sich tiefergehend mit dem für einen passiven Anleger wichtigen Thema Rebalancing auseinandersetzen wollen, dann empfehle ich zwei Blogbeiträge dazu von meinen Kollegen und mir: Kommer/Schweizer 2021m und Kommer/Ganowski 2024c. Der letztere Text stellt ein von mir formuliertes, alternatives Rebalancing-Konzept dar, das ich »Safe Asset Floor Rebalancing« genannt habe.

7.6 Potenzielle Beimischungen zum Weltportfolio

Wie wir in den vorangegangenen Abschnitten dieses Kapitels gesehen haben, besteht das Weltportfolio-Konzept in seiner Standardversion lediglich aus den beiden Anlageklassen Aktien und Anleihen, genauer Anlageklasse Aktien Global für den risikobehafteten Portfolioteil (den Renditemotor) und die Anlageklasse Anleihen in Gestalt eines diversifizierten Korbes von High-Quality-Anleihen für den risikoarmen Portfolioteil (den

Sicherheitsanker).[73] Jemand könnte nun die Frage aufwerfen: »Wenn Diversifikation so nützlich und vorteilhaft ist wie in Abschnitt 2.3 und an anderen Stellen dieses Buches beschrieben, warum sollte man sich dann nur auf diese zwei Anlageklassen beschränken?« Die Antwort auf diese Frage ist letztlich einfach.

Mit den beiden genannten Anlageklassen deckt ein Weltportfolio-Anleger das gesamte Geschehen der Weltwirtschaft ab, man könnte im Jargon der Wirtschaftswissenschaft auch sagen: *das (globale) Marktportfolio*. Der Aktienteil besteht dabei aus Aktien mehrerer Tausend börsennotierter Unternehmen aus allen Branchen und allen Ländern und allen drei Größenklassen. Darunter auch Firmen, die Gold und andere Edelmetalle fördern und verkaufen, Unternehmen, die Rohstoffe fördern und verkaufen, und natürlich viele Firmen, die im Immobiliensektor angesiedelt sind (Bau, Immobilienhandel und Vermietung).

Der Anleihenteil besteht aus Staats- und Unternehmensanleihen hoher Bonität. Staaten sind inhärent hochdiversifizierte Wirtschaftsgebilde, weil sie Cashflows (also Einkommen) in Gestalt von Zwangsabgaben (Steuern aus Hunderten von Millionen verschiedener Quellen) beziehen, nämlich von praktisch allen erwachsenen steuerzahlenden Einwohnern und Unternehmen in ihrem Hoheitsgebiet.[74] Dazu kommen im risikoarmen Portfolio noch Unternehmensanleihen, die von mehreren Hundert Unternehmen emittiert werden, wiederum aus allen Branchen und einer mindestens zweistelligen Zahl von Ländern. Auch im Anleihenteil des Weltportfolios kann man somit sagen, dass darin eigentlich jede erdenkliche wirtschaftliche Tätigkeit als Quelle des Kapitaldienstes für diese Anleihen erfasst wird.

Ein Weltportfolio aus Aktien-ETFs und Anleihen-ETFs, wie in diesem Buch dargestellt, ist somit unglaublich breit diversifiziert und bildet praktisch die gesamte ökonomische Aktivität auf diesem Planeten ab. Nichts Wesentliches fehlt.

Auch andere Finanzprodukte als ETFs würden hier im Prinzip keinen weiteren Vorteil bringen, da nahezu alle Finanzprodukte (z.B. kapitalbildende Lebens- oder Rentenversicherungen oder Zertifikate) sowie

---

73 Sofern der risikoarme Teil in Euro gerechnet den Betrag von 100 000 Euro pro Depotinhaber nicht übersteigt, könnte man ihn auch mit einem Tagesgeld innerhalb der gesetzlichen Einlagensicherung umsetzen.

74 Selbst natürliche Personen mit sehr geringem oder gar keinem Einkommen zahlen Steuern in Gestalt von Mehrwertsteuer und anderen Verbrauchssteuern.

aktive Anlagenstrategien nur Verpackungen der Anlageklassen Aktien (bzw. unternehmerisches Eigenkapital) oder Anleihen sind. Etwas wirklich Neues auf den Tisch bringen könnten nur andere Anlageklassen als Aktien und Anleihen.

Natürlich sind Direktinvestments in Gold, Rohstoffe und Immobilien nicht genau das Gleiche wie die Aktien von Gold-, Rohstoff- und Energie-Produzenten oder Immobiliendirektinvestments, aber die Behauptung, dass in einem Weltportfolio in der Standardversion Edelmetalle, Rohstoffe und Immobilien fehlen, wäre jedenfalls nicht zutreffend.[75]

Dies vorausgeschickt hier mein Rat an Leser, die das Standard-Weltportfolio durch Beimischungen ergänzen wollen:

Aus meiner Sicht sind (a) Gold, (b) Rohstoffe und (c) Kryptoanlagen denkbare, wenngleich keine notwendigen Beimischungen (auf mögliche Gewichtungen im Weltportfolio komme ich am Ende des Abschnittes zu sprechen).

Zu Gold: Die wichtigsten Informationen zum gelben Metall aus Privatanlegersicht habe ich in Abschnitt 4.8 zusammengefasst. Aus Gründen der Bequemlichkeit, Einfachheit und Sicherheit gebe ich Goldinvestments in Gold-ETF/ETC-Form den Vorzug. Physisches Gold müsste man in einem Schließfach im Inland oder Ausland aufbewahren. Dass Gold in den letzten Jahren sehr gute Renditen ablieferte, ist weder für Gold noch für andere Investments mit guten Renditen in der jüngeren Vergangenheit ein überzeugendes Kaufargument – wenn überhaupt, eher das Gegenteil. Gute Renditen in der unmittelbar vorhergehenden, jüngeren Vergangenheit sind oft ein Zeichen für »jetzt teuer«, also eine hohe Bewertung.

Zu Rohstoffen: Was Rohstoff-Investments anbelangt, bin ich eher ein noch größerer Skeptiker als in Bezug auf Gold. Warum ich das bin, habe ich in Abschnitt 4.9 geschildert. Schlussendlich sind mir Rohstoff-Renditen auf lange Sicht zu schlecht – ohne überzeugende Aussicht auf nachhaltige Besserung in der Zukunft. Wer das anders sieht, könnte Rohstoff-ETFs/ETCs als Beimischung in sein Weltportfolio aufnehmen (einen Gewichtungsvorschlag mache ich weiter unten).

Zu den Kryptoanlagen Bitcoin und Ethereum: Die Grundzüge meiner Einschätzung habe ich in Abschnitt 4.10 geschildert. Ich selbst habe vor

---

75 Im YouTube-Video Kommer 2020a zeige ich den großen Unterschied zwischen einem Investment in Gold und in Goldminenaktien.

einiger Zeit moderate Geldsummen in einen Bitcoin-ETP und einen Ethereum-ETP investiert – natürlich auf Buy-and-Hold-Basis. Wer sich mit diesen beiden Kryptowährungen eingehend vertraut gemacht hat, wer die martialische Volatilität von Kryptoanlagen versteht und wer sich nicht von den vielen manipulativen Figuren in der zu großen Teilen »schrägen« Krypto-Community manipulieren lässt, der könnte Bitcoin und Ethereum als Beimischung in einem Weltportfolio nutzen. Vor allem aus Sicherheitsgründen, aber auch um den Arbeitsaufwand gering zu halten, empfehle ich normalen Privatanlegern, das über einen Krypto-ETF/ETP statt über ein physisches Investment (ein Wallet) zu tun.

Zur Gewichtung: Alle drei möglichen hier genannten Beimischungen sind dem risikobehafteten Teil des Weltportfolios zuzuordnen. Jede einzelne und auch alle drei in Summe sollten nicht mehr als 15% des Weltportfolios ausmachen. Unabhängig vom gewählten Prozentsatz, also der Gewichtung, sollte diese durch regelbasiertes Rebalancing (siehe Abschnitt 7.5) im Zeitablauf diszipliniert beibehalten werden – wie das für alle Komponenten des Weltportfolios gilt.

8 Praktische Umsetzungsaspekte des Weltportfolio-Ansatzes

8.1 Wie die richtigen ETFs finden?

Angesichts der über 2600 in Deutschland an Privatanleger vertriebenen ETFs, von denen viele den gleichen Index oder jedenfalls die gleiche Anlageklasse replizieren, tun sich viele Privatanleger verständlicherweise schwer bei der Suche und Auswahl der für sie am besten geeigneten ETFs. Daher liefert dieser Abschnitt Regeln, Kriterien, Werkzeuge und Hinweise, um Suche und Auswahl von ETFs zu erleichtern.

Die beiden im deutschsprachigen Raum führenden Websites, die bei der ETF-Suche helfen, sind www.extraETF.com und www.justETF.com. Die reine ETF-Auswahl ist bisher auf beiden Websites kostenfrei. Einige weitergehende Services sind kostenpflichtig. Ich empfehle Ihnen, eine dieser beiden Websites zu nutzen. Auch einige der im Anhang genannten weiteren Finanzportale können bei der Auswahl von ETFs behilflich sein.

Über die folgenden 16 Auswahlmerkmale sollten Sie sich bei der ETF-Suche Gedanken machen. Einige sind naturgemäß bedeutender als andere.

- **Welche Anlageklasse? Welcher Index?** Die essenziellste Frage bei der Suche nach dem für Sie richtigen ETF lautet: »Welche Anlageklasse, sprich welchen Index soll der ETF abbilden?« Viele Anleger haben primär deswegen Schwierigkeiten bei der ETF-Suche und -Auswahl, weil sie diesen ersten entscheidenden Schritt auf dem Weg zum geeigneten ETF nicht oder nicht abschließend vollzogen haben. Wer nicht weiß, was er sucht, kann es auch nicht finden. Die Auswahl der Anlageklasse führt zu einer stärkeren Einengung des ETF-Kandidatenfelds als jedes andere der nachfolgend genannten Auswahlkriterien. Statt Anlageklasse kann man eigentlich auch Index sagen. Allerdings kann ein und dieselbe Anlageklasse durch verschiedene Indizes von verschiedenen Indexanbietern abgebildet werden. Ein Beispiel: Für die Anlageklasse Aktien Large & Mid Caps Industrieländer existieren zahlreiche ETFs auf den bekannten MSCI World Standard Index, den FTSE Developed World Index und den Solactive GBS Developed Markets Large & Mid Cap Index (Stand Anfang 2025). ETFs auf unbekanntere Indizes sind nicht selten günstiger, dafür aber genauso gut, weil der ETF-Anbieter in diesem Fall geringere Lizenzgebühren an den Indexanbieter zahlen muss.

- **Art der Indexreplikation:** ETFs können einen Index physisch oder via »Swap« (»Tauschvertrag«) zwischen dem ETF und einer dritten Partei, typischerweise einer Bank, nachbilden. Noch vor einigen Jahren konnte man argumentieren, dass Swap-ETFs für den Anleger minimal risikoreicher waren als konventionelle, physisch-replizierende ETFs. Inzwischen trifft dieser Einwand nicht mehr zu. Aufgrund ihrer oft etwas niedrigeren laufenden Kosten und aufgrund möglicher (aber nicht garantierter) Vorteile bei der Quellensteuerbelastung können Swap-ETFs relativ zu identischen physisch-replizierenden, konventionellen ETFs eine lohnenswerte Alternative sein. Wer sich allerdings mit Swap-ETFs aufgrund ihrer Komplexität unbehaglich fühlt, muss deswegen keine großen Opfer bringen. Inzwischen existieren für alle wichtigen Anlageklassen physische ETFs und typischerweise eine größere Anzahl als Swap-ETFs.
- **Laufende Kosten:** Unter sonst gleichen Umständen sollte ein Buy-and-Hold-Anleger den ETF mit den niedrigsten laufenden Kosten (der aufsichtsrechtlich definierten Kostenquote) auswählen (Total Expense Ratio/TER).
- **Ausschüttend oder thesaurierend:** In den meisten Fällen sind thesaurierende den ausschüttenden ETFs vorzuziehen, weil man damit nicht in Versuchung kommt, die Ausschüttungen zu »verballern«. Wenn Ihnen eine Entscheidung zwischen ausschüttenden und thesaurierenden ETFs schwerfällt, dann empfehle ich den Blogbeitrag genau zu dieser Frage von Kommer/Weis 2017c. Viele Anleger glauben, das derjenige, der dauerhaft Entnahmen aus dem Portfolio wünscht oder plant, mit ausschüttenden ETFs besser bedient sei. Das ist ein Irrtum, dessen Hintergrund im genannten Blogbeitrag erläutert wird.
- **Die Marke (Anbieter):** Die Marke – sei es die des globalen ETF-Marktführers iShares (BlackRock) oder die des Zacharias-Zamperl-Anbieters – sollte bei der Auswahl eines ETFs keine Rolle spielen, weil aufsichtsrechtlich alle in der EU offiziell an Privatanleger vertriebenen ETFs der gleichen strikten EU-UCITS-Regulierung unterliegen und

Sondervermögen darstellen. Fast alle restlichen Auswahlkriterien sind wichtiger.

- **Nachhaltigkeit:** Auf diesen Aspekt gehe ich in Abschnitt 8.2 ein.
- **Wertpapierleihe ja/nein:** Viele ETFs betreiben die sogenannte Wertpapierleihe, um die TER des Fonds niedrig zu halten. Das Risiko von Wertpapierleihe für den ETF-Anleger wird im Internet und in manchen ETF-Ratgeberbüchern übertrieben. Wenn Sie sich mit dieser Frage genauer auseinandersetzen möchten, dann empfehle ich den Blogbeitrag dazu von Kommer/Großmann 2020m.
- **Fondsdomizil:** Ein ETF ist eine juristische Person (eine Körperschaft), die ihren rechtlichen Sitz (ihr Fondsdomizil) in einem bestimmten Land haben muss. Die häufigsten Fondsdomizile von in Deutschland an Privatanleger vertriebenen ETFs sind (in dieser Reihenfolge): Irland (mit großem Abstand), Luxemburg, Frankreich und Deutschland. Mit Ausnahme des o.g. quellensteuerlichen Sachverhalts bei Aktien-ETFs dürfte das Fondsdomizil selten ein wichtiges Auswahlkriterium sein.
- **Steuerliche Gesichtspunkte:** Im Normalfall sind Steuern kein Auswahlkriterium zwischen ETFs, mit der Ausnahme, dass Aktien-ETFs, die in Irland domiziliert sind (dort ihren rechtlichen Sitz haben), einen quellensteuerlichen Vorteil haben, soweit sie US-Aktien enthalten (zu Steuern siehe Kapitel 9). Anleger, die steuerlich nicht in Deutschland ansässig sind, sollten darauf achten, dass für einen infrage kommenden ETF ein steuerliches Reporting für das eigene »Ansässigkeitsland« existiert.

Infobox: Kryptische Abkürzungen und Angaben in den Namen von ETFs

Die folgenden Abkürzungen werden Ihnen früher oder später in den Namen von ETFs begegnen: ► UCITS = siehe Infobox zum UCITS-Begriff in Abschnitt 4.6.1. ► UE = UCITS ETF. ► Dist = »Distributing« (ausschüttend). ► Acc = »Accumulating« (thesaurierend). ► TR = »Total Return«: Gesamtrendite aus laufenden Erträgen und Kursveränderungen. Die Angabe bezieht sich in der Regel auf den abgebildeten Index. TRN = »Total Return Net«: Gesamtrendite abzüglich theoretisch maximaler Quellensteuer. ► DR = »Direct Replication«: physische Indexreplikation in Abgrenzung zur Swap-Replikation. ► Swap = eETF mit Swap-Replikation (synthetischer Replikation).

► SRI = »Socially Responsible Investing«: Kennzeichnung für einen Typus nachhaltiger ETFs. ► ESG = »Environmental, Social and Governance«: Kennzeichnung für einen Typus nachhaltiger ETFs. ► ETC = »Exchange Traded Commodity«, ETN = »Exchange Traded Note«, ETP = »Exchange Traded Product«. ► WKN = »Wertpapierkennnummer«. Sie ist das deutsche Äquivalent zur international gebräuchlichen ISIN. ► ISIN = »International Security Identification Number«.

- **Fondsalter:** Das Alter eines ETFs mag im Einzelfall eine interessante Information sein, ist aber letztlich für die Auswahl unmaßgeblich. Junge ETFs werden unter sonst gleichen Umständen ein kleineres Fondsvolumen haben als ältere ETFs.
- **Fondsgröße und Schließungsrisiko:** Das Risiko oder die Nachteile der Schließung eines ETFs mit kleinem Volumen wird in den Medien und im Internet erstaunlich regelmäßig übertrieben. In Wirklichkeit ist dieses Risiko niedrig bzw. harmlos. Die folgende simple Faustregel zur Einschätzung eines ETF-Schließungsrisikos genügt vollkommen: Ist der ETF älter als drei Jahre, hat weniger als 50 Millionen Euro Volumen und ist man Buy and Holder, dann sollte man zumindest vorerst nicht in ihn investieren. In allen anderen Fällen ist das Schließungsrisiko kein rationaler Grund, nicht in einen gegebenen ETF zu investieren. Davon abgesehen ist die Fondsgröße für sich genommen kein wichtiges und sogar ein irrelevantes Auswahlkriterium. Wenn Sie sich mit dem Thema Fondsschließungsrisiko genauer befassen wollen, dann hilft dabei ein kurzer Artikel von mir in der *Wirtschaftswoche* (Kommer 2024a).
- **Sparplanfähigkeit:** Auf Sparpläne gehe ich in Abschnitt 8.5 weiter unten ein.
- **Wechselkursabsicherung (Währungssicherung) ja/nein:** Dieser Aspekt ist primär bei Anleihen-ETFs relevant. Details dazu in Abschnitt 7.3.
- **Börsenplatz für Kauf und Verkauf:** Für Privatanleger, die ETFs auf Basis eines Buy-and-Hold-Ansatzes halten, spielt die Auswahl der Börse (XETRA Frankfurt, Frankfurt Präsenzhandel, Stuttgart, Zürich, Wien, London, New York etc.) in der Regel keine große Rolle. In den meisten Fällen fahren Anleger mit Sitz in Deutschland oder

Österreich am besten, wenn sie ihre Orders an der XETRA oder an der Stuttgarter Börse platzieren, weil diese oft die günstigsten und für die meisten ETFs hinreichend liquiden Börsen im deutschsprachigen Raum sind. Im Allgemeinen dürfte es sinnvoll sein, eine ETF-Order nicht außerhalb der jeweiligen Börsenhandelszeiten (also nicht nachts oder am Wochenende) aufzugeben, weil sich die → Geld-Brief-Spannen ausweiten könnten, wenn die Order direkt nach Handelsbeginn einer Börse durchgeführt wird. Ein hilfreicher kurzer Artikel hierzu mit dem Titel »Wie funktioniert der ETF-Handel?« findet sich auf der Website www.justETF.com.

- **Produkttyp:** Hier geht es um die Unterscheidung zwischen echten ETFs (UCITS-Fonds) und unechten ETFs (ETPs, ETCs, ETNs) – siehe Infobox »Die Abgrenzung zwischen echten und unechten ETFs« in Abschnitt 4.6.4.
- **Produktunterlagen:** Zu jedem ETF existieren ein sogenanntes *Fact Sheet* und ein Dokument mit dem eher uncoolen Namen *Wesentliche Anlegerinformationen* (im aufsichtsrechtlichen Jargon: *KIID* für *Key Investor Information Document*). Dies sind kurze PDF-Dokumente von je ein bis zwei Seiten Umfang, die von der Fondsgesellschaft erstellt werden. Inhalt und Form des KIIDs sind aufsichtsrechtlich vorgeschrieben, Inhalt und Form des Fact Sheets dagegen nicht. Zum Teil überlappen sich die Inhalte der Dokumente, aber das spielt keine große Rolle, da sie ja kurz sind und sich insgesamt ergänzen. Zusammen enthalten sie die zentralen Informationen, die ein Privatanleger zur Entscheidungsfindung und zum Verständnis seiner Investments braucht. Lediglich die aufsichtsrechtlich vorgeschriebene Risikoeinstufung (Risikoprofil) im KIID hat einen fundamentalen Defekt: Sie ist eine »Risikobewertung in Isolation«. Das tatsächliche Risiko eines ETFs sollte aber in seiner Zusammenwirkung mit allen übrigen Vermögenskomponenten und ihrer jeweiligen Gewichtung im Anlegervermögen bestimmt werden.

Insgesamt empfehle ich auf jeden Fall, beide Dokumente – Fact Sheet und KIID – zu jedem ETF, den man kaufen möchte, aufmerksam zu lesen. Wer es ganz genau wissen möchte, könnte in Ergänzung auch noch das gesonderte Fact Sheet zum Index googeln, den der ETF abbildet. Es wird vom Indexanbieter erstellt und überwiegend nur in englischer Sprache verfügbar sein.

8.2 Sozial verantwortlich, ökologisch nachhaltig investieren mit ETFs

Nachhaltig investieren hat von etwa 2015 bis 2023 einen ungeheuren Boom erlebt – in den Medien und im Marketing der Finanzbranche mehr als in der eigentlichen Praxis. Einen Boom allerdings, dem seit 2024 die Puste auszugehen scheint. Hauptgründe: Grundsätzliche Fragezeichen im Konzept des nachhaltigen Investierens (»Wird damit das Ziel, dem Planeten oder der Gesellschaft etwas Gutes zu tun, überhaupt erreicht?«), schwächelnde relative Renditen nachhaltiger Fonds und Anlagestrategien seit etwa 2023 sowie zahlreiche Fälle von Greenwashing.[76]

Wie dem auch sei, nachhaltig investieren ist heute mit ETFs relativ leicht umsetzbar, da die Produktlandschaft bei Aktien- und Anleihen-ETFs inzwischen sehr reichhaltig ist.

In diesem kurzen Abschnitt werde ich auf einige der wichtigsten Aspekte von nachhaltigem Investieren mit ETFs eingehen. Primär beziehen sich meine Ausführungen auf die Anlageklasse Aktien. Vieles, was ich schreibe, lässt sich aber auch auf die Anlageklasse Anleihen übertragen.

Bei nachhaltigem Investieren wird ein Anleger unweigerlich der Abkürzung »ESG« begegnen. ESG steht für »Environmental, Social and Governance« – »Ökologie, Soziales und (ethische) Unternehmensführung«. In der Fondswelt wird die »verschärfte (radikalere) ESG-Version« mit dem Kürzel »SRI« (»Socially Responsible Investing«) im Produktnamen gekennzeichnet. Andere Kürzel und Namensbestandteile nachhaltiger Fonds sind »Sustainability«, »ESG Enhanced«, »Green Bond«, »SRI Bond«, »Paris Aligned«, »PAB«, »Carbon Weighted«.

Typischerweise schließt ein ESG-Wertpapierindex (z.B. Aktienindex), und damit ein den ESG-Index replizierender Indexfonds, Wertpapiere (genauer gesagt ihre Emittenten) aus, die nicht den im Index vorgegebenen ESG-Kriterien genügen. Damit werden im Umkehrschluss Wertpapiere übergewichtet, die solchen Kriterien genügen. Übergewichtet heißt übergewichtet relativ zum Mutter-Index (zum »Mutteraktienuniversum«), bei

76 Greenwashing ist die manipulative Darstellung der Erreichung bestimmter nachhaltiger/ökologischer Ziele durch die eigene Organisation, während diese Zielerreichung in Wirklichkeit nicht oder nicht im beanspruchten Maße geschehen ist.

dem keine ESG-Ausschlüsse zur Anwendung kommen. Über die nachfolgenden Aspekte sollte sich ein ESG-/SRI-Anleger im Klaren sein:

- Wer sich näher mit ESG-Kriterien befasst, wird fast zwangsläufig feststellen, dass sie hochgradig subjektiv und von individuell, nicht universell, verallgemeinerbaren weltanschaulichen Faktoren geprägt sind. Ich nenne hier nur ein Beispiel, zu dem man leicht 50 andere hinzufügen könnte: In den meisten Ländern, beispielsweise Frankreich, wird Atomkraft als eine für die Menschheit zumindest noch in den nächsten zehn bis 20 Jahren unverzichtbare Technologie gesehen, um den Klimawandel zu bekämpfen. In Deutschland hingegen scheint nach wie vor eine Mehrheit der Bevölkerung den 2011 vom Bundestag beschlossenen Atomausstieg zu befürworten (die sogenannte Energiewende). Soll ein ESG-Fonds ein Unternehmen, das im Bereich Atomkraft tätig ist, angesichts dessen als grünes oder als braunes (»schmutziges«) Unternehmen einstufen? Ähnliche ethisch-moralisch-weltanschauliche Fragestellungen ergeben sich in Bezug auf die Hersteller von Rüstungsgütern, die praktisch alle Staaten legitimerweise für ihre Verteidigung vor externen Aggressoren benötigen. Trotzdem schließen SRI-Indizes Unternehmen aus dem Rüstungssektor aus. Nachhaltiges Investieren ist voll von solchen schwierigen Güterabwägungen, wie man in der Juristerei oder Ethik-Theorie sagt.
- Ob ESG-Investieren die damit angestrebten ökologischen oder ethischen Ziele tatsächlich erreicht – und auf eine Weise erreicht, mit der die meisten vernünftigen Menschen einverstanden sein müssten –, darüber besteht keineswegs Konsens, nicht in der Wissenschaft, nicht in der Politik, nicht in der allgemeinen Öffentlichkeit und nicht in der Anleger-Community. Ein Beispiel: Um bessere »ESG-Punktezahlen« (ein besseres ESG-Rating) zu erreichen, verkaufen viele börsennotierte Unternehmen braune Unternehmensteile oder Tochterunternehmen an nicht börsennotierte Unternehmen oder Unternehmen in Schwellenländern. Bei nicht gelisteten Firmen oder für Firmen in Schwellenländern besteht weniger Transparenz, und ESG-Ratings spielen bei ihnen keine oder eine geringere Rolle. Das ursprüngliche börsennotierte Unternehmen steht hinterher natürlich besser da, aber für die Menschheit und für den Planeten Erde bewirkt der ESG-Druck in diesem Fall keine Verbesserung und vielleicht sogar eine Verschlechterung.

- Ein nicht von der Hand zu weisendes Argument besteht darin, dass der Staat per Gesetz Nachhaltigkeitsregeln festlegen sollte (z.B. im ökologischen Bereich), die dann für alle Firmen und Wirtschaftssubjekte in gleicher Weise gelten. Das sei ein besserer Weg als die vielfach fragwürdigen Regularien im ESG-Investmentbereich, die sowieso weit überwiegend nur börsennotierte Unternehmen treffen – siehe die soeben beschriebene Konstellation. Dieser Weg (der Staat gibt die Regeln für alle vor) hat ja in den letzten gut 50 Jahren – zusammen mit technischem Fortschritt – die ökologischen Verhältnisse in den westlichen und den meisten Entwicklungsländern dramatisch verbessert (siehe z.B. Rosling 2018 und Pinker 2019, Norberg 2020).
- Durch ihr Kauf- und Konsumverhalten in der Realwirtschaft können Bürger viel präziser und schneller auf Unternehmen einwirken, mit deren Nachhaltigkeitsprofil sie nicht einverstanden sind. Zu bedenken ist insbesondere, dass das Nichtinvestieren in ein Unternehmen keinerlei direkte Cashflow-Auswirkung auf das Unternehmen hat.
- In der wissenschaftlichen Finanzökonomie besteht ein weitgehender, wenn auch kein vollständiger Konsens, dass nachhaltiges Investieren auf lange Sicht betrachtet zu etwas schlechteren Renditen führt. Das hat damit zu tun, dass das Nichterfüllen von ESG-Ausschlusskriterien bei braunen Unternehmen tendenziell die Kapitalkosten erhöht, also die Kosten für die Beschaffung von Eigen- und Fremdkapital. Ursache dafür wiederum ist, dass der Kapital-Pool für die braunen Unternehmen durch die ESG-Bewegung zwangsläufig kleiner wird, denn weniger Anleger sind bereit, die Aktien oder Anleihen des betreffenden Unternehmens zu erwerben. Dieser Effekt wird ja explizit durch ESG-Kriterien angestrebt. Die Kapitalkosten eines Unternehmens sind – das ist vielen Anlegern nicht klar – die Renditen der Anleger (der Kapitalgeber). In einer Übergangszeit kann dieses Faktum (niedrigere Kapitalkosten für grüne ESG-Unternehmen) verdeckt werden, durch temporäre Bewertungsgewinne, die grüne Unternehmen erleben, solange der Trend in Richtung ESG andauert und ein finales Marktgleichgewicht noch nicht erreicht wurde. Vor diesem Hintergrund ist es aus meiner Sicht unredlich und unethisch, wenn Umweltschützer und Verkäufer von ESG-Anlageprodukten oder -strategien behaupten, ESG-Investieren habe keine Renditenachteile oder könne umgekehrt sogar Renditevorteile haben.

- Sofern man nachhaltig investiert, sollte man das über einen passiven Ansatz tun (also indem man ESG-ETFs einsetzt), da das gegenüber aktiv gemanagten ESG-Fonds oder anderen aktiven ESG-Strategien wahrscheinlich rentabler ist und bezogen auf die ESG-Aspekte selbst die wirksamere Vorgehensweise ist.

Die ESG-Produktlandschaft in der Welt der ETFs ist inzwischen sehr reichhaltig. Mitte 2018 wurden auf dem deutschen Markt knapp unter 50 ESG-ETFs angeboten (Aktien-ETFs, Anleihen-ETFs). Sieben Jahre später, im März 2025, waren es fast 1100 (von etwa 2800 zu diesem Zeitpunkt in Deutschland angebotenen ETFs insgesamt). Ein Vergleich der Kosten in Form von TER von ESG-ETFs mit den TERs konventioneller ETFs zeigt, dass ESG-ETFs im Allgemeinen nur noch geringfügig teurer sind als die entsprechenden konventionellen ETFs.

Wer sich mit diesem Thema noch etwas eingehender befassen möchte, dem empfehle ich den Blogbeitrag »Nachhaltig investieren – macht das Sinn?«, den ein Kollege und ich dazu verfasst haben (Kommer/Weis 2018g – der Text wurde 2023 aktualisiert und enthält auch weiterführende Literaturhinweise), oder das YouTube-Video meines Kollegen Daniel Kanzler (Kanzler 2021b).

8.3 Ist jetzt der richtige Zeitpunkt zum Einstieg in den Aktienmarkt?

»Jetzt ist kein guter Einstiegszeitpunkt!« Dieser Glaube dürfte der wichtigste einzelne Grund dafür sein, dass Privatanleger Aktien-ETF-Investments immer und immer wieder in die Zukunft verschieben, oft Jahre und Jahrzehnte, und dabei oft gigantische Gewinne verpassen.

Im Folgenden nenne ich fünf Argumente, warum dieses Warten und Aufschieben eigentlich immer der schlechtere Weg ist – jedenfalls für Menschen, die sich nicht einbilden, die Zukunft vorhersehen zu können. (Bei Investieren in Anleihen-ETFs erübrigt sich die Frage des Zeitpunkts von vornherein, weil Anleihen mit guter Bonität, kurzer Restlaufzeit (unter ca. drei Jahren) und ohne Wechselkursrisiko wenig volatil und nach menschlichem Ermessen zu keinem Zeitpunkt nennenswertem Crash-Risiko ausgesetzt sind.)

Argument 1: Kurz- und mittelfristig (über Zeiträume bis zu etwa fünf Jahren) folgen Aktienkurse einem → »Random Walk«, einem »Zufallsverlauf«. Diese Feststellung ist in der Wissenschaft unstrittig. Aktienkurse sind kurz- und mittelfristig nicht zuverlässig prognostizierbar. Versucht man es dennoch, wird man mit diesen Prognosen nach Risiko, Kosten und Steuern statistisch eine schlechtere Rendite erzielen als mit einer passiven Buy-and-Hold-Aktienanlage, die im ganzen Betrag sofort beginnt. Wenn Sie das unplausibel finden, dann gehören Sie zu einer vermutlich 90%-Mehrheit; das ändert aber nichts an den wissenschaftlichen Fakten.

Argument 2: Aufgrund von Argument 1 ist »Crash Timing« – das »Warten auf einen milden oder schweren Aktienmarkteinbruch«, um dann bei einem günstigeren Bewertungsniveau einzusteigen – verglichen mit dem sofortigen Einstieg statistisch ebenfalls renditeschädlich. Das ist der Konsens in der Wissenschaft und das haben meine Kollegen und ich in zwei verschiedenen statistischen Untersuchungen auf Basis historischer Aktienmarktdaten ab 1970 gezeigt (Kommer/Weis 2019c und Kommer/Riemensperger 2025a).

Argument 3: Selbst wenn Aktien um 100% (!) höher bewertet sind als in ihrem historischen Mittel, hätten sie immer eine höhere statistische Renditeerwartung als das Sparbuch (ein Tagesgeld) und etwa eine gleich hohe Renditeerwartung wie Wohnimmobilien. Generell ist es verkehrt, das wie auch immer geartete hohe Bewertungsniveau einer einzelnen Anlageklasse in Isolation als Hinderungsgrund für ein Investment in besagte Anlageklasse zu betrachten. Soweit das Bewertungsniveau als Richtschnur für die Frage »Einstieg jetzt oder erst später?« herangezogen wird, muss man die Bewertungsniveaus und die erwarteten Renditen *aller* relevanten Anlageklassen gleichzeitig betrachten.

Argument 4: Die beiden am häufigsten in der Praxis (in den Medien, von Finfluencern und in der Bankenbranche) angeführten Indizien für den aktuell angeblich schlechten Zeitpunkt zum Einstieg in den Aktienmarkt sind Feststellungen wie: »Die Kurse bewegen sich nahe dem Allzeithoch« oder »Die Kurse sind seit soundso viel Jahren fast ununterbrochen gestiegen, das kann nicht gut sein«. Beide Argumente sind falsch. Allzeithochs sind kein Warnsignal für »gefährlich teuer« und kommen im Übrigen unweigerlich ständig vor (zum Nonsens des Konzeptes Allzeithoch als »Warnsignal« siehe den Blogbeitrag Kommer/Ganowski 2021b). Und ob Aktienbewertungen nach beispielsweise zehn Jahren per saldo deutlich positiver Renditen (Kursanstiege) niedrig, normal oder hoch sind, kann man allein aus der Aussage »zehn Jahre Kursanstieg« nicht schließen, auch wenn das in den Medien ständig geschieht oder jedenfalls insinuiert wird. Grund: Die zeitliche Periode (hier zehn Jahre Anstieg) sagt uns absolut *nichts* über das nun erreichte *Bewertungsniveau* des Aktienmarkes. Sind die Gewinne der Unternehmen über die besagten zehn Jahre genauso stark gestiegen wie die Aktienkurse, dann sind Aktien heute nicht höher bewertet als vor einem Jahrzehnt. Auch übergeht das Argument vom jahrelangen Kursanstieg den wichtigen Gesichtspunkt des Ausgangsniveaus. War dieses sehr niedrig, können selbst zehn Jahre Anstieg harmlos sein.

Argument 5: Wen die Argumente 1 bis 4 nicht überzeugen, der kann sein geplantes Aktieninvestment trotzdem sofort starten, indem er einen von zwei Psychotricks anwendet. Psychotrick Nr. 1: Wer Angst hat, jetzt einzusteigen, könnte mit einer 10%-Allokation (10% seines Gesamtportfolios) in einen breit diversifizierten Aktien-ETF anfangen und ein oder zwei Jahre lang beobachten, wie er damit nervlich und anderweitig zurechtkommt. Nach dieser Zeit könnte er dann auf 20% aufstocken usw. Investieren in Aktien ist – ebenso wie Tangotanzen, Skifahren oder Kochen – etwas, das man Schritt für Schritt über einen längeren Zeitraum in Gestalt von konkretem Tun hinweg lernt (also nicht nur durch theoretisches Lesen und Lernen). Psychotrick Nr. 2: Die folgende, an der Anlegerpsychologie orientierte Einstiegsstrategie mag demjenigen weiterhelfen, der einen größeren Einmalbetrag erstmalig in den Aktienmarkt investieren möchte und den der Standpunkt der Wissenschaft (»Investiere stets sofort«) nicht überzeugt: die Aufstellung eines Investmentphasenplans mit Selbstverpflichtung. Dieser Phasenplan könnte beispielsweise wie folgt aussehen: (a) Man investiert ein Viertel heute und in jedem der drei folgenden Quartale ein weiteres Viertel. (b) Man investiert ein Sechstel des Anlagebetrages sofort und dann alle zwei Monate ein weiteres Sechstel. In jedem Fall muss man den ursprünglichen Plan konsequent und rein mechanisch umsetzen, egal, in welche Richtung sich die Märkte kurzfristig bewegen. Mit einem solchen Plan kann ein Anleger gefühlsmäßig eigentlich nur gewinnen: Steigt der Markt nach dem Anfangsinvestment, freut sich der Anleger über den Wertzuwachs seines Portfolios und über seine Klugheit, das Investment nicht aufgeschoben zu haben. Fällt der Markt, hat er nun die Gelegenheit, zu günstigeren Preisen zu kaufen, und wird sich in der Entscheidung bestätigt fühlen, nicht alles auf einmal investiert zu haben.[77]

Ich rate Ihnen, das abgehalfterte Märchen vom richtigen Timing und von der Umschiffung von Markteinbrüchen nicht oder nicht mehr zu glauben. Viele Bauernfänger aus der Finanzbranche und eine nicht zählbare Armee von Wirtschaftsjournalisten, Finfluencern und Untergangspropheten verbreiten es seit Jahrzehnten jeden Monat neu, doch davon wird es nicht weniger falsch und auf lange Sicht nicht weniger vermögensschädlich.

Peter Lynch, der möglicherweise erfolgreichste Manager eines aktiv gemanagten Aktienfonds der vergangenen 60 Jahre, sagte einmal: »Far more money has been lost by investors trying to anticipate corrections, than has been lost in the corrections themselves.«[78] Machen Sie sich diese ebenso richtige wie weise Einsicht zu eigen und handeln Sie danach.

Bestimmen Sie ruhig und abgeklärt die für Sie richtige Asset-Allokation, die Ihre fundamentale Risikotragfähigkeit reflektiert, und investieren Sie in den Aktienmarkt auf dieser Grundlage immer genau dann und sofort dann, wenn Ihnen Liquidität zufließt, die Sie grundsätzlich anlegen wollen. Folgen Sie dieser einfachen Regel bis an Ihr Lebensende. Praktizieren Sie radikales Buy and Hold. Falls Sie die Angst vor dem Einstieg nicht überwinden können, steigen Sie mithilfe von einem der beiden Psychotricks ein. Oder – auch das kann helfen – Sie delegieren das Investieren an einen interessenkonfliktfreien Dienstleister (siehe Kapitel 12).

8.4 Anlagen mit hohen Ausschüttungen (Dividenden, Zinsen): Sollte man sie bevorzugen?

Die kurze Antwort auf die in der Überschrift formulierte Frage lautet: Nein, und zwar ganz eindeutig nein. Es gibt eigentlich keine überzeugen-

---

77 Statistisch betrachtet ist es rentabler, sofort zu investieren (siehe Blogbeitrag Kommer/Weis 2020b).

78 »Weit mehr Geld wurde beim Versuch verloren, Marktkorrekturen zu antizipieren, als durch die Korrekturen selbst.«

den rationalen Gründe, denen zufolge Aktien mit hoher Dividendenrendite und ausschüttende Aktienfonds (einschl. ETFs) gegenüber Aktien mit niedriger Dividendenrendite und nicht ausschüttenden Aktienfonds (thesaurierenden Fonds) zu bevorzugen wären. Eher das Gegenteil trifft zu, auch wenn Ihnen das im Moment aus der Perspektive eines Ruheständlers, der seine liquiden Anlagen für Mitfinanzierung seiner Lebenshaltungskosten benötigt, unplausibel erscheint. Warum uns unsere Intuition wie auch viele Banker, Finanzberater, Finfluencer und Ratgeberbuchautoren – oft mit den Parolen »passives Einkommen erzeugen« oder »Kapitalverzehr vermeiden« – hier in die Irre führen, werde ich ausführlich im übernächsten Kapitel zeigen (Kapitel 10 »Bauen Sie Ihre eigene Rente«).

8.5 ETF-Sparpläne: Monatlich automatisch investieren

Mit einem Fondssparplan wird regelmäßig, z.B. monatlich oder quartalsweise, ein bestimmter fixer Geldbetrag automatisch in einen im Voraus festgelegten Investmentfonds – idealerweise einen ETF – investiert. Das kann ein ETF sein auf Aktien, Anleihen, Rohstoffe, Gold oder Kryptoanlagen.

ETF-Sparpläne sind ein einfaches und geradezu ideales Instrument zum Vermögensaufbau für normale Privatanleger. Auch für Privatanleger vor und im Ruhestand können sie für begrenzte Zeit oder sogar dauerhaft eine attraktive Anlageform sein. (Auf das quasi entgegengesetzte Thema Entsparen/Depotentnahmen komme ich in Kapitel 10 zu sprechen.)

ETF-Sparpläne werden bei einer Depotbank angelegt. Die Höhe des periodisch anzulegenden Betrags kann man frei festsetzen; allerdings existiert meist ein Mindestbetrag pro zu besparender Position (pro ETF). Am unteren Ende liegt der Betrag, je nach Depotbank, bei 5 Euro oder 50 Euro pro Ausführung, nach oben oft bei einer Größenordnung von rund 3 000 Euro. (Für große Anlagebeträge wären die Transaktionskosten bei einem Fondssparplan deutlich niedriger als für Einzelkäufe. Vor diesem Hintergrund möchte eine Bank natürlich nicht, dass Sparpläne als kostengünstiger Ersatz für großvolumige Einmalkäufe »missbraucht« werden.)

Fondssparpläne haben eine Reihe von Vorteilen:

Ein ETF-Sparplan ist – wie ein Dauerauftrag bei einer wiederkehrenden Zahlungsverpflichtung, z.B. der monatlichen Miete – bequemer als manuelles periodisches Anlegen und verhindert, dass man den Anlagevorgang ab und zu vergisst.

Die Ausführungskosten pro Kauf sind bei Sparplänen (siehe weiter unten) geringer als bei betragsgleichen Einzelkäufen.

Ein Sparplan bewirkt eine vorteilhafte erzieherische »Investmentdisziplinierung«. Wenn das Geld an einem festen Termin pro Monat oder Quartal automatisiert investiert wird, stellt sich gar nicht erst die Frage, ob man das Geld doch lieber für Konsumzwecke verballert. Dies ist vergleichbar mit dem »positiven Zwangssparen«, dem man bei einem Immobilienkauf unterliegt, bei dem ein nennenswerter Teil des Kaufpreises über einen Kredit finanziert wurde. Dort hat man ja de facto auch nicht jeden Monat die Wahl, ob man die Kapitaldienstrate für das Darlehen diesen Monat tatsächlich bezahlt oder nicht.

Auf lange Sicht (z.B. 10 oder 20 Jahre) können durch einen Sparplan erstaunlich hohe Endvermögenswerte entstehen, weil der Anleger vom Zinseszinseffekt profitiert (umso mehr, je weniger entnommen wird).

Über einen ETF-Sparplan, den man jährlich oder in größeren Abständen entsprechend umstellt, lässt sich exzellent Cashflow-basiertes Rebalancing im Weltportfolio betreiben (siehe Abschnitt 7.5 zu Rebalancing).

Was gibt es bei der Einrichtung und dem laufenden »Betrieb« eines Sparplans zu beachten?

Sparpläne bei Direktbanken (Onlinebrokern) sind fast immer wesentlich günstiger als bei traditionellen Full-Service-Banken. Idealerweise sollte ein Sparplan pro Ausführung kostenlos sein oder jedenfalls nicht mehr als 5 Euro oder 1% der Sparrate betragen.

Eine Minderheit von ETFs ist seitens des ETF-Anbieters von Hause aus grundsätzlich nicht sparplanfähig. Jede Bank hat einen im Zeitablauf sich verändernden Katalog an sparplanfähigen ETFs. Diese Liste lässt sich online abrufen. Ob Ihr favorisierter ETF dabei ist, ist daher nicht garantiert. Wenn nicht, müssen Sie auf eine zweitbeste ETF-Alternative umsteigen oder – das dürfte eher selten eine attraktive Option sein – ein weiteres Depot bei einer anderen Onlinebank eröffnen.

Man kann ohne Weiteres auch zwei oder mehr ETF-Sparpläne parallel betreiben, wenn die monatliche Sparfähigkeit hoch genug ist.

Bei Selbständigen und manchen anderen Haushalten schwanken die monatlichen Einkünfte zu stark, um monatlich einen fixen Betrag zur Seite zu legen. Ein klassischer Sparplan eignet sich in solchen Fällen nur bedingt. Hier gibt es eine einfache Alternative: Anstatt monatlich Cash in Gestalt eines Sparplans in Wertpapiere zu transformieren, kann man – je nach momentaner Einkommenssituation – variierende Geldbeträge auf ein speziell dafür eingerichtetes Girokonto überweisen und von dort in größeren Intervallen anlegen, z.B. quartalsweise oder halbjährlich im Wege eines Einmalinvestments, sobald ein Mindestvolumen von 500 Euro oder mehr erreicht ist.

Die folgenden vier Finanzportale enthalten laufend aktualisierte Erläuterungen dazu, wie man einen ETF-Sparplan aufsetzt und welche Sparplankonditionen bei den einzelnen Onlinebanken bestehen. Googeln Sie einfach die in Anführungszeichen gesetzten Stichworte.

- www.finanztip.de: »ETF-Sparplan Vergleich«
- www.finanzfluss.de: »ETF-Sparplan Vergleich«
- www.extraETF.com: »ETF-Sparplan Vergleich«
- www.justETF.com: »ETF-Sparplan Vergleich«

Am Schluss dieses Abschnitts noch ein Wort zu dem im Zusammenhang mit Fondssparplänen immer wieder gerne genannten »Cost Average Effect«, zu Deutsch: »Durchschnittskosteneffekt«. In der Finanzbranche und in den Medien wird seit Jahrzehnten behauptet, dass ein Anleger im Rahmen eines Fondssparplans vom Durchschnittskosteneffekt profitiere und es daher schlau sei, diesen auszunutzen. Das ist Nonsens. Dieser Effekt – jedenfalls wenn man ihn als eine systematische, also nicht nur zufällige Verbesserung von Rendite oder risikogewichteter Rendite versteht – existiert nicht. Das haben Wissenschaftler schon vor gut 40 Jahren erstmalig und eindeutig festgestellt. Warum er nicht existiert, habe ich 2017 in einem Blogbeitrag zusammengefasst (Kommer 2017a). Wenn ein Vertreter der Finanzbranche, ein Journalist oder ein Finfluencer Ihnen weismachen möchte, dass der Durchschnittskosteneffekt eine für Anleger nutzbare, positive Auswirkung auf Rendite oder Risiko hat, sollten Sie das als Signal für Inkompetenz oder Interessenkonflikt werten und daraus entsprechende Konsequenzen ziehen. Falls solche Argumentationen mit Rechenbeispielen »belegt« werden, können Sie getrost davon ausgehen, dass Sie dabei aufs Glatteis geführt werden sollen.

Selbstverständlich ist monatliches Fondssparen nützlich und smart. Die (sehr einfachen) Gründe dafür habe ich in diesem Abschnitt dargelegt. Zu diesen Gründen gehört der Durchschnittskosteneffekt aber ganz gewiss nicht.

8.6 Wie man ein »euroskeptisches« ETF-Portfolio umsetzt

In den deutschsprachigen Ländern ist die Gruppe der Euroskeptiker unter Privatanlegern nicht eben klein. Mit »Euroskeptikern« meine ich Anleger, die der Ansicht sind, der Euro als Währung bzw. die Eurozone habe mittelfristig »keine Zukunft« oder zumindest eine schlechte. Ich persönlich zähle mich nicht zu den Euroskeptikern, habe aber Verständnis für sie und ihre Überlegungen.[79]

Sollte es zu einer existenziellen Krise der Eurozone oder des Euros kommen, ist aus heutiger Sicht unklar, wie sie sich konkret manifestieren oder entfalten würde. Was man aber recht sicher sagen kann, ist, dass dann der Wechselkurs des Euros gegenüber anderen wichtigen Währungen stark einbräche.

Für ein global diversifiziertes Aktienportfolio, wie es das Weltportfolio-Konzept enthält, wäre ein solcher Euro-Wechselkurs-Crash vermutlich nicht *dauerhaft* schädlich. In Euro gerechnet würden die Renditen dann sogar steigen.

Und da die meisten Argumente in der Welt des Investierens relativer, nicht absoluter Natur sind, sollte man nicht unerwähnt lassen, dass die aus Sicht von Privatanlegerhaushalten typische Hauptalternative zu globalen Aktieninvestments – Direktanlagen in Immobilien in Deutschland oder Österreich – in einem solchen Szenario nahezu sicher die schlechtere Option wäre, vor allem deswegen, weil ein globales Aktienportfolio sehr wenig »Deutschland-Exposure« (Exponiertheit) hat, eine in Deutschland belegene Immobilie dagegen ein maximales Deutschland-Exposure.

---

79 Skepsis oder Ablehnung des Euros basiert nach meinem Eindruck oft mit der sachlich nicht gerechtfertigten Vermischung der Diskussion »Schulden- und Transferunion akzeptieren oder ablehnen« in der Eurozone mit der Frage der Nützlichkeit des Euros im engeren Sinne. Deutschland könnte eine Schulden- und Transferunion (die zwar rechtlich noch nicht, aber faktisch wohl bereits existiert) ohne Weiteres ablehnen/vermeiden, obwohl der Euro existiert.

Bei zinstragenden Investments, z.B. verzinsliche Bankguthaben und Anleihen in Euro (einschließlich Fremdwährungsanleihen, die in Euro gehedgt sind), könnte das allerdings anders – schlechter – aussehen.[80] Deutschen und österreichischen Weltportfolio-Anlegern, die sich vor einer solchen Konstellation schützen wollen, bietet sich folgende Möglichkeit:

Den risikoarmen Portfolioanteil würde man nicht wie im Standardfall über ein verzinsliches Bankguthaben in Euro (innerhalb der gesetzlichen Einlagensicherung) oder High-Quality-Anleihen in Euro darstellen, sondern über entsprechende Bankguthaben oder Anleihen in anderen »Hartwährungen«, beispielsweise US-Dollar, Schweizer Franken und britischem Pfund. Eine Währungsabsicherung (Hedge) in den Euro ist dann ausdrücklich nicht erwünscht. Soweit es sich hier um Unternehmensanleihen-ETFs handelt, hat naturgemäß nur ein kleiner Teil der Emittenten seinen Sitz in der Eurozone.

Da auch für solche Anleihen-ETFs in Fremdwährung die in den Abschnitten 7.1. bis 7.3 genannten High-Quality-Kriterien erfüllt sein sollten, ist die ETF-Produktlandschaft in Deutschland, Stand März 2025, noch recht überschaubar. Derzeit verfügbar sind solche ETFs für den US-Dollar, den Schweizer Franken, das britische Pfund und den chinesischen Renminbi (RMB). Akzeptiert man nicht nur kurze, sondern auch mittlere Durationen von fünf bis zehn Jahren, kommt noch der australische Dollar dazu.

Wer einzelne Staatsanleihen erwerben kann und will, für den bestehen diese Restriktionen naturgemäß nicht (einzelne Unternehmensanleihen kommen aus Bonitätsgründen für den risikoarmen Portfolioanteil an sich nicht in Betracht).

Der eine große Nachteil, den ein Euroskeptiker mit der funktionalen Währung Euro bei derartigen Fremdwährungsanlagen akzeptieren muss, besteht im partiellen Verlust der Stabilitätsankerfunktion des risikoarmen Portfolioanteils. Da nunmehr Wechselkursrisiko in die Gleichung eingeführt wird, hat der Anleihenteil des Portfolios eine drastisch höhere Vo-

80 Der Anleihenmarkt sieht die Wahrscheinlichkeit eines solchen Szenarios, Stand März 2025, als außerordentlich niedrig an. Das lässt sich beispielsweise erkennen an (a) den nicht grundsätzlich höheren Zinsen (Umlaufrenditen) für Staatsanleihen der Eurozone gegenüber denen für die USA, Australien oder Kanada, (b) den niedrigen Kosten für sogenannte Kreditausfallversicherungen solcher Anleihen (→ Credit Default Swap Spreads) und (c) den stabilen Bonitätsratings für solche Anleihen.

latilität gemessen in Euro. Das Portfolio wird damit insgesamt volatiler. Dieser Nachteil wird umso größer sein, je größer die Anleihenkomponente im Weltportfolio ist. Ein Zahlenbeispiel: Die Volatilität der Kalenderjahresrenditen kurzfristiger US-Staatsanleihen (One Month Treasury Bills) im Zeitraum 1975 bis 2022 war elfmal so hoch in DM bzw. Euro wie in USD. Beim Maximum Drawdown war die Verschlechterung durch den Wechselkurseffekt sogar noch ausgeprägter. Auch hier kommt die altbekannte Anlegerweisheit zum Ausdruck: »There is no free lunch.«

8.7 Was das Weltportfolio nicht ist

Um das Weltportfolio-Konzept angemessen und anwenderfreundlich zu beschreiben, ist es nach meiner Erfahrung hilfreich, es von Ansätzen abzugrenzen, die ihm oberflächlich ähneln, ihm aber dennoch widersprechen. Nachfolgend daher eine kurze Auflistung von Investmentansätzen, die die Nutzung von ETFs beinhalten, aber kein Weltportfolio-Konzept, so wie in diesem Buch propagiert, darstellen.

Aktiv investieren mit ETFs. Der größere Teil der rund 13 000 Milliarden Dollar, die Anfang 2025 weltweit in ETFs investiert waren, wurde *aktiv*, also spekulativ investiert, d. h. gerade nicht passiv breit diversifiziert auf Buy-and-Hold-Basis. Es wird Market Timing mit ETFs betrieben. Das geschieht über taktisch motiviertes Rein-Raus bzw. Hin und Her, also die kurz- oder mittelfristige Über- und Untergewichtung bestimmter ETFs im Depot, die Regionen, Länder, Branchen oder Themen abbilden, mit dem Ziel, eine Überrendite zu erzielen. Die Forschung hat dieses aktive Investieren mit ETFs untersucht, soweit es durch Privatanleger geschieht. Mehrheitlich produziert es Minderrenditen (Bhattacharya u.a. 2017). In diesem Zusammenhang zeugt die verbreitete Gleichsetzung von »in ETFs investieren« mit »passiv investieren« seitens Finanzjournalisten und Finfluencern von schlampigem Denken oder Berichten.

Investieren in nur einen oder wenige ETFs – auch auf Buy-and-Hold-Basis –, ohne auf systematische, weltweite Diversifikation zu achten. Ein DAX-ETF oder ein Nasdaq-100-ETF allein oder mit dominierendem Gewicht im Gesamtportfolio repräsentiert kein Investieren in die Welt-AG, keine systematische Diversifikation und kein marktneutrales, sondern spekulatives, letztlich prognosebasiertes Investieren, weil hier relativ kleine, nur begrenzt diversifizierte Teilsegmente des Weltaktienmarktes gegenüber einer marktneutralen Gewichtung herausgepickt wurden. Ohne dass das den betreffenden Anlegern unbedingt immer klar ist, wettet derjenige, der nur in ein Teilsegment des Weltaktienmarktes investiert, damit zugleich *gegen* den Rest des Marktes. Das ist aktives Investieren.

Die Verwendung von Hedging-Techniken zur Absicherung von Kursrisiken nach unten. Beispiele sind → Stop-Loss-Orders oder inverse ETFs, die an Wert gewinnen, in dem Maße, wie Marktkurse sinken. Von wenigen Spezialkonstellationen abgesehen erfolgt »Downside Hedging« (»Absicherung nach unten«) bei echtem Indexing über das Mischungsverhältnis zwischen dem risikobehafteten und dem risikoarmen Portfolioteil. Warum Downside Hedging alles in allem eine kontraproduktive Idee ist, haben mein Kollege Max Bartosch und ich in einem Blogbeitrag untersucht (Kommer/Bartosch 2022g).

8.8 Was mache ich mit bisherigen Anlagen, deren Nutzen ich bezweifle?

Ein Leser dieses Buches, der sich bis zu diesem Punkt vorgekämpft hat, wird sich vielleicht fragen, wie er mit bereits existierenden Vermögensanlagen verfahren sollte, mit denen er nicht zufrieden ist. Das könnten Anlagen sein, die ich in Kapitel 3 («Anlageprodukte, von denen Sie eher die Finger lassen sollten«) in jeweils knapper Form beschrieben und analysiert habe, das könnten auch Riester- oder Rürup-Anlagen sein, die in Kapitel 3 nicht adressiert werden, weil sie (mit seltenen Ausnahmen) aus Sicht aller fachkundigen Betrachter ohne Interessenkonflikt so grausig schlecht sind, dass man das gar nicht mehr erwähnen und erklären muss.

Auf alle Fälle ist es erstaunlich schwierig, alte, schlechte Vermögensanlagen loszuwerden. Einerseits, weil die wirklich *verlässliche* Beurteilung, wie schlecht die Vermögensanlage X tatsächlich ist, für Nichtexperten oft eine große fachliche Herausforderung ist, andererseits, weil mentale Hürden wie Entscheidungsscheu und/oder der → Sunk-Cost-Denkfehler dem Anleger im Wege stehen.

Vorhandene schlechte Anlagen haben Opportunitätskosten, will heißen: Das Geld, das in diesen »Bad Products« steckt, könnte in einem guten Produkt (z.B. einem Aktien-ETF oder Anleihen-ETF) vorwärtsgerichtet höhere Renditen produzieren oder eine ähnliche Rendite bei weniger Risiko und höherer Liquidität. Weniger Risiko bedeutet häufig auch wesentlich weniger Konzentrationsrisiko. Dessen Vorhandensein ist typischerweise leicht zu beurteilen.

Wer in der Vermögensschutzphase angekommen ist, sollte die in der Vermögensaufbauphase vorhandenen und vielleicht unvermeidbaren Konzentrations- und Klumpenrisiken nun reduzieren. Ausnahmen von dieser ökonomischen Lebensweisheit sind evtl. die selbstgenutzte Wohnimmobilie und die Beteiligung am eigenen Unternehmen. (Bei letzterem Klumpenrisiko stellt sich gleichwohl die Frage, ob man diese in der Vermögensschutzphase nicht reduzieren kann und sollte.)

Als grobe Faustregel gilt: Eine alte, schlechte Anlage, mit der man nicht zufrieden ist, wird selten dadurch besser und weniger unbefriedigend, dass man sie weitere zwölf Monate oder fünf Jahre hält. In der großen Mehrzahl der Fälle bleiben schlechte Anlagen schlechte Anlagen. (Um Missverständnisse zu vermeiden: Wer mit einem oder mehreren ETFs diversifiziert in den globalen Aktienmarkt investiert hat und seit seinem Einstieg oder seit dem letzten Allzeithoch 20% oder 50% verloren hat, hat nicht in eine schlechte Anlage investiert. Das Materialisieren reiner Marktrisiken auf der Ebene von sauber definierten Anlageklassen konstituiert nicht das, was eine schlechte Anlage ist.)

Die oft beobachtete und menschlich verständliche Scheu, auf aufgelaufene, nicht realisierte Gewinne beim Verkauf jetzt Steuern zahlen zu müssen, ist in der Mehrzahl der Fälle kein Grund, die Gültigkeit der o.g. Faustregel im konkreten Fall infrage zu stellen.

Ein anderer, gewissermaßen entgegengesetzter, aber ebenfalls eher schlechter Grund, der viele davon abhält, das Ende mit Schrecken zu wählen, statt beim Schrecken ohne Ende zu bleiben, liegt darin, dass man keine Verluste realisieren möchte. Grund: Solange zumindest im Prinzip die Hoffnung besteht, diesen Verlust in der Zukunft wieder aufzuholen, muss man sich mental nicht endgültig eingestehen, einen Fehler gemacht zu haben. Ich glaube, dass man am ehesten aus dieser Denkfalle herauskommt, indem man sich das o.g. Opportunitätskostenargument vergegenwärtig, zusammen mit dem Erkennen und Verstehen des bereits erwähnten Sunk-Cost-Denkfehlers.

Jenseits der genannten Faustregel habe ich noch folgende konkrete Tipps, wie man bei der Frage: »Was tun mit vorhandenen schlechten Anlagen?« vorgehen könnte:

Wenn in Ihrem Portfolio eines der fraglichen Anlageprodukte aus Kapitel 3 enthalten ist, lesen Sie dort noch einmal nach, was genau die Nachteile sind. In der Mehrzahl der Unterabschnitte des Kapitels nenne ich auch weiterführende Literatur. Vielleicht hilft Ihnen das beim Treffen der Entscheidung, ob Sie das Produkt behalten oder abstoßen sollen. Im Internet existieren zudem umfangreiche Informationen und Handlungsanweisungen zu einer angemessenen Vorgehensweise bei Riester- und Rürup-Produkten.

Wenn Sie, lieber Leser, auf dem Do-it-yourself-Wege beim Beseitigen der potenziellen oder tatsächlichen Leichen im Keller Ihres Portfolios nicht weiterkommen, dann könnten Sie unter Umständen vorübergehend (einmalig) die Hilfe eines Honorarberaters in Anspruch nehmen und diesen dann auf Basis eines Stundenhonorars oder Festpreishonorars bezahlen. Tipps, wie man einen solchen Honorarberater findet, gebe ich in Kapitel 12. Auch die Begutachtung Ihres Depots durch die Verbraucherzentrale könnte eine geeignete Möglichkeit sein.

8.9 Wo führe ich mein Depot?

Wer in ETFs oder andere Wertpapiere investieren möchte, braucht ein Depot (Depot in Abgrenzung zu einem Bankkonto). Die allermeisten der rund 1700 Finanzinstitute mit einer Banklizenz in Deutschland – also traditionelle Filialbanken und reine Onlinebanken – bieten auch Depots für Privatkunden an. (Mit Onlinebanken sind auch Direktbanken, Broker oder Neobroker gemeint – alle vier Bezeichnungen sind austauschbare Marketingbegriffe, die keine echte, stringente abgrenzende Bedeutung haben.)

Depots, jedenfalls wenn sie von regulierten Bank- und Wertpapierinstituten in Deutschland, Österreich, Liechtenstein und der Schweiz geführt werden, sind in einem wichtigen Punkt generell sicherer als ein Konto, also Bankeinlagen. In Bezug auf ein Depot agiert die depotführende Institution nämlich nur als »Verwahrerin« oder »Treuhänderin«. Der Depotinhalt bleibt aber im rechtlichen Eigentum des Depotinhabers und gehört eben nicht in das rechtliche Eigentum der Depotbank. (Hierin besteht ein fundamentaler rechtlicher und wirtschaftlicher Unterschied zu einem Konto; der Kontoinhalt – das Guthaben – gehört dabei rechtlich der Bank, nicht dem Kontoinhaber. Ein Konkurs (eine Insolvenz) der depotführenden Bank hätte daher in Bezug auf die Depotwerte keine wirklich relevante negative Auswirkung auf die Vermögensposition des Depotinhabers, weil die Depotwerte nicht in die Konkursmasse der Bank fallen.

Weil das so ist, spielt es in Bezug auf die Sicherheit keine Rolle, wo ein Anleger sein Depot führt, vorausgesetzt, es ist, wie bereits erwähnt, ein reguliertes Institut in Deutschland, Österreich, der Schweiz oder Liechtenstein. Daher sind nur Kosten und Servicequalität bei der Suche nach der »besten Depotbank« entscheidend. Man braucht aus Sicherheitsgründen daher auch keine zwei Depotbanken, jedenfalls wenn man kein Day Trader ist, der nur »aus Sicherheitsgründen« Depotbank A und B hat, um einen zweistündigen Computerausfall bei A durch die Alternative B zu überbrücken.

Zu einem Depot gehört auch immer ein paralleles Verrechnungskonto, auf das die depotführende Bank automatisch alle Ausschüttungen oder Verkaufserlöse bucht.

Generell gilt, dass die Gesamtkosten für ein Depot (+ Verrechnungskonto) bei einer Onlinebank deutlich günstiger sind als bei einer traditionellen Filialbank. Ich selbst führe mein Depot daher bei einer Onlinebank. Jedem, der kostenbewusst ist und seine Hauptbankverbindung bei einer traditionellen Filialbank hat, empfehle ich daher, für Wertpapiergeschäfte eine Onlinebank zu nutzen. Aber grundsätzlich ist natürlich auch eine traditionelle Filialbank möglich, in der man eventuell sogar einen bestimmten menschlichen Ansprechpartner hat (der jedoch erfahrungsgemäß alle naslang wechselt).

Die Depotkosten setzen sich aus Transaktionskosten (Kosten für Kauf und Verkauf von Wertpapieren) sowie Depotführungskosten im engeren Sinne zusammen (z.B. eine fixe Gebühr pro Monat und/oder eine prozentuale Gebühr bezogen auf den Depotwert). Die Transaktionskosten spalten sich auf in Ordergebühren, Handelsplatzentgelt und Ausführungskosten für Sparpläne oder Auszahlungspläne (zum Thema Auszahlungspläne siehe Abschnitt 10.2). Denkbar sind ferner noch »Spezialkosten« für Zusatzleistungen wie die Anmeldung zur Hauptversammlung oder die Eintragung in das Aktienregister bei einzelnen Aktien. Die sogenannte Geld-Brief-Spanne ist ein Transaktionskostentypus, der an sich nichts mit dem Depot oder der depotführenden Bank zu tun hat.

Eine allgemeine Empfehlung für eine »gute Depotbank« in diesem Buch ist unmöglich, weil sich die Angebote und Konditionen der Banken im Zeitablauf recht oft ändern und weil viele Anleger die verschiedenen Kriterien unterschiedlich gewichten.

Bei der Identifikation einer geeigneten Depotbank sind die beiden Finanzportale www.finanzfluss.de und www.finanztip.de nützlich. Sie bieten laufend aktualisierte und umfassende Depotvergleiche an. Googeln Sie auf beiden Portalen einfach den Begriff »Depot-Vergleich«.

9 Steuern vor und im Ruhestand: Die Basics

9.1 Einkommenssteuern auf Einkünfte aus Kapitalvermögen

Dieser Abschnitt fasst die im März 2025 gültigen einkommenssteuerlichen Regeln für Privatanleger (natürliche Personen) in Deutschland bei der Besteuerung von Anlagen in Investmentfonds einschließlich ETFs zusammen. Auf andere Anlageformen gehe ich aus Platzgründen nicht ein. Steuerliche Sachverhalte in der Schweiz und Österreich werden aus Platzgründen leider ebenfalls nicht behandelt.

Folgende generelle Annahmen liegen den Aussagen in diesem Abschnitt zugrunde: Der Steuerpflichtige ist eine in Deutschland ansässige, unbeschränkt steuerpflichtige, natürliche Person. Die steuerlich relevanten Vermögenswerte befinden sich im Privatvermögen dieser Person, nicht im Betriebsvermögen. Die Depotstelle (das Bankdepot) liegt im Inland. Wo nachfolgend von Investmentfonds oder Fonds die Rede ist, sind sogenannte UCITS-Fonds bzw. Publikumsfonds gemeint (siehe Infobox zu UCITS-Fonds in Abschnitt 1.5). ETFs, die in Deutschland und Österreich vertrieben werden, sind praktisch ausnahmslos UCITS-Fonds, in der Schweiz überwiegend UCITS-Fonds.

Wenn nachfolgend die Bezeichnung »Abgeltungssteuer« verwendet wird, ist damit die Kapitalertragssteuer gemeint. Die Kapitalertragssteuer ist die Steuer auf Einkünfte aus Kapitalvermögen, eine der sieben Einkommensarten im deutschen Einkommenssteuerrecht. Einkünfte aus Kapitalvermögen sind in erster Linie Einkünfte aus verzinslichen Bankguthaben sowie Einkünfte aus Wertpapieren und Fondsanteilen. Wenn ich im Folgenden vereinfachend Abgeltungssteuersatz schreibe, meine ich »Kapitalertragssteuersatz *inklusive* Solidaritätszuschlag«.

Aus Platzgründen bleiben zahlreiche Detail- und Ausnahmeregelungen außen vor. Im Zweifel oder in komplexen Fällen sollten Sie daher zusätzlich eine der spezialisierten Publikationen, die am Ende dieses Abschnitts genannt werden, lesen oder einen Steuerberater hinzuziehen.

(1) Einkommenssteuerliche Grundsachverhalte

Die Abgeltungssteuer, die auf die hier infrage stehenden Erträge aus Investmentfonds anfällt, ist eine Erhebungsform der Einkommenssteuer. Der Steuersatz ergibt sich aus 25,0% Kapitalertragssteuer + 1,375% Solidaritätszuschlag (= 5,5% × 25,0%), also gesamt 26,375%, gerundet 26,4%. Sofern Kirchensteuer hinzukommt, erhöht sich der Gesamtsteuersatz – je nach Bundesland – entweder auf 27,819% (bei 8% Kirchensteuer) oder 27,995% (bei 9% Kirchensteuer).

Abgeltungssteuer fällt auf Einkünfte aus Kapitalvermögen oder Kapitalerträge an. In erster Linie sind das laufende Erträge, nämlich Dividenden bei Aktienfonds, Zinserträge aus Bankeinlagen oder aus Anleihenfonds, Mieteinnahmen bei offenen Immobilienfonds und Veräußerungsgewinne, die *auf Anlegerebene* (nicht auf Fondsebene) realisiert werden. Veräußerungsgewinne entstehen durch den Verkauf von Fondsanteilen, wenn der Erlös die früheren Anschaffungskosten übersteigt (realisierte Kursgewinne).

Soweit das jährliche Gesamteinkommen des Steuerpflichtigen im Steuerjahr ausreichend niedrig ist und deswegen die Anwendung des normalen progressiven Einkommenssteuertarifs auf die Kapitalerträge zu einem Satz von unter 26,4% führt, wäre es finanziell vorteilhaft, eine sogenannte Günstigerprüfung durchführen zu lassen und normale Einkommenssteuer statt Abgeltungssteuer zu zahlen. Aktuell liegt diese Schwelle bei einem Jahreseinkommen von etwa 50 000 Euro (doppelt so hoch bei gemeinsam veranlagten Paaren).

Steuerpflichtige Kapitalerträge werden in dem Kalenderjahr versteuert, in dem sie dem Steuerpflichtigen zugeflossen sind (Zuflussprinzip). Bei thesaurierten Zinsen und Dividenden wird das Zuflussprinzip durchbrochen (siehe weiter unten).

Im Prinzip werden bei Investmentfonds sowohl ausgeschüttete als auch thesaurierte Zinsen und Dividenden auf Anlegerebene gleichermaßen besteuert. Dabei bestehen jedoch technische Unterschiede, die im Ergebnis zu einer leicht unterschiedlichen effektiven Besteuerungswirkung führen (Details weiter unten).

Immobilienaktien-ETFs (gelegentlich auch latent missverständlich als REIT-ETFs bezeichnet) werden steuerrechtlich wie normale Aktienfonds behandelt und damit etwas anders als offene Immobilienfonds. Allerdings erhalten Immobilienaktien-ETFs keine Teilfreistellungen (siehe Ziffer 5), da Immobilienfirmen in vielen Ländern und zum Teil auch bei Quellensteuern Steuervorteile genießen.

Investments in physisches Gold und Gold-ETFs ebenso wie direkte Kryptoinvestments und Krypto-ETFs unterliegen nicht der Abgeltungssteuer. Ihre Wertsteigerungsgewinne sind nach einer Haltefrist von einem Jahr steuerfrei, vor Ablauf eines Jahres gilt der normale progressive Einkommenssteuersatz.

(2) Abgeltungssteuerverfahren

Im Prinzip erfolgt bei der Kapitalertragssteuer die Steuerzahlung »an der Quelle« in »abgeltender« Form, sodass keine gesonderte Berücksichtigung der betreffenden Einkünfte in der persönlichen Einkommenssteuererklärung des Anlegers notwendig ist. Dieses Standardverfahren funktioniert nur, wenn die Depotstelle (Bank) in Deutschland liegt. Wenn sich die Depotstelle des Anlegers im Ausland befindet, ist die Erfassung der Kapitalerträge in der Einkommenssteuererklärung erforderlich, um unabsichtliche Steuerhinterziehung oder Doppelbesteuerung zu vermeiden.

(3) Sparerpauschbetrag (Freibetrag) und Werbungskosten

Der jährliche Freibetrag für Zinsen, Dividenden und andere laufende Erträge aus Fondsanteilen beträgt 1000 Euro pro Steuerzahler und das Doppelte bei Verheirateten. Dieser Freibetrag (Sparerpauschbetrag) wird insgesamt nur einmal für alle Einkünfte aus Kapitalvermögen gewährt. Durch einen sogenannten Freistellungsauftrag kann der Steuerpflichtige die Depotstelle im Vorhinein instruieren, dass seine jährlichen Erträge bis zur Höhe von 1000 Euro steuerfrei sind. Dazu besteht jedoch keine Pflicht. Doch dadurch wird vermieden, dass dieser Steuerfreibetrag später über die Einkommenssteuererklärung »zurückgeholt« werden muss. Der Freibetrag kann auch auf mehrere Depotstellen aufgeteilt werden.

Die Werbungskosten (Nebenkosten des Investierens) für Einkünfte aus Kapitalvermögen sind aus Sicht des Gesetzgebers mit dem Sparerpauschbetrag pauschal abgegolten, ausgenommen die unmittelbaren Kosten des Kaufens und Verkaufens von Finanzanlagen, die dem Anschaffungswert hinzugerechnet und dem Veräußerungswert abgezogen werden. Aufwandszinsen, die bei einer etwaigen Kreditfinanzierung abgeltungssteuerpflichtiger Anlagen anfallen, können nicht steuerlich als Werbungskosten in Abzug gebracht werden; die Aufwendungen für Finanzberatung und andere Nebenkosten des Geldanlegens (z.B. Vermögensverwaltungsgebühr) typischerweise ebenfalls nicht.

Kosten, die auf der Ebene eines Fonds anfallen (vor allem die Verwaltungsgebühr des Fonds) und die bereits mit der publizierten Rendite des Fonds verrechnet sind, sind ökonomisch gesehen steuerlich abzugsfähig, weil sie den zu versteuernden Ertrag mindern.

Sofern die gesamten Einkünfte aus Kapitalvermögen (also Einkünfte, die der Abgeltungssteuer unterliegen) im Kalenderjahr den Sparerpauschbetrag unterschreiten, lohnt es sich steuerlich im Ausmaß der Unterschreitung, Kursgewinne durch Verkauf zu realisieren. Diese sind dann steuerfrei. Und zwar deswegen, weil ein im Kalenderjahr nicht ausgenutzter Sparerfreibetrag danach verfällt (er kann nicht ins Folgejahr vorgetragen werden).

(4) Ausländische Quellensteuern bei Fonds und Quasiquellensteuer auf in Deutschland domizilierte (rechtlich ansässige) Aktienfonds

Quellensteuern werden von den meisten Staaten (einschließlich DE, AT, CH) erhoben, wenn Dividenden, Zinsen oder Mieterträge, die aus Sicht des jeweiligen Staates aus inländischen »Quellen« stammen, an im Ausland ansässige Empfänger gezahlt werden. Beispiel: SAP zahlt eine Dividende an einen Aktionär, der steuerlich in Spanien ansässig ist – hier behält der deutsche Staat Quellensteuer ein. Quellensteuern werden grundsätzlich auch innerhalb der EU bei grenzüberschreitenden Sachverhalten erhoben.

Im Allgemeinen sind ausländische Quellensteuern auf die deutsche Einkommenssteuer anrechenbar (§ 32d EStG). Von diesem Grundsatz bestehen jedoch vielfältige Ausnahmen und Modifikationen, auch im Falle von Investmentfonds.

Seit Anfang 2018 sind Quellensteuern im Falle von Investmentfondsanlagen nicht mehr auf die Abgeltungssteuer anrechenbar. Im Gesamtkontext der neuen Besteuerungsregeln ist das jedoch kein Nachteil, wie weiter unten illustriert werden wird.

Ein in Industrieländern typischer Quellensteuersatz auf Dividenden beträgt 25%. Quellensteuersätze in Schwellenländern sind im Durchschnitt niedriger als die in Industrieländern. Bei einer Dividendenrendite von 2,5% und einem Quellensteuersatz von 25% würde das 0,625 Renditeprozente (= 25% × 2,5%) betragen. Über sogenannte »Doppelbesteuerungsabkommen« (»DBA«) zwischen zwei Staaten können solche Quellensteuern unter bestimmten Voraussetzungen reduziert werden. Die häufigste Konstellation ist dabei von 25% auf 15%.

Die Quellensteuersätze auf Zinsen sind in den meisten Ländern niedriger als auf Dividenden und in vielen Ländern sogar null. Für Mieterträge ist eine pauschale Aussage zur Höhe der Quellensteuern kaum möglich.

Quellensteuern sind, wie erwähnt, im Falle von Investmentfonds seit dem Steuerjahr 2018 nicht mehr auf die deutsche Einkommenssteuer (Abgeltungssteuer) anrechenbar. Dies wird durch die Teilfreistellung (siehe nachfolgende Ziffer 6) kompensiert. Deswegen fällt es nun besonders ins Gewicht, Möglichkeiten zur Senkung der Quellensteuerbelastung auf Fondsebene zu nutzen.

Ausschüttungen von Investmentfonds an die Fondsanleger unterliegen keiner eigenen Quellensteuer des Fondsdomizillandes.

(5) Besteuerung laufender Erträge, Teilfreistellung

Mit laufenden Erträgen sind bei Aktien- und Anleihenfonds Dividenden bzw. Zinsen gemeint; bei offenen Immobilienfonds – methodisch etwas abweichend – Mieterträge und auf Fondsebene realisierte Immobilienveräußerungsgewinne. Diese laufenden Erträge unterliegen auf der Ebene des Anlegers der Abgeltungssteuer, soweit sie den o.g. Sparerpauschbetrag übersteigen. Grundsätzlich gilt das bei Fonds sowohl im Ausschüttungs- als auch im Thesaurierungsfall.

Bei Aktienfonds, Mischfonds und offenen Immobilienfonds wird ein Teil dieser Erträge von der Besteuerung freigestellt (Teilfreistellung). Die Höhe der Teilfreistellung hängt vom Fondstyp ab und von der Frage, ob die Fondsanteile im Betriebsvermögen einer Kapitalgesellschaft oder Personengesellschaft gehalten werden (Betriebsvermögenskonstellationen werden hier nicht ausgeführt).

Für Privatanleger gelten die folgenden Teilfreistellungsquoten: Aktienfonds 30% (einschließlich Immobilienaktien-ETFs), Mischfonds 15%, offene Immobilienfonds mit mindestens 51% deutschen Immobilien 60%, offene Immobilienfonds mit höchstens 51% deutschen Immobilien 80%. Die höheren Teilfreistellungen bei offenen Immobilienfonds reflektieren die höhere Besteuerung von Immobilienerträgen auf Fondsebene im Quellenland.

Für Anleihenfonds existiert keine Teilfreistellung.

Was im Einzelfall ein Aktienfonds oder Mischfonds oder sonstiger Fonds ist, ist aufsichtsrechtlich definiert.

(6) Besteuerung der in Ziffer 5 genannten laufenden Erträge, wenn sie vom Fonds ausgeschüttet werden (ausschüttende Fonds)

Diese Ausschüttungen werden zum Zeitpunkt der Ausschüttung der Abgeltungssteuer unterworfen (Zuflussprinzip). Dabei kommt der Anleger in den Genuss der in Ziffer 5 erwähnten Teilfreistellungssätze (Ausnahme Anleihenfonds).

Hier die Berechnung des effektiven Steuersatzes bei einer Teilfreistellung von 30% für Dividenden in einem Aktienfonds/Aktien-ETF: 26,4% × (1 – 30%) = 18,5% (gerundet). Es wird hierbei angenommen, dass der in Ziffer 3 genannte Sparerpauschbetrag schon voll ausgeschöpft war. Allerdings darf man hierbei nicht vergessen, dass es vorher schon auf der Fondsebene eine hier nicht beachtete Quellensteuerbelastung auf Dividenden – je nach Quellenland – von zwischen 0% und 35% gab, sodass die volle *effektive* Steuerbelastung höher ist als 18,5%. Nehmen wir einen Quellesteuersatz auf Dividenden von 15% an, dann ergibt sich ein Gesamtbesteuerungssatz von etwa 31% (das ist aufgrund der zugrunde liegenden rechnerischen Zusammenhänge etwas niedriger als die vereinfachte Addition von 20% + 15%).

(7) Besteuerung der in Ziffer 5 genannten laufenden Erträge, wenn sie vom Fonds thesauriert werden (thesaurierende Fonds)

Diese Erträge (Zinsen, Dividenden) werden als dem Anleger am 31. Dezember eines Steuerjahres zugeflossen behandelt und steuerlich dem Folgejahr zugerechnet. Das ist eine Durchbrechung des allgemein in der Einkommensteuer geltenden Zuflussprinzips.

Thesaurierte Erträge werden – anders als ausgeschüttete Erträge – im Wege eines Pauschalverfahrens besteuert (»Vorabpauschale-Verfahren«/»VAPV«). Die Depotstelle des Anlegers führt das Pauschalverfahren für den Anleger aus, vorausgesetzt, das Depot befindet sich im Inland.

Beim VAPV für thesaurierende Fonds geht der Fiskus von einem fiktiven Steuerertrag (also einem fiktiven laufenden Ertrag) aus. Auf diesen hat die depotführende Bank eine Steuerlast einzubehalten, die sich nach einer spezifischen Formel errechnet. Diese Formel hat letztlich nichts mit der Höhe der tatsächlichen laufenden Erträge (Dividenden bei Aktienfonds) zu tun, die im Fonds thesauriert wurden. Aus Vereinfachungsgründen verzichte ich hier darauf, die Formel zu zeigen. Nur so viel: In der Formel spielt ein sogenannter Basiszins eine wichtige Rolle. (Dieser Basiszins ist zwar namensgleich, aber *nicht* identisch mit dem anderen, bekannteren Basiszins, der von der Bundesbank halbjährlich ermittelt wird und der nach § 288 BGB und anderen Rechtsvorschriften beispielsweise in zivilrechtlichen Streitfällen für die Kalkulation von Verzugszinsen verwendet wird.) Solange der Basiszins unterhalb von etwa 4,3% p.a. liegt, führt das VAPV zu einer niedrigeren Besteuerungslast auf laufende Erträge als die »normale« Besteuerung bei ausschüttenden Fonds. Ab einem Basiszins von etwa 4,3% ist die jährliche Besteuerung von thesaurierenden und ausschüttenden Aktienfonds gleich hoch, sie wird aber nie höher sein.

Der Anleger sollte sich jedoch nicht zu früh freuen. Kommt es später zum Verkauf der Fondsanteile, wird die gesamte Wertsteigerungsdifferenz inklusive der versteuerten (thesaurierten) Nettodividenden zur Bemessungsgrundlage für die Abgeltungssteuer. Von der resultierenden Abgeltungssteuer in Euro wird dann die bereits gezahlte Steuer nach dem VAPV abgezogen. Im Ergebnis wird die zuvor geringere Besteuerung auf thesaurierte Dividenden nun nachgeholt oder aufgeholt – es gab also lediglich eine Steuerstundung. Dennoch ist diese Steuerstundung für Buy-and-Hold-Anleger vorteilhaft – siehe Abschnitt 7.4 –, weil sie in Jahren mit Basiszins unter 4,3% einen Teil der Dividendenerträge (bis zu 100%, sofern der Basiszins null oder negativ ist) im Falle von thesaurierenden Aktienfonds steuertechnisch in Quasikursgewinne umwandelt. Bei aktiven Anlegern, die mehr oder weniger jährlich ihre Fondsanteile kaufen und verkaufen, verpufft der Stundungsvorteil jedoch.

Zu einer laufenden Nullbesteuerung der Dividenden (und steuertechnisch einer Umwandlung in Kursgewinne) kommt es auch dann in einem Kalenderjahr, wenn die Gesamtrendite des thesaurierenden Fonds aus Dividenden und Kursveränderungen negativ ist. Auch hier erfolgt zunächst gar keine Besteuerung der Dividenden (wieder haben wir einen Fall von Steuerstundung). Auch diese unversteuerten Dividenden werden dann effektiv erst bei einem späteren Verkauf der Fondsanteile versteuert.

(8) Besteuerung von Kursgewinnen bei Aktienfonds und Anleihenfonds, die auf Fondsebene realisiert werden

Auf Fondsebene (d.h. innerhalb des Fonds) realisierte Kursgewinne bei Aktien- und Anleihenfonds werden nicht besteuert (sogenanntes kleines Fondsprivileg), sofern und solange diese Gewinne nicht ausgeschüttet werden, was die Regel ist.

(9) Besteuerung von Kursgewinnen bei Aktienfonds, die auf der Ebene des Anlegers realisiert werden

Auf der Ebene des Anlegers realisierte Kursgewinne werden grundsätzlich mit dem Abgeltungssteuersatz belastet (im Falle von inländischen Depotstellen nimmt die Depotstelle den Steuerabzug vor). Hierbei kommen dem Anleger die je nach Fondstyp differenzierten und in Ziffer 5 genannten Teilfreistellungssätze zugute. Dies stellt in Bezug auf die Besteuerung von realisierten Kursgewinnen eine deutliche Verbesserung gegenüber den Regelungen vor 2018 dar. Das bedeutet, dass der effektive Steuersatz auf realisierte Kursgewinne bei Aktienfonds (einschließlich Aktien-ETFs) im Privatvermögen nun nur noch 26,4% × (1 – 30%) = 18,5% (gerundet) beträgt. Diese 18,5% repräsentieren in der Standardkonstellation (Fondsanteile im Privatvermögen) bei Kursgewinnen (anders als bei Dividenden) tatsächlich die effektive Endbesteuerung, weil bei Kursgewinnen vorher keine Quellensteuerbelastung anfiel. Aktien-ETFs bieten in Relation zu Einzelaktieninvestments, bei denen keine Teilfreistellung zur Anwendung kommt, einen beträchtlichen Steuervorteil.

Veräußerungsgewinne ermitteln sich nach der Formel Verkaufserlöse minus Kaufaufwand. Bei der Ermittlung des Gewinns aus dem Verkauf von Fondsanteilen können die Nebenkosten der Anschaffung und Veräußerung berücksichtigt bzw. abgezogen werden, insbesondere die Geld-Brief-Spanne bei ETFs und Ausgabeaufschläge bei konventionellen Fonds.

Auf der Ebene des Anlegers sind nicht realisierte Buchgewinne (Kursgewinne) nicht steuerbar.

Soeben habe ich von effektiver Endbesteuerung gesprochen. Das war insofern vereinfachend und verkürzend, als durch Buy and Hold weitere Senkungen der »ganz effektiven Endbesteuerung« möglich sind. (Zu diesem steuerlich sehr wichtigen Sachverhalt siehe Abschnitt 7.4.)

(10) Besteuerung von Kursgewinnen bei Anleihenfonds, die auf der Ebene des Anlegers realisiert werden

Bei Anleihenfonds (und verzinslichen Bankeinlagen) existiert keine Teilfreistellung. Der volle Kursgewinn unterliegt bei Realisierung der Abgeltungssteuer von 26,4%.

Wie sich Veräußerungsgewinne bei Anleihenfonds ermitteln, wird in Ziffer 9 am Beispiel von Aktienfonds erläutert.

(11) Verlustverrechnungsmöglichkeiten, Verlustvortrag

Verluste aus der Veräußerung von Fondsanteilen können innerhalb eines Steuerjahres mit sämtlichen positiven Kapitalerträgen verrechnet werden. Sofern ein Anleger nur ein einzelnes Depot bei einer inländischen Bank unterhält, wird das normalerweise automatisch passieren.

Der vorgenannte Punkt gilt nicht für Verluste aus Direktanlagen in einzelne Aktien: Bei ihnen können Veräußerungsverluste – nach aktueller Rechtslage – nur mit Gewinnen aus anderen Aktiengeschäften verrechnet werden (umgekehrt können jedoch Gewinne aus der Veräußerung von Einzelaktien seltsamerweise mit Verlusten aus anderen Wertpapieren und Fondsanteilen verrechnet werden).

(12) Depots bei verschiedenen Banken oder bei Banken im Ausland

Unterhält ein Anleger Wertpapierdepots bei mehreren inländischen Banken, ist Folgendes zu beachten: (a) Über »Bankgrenzen« hinweg wird die Verlustverrechnung nicht automatisch funktionieren. (b) Der bei einer einzelnen Bank eventuell nicht ausgenutzte Teil eines Freistellungsauftrages (Sparerpauschbetrag) wird ebenfalls nicht automatisch auf eine andere Bank übertragen, wenn diese Übertragung vorteilhaft wäre. Diese »technischen Probleme« können über die Steuererklärung korrigiert werden, ohne Korrektur über die Steuererklärung gehen die Vorteile aus der Verlustverrechnung jedoch verloren.

Unterhält der Anleger Wertpapierdepots bei einer Bank im Ausland, funktioniert das Abgeltungsverfahren (Erhebung der Kapitalertragssteuer an der Quelle) ebenfalls nicht. In diesem Fall muss der Anleger alle entsprechenden Erträge (vor allem Dividenden, Zinsen und realisierte Kursgewinne) in seiner Einkommenssteuererklärung angeben. Das Finanzamt ermittelt dann die Besteuerungslast im »Veranlagungswege«.

(13) »FIFO-Methode« (»First in first out Methode«) beim Verkauf einzelner Fondsanteile

Nehmen wir an, ein Steuerpflichtiger besitzt insgesamt 100 Anteile eines ETFs (oder sonstigen Investmentfonds), die er in den letzten zehn Jahren an fünf verschiedenen Zeitpunkten zu unterschiedlichen Preisen gekauft hat. Alle Anteile befinden sich im gleichen Depot. Nun will der Steuerpflichtige 15 von den 100 Anteilen verkaufen. In diesem Fall kann der Steuerpflichtige nicht frei wählen, welche Anteile aus steuerlicher Sicht als verkauft gelten. Es kommt zwangsweise die sogenannte FIFO-Methode zur Anwendung, d. h., steuerlich werden die 15 am frühesten erworbenen Anteile verkauft.

Die FIFO-Methode gilt jedoch nur innerhalb eines einzelnen Depots. Liegen 40 Anteile in Depot A und 60 Anteile in Depot B, könnte der Steuerpflichtige wählen, aus welchem Depot er 15 Anteile verkauft, und so steuerlich unterschiedliche Ergebnisse bewirken, falls die 15 FIFO-Anteile in Depot A zu anderen Preisen als die 15 FIFO-Anteile in Depot B gekauft wurden.

Wer über einen langen Zeitraum hohe laufende Beträge anspart, die er dann im Ruhestand wieder entnehmen (verkaufen) möchte, für den könnte es steuerlich vorteilhaft sein, z.B. alle zwei Jahre ein neues Depot zu eröffnen. Auf diese Weise hat er später mehr »Manövriermasse« bei der gezielten Steuerung der Höhe der realisierten Kursgewinne pro Kalenderjahr.

(14) Steuern sparen durch Buy and Hold

Wie man durch Buy and Hold die Steuerbelastung für die eigenen Aktieninvestments senkt, habe ich in Abschnitt 7.4 dargelegt.

Weitere Informationsquellen

In den folgenden kostenlosen Broschüren wird die Abgeltungssteuer für Einkünfte aus Kapitalvermögen aus Investmentfonds und zum Teil aus anderen Anlagen wie beispielsweise einzelnen Aktien bei Privatanlegern detaillierter als in diesem Abschnitt erläutert. Die Broschüren sind im Internet zum Download in der jeweils aktuellsten Version verfügbar (googeln Sie einfach die angegebenen Titel): (a) Deutsche Bank – »Merkblatt für den inländischen Steuerzahler«; (b) Allianz – »Informationen für Privatanleger – Investmentfonds und Steuern« oder (c) die Website www.smartsteuer.de, Stichwort »Einkünfte aus Kapitalvermögen«.

9.2 Einkommenssteuern auf die gesetzliche Rente

Einkünfte aus der gesetzlichen Rentenversicherung unterliegen seit 2005 der Einkommenssteuer (dem normalen progressiven Einkommenssteuertarif). Der steuerpflichtige Anteil der Rente betrug für Renten, die 2005 begannen, 50%. Der Rest war und blieb steuerfrei. Der zu versteuernde Anteil der Rente stieg von 2005 für jeden Rentenjahrgang um zwei Prozentpunkte pro Jahr auf 80% im Jahr 2020, danach pro Jahr um einen Prozentpunkt. Für Neurentner im Jahr 2040 und danach wird der steuerpflichtige Teil der Rente dann 100% betragen.

Der nicht steuerpflichtige Teil der Rente, der sogenannte Rentenfreibetrag, bleibt lebenslang konstant. Andererseits werden die durch den Gesetzgeber beschlossenen jährlichen Rentenerhöhungen auf ihn nicht angewendet.

Wie für jeden Steuerpflichtigen beträgt der steuerfreie Grundfreibetrag im Jahr 2024 auch für Rentner rund 11 600 Euro für Ledige, 23 200 Euro für Verheiratete. Maßgeblich für den anzuwendenden Steuersatz sind die Gesamteinkünfte des Steuerpflichtigen, nicht nur die reinen Renteneinkünfte.

9.3 Schenkungssteuern, Erbschaftssteuern, Wegzugsbesteuerung

Deutschland ist bekanntermaßen ein Hochsteuerland. Bei der Belastung von laufenden Einkommen mit Steuern und Sozialversicherungsabgaben sind wir nach Belgien trauriger Vizeweltmeister. Auch sonstige Steuern sind in Deutschland im internationalen Vergleich hoch bis sehr hoch, einschließlich natürlich die Mehrwertsteuer, die auch die Ärmsten zahlen. Hierbei sind Doppel- und Mehrfachbesteuerungen noch nicht einmal berücksichtigt.

Ein Beispiel: Unternehmenssteuern (Körperschaftssteuer und Gewerbesteuer) betragen in Deutschland zusammengenommen, je nach Gemeinde, zwischen etwa 26% und 34% (gerundet) und liegen damit im oberen Fünftel der westlichen Länder, sprich der 38 OECD-Mitgliedsstaaten. Wenn eine Kapitalgesellschaft eine Dividende an seine Gesellschafter (sofern natürliche Personen) ausschüttet, fällt bei den Empfängern noch einmal Kapitalertragssteuer (26,4% inkl. Soli) an. Das heißt, die effektive Steuerlast auf einen von einem Unternehmen erwirtschafteten Euro Vorsteuergewinn beträgt gerundet zwischen 46% und 51%.

Das Attribut Hochsteuerland gilt in Bezug auf Deutschland leider auch für die »Erbschafts- und Schenkungssteuer« (nachfolgend »E&S-Steuer«). In Österreich gibt es diese gar nicht und in der Schweiz liegt sie – je nach Kanton – bei null oder nahezu null, jedenfalls bei Übertragungen innerhalb der Familie. In den allermeisten anderen Ländern der Welt ist die E&S-Steuer deutlich niedriger als in Deutschland. Zwar existieren hierüber keine genauen Zahlen, aber aus den vorhandenen Zahlen kann man einigermaßen verlässlich ableiten, dass wohl in über 70% der 195 Staaten keine E&S-Steuer existiert, und da, wo sie existiert, dürfte sie niedriger sein als in Deutschland. In einer Reihe von Staaten, z.B. Schweden und Norwegen, wurde die E&S-Steuer in den vergangenen 25 Jahren abgeschafft – vermutlich, weil sie von einem großen Teil der Bevölkerung als ungerecht empfunden wird und weil sie dem Staat nur geringe Einnahmen bringt, dem dazu noch ein beträchtlicher Ausgabenaufwand in der staatlichen Bürokratie entgegensteht.[81]

Die deutsche E&S-Steuer kann durch Verlagerung des Wohnsitzes ins Ausland (Auswanderung) übrigens nicht so leicht vermieden werden, wie sich das viele Nichtsteuerexperten vorstellen. Grund: Für die E&S-Steuerpflicht muss *nur eines* von drei Anknüpfungsmerkmalen erfüllt sein: (a) Der Schenker oder Erblasser ist steuerlich in DE ansässig, (b) das zu übertragende Vermögen liegt in Deutschland (ausgenommen, wenn es ein rein liquides Vermögen ist – siehe dazu weiter unten mehr), (c) der Empfänger ist steuerlich in DE ansässig. Selbst wenn Schenker und Empfänger aus Deutschland auswandern, gilt noch eine fünfjäh-

81 Die Erbsache wurde ja im Rahmen der Einkommenssteuer und anderer Steuern bereits zuvor vom Erblasser versteuert. Die Erträge aus der Erbsache werden nach dem Erbgang auf der Ebene der Erben erneut besteuert. Die E&S-Steuer verursacht daher zu Lebzeiten von Erblasser und Erbe notwendigerweise eine Doppel- und Dreifachbesteuerung. Hinzu kommen teilweise regelrecht groteske Ungerechtigkeiten in Bezug auf die Bewertung nicht liquider Vermögenswerte (Unternehmensbeteiligungen, Immobilien, Sammlergegenstände) relativ zu liquiden Vermögenswerten bei der Ermittlung der Bemessungsgrundlage und damit der steuerlichen Belastung. Diese Ungerechtigkeiten und die damit einhergehende Verletzung des Gleichheitsgrundsatzes im Grundgesetz hat auch das deutsche Verfassungsgericht schon mehrfach beschäftigt.

rige Nachlauffrist (abgemildert um einen jährlichen Abschmelzungseffekt von einem Fünftel).[82]

Gleichwohl existieren vor allem für nicht superreiche Familien auch in Deutschland ganz legale, einfache Möglichkeiten und Wege, die Belastung durch E&S-Steuern zu senken. Die simpelste besteht in der möglichst umfangreichen Ausnutzung der E&S-Freibeträge. Ein Beispiel: Der E&S-Freibetrag bei einem Erbgang oder einer Schenkung »ein Elternteil auf Kind« beträgt 400 000 Euro innerhalb eines Zehn-Jahres-Zeitraums. Mit anderen Worten, ein Ehepaar mit drei Kindern kann seinen Kindern alle zehn Jahre Vermögen im Wert von 2 × 3 × 400 000 Euro = 2,4 Millionen Euro steuerfrei schenken bzw. vererben. Wichtig im Zusammenhang mit der E&S-Minimierung ist die Formulierung: alle zehn Jahre. Mit anderen Worten, die Freibeträge leben alle zehn Jahre neu auf. Im sehr langfristigen Zeitablauf kann man sie also mehrfach nutzen.

Ein Eigenheim (Steuerjargon: *Familienwohnheim*) kann bei Schenkung oder Erbgang zudem *zusätzlich* zu diesen Freibeträgen steuerfrei an Ehepartner oder Kinder übertragen werden, wenn es vom Empfänger für weitere zehn Jahre als Eigenheim genutzt wird (es existieren eine Reihe von »Befreiungen« oder Abmilderungen von der Zehn-Jahres-Bedingung). Das Eigenheim bewegt sich damit außerhalb der allgemeinen E&S-Freibeträge.[83]

Durch das zivilrechtliche Konstrukt Nießbrauch lässt sich die Bewertung einer Wohnimmobilie und – wichtig – eines ETF-Depots für die Zwecke der E&S-Bemessungsgrundlage deutlich senken und damit die steuerliche Belastung reduzieren. Hinzu kommt, dass man als Schenker damit sogar einen beträchtlichen Teil der Kontrolle über das zu übertragende Vermögen behält. Sich hierüber genauer zu informieren, kann sich also lohnen. Mein Kollege Luca Stagnitti hat hierzu ein YouTube-Video erstellt (Stagnitti 2025).

Allerdings warne ich davor, Vermögen frühzeitig an Kinder und Enkel

82 Wichtig: Aus Platzgründen sind die meisten folgenden Aussagen zur E&S-Steuer sowie zur Wegzugsbesteuerung zusammenfassende Vereinfachungen, die wichtige Details, Zusatzbedingungen und -aspekte und Ausnahmen nicht berücksichtigen.

83 Bei der Vererbung an Kinder/Stiefkinder/Enkel (Enkel, wenn die Kinder verstorben sind) gilt die Vergünstigung nur für den Teil des Eigenheims, der 200 Quadratmeter Wohnfläche nicht überschreitet. Bei der Vererbung an den Ehegatten existiert keine solche Größenbeschränkung.

zu verschenken, wenn das bedeuten könnte, dass man später im hohen Alter unter ungünstigen Umständen vielleicht auf das finanzielle Wohlwollen der Kinder angewiesen ist oder diese vorzeitige Schenkung mit auch nur geringer Wahrscheinlichkeit bereuen könnte. Im Übrigen sind Fälle von Entfremdung zwischen Eltern und (verheirateten) Kindern auch noch nach Jahrzehnten guter oder normaler Beziehungen möglich.

Auch das Risiko des »späteren Bedauerns« von lebzeitigen Schenkungen an Kinder, Enkelkinder und andere lässt sich bei Vermietungsimmobilien, Unternehmensbeteiligungen und Wertpapierdepots über das oben erwähnte Nießbrauchskonstrukt deutlich reduzieren, ohne die Steuervorteile frühzeitiger Schenkungen einzubüßen. Ebenso kann das Rechtskonstrukt der »bedingten Schenkung« hier bis zu einem gewissen Grad helfen. Will man eine Schenkung mit Nießbrauch oder eine bedingte Schenkung durchführen, muss sich dazu natürlich zuerst qualifizierten Rechtsrat einholen.

Bei der Vererbung von Beteiligungen an operativen Unternehmen (das »Familienunternehmen«) ist grundsätzlich die Nutzung umfassender Steuererleichterungen möglich (Stichwort »Verschonungsabschläge« bei der Ermittlung der steuerlichen Bemessungsgrundlage). Gerade hier wird es ohne Beratung durch einen Erbschaftssteuerexperten nicht gehen.

Generell empfehle ich vermögenden Menschen im Alter von 50+ Jahren, sich mit dem Thema »Minimierung von E&S-Steuern« auseinanderzusetzen, soweit sie sich nicht bereits gut informiert fühlen. Hierzu existieren für jedes erdenkliche fachliche Niveau leicht zugängliche und laufend aktualisierte Informationsquellen in den Formaten Buch, Printartikel, Podcast oder YouTube-Video, sodass ich hier keine spezifischen Publikationen oder Experten nennen muss.

Wie Vermögende die Belastung mit E&S-Steuern sowie einer potenziellen Vermögenssteuer in Deutschland durch das Instrument einer Familienstiftung mit Sitz in Liechtenstein senken können, wird in Abschnitt 11.5 erläutert.

Eine weitere unerfreuliche Steuer, die in diesem Zusammenhang erwähnt werden sollte, ist die Wegzugsbesteuerung nach § 6 des Außensteuergesetzes, die in Deutschland schärfer ist als in den allermeisten Ländern der Erde. In wenigen, stark vereinfachenden Sätzen zusammengefasst, handelt es sich dabei um folgenden Grundsachverhalt: Wenn eine seit längerer Zeit in Deutschland ansässige natürliche Person ihren Wohnsitz dauerhaft ins Ausland verlagert (also »auswandert«) und diese Person eine Beteiligung an einer Kapitalgesellschaft (z.B. GmbH) mit Sitz in Deutschland ab 1,0% hält, dann sind die »stillen Reserven« in dieser Beteiligung (also ihre »Wertsteigerung« relativ zu den Anschaffungskosten) im Moment des Wegzuges in Deutschland zu versteuern. Das Finanzamt nimmt dabei *rein fiktiv* an, dass diese Beteiligung beim Wegzug veräußert wird, obwohl kein tatsächlicher Verkauf stattfindet. Der fiktive Veräußerungsgewinn ist nun vom »Auswanderer« mit einem Steuersatz von etwa 30% zu versteuern. Bis zum Jahr 2021 bestand zumindest in Fällen des Wegzuges ins EU-Ausland eine Stundungsregelung für die entstandene Steuerlast, die aber für die Jahre danach leider aufgehoben wurde.

Viele Juristen halten die deutsche Wegzugsbesteuerung für eine Verletzung von EU-Recht (Freizügigkeit). Das hat der Gesetzgeber jedoch ignoriert.

Ab Anfang 2025 wurde die deutsche Wegzugsbesteuerung sogar noch weiter verschärft, indem nun auch liquide Investments in UCITS-Fonds (einschließlich ETFs) einer Wegzugsbesteuerung unterliegen, sofern der Auswanderer mindestens 500 000 Euro pro *individuellem* Fonds (pro individuellem ETF) investiert hat. Die 500 000-Euro-Schranke für die Steuerpflicht bezieht sich auf die Anschaffungskosten (also exklusive der Kurssteigerungen und laufenden Erträge) und gilt – wie erwähnt – pro individuellem Fonds. Ein individueller Fonds in diesem Sinne ist durch eine eigene ISIN oder WKN definiert.

ETF-Anleger, die erwägen, potenziell einmal aus Deutschland auszuwandern, können diese Steuer vermeiden, indem sie in keinen individuellen ETF mehr als 499 999 Euro im Sinne der Kaufkosten anlegen. Aus Platzgründen kann ich hier nicht näher auf diese besonders unsinnige, besonders übergriffige Steuer eingehen. Lesern, die eine Auswanderung für sich in der Zukunft nicht ausschließen wollen, empfehle ich, »Wegzugsbesteuerung bei Investmentfonds« zu googeln.

10 Bauen Sie Ihre eigene Rente: Wie man Depotentnahmen klug organisiert

10.1 Depotentnahmen: Mythen und Missverständnisse

Viele Ruhestandshaushalte wollen oder müssen ihre liquiden Vermögensanlagen verwenden, um dauerhaft einen Teil ihrer Lebenshaltungskosten daraus zu bestreiten. Diese Haushalte stehen vor der grundsätzlichen Frage, wie sie ihr Investmentportfolio strukturieren sollen, sodass es möglichst zuverlässig eine regelmäßige Auszahlung in der gewünschten Höhe hervorbringt – eine Art selbst erzeugte Rente.

Diese Aufgabe ist nicht trivial, denn unterschiedliche Vermögensanlagen produzieren unterschiedliche Kombinationen aus laufenden Cash-Erträgen (Dividenden bei Aktien, Zinsen bei zinstragenden Anlagen, Nettomieterträge bei Immobilien[84]) einerseits und Kurssteigerungsgewinnen andererseits.

In diesem Zusammenhang begegne ich in meiner Finanzberatungspraxis oft einem unter Privatanlegern verbreiteten Irrtum: Sie bewerten Entnahmen, die aus laufenden Erträgen stammen (z.B. Dividenden, Zinsen, Mieteinnahmen) systematisch anders als Entnahmen, die über Anteilsverkäufe erfolgen, also Verkäufe einzelner Wertpapiere oder Fondsanteile.

Diese Anleger empfinden das Verbrauchen bzw. das »Entnehmen« von Ausschüttungen aus einem verzinslichen Konto oder einem Wertpapierdepot als eine irgendwie geringere Vermögenseinbuße als das betragsgleiche Konsumieren/Entnehmen von Erlösen aus Anteilsverkäufen. Diese unterschiedliche Bewertung eines betraglich identischen »Verbrauchs« begründen sie mit einem vermeintlichen Unterschied zwischen »Substanz« bzw. »Kapital« einerseits und »laufendem Ertrag« oder »Ausschüttungen« andererseits. Das Verbrauchen laufender Erträge bzw. von Ausschüttungen sei weniger schädlich als das Verbrauchen von Substanz oder

84 Nettomiete = Bruttomiete minus vom Vermieter zu tragende Ausgaben, z.B. Grundsteuer und Gebäudeversicherungskosten.

Kapital. Wer lediglich laufende Erträge/Ausschüttungen verbrauche, der verzehre kein Kapital.

In diesem Abschnitt zeige ich, dass diese Unterscheidung in die Irre führt. Wirtschaftlich und rational betrachtet kein Unterschied besteht zwischen Verbrauch/Entnahme von laufenden Erträgen und Verbrauch/Entnahmen aus Anteilsverkäufen. Wer diese beiden Entnahmewege als ökonomisch grundsätzlich unterschiedlich betrachtet, trifft tendenziell schlechtere Entscheidungen für sein Vermögen.

Um die Logik hinter meiner Argumentation nachzuvollziehen, ist zunächst eine begriffliche Klärung erforderlich, die ich oben schon angedeutet habe. Ich verwende nachfolgend die Bezeichnung »Entnahmen« für zwei verschiedene Typen von Zahlungsströmen oder Cashflows aus dem Finanzportfolio bzw. Depot heraus an den Anleger:

- »A-Entnahmen«: Das sind für die Zwecke dieses Beitrages Entnahmen aus einem Depot (oder mehreren Depots), die aus laufenden Erträgen (Zinsen und Dividenden) finanziert werden. Solche laufenden Erträge werden oft auch einfach als »Ausschüttungen« bezeichnet.
- »B-Entnahmen«: Damit sind hier Entnahmen gemeint, die durch Anteilsverkäufe finanziert werden, also aus der Veräußerung einzelner Wertpapiere oder Fondsanteile. Anteilsveräußerungen werden gelegentlich mit »Substanzverkäufen« oder »Kapitalverkäufen« umschrieben. Soweit diese beiden Bezeichnungen in den Ohren eines Lesers einen spezifisch negativen Beiklang relativ zu A-Entnahmen haben, ist das ein Irrtum, von dem sich – wie ich hier zeigen werde – ein rationaler Anleger freimachen sollte.

Im Folgenden lege ich sieben Argumente dar, die belegen, dass der unterschiedlichen Bewertung der beiden Entnahmetypen in Bezug auf ihre vermögensmindernde Wirkung durch Privatanleger eher Meinungen als Fakten zugrunde liegen. Diese sieben Argumente werden uns in Summe zur wesentlichen Schlussfolgerung führen:

Die Bevorzugung von Entnahmen, die aus laufenden Erträgen stammen, gegenüber Entnahmen, die aus Anteilsverkäufen kommen, hat keine wirkliche wirtschaftliche Fundierung. In den allermeisten Fällen existiert rein rational betrachtet kein Grund, die eine Entnahmeart gegenüber der anderen Art zu bevorzugen. Wer das dennoch tut, begeht den Fehler, ein irrelevantes Entscheidungskriterium zu einem relevanten Kriterium zu erheben. Daraus werden sich auf lange Sicht wirtschaftliche Nachteile ergeben.

Argument 1: Bei der Steuerbelastung gibt es keinen nennenswerten Unterschied zwischen A-Entnahmen und B-Entnahmen

Aus steuerlicher Sicht besteht zwischen A-Entnahmen und B-Entnahmen bei Kapitalanlagen im Privatvermögen in den meisten Ländern, so auch in Deutschland, kein wesentlicher Unterschied. (Notabene: Ich unterstelle bei allen steuerlichen Aussagen in diesem Beitrag, dass die betreffenden Vermögenswerte im Privatvermögen, nicht im betrieblichen Vermögen, gehalten werden, aber auch wo das nicht der Fall ist, dürfte es überwiegend keinen wirtschaftlich substanziellen Unterschied geben.)

Argument 2: Bei Transaktionskosten existiert kein materieller Unterschied zwischen A-Entnahmen und B-Entnahmen

Aus Transaktionskostensicht (Kosten für Käufe und Verkäufe von Wertpapieren oder Fondsanteilen) haben A-Entnahmen bei oberflächlicher Betrachtung Vorteile. Wer tiefer analysiert, wie ich das im Blogbeitrag »Ausschüttende vs. thesaurierende Fonds« (Kommer/Weis 2017c) zusammen mit meinem Co-Autor getan habe, wird erkennen, dass dieser Vorteil in der Praxis in den meisten relevanten Anlegerkonstellationen entweder gar nicht besteht oder vernachlässigbar gering ist. Das viel gehörte Argument »Ausschüttungen verursachen keine Transaktionskosten, Anteilsverkäufe jedoch schon« greift in diesem Zusammenhang zu kurz. Warum das so ist, wird im besagten Blogbeitrag dargelegt.

Argument 3: Anlagen mit hoher Ausschüttungsrendite sind nicht grundsätzlich attraktiver als solche mit niedriger Ausschüttungsrendite

Vermögensanlagen sollten in die Zukunft gerichtet – das ist banal – auf Basis ihrer sogenannten erwarteten *Gesamt*rendite und ihres erwarteten Risikos ausgewählt werden. Die Gesamtrendite besteht bei den meisten Kapitalanlagen aus einer Ausschüttungs- und einer Wertsteigerungsrendite. Dabei gilt der ausnahmslose Grundsatz: Je höher die Ausschüttungsrendite, desto niedriger die Wertsteigerungsrendite. Beispielsweise geht eine hohe Dividendenrendite bei einer Aktie eins zu eins und ausnahmslos zulasten ihrer Wertsteigerungsrendite; das Gleiche gilt bei Anleihen und Immobilien.

Tabelle 27 veranschaulicht den Zusammenhang zwischen Ausschüttungsrendite und Wertsteigerungsrendite anhand von Zahlenbeispielen für verschiedene Anlageklassen. Eine hohe Ausschüttungsrendite ist kein Geschenk. Sie reduziert in voller Höhe die ansonsten mögliche Wertsteigerungsrendite. Scheinbare Ausnahmen von diesem Grundsatz sind in der Regel Verwechslungen von »optisch sichtbaren« Vorgängen mit *allen* wirtschaftlichen Vorgängen. Ergo: Nur die Gesamtrendite zählt. Dieses ökonomische Grundprinzip kann nicht stark genug betont werden.

Viele Finanzanlagen – auch attraktive – weisen im Übrigen überhaupt keine Ausschüttungsrendite auf. Sechs Beispiele dafür sind in Tabelle 27 enthalten. Bei manchen Typen von Anleihen kann der Anleger beinahe beliebig zwischen Varianten mit hoher, mittlerer oder niedriger Ausschüttungsrendite (Kupon-Rendite) wählen.[85] Diese bloß formalen Abweichungen haben jedoch keine systematische Auswirkung auf die erwartete Gesamtrendite. Wäre es anders, würde eines der fundamentalsten Gesetze des Kapitalmarktes nicht mehr gelten: »There is no free lunch.«

Wer sich die zehn in Tabelle 27 aufgeführten Anlagen mit ihren jeweils verschiedenen Kombinationen von Ausschüttungsrendite und Wertsteigerungsrendite vergleichend durch den Kopf gehen lässt, wird schlussfolgern müssen, dass die Bevorzugung von Anlagen allein oder primär wegen ihrer Ausschüttungsrendite, statt ihrer Gesamtrendite und anderer wichtiger Eigenschaften wie Risiko und Liquidität, wenig logisch erscheint.

Argument 4: Die Dividendenpolitik eines Unternehmens hat keinen systematischen Einfluss auf die Gesamtrendite seiner Aktien

Wie ich zusammen mit meinem Co-Autor im Blogbeitrag »Dividendenstrategien: Fakten und Fantasien« (Kommer/Weis 2018b) erläutere, erhielten die beiden amerikanischen Finanzprofessoren Franco Modigliani und Merton Miller unter anderem dafür den Wirtschaftsnobelpreis, dass sie gezeigt hatten, dass Dividendenpolitik (die Höhe und der zeitliche Verlauf von Dividenden, also Ausschüttungen) keinen systematischen Einfluss auf den Unternehmenswert und damit die Aktionärsrendite hat. Es ist im Vorhinein irrelevant, ob man eine Aktie mit hoher oder niedriger

85 Im Blogbeitrag »Anlageklasse Anleihen: Von den Basics zum Spezialwissen« (Januar 2024) wird erläutert, warum die Höhe der Ausschüttungsrendite (Kupon-Rendite) einer Anleihe letztlich irrelevant ist für ihre Gesamtrendite (Umlaufrendite).

Tabelle 27: Konzeptioneller Vergleich von Anlagen, die jeweils unterschiedliche Kombinationen von (nominaler) Ausschüttungsrendite und Wertsteigerungsrendite repräsentieren

		Ausschüttungsrendite p.a. [A]	+	Wertsteigerungsrendite p.a. [B]	=	Gesamtrendite p.a.
Anlage 1	Aktien ohne Dividende [C]	0	+	9,0%	=	9,0%
Anlage 2	Aktien mit hoher Dividende [D]	4,0%	+	5,0%	=	9,0%
Anlage 3	Konventionelle Unternehmensanleihe im Hochzinssegment [E]	5,0%	+	0	=	5,0%
Anlage 4	Nullkupon-Unternehmensanleihe im Hochzinssegment [E] [F]	0	+	5,0%	=	5,0%
Anlage 5	Kurzlaufende Staatsanleihe	3,0%	+	0	=	3,0%
Anlage 6	Vermietete Wohnimmobilien [G]	2,5%	+	2,5%	=	5,0%
Anlage 7	Unbebaute Innenstadtgrundstücke	0	+	3,0%	=	3,0%
Anlage 8	Gold	0	+	4,0%	=	4,0%
Anlage 9	Kryptowährungen	0	+	??? [H]	=	??? [H]
Anlage 10	Sammlerobjekte (Kunst, Luxusuhren etc.)	0	+	2,0%		2,0%

► Die Werte in der Spalte Gesamtrendite sind meine Annahmen, die ich grob aus der langfristigen Historie abgeleitet habe. ► [A] Ausschüttungsrendite: Bei einer Aktie ist das die Dividende, bei einer Anleihe die Kupon-Rendite, bei einer Immobilie die Nettomietrendite. ► [B] Wertsteigerungsrendite: Bei einer Aktie oder Anleihe ist das die Kurssteigerung, bei einer Immobilie die Preissteigerung. Die Werte in der Spalte Wertsteigerungsrendite sind grob aus den historischen Wertsteigerungsrenditen für die jeweiligen Anlageklassen abgeleitet. ► Diese nominalen (nicht inflationsbereinigten) Renditeangaben sind rein fiktiv. ► [C] Beispiel: Die Aktie von Warren Buffett (Berkshire Hathaway Inc.). Sie hat seit über 50 Jahren keine Dividende gezahlt, produzierte dennoch eine weit überdurchschnittliche Gesamtrendite. ► [D] Beispiel: Die Aktie der Münchner Rück hatte in den letzten Jahren eine Dividendenrendite von rund 4% p.a. Weltweit zahlen in einem gegebenen Jahr nur rund 60% aller börsennotierten Unternehmen eine Dividende. Eine Dividendenrendite von über 2 bis 3% p.a. gilt als hoch. ► [E] Bei Anleihen heißt die beim Kauf erwartete Gesamtrendite aus Ausschüttungs- und Wertsteigerungsrendite bis zur Fälligkeit Umlaufrendite. ► [F] Beispiel: Ein Zero-Coupon Bond (Nullkupon-Anleihe) einer Bank aus Südeuropa. ► [G] Bei Immobilien entspricht die Ausschüttungsrendite der Nettomietrendite. Diese ist die Bruttomietrendite minus Kosten für Instandhaltungskosten und Versicherung. ► [H] Die älteste von rund 20 000 Kryptowährungen ist erst 16 Jahre alt (Bitcoin). Über die zukünftige Renditeerwartung von Kryptowährungen kann aus diesem und anderen Gründen keine seriöse Aussage getroffen werden.

Ausschüttungsrendite kauft. Weil das so ist, haben sogenannte »Income Funds« oder »Dividendenfonds« – ausschüttende Aktienfonds, die sich auf Aktien mit hohen Dividendenrenditen konzentrieren – keinen Renditenutzen und sind zumindest dann schädlich, wenn sie unnötig hohe Kosten aufweisen. Andere Missverständnisse von Profi- und Privatanlegern rund um das Thema Erzielung hoher Ausschüttungen haben wir ebenfalls im genannten Blogbeitrag analysiert. In der wissenschaftlichen Literatur werden diese Denkfehler unter dem Sammelbegriff »Dividend Fallacy« (»Dividenden-Denk-irrtümer«) zusammengefasst.

Argument 5: Der Verzehr von Ausschüttungen ist nicht weniger schädlich als der Verzehr von Substanz (Kapital)

Ein besonders stark verbreiteter Denkirrtum innerhalb der Dividend Fallacy taucht in gleicher Form auch bei Anleihen und Fondsanteilen (einschließlich ETF-Anteilen) auf. Dieser Fehler geht so: Wenn der Anleger, um Cash aus seinem Portfolio zu entnehmen, fortwährend Anteile verkauft (Aktien bei einem Aktienportfolio, Anleihen bei einem Anleihenportfolio oder Fondsanteile bei einem Fondsportfolio), wird er irgendwann einmal nichts mehr haben, da er dann alle Anteile verkauft haben wird. Hingegen bestehe diese Gefahr bei Entnahmen lediglich von Dividenden oder Zinsen nicht, denn hier werde ja keine Substanz oder Kapital veräußert. Da der grundsätzliche Denk- und Rechenfehler in diesem Argument schon in unserem oben genannten Blogbeitrag zum Thema Dividendenstrategien widerlegt wird, werde ich das aus Platzgründen an dieser Stelle nicht noch einmal zu tun.

Infobox: Passives Einkommen existiert nicht

Passives Einkommen im Sinne einer (angeblich) mit besonders wenig Arbeit verknüpften Einkommensform kommt im Titel oder Untertitel einer schon lange nicht mehr zählbaren Menge Ratgeberbücher, Internet-Blogs und YouTube-Videos vor. Dabei gilt die grobe Faustregel: Wenn »passives Einkommen« im Titel vorkommt, hat ein Teil des Inhalts wahrscheinlich fachliches Stammtischniveau. Es geht dabei häufig um die Einkommenserzielung aus Investments in vermietete Immobilien (»Zinshäuser«), dividendenstarke Aktien und ETFs, Bitcoin, Internetaktivitäten, z.B. »Dropshipping«, den Onlineverkauf bedruckter T-Shirts oder das »Prinzip der multiplen Einkommensströme«. Hier beispielhaft der Titel eines YouTube-Videos: »So baust Du von 0 auf 1000 Euro passives Einkommen mit Dividendenaktien auf«.

»Passives Einkommen« ist ein alberner, irreführender Begriff, der mit der Realität von Vermögensaufbau und Vermögensnutzung wenig zu tun hat. *Jedes* Einkommen, und ganz besonders Einkommensquellen, die nicht trivial klein sind, sowie Einkommensquellen, die nicht schon nach kurzer Zeit wieder versiegen, basiert auf einer nennenswerten Aktivität, auf aktiven Entscheidungen, auf aktiver geistiger und/oder körperlicher Arbeit.

Und selbst wenn jemand passiv von den Erträgen seines Vermögens leben kann, dann hat er sich dieses Vermögen davor zuerst einmal aktiv erarbeiten und aufbauen müssen. Im Volksmund heißt es nicht zufällig: »Von nix kommt nix.« Weil das so ist, sagt der auf Mallorca lebende deutsche Finanzbuchautor Markus Miller: »Es gibt kein ›passives Einkommen‹. Das ist schlicht Unsinn. Jedes Einkommen basiert auf einer Aktivität« (Miller 2019).

Selbst ererbtes Vermögen oder ein großer Lotteriegewinn (beides viel seltener, als uns die Medien glauben machen wollen) und das daraus erzeugte Einkommen widerlegen nicht, dass passives Einkommen eine naive Illusion ist. Ein bestehendes hohes Vermögen zu verwalten, ist selbstverständlich mit aktiver, typischerweise anspruchsvoller Arbeit verknüpft. Wenn diese Arbeit nicht erbracht wird, wird dieses Vermögen bald anfangen zu schrumpfen – bis hin zur Gefahr des Totalverlustes. Mit anderen Worten: »Passives Nichtstun« ist bei Erben zwar möglich, aber nicht ohne finanziell negative Konsequenzen.

Das Gerede von passivem Einkommen in kindischen Internetvideos und schlechten Finanzratgeberbüchern ist ganz einfach Clickbaiting und Investmentpornografie. Wenn Privatanleger selbst von passivem Einkommen reden, dann steckt dahinter in der Regel eine Kombination aus Wunschdenken und fehlendem Zuendedenken des Sachverhaltes.

Wie schnell ein gegebenes Vermögen verbraucht ist, hängt für ein gegebenes Investment nicht davon ab, ob man eine gegebene Summe in Form von laufenden Erträgen oder über betragsgleiche Anteilsverkäufe entnimmt, sondern allein davon, wie hoch die Entnahmen relativ zum

Vermögen sind. Soweit bei einer gegebenen Entnahme keine Differenzen hinsichtlich Steuern oder Transaktionskosten bestehen, wird ein rein rational agierender Anleger indifferent sein, ob eine gegebene Entnahme aus laufenden Erträgen oder aus Anteilsverkäufen erzeugt wird. Die einzige Entnahme-Policy, die tatsächlich einen Unterschied macht, heißt weniger entnehmen.

Argument 6: Die Unterscheidung zwischen Erträgen und Substanz ist ohnehin vielfach künstlich und ohne ökonomischen Gehalt

Die Unterscheidung zwischen Substanz oder Kapital einerseits und laufenden Erträgen andererseits ist in vielen Fällen künstlich und konstruiert: Beispielsweise zahlen viele Unternehmen mit traditionell hoher Dividendenrendite in Jahren schlechter Unternehmensgewinne diese Dividenden aus Eigenkapitalreserven oder verschulden sich ihretwegen sogar zusätzlich. Hier wird also ein laufender Ertrag, eine Ausschüttung für den Anleger aus Substanz auf der Unternehmensebene bezahlt. Aber es kommt noch bunter: Schüttet ein Unternehmen in Jahr 1 eine Dividende aus, die niedriger ist als sein Jahresgewinn, findet bekanntlich eine Gewinnthesaurierung auf Ebene des Unternehmens statt. So weit, so gut. Nehmen wir nun an, in Jahr 2 schrumpft der Unternehmensgewinn auf null und das Unternehmen zahlt diesmal eine Dividende in Höhe des nicht ausgezahlten Gewinns aus Jahr 1. »Kommt die Jahr-2-Dividende nun aus der Substanz oder aus laufenden Erträgen?« Auf diese Frage gibt es keine eindeutige Antwort. Schlussendlich stammt praktisch jegliches Kapital, also jegliche Substanz aus zuvor nicht ausgeschütteten Erträgen – die übliche Schwarz-Weiß-Unterscheidung zwischen den beiden Konzepten erscheint vielfach naiv.

Argument 7: Ohne Anteilsverkäufe lässt sich eine nachhaltige Entnahmestrategie in den meisten Fällen sowieso nicht bewerkstelligen

Ohne die Bereitschaft, in manchen Jahren Substanzverkäufe (Anteilsverkäufe) zu tätigen, ist eine jährliche Entnahmerate von mehr als 3,5% des Depotwertes in typischen Konstellationen ohnehin nicht konsistent möglich, also nicht nachhaltig. Und selbst für diese moderate Entnahmerate dürfte eine Aktienquote von 50% oder mehr erforderlich sein. Das haben ein Kollege und ich im Blogbeitrag »Kapitalverzehr vermeiden: Kein erstrebenswertes Anlegerziel« gezeigt (Kommer/Bartosch 2022d).

Fazit

Das bewusste Ignorieren des Unterschiedes zwischen A-Entnahmen und B-Entnahmen schärft nicht nur das Investmentdenken, es hat auch einen enormen praktischen Nutzen: Mit Anteilsverkäufen kann ein auf Entnahmen aus seinem Depot angewiesener Haushalt die Höhe dieser Auszahlungen im Zeitablauf präzise und bequem steuern und ist nicht den Unwägbarkeiten von einmalig oder chronisch zu niedrigen, gelegentlich zu hohen und stets schwankenden Ausschüttungsrenditen ausgesetzt.

Es wird also Zeit, dass Privatanleger das tun, was die Wirtschaftswissenschaft schon vor Jahrzehnten getan hat, nämlich den alten Zopf, A-Entnahmen seien B-Entnahmen grundsätzlich vorzuziehen, abzuschneiden. Tatsächlich ist es bei einem vorgebenden einmaligen oder regelmäßigen Entnahmebetrag fast immer wirtschaftlich irrelevant, ob dieser aus Ausschüttungen oder aus Anteilsverkäufen finanziert wird – materielle Unterschiede bestehen in den allermeisten Konstellationen weder steuerlich noch transaktionskostenmäßig.

Auch dass man mit der Beschränkung auf A-Entnahmen Kapitalverzehr dauerhaft vermeide, ist bei korrekter ökonomischer Analyse ein Ammenmärchen.

Wenn dennoch nennenswerte Unterschiede zwischen A-Entnahmen und B-Entnahmen behauptet werden, dann basieren sie nahezu ausnahmslos auf in der wissenschaftlichen Literatur seit Jahrzehnten widerlegten Denkirrtümern und Rechenfehlern, auf der Verwechslung der optisch sichtbaren Oberfläche mit den ökonomisch fundamentalen Effekten – allgemeiner auf unvollständigem Denken oder auf bloß gefühlter Verschiedenheit. Wer die hier diskutierte unnütze oder schädliche Unterscheidung ad acta legt, hat eine überflüssige Sorge weniger und wird in manchen Abwägungssituationen finanziell vorteilhafter agieren.

10.2 Depotauszahlpläne

Wer sein Depot zur Finanzierung der laufenden Lebenshaltungskosten benötigt – beispielsweise, um eine Rentenlücke zu decken –, muss sich darüber klar werden, wie er diese langfristige »Subventionierung« der Lebenshaltung klug umsetzt. Es geht um die fachliche Frage, wie man eine periodische Auszahlung (z.B. monatlich oder vierteljährlich), eine Art selbst erzeugte Rente, aus seinem ETF-Depot (evtl. in Kombination mit einem Tagesgeldkonto) erzeugen kann.

Bevor ich zu den vier Auszahl- oder Entnahmemethoden komme, zunächst noch eine kurze vorbereitende Klärung: In Kapitel 6 (»Die Gretchenfragen: ›Reicht mein Geld?‹, ›Welchen Lebensstandard kann ich mir leisten?‹, ›Wie viel kann ich vererben?‹«) haben wir das konzeptionelle Rüstzeug kennengelernt, um den Sachverhalt der selbst gebauten Depot-Rente bzw. des Depotauszahlplans grundsätzlich verstehen zu können.

Im vorangehenden Abschnitt zu Depotentnahmen haben wir uns mit der Frage befasst, inwieweit es wirtschaftlich sinnvoll ist, bei Depotentnahmen zwischen Entnahmen in Gestalt von Ausschüttungen und Entnahmen in Gestalt von Anteilsverkäufen zu unterscheiden. Wir kamen zu dem Ergebnis, dass Ausschüttungen in einer Entnahmekonstellation nicht besser und vielfach sogar schlechter sind als Anteilsverkäufe. Dementsprechend sind thesaurierende ETFs auch in Konstellationen, in denen der Anleger dauerhaft mehr aus dem ETF-Depot entnimmt, als er einzahlt (in der Entnahmephase), ausschüttenden ETFs tendenziell vorzuziehen.

Die entscheidende Frage auf dem Weg zur selbstgebauten Depot-Rente (ein Depotauszahlplan, eine »ETF-Rente«) ist nicht: »Sollte ich gezielt Anlagen mit hohen Ausschüttungen bevorzugen?« und »Sollte ich ausschüttende ETFs über thesaurierende ETFs bevorzugen?«, sondern: »Wie hoch soll meine Entnahmerate sein?« (zur Definition siehe vorheriger Abschnitt 10.1). Je weiter diese unterhalb von etwa 4% p.a. liegt, desto höher ist meine Chance, dass mein Portfolio volle 30+ Jahre reicht und am Ende mehr da ist als am Anfang. Je weiter die Entnahmerate oberhalb von etwa 4% p.a. liegt, desto geringer ist diese Chance. Jeder Prozentpunkt Entnahmerate macht in dieser wichtigen Hinsicht einen Unterschied. Ob diese Entnahmen über Ausschüttungen oder über Anteilsverkäufe erzeugt werden, ist hingegen egal (Anteilsverkäufe sind smarter).

Nun noch ganz praktische Erwägungen: Wer einen Betrag X aus einem Depot zur Bestreitung von Lebenshaltungskosten benötigt, muss normalerweise einen höheren Betrag als X entnehmen, weil ja zumeist noch Steuern und Nebenkosten des Investierens anfallen. Daher muss man präziser von einer Brutto- und einer Nettoentnahmerate sprechen. In der Tasche des Anlegers kommt nur die Nettoentnahme an, die Bruttoentnahme ist in der Regel aber höher.

Letztlich existieren in Bezug auf das Konzept eines Depotauszahlplans grundsätzlich die vier nachfolgend genannten Entnahmemethoden oder -produkte, von denen aus meiner Sicht die beiden erstgenannten nicht empfehlenswert sind.

- **Private Rentenversicherungspolice:** Auf dieses ambivalente Finanzprodukt bin ich in Abschnitt 3.2 eingegangen. Ja, eine PRV-Rente ist in der Theorie eigentlich (aber leider nur eigentlich) dafür prädestiniert, eine bequeme monatliche Rentenzahlung bis zum Tod zu erzeugen (eine Leibrente). Der Versicherer trägt dabei das sogenannte Langlebigkeitsrisiko des Versicherten (des Anlegers), was für den Anleger im Prinzip ein Vorteil ist. Trotzdem überwiegen bei PRVs die Nachteile. Bei den folgenden drei Auszahlplanvarianten verbleibt das Langlebigkeitsrisiko hingegen beim Anleger.
- **Bankauszahlplan:** Bei einem Bankauszahlplan schließt der Anleger mit der Bank einen Vertrag ab, gemäß dem die Bank dem Anleger für einen spezifischen eingezahlten Cash-Betrag bei einer garantierten festen Verzinsung eine monatliche Auszahlung zusichert. Sollte zuvor ein ETF-Depot bestanden haben, wird dies nun von der Bank liquidiert und in ein verzinsliches Guthaben umgewandelt. Die Länge der mehrjährigen Auszahlphase (bis das Kapital aufgezehrt ist) richtet sich nach dem Verhältnis der periodischen Entnahme zum Einzahlungsbetrag, also der Entnahmerate. Die Versteuerung der Zinsen nimmt die Bank automatisch vor, sofern die Depotstelle im Inland liegt. Eine vorzeitige Kündigung des Bankauszahlplans seitens des Anlegers ist nicht oder nur gegen Strafzahlung möglich. Einschätzung insgesamt: Letztlich ist ein normales Tagesgeldkonto oder eine Festgeldanlage mit »manueller« Entnahme vermutlich besser, wenngleich etwas arbeitsaufwendiger. Bankauszahlpläne, die zusammen mit den sonstigen Guthaben des Anlegers bei der betreffenden Bank die Obergrenze der gesetzlichen Einlagensicherung (100 000 Euro pro Bank-Kunde-Kombination) überschreiten, sind für den überschießenden Betrag besonders kritisch zu sehen.
- **Automatisierter Fondsauszahlplan/ETF-Auszahlplan:** Diese Auszahlplanform läuft folgendermaßen ab: Ein Anleger beauftragt seine Depotbank (insbesondere eine Direktbank, Onlinebank), einen Robo-Advisor

(siehe dazu Kapitel 12) oder seinen traditionellen Vermögensverwalter, jeden Monat oder jedes Quartal einen fixen Auszahlbetrag (entweder vor Steuern oder nach Steuern) aus seinem ETF-Depot auf ein vorbestimmtes Girokonto auszuzahlen. Die Bank oder der Vermögensverwalter kümmert sich um die Prüfung, ob nach Berücksichtigung etwaiger Ausschüttungen im Depot (Dividenden, Zinsen etc.) auf das Verrechnungskonto noch Anteile verkauft werden müssen, um den vorbestimmten Zielauszahlungsbetrag pro Periode zu produzieren. Dabei muss die Bank/der Vermögensverwalter an sich transaktionskostenminimierend vorgehen. (Anteile im Volumen von unter ungefähr 5 000 Euro zu verkaufen, dürfte z.B. selten sinnvoll sein.) Die Institution führt auch den Verkauf durch. Wie lange das Vermögen bis zum vollständigen Kapitalverzehr reicht (oder ob es überhaupt zu einem solchen kommt), hängt – wie stets – vom Verhältnis zwischen Entnahmen und Depothöhe und der Rendite ab (zur langfristig durchschnittlichen Entnahmerate siehe Hinweise weiter unten). Der Hauptvorteil eines solchen Auszahlplans ist seine Bequemlichkeit. Der Nachteil sind seine Kosten, deren Höhe jedoch kaum pauschal bezifferbar sind. Manche Banken und Vermögensverwalter, insbesondere viele Robo-Advisor, führen solche Auszahlpläne kostenlos durch, wenn das zugrunde liegende Depot eine bestimmte Mindestgröße hat.
- **Manueller Auszahlplan kombiniert mit unterschiedlichen Anlageformen:** Ob man diese Variante überhaupt »Auszahlplan« nennen sollte, sei dahingestellt. Automatisch geschieht hier nämlich nichts. Der Anleger stellt sich ein Portfolio aus Anlagen zusammen (z.B. ein ETF-Aktiendepot und eine Tagesgeldanlage innerhalb der gesetzlichen Einlagensicherung) und führt alle drei, sechs oder zwölf Monate eine Entnahme durch. Diese Entnahme kann – je nach Anlageformen – eine Cash-Auszahlung sein oder ein Verkauf von Anteilen aus einem ETF-Depot. Bei Anteilsverkäufen sollte der Betrag nicht unter der Peilgröße von 5 000 bis 10 000 Euro liegen, damit die Transaktionskosten in einem vernünftigen Verhältnis zur Entnahme stehen. Vorteile des manuellen Auszahlplans sind seine hohe Flexibilität, die hohe Einwirkungsmöglichkeit durch den Anleger sowie seine geringen Kosten (jedenfalls fallen keine gesonderten Kosten für die Durchführung des Auszahlplans durch eine dritte Partei an). Ein Nachteil ist, dass sich der Anleger um alles selbst kümmern muss.

Auch in der Entnahmephase sollte diszipliniertes, regelbasiertes Rebalancing praktiziert werden. Entnahmen sollten aus dem Portfolioteil kommen, der relativ zu seinem Asset-Allokations-Zielgewicht zu hoch gewichtet ist (siehe Abschnitt 7.5 zu Rebalancing). Das gilt auch dann, wenn man damit Buchgewinne realisieren muss und somit Steuerliquidität abfließt.

Fazit

Für Haushalte im Ruhestand oder solche, deren Renteneinkünfte und sonstige Einnahmen ihre Lebenshaltungskosten nicht vollständig decken, kann ein Auszahlplan eine sinnvolle Einrichtung sein. Auszahlpläne erzeugen ein Element der Regelmäßigkeit und der Bequemlichkeit bei der dauerhaften Finanzierung dieser Lebenshaltungskosten. Bei der Wahl der spezifischen Auszahlplanvariante sollte man sehr pragmatisch vorgehen und sich nicht scheuen, Auszahlungen auch mit Anteilsverkäufen zu finanzieren.

11 Spezielle Vermögensschutzthemen vor und im Ruhestand

11.1 Ehe und Scheidung aus finanzieller Sicht

Dass Heiraten finanziell lukrativ sein kann, dürfte keinen Leser dieses Buches überraschen. Mit »lukrativ« meine ich jedoch nicht »reich heiraten«, die älteste aller Vermögensmehrungsmethoden für Menschen, die finanziell aufsteigen wollen. Ich meine vielmehr die beträchtlichen ökonomischen Vorteile der Ehe auf der *aggregierten* Ebene des Paares. Singles und unverheiratete Paare haben allen Grund, auf diese finanziellen Vorteile der Ehe neidisch zu sein.

Ich nenne nachfolgend die vier wichtigsten dieser materiellen Vorteile, speziell aus der Perspektive von Menschen ab einem Alter von etwa 50. Vom ersten profitieren auch nicht verheiratete Paare, die nachfolgenden drei erfordern jedoch eine Heirat oder eine eingetragene Lebenspartnerschaft (die der Ehe rechtlich gleichgestellt ist).

Danach gehe ich auf die noch größere ökonomische Downside einer Scheidung ein. Am Ende des Abschnittes gebe ich Ratschläge, wie man dieses wirtschaftliche Risiko senken kann.

- **Finanzvorteil 1: Gemeinsame Haushaltsführung:** Wenn zwei Menschen ihren Haushalt zusammenlegen, werden sie gemeinschaftlich gegenüber der Führung zweier getrennter Haushalte bei einem gegebenen Lebensstandard zwischen 20% und 50% geringere Lebenshaltungskosten pro Person haben. Umgekehrt werden die zwei Personen eine substanzielle Erhöhung ihres Lebensstandards erfahren, wenn sie im Zusammenleben gemeinsam genauso viel ausgeben wie in Summe vorher getrennt.
- **Finanzvorteil 2: Niedrigere Einkommenssteuern:** Wenn sich ein Ehepaar einkommenssteuerlich gemeinsam veranlagen lässt, kommt es in Deutschland zum Ehegattensplitting. Der Durchschnittssteuersatz für das gepoolte Einkommen wird niedriger sein als der Durchschnittssatz bei jeweils getrennter steuerlicher Veranlagung, sofern sich die

beiden Vorsteuereinkommen deutlich unterscheiden. Je unterschiedlicher die beiden Einkommen, desto größer ist der Vorteil. Ein weiterer kleiner einkommenssteuerlicher Vorteil der Ehe betrifft den jährlichen Sparerpauschbetrag, der für Einkünfte aus Kapitalvermögen gilt (siehe Abschnitt 9.1). Dieser Steuerfreibetrag beträgt derzeit 1000 Euro pro Einzelperson oder 2000 Euro für Paare. Durch die Möglichkeit der freien Aufteilung des Freibetrages können potenziell etwas höhere Steuerersparnisse generiert werden, falls einer der beiden Partner ansonsten den vollen Freibetrag in einem gegebenen Jahr nicht hätte ausnutzen können.

- **Finanzvorteil 3: Niedrigere Erbschafts- und Schenkungssteuern:** Ehepartner werden bei der deutschen E&S-Steuer gegenüber nicht verheirateten Partnern in außerordentlichem Ausmaß ökonomisch begünstigt – durch höhere Freibeträge: alle zehn Jahre 500 000 Euro zwischen Ehepartnern versus kümmerlichen 20 000 Euro zwischen Paaren, die nicht verheiratet sind – und durch deutlich niedrigere Steuersätze für Schenkungen oder Nachlässe oberhalb dieser Freibeträge.
- **Finanzvorteil 4: Pluspunkte bei der gesetzlichen Rentenversicherung:** Bei der gesetzlichen Rentenversicherung und der Beamtenpension erhält der überlebende Partner nach dem Tod des Ehepartners bis zu 60% der Rente des verstorbenen Ehepartners – die Hinterbliebenenrente.

Finanzvorteil 3 und Finanzvorteil 4 dürften die maßgeblichen Gründe sein, warum viele Paare im Ruhestand, die zuvor lange Zeit unverheiratet zusammenlebten, dann doch noch heiraten.

Nachdem wir nun gesehen haben, wie groß die finanzielle Upside des Zusammenlebens und der Ehe für Menschen vor und im Ruhestand sein können, komme ich nun zur Kehrseite der Medaille – der wirtschaftlichen Downside einer Ehescheidung, und die ist in die andere Richtung ebenso gravierend.

Um Missverständnissen vorzubeugen: Dass der vor der Ehe vermögendere Partner oder der in der Ehe besser verdienende Partner im Rahmen einer Scheidung subjektiv eine wirtschaftliche Einbuße zugunsten des weniger vermögenden oder schlechter verdienenden Partners erleidet, ist trivial – doch darum geht es hier nicht. Hier geht es um die finanziellen Nachteile einer Scheidung auf der aggregierten Ebene des Paares, also auf der Ebene des im Rahmen der Scheidung zu verteilenden Vermögens.

Scheidungen – jedenfalls nicht völlig einvernehmliche Scheidungen – sind »Vermögensvernichtungsveranstaltungen«. Der Finanzjournalist Volker Looman drückt das so aus: »Die finanziellen Folgen einer Scheidung sind in vielen Fällen schlimmer als Pest und Cholera.« Ähnlich äußert sich auch der amerikanische Vermögensverwalter Rick Kahler. Er schreibt zum Thema Scheidungen: »Es gibt keine größere Bedrohung Ihres finanziellen Wohls als die Scheidung. Sofern die beiden Ehegatten nicht sehr vermögend oder sehr arm sind, werden sie eine Minderung in ihrem Lebensstandard erleben.« Hier fünf wichtige Gründe, die hinter diesen drastischen Einschätzungen stehen:

- **Grund 1 – Wegfall des Vorteils der gemeinsamen Haushaltsführung:** Für den einzelnen, nun geschiedenen Partner dürfte sich der Wegfall dieses Ehevorzugs durch die Scheidung ungefähr so anfühlen, als ob alle Kosten seiner gewohnten Lebensführung von heute auf morgen sehr stark in die Höhe schießen – je nach Einzelfall zwischen 30% und 70%. Am Beispiel der gemeinsam genutzten Immobilie lässt sich diese Kosteninflation illustrieren: Zwei getrennte Heime sind, wenn man die gleiche Wohnqualität aus Wohnfläche, Wertigkeit und Lage unterstellt, grob gesagt, fast doppelt so teuer wie nur eine.
- **Grund 2 – potenzieller Wegfall einkommenssteuerlicher Vorteile:** Ohne Ehegattensplitting erhöht sich die aufaddierte Einkommenssteuerlast des ehemaligen Paares (sofern Ehegattensplitting vorher finanziell vorteilhaft war). Der Nachteil trifft den besser verdienenden Ex-Ehepartner überproportional mehr, während der schlechter verdienende Partner einen betraglich geringeren Vorteil erzielt.
- **Grund 3 – Opportunitätskosten im beruflichen/unternehmerischen Bereich:** Scheidungen ziehen sich typischerweise über mehr als ein Jahr hin, schon allein wegen des hierzulande vorgeschriebenen Trennungsjahrs. Man darf annehmen, dass während einer nicht einvernehmlichen Scheidungsphase von ein bis drei Jahren berufliche Höchstleistungen und Karrieresprünge seltener vorkommen als während des restlichen Lebens. Das hat oft wirtschaftlich nachteilige Konsequenzen, die sich jedoch nicht allgemeingültig quantifizieren lassen. Scheidungsbedingte Liquiditätsabflüsse – insbesondere in Konstellationen mit gesetzlichem Güterstand – können bei kleinen und mittelständischen Unternehmen zu beträchtlichen wirtschaftlichen Schäden führen.

- **Grund 4 – Kosten für Anwälte und Gutachter:** Bei einer nicht einvernehmlichen, sich über einen längeren Zeitraum hinziehenden Scheidung können Kosten von vielen Tausend Euro für Anwälte und Berater auflaufen, beispielsweise wenn Uneinigkeit über den Wert von Immobilien oder Unternehmensbeteiligungen oder über die Höhe von Unterhaltszahlungen besteht.
- **Grund 5 – Risiko Kreditfinanzierung:** Etwaig bestehende Kreditfinanzierungen können nach der Scheidung aufgrund von Verschlechterungen bei Liquidität, Einkommen und Bonität der Kreditnehmer aus Sicht der Bank ins Trudeln geraten. Kommt es im ungünstigen Fall zu einer Zwangsversteigerung des vorher gemeinsam bewohnten Eigenheims oder einer vermieteten Immobilie, wird dabei bis zu 40% weniger als der andernfalls erzielbare Marktwert des Objekts erlöst, da die Bank lediglich schnell den Kredit oder den größten Teil davon getilgt sehen will.

In Anbetracht dieser ernüchternden Fakten stellt sich die Frage, wie sich die wirtschaftlichen Risiken einer Trennung bzw. Scheidung senken lassen. Ein Patentrezept dafür existiert naturgemäß nicht. Dennoch gibt es eine Reihe von Ansatzpunkten, die hier große finanzielle Unterschiede bewirken können. Die meisten dieser Ansatzpunkte funktionieren besser oder überhaupt nur, wenn man sie *vor* der Eheschließung aufgreift.

(a) Der Abschluss eines Ehevertrags

Wer keinen Ehevertrag hat, lebt familienrechtlich im gesetzlichen Güterstand, der Zugewinngemeinschaft. Bei einer Scheidung führen die darin vorgegebenen Regeln der Vermögensaufteilung häufig nicht zu dem Ergebnis, das beide Ehepartner ursprünglich wollten. Mit einem Ehevertrag kann man vom Prinzip der Zugewinngemeinschaft nach eigenen Wünschen begrenzt oder sehr weitgehend abweichen.

Außerdem ist die Verhandlung eines Ehevertrags vor Beginn der Ehe eine exzellente Seelenprüfung dahingehend, ob die beiden Ehekandidaten überhaupt ähnlich genug über die wirtschaftlichen Aspekte ihres »Merger-Projektes« nachdenken. Ein Paar, das sich nicht im Vorhinein zu einvernehmlichen Regelungen in einem Ehevertrag verständigen kann, wenn die Liebe noch blüht, muss sich fragen lassen, ob es das Projekt Ehe überhaupt gemeinsam unternehmen sollte. (Man denke an den oft zitierten Vers aus dem Gedicht *Das Lied von der Glocke* von Friedrich Schiller, 1759–1805: »Drum prüfe, wer sich ewig bindet, ob sich das Herz zum Herzen findet! Der Wahn ist kurz, die Reu ist lang.«)

Zu beachten ist, dass viele Staaten existieren, in denen Eheverträge nicht oder nur eingeschränkt anerkannt werden, beispielsweise Großbritannien. Daher sollte derjenige, der eine Auswanderung in Erwägung zieht (siehe dazu Abschnitt 11.2) oder diese bereits vollzogen hat, diesen Aspekt rechtlich prüfen lassen. Der Vollständigkeit halber sei noch erwähnt, dass der Abschluss eines Ehevertrages nach bereits erfolgter Heirat aus offensichtlichen Gründen wohl selten vorkommt.

(b) Die Scheidung entemotionalisieren

Das ist natürlich leichter gesagt als getan. Aber wer die Scheidung als Bestrafung des anderen für während der Ehe zugefügtes Leid betrachtet, der wird mit einiger Wahrscheinlichkeit einen Teil des zu verteilenden Vermögens über die oben genannten Wege vernichten und sich damit selbst schädigen. Ein zügig erreichter außergerichtlicher Vergleich ist für beide Parteien zumeist finanziell klüger und kann sogar helfen, die Intensität des seelischen Traumas zu mildern, das vielfach mit einer Scheidung einhergeht.

(c) Sich trennen, aber auf die Scheidung (vorläufig) verzichten

Ehepaare können sich bekanntlich auch ohne Scheidung trennen. Diejenigen, die diesen Weg gehen, tun das in aller Regel aus wirtschaftlichen Erwägungen heraus, die zu vielfältig und einzelfallspezifisch sind, um in diesem Beitrag zusammengefasst werden zu können. Ich nenne nur einen einzelnen Aspekt: Ein Ehepaar, das bereits zehn Jahre getrennt gelebt hat, einschließlich des lange abgeschlossenen Aufbaus eines nachehelichen neuen Lebens, wird sich mit der verspäteten Scheidung – so sie dann überhaupt noch erforderlich ist – leichter tun und diese rationaler und vermögensschonender vollziehen.

(d) Wieder heiraten

Eingangs habe ich die gewaltigen finanziellen Vorteile einer Ehe oder eingetragenen Lebenspartnerschaft beschrieben. Jemand, der sich scheiden lässt, verliert diese Vorteile, kann sie sich jedoch durch eine erneute Eheschließung noch einmal sichern. Wir müssen aber sogleich Wasser in den

Wein gießen: Die statistische Wahrscheinlichkeit, sich wieder scheiden zu lassen, steigt mit jeder weiteren Ehe.

Fazit

Heiraten kann für Paare große finanzielle Vorteile bringen; sich scheiden lassen noch größere finanzielle Nachteile. Ein Ehevertrag ist aus meiner Sicht ein exzellenter Weg, die finanzielle und emotionale Downside einer Scheidung aus Sicht zumindest eines Partners und häufig sogar beider Partner zu reduzieren.

11.2 Auswandern dahin, wo das Leben günstiger und das Wetter besser ist

Seit einigen Jahren hat das Thema Auswandern in den traditionellen und den sozialen Medien Deutschlands Hochkonjunktur und ist geradezu hip. Typischerweise werden die folgenden Auswanderungsgründe genannt:

- niedrigere Lebenshaltungskosten und/oder niedrigere Steuern im Auswanderungsland
- niedrigere medizinische und pflegerische Kosten
- wärmeres Klima, schönere Landschaft
- (angeblich) »glücklichere« Menschen im Zielland
- allgemeine Abneigung gegenüber Deutschland, seiner Politik und/oder seiner Gesellschaft

Aus den niedrigeren Lebenshaltungskosten und Steuern kann sich ein höherer materieller Lebensstandard für den Auswanderer aus Deutschland ergeben, insbesondere wenn er Einkommen aus dem Heimatland bezieht, z.B. gesetzliche oder private Renteneinkünfte oder Einkünfte aus Vermögensanlagen.

Inwieweit die anderen vier genannten theoretischen Vorteile für jemanden, der auswandern möchte, tatsächlich erzielbar sind, beschreibe ich weiter unten. Bevor ich das tue, möchte ich jedoch noch klären, ob die in den Medien genannten Auswanderungszahlen, die einen starken Auswanderungstrend in Deutschland anzudeuten scheinen, überhaupt stimmen.

Beispielsweise wurde 2023 in den Medien berichtet, dass »265 000 Menschen mit deutschem Pass auswanderten«.[86] Klingt viel, ist es aber nicht. Das wären nur etwa 0,3% aller Menschen in Deutschland mit deutschem Pass, also eine eher niedrige jährliche Quote, aber selbst diese ist noch nach oben verzerrt, weil ihr eine fragwürdige Definition von auswandern zugrunde liegt. Auswandern heißt hier, dass diese 265 000 Deutschen beim zuständigen Einwohnermeldeamt einen »Wegzug ins Ausland« angaben. Das bedeutet jedoch eben nicht, dass all diese Menschen oder wenigstens der größte Teil von ihnen wirklich auswanderten oder auswandern wollten.

Jedenfalls dann nicht, wenn man den Begriff »auswandern« so versteht, wie normale Menschen *außerhalb* eines Einwohnermeldeamtes ihn korrekterweise verstehen. Echtes Auswandern ist nämlich der Wegzug ins Ausland *mit der Absicht, Deutschland wahrscheinlich oder definitiv dauerhaft zu verlassen*. Grund: Die betreffende Person geht davon aus, dass ihr Leben im Zielland insgesamt attraktiver ist als in Deutschland.

Wenn diese motivatorische Grundbedingung nicht erfüllt ist, handelt es sich bei jemandem, der seinen Wohnsitz offensichtlich nur vorübergehend ins Ausland verlegt oder verlegen muss, nicht um einen *echten* Auswanderer, wenn dieser Begriff in der politischen oder umgangssprachlichen Diskussion überhaupt einen Sinn ergeben soll. Trotzdem zählen die amtliche Statistik und die Medien solche Fälle zur Kategorie Auswanderung, die amtliche Statistik aus Gleichgültigkeit und die Medien aus Sensationssucht und Inkompetenz.

Stichwort »dauerhaft verlassen«: Im Jahr 2023 kehrten 191 000 Personen mit deutschem Pass (oder zwei Staatsangehörigkeiten/zwei Pässen) aus dem Ausland zurück. Die Netto-Auswanderungszahl (Auswanderungen minus Einwanderungen von Personen mit deutschem Pass) von 74 000 lag somit bei weniger als 0,1% aller Personen mit deutschem Pass. Die Rückkehrerquote belegt, dass vermutlich rund etwa zwei Drittel der sogenannten Auswanderer gar keine echten Auswanderer sind.

Ich selbst habe über 17 Jahre meines Lebens in verschiedenen außereuropäischen und europäischen Ländern gelebt und bin im Sinne der for-

86 Diese Zahl bewegte sich in den rund zehn Kalenderjahren davor mit moderaten Schwankungen in ähnlichen Größenordnungen. (2023 war das aktuellste Jahr für das zum Zeitpunkt dieses Niederschriebs Daten vorlagen.)

malistischen Einwohnermeldeamtsregeln fünfmal ausgewandert – jeweils mit Rückkehr nach ein paar Jahren. Keine meiner fünf amtlichen Auswanderungen war für mich persönlich eine Auswanderung.

Zwei simple Beispiele für »Pseudoauswanderer« in der offiziellen amtlichen Auswanderungsstatistik: ein Student, der ein Auslandssemester in den USA verbringt, und eine deutsche Bauingenieurin, die wegen eines Wasserkraftwerkprojektes ihres Arbeitgebers in Italien als »Expat« für 15 Monate ihren Erstwohnsitz in ein Dorf in der Nähe von Neapel verlegt.

Ich will damit ganz und gar nicht behaupten, es gäbe keine guten Gründe für die Emigration aus Deutschland. Die gibt es selbstverständlich und leider in zu großer Zahl. Man denke an die auf vielen essenziellen Feldern regelrecht katastrophale Politik der verschiedenen Bundesregierungen von 2005, der ersten Merkel-Amtszeit, bis heute (Anfang 2025). Und auch unabhängig von diesem Politik- und Wirtschaftsdesaster sind ein wärmeres Klima, niedrigere Steuern und Lebenshaltungskosten im Zielland selbstverständlich relevante und legitime Auswanderungsgründe.

Sie ändern allerdings wenig an der Tatsache, dass sich Auswandern, sobald man diese Idee intensiv prüft, in der Mehrzahl der Fälle als schwer oder unmöglich herausstellt.

Geht man den folgenden Fragenkatalog, der Ihre »persönliche Auswanderungsfähigkeit« auf Herz und Nieren prüft, durch, dann erscheint die niedrige Nettoauswanderungsquote gar nicht mehr überraschend. Mit diesen Fragen wird ein Auswanderungskandidat in der Zeit vor der potenziellen Auswanderung oder spätestens kurz danach unweigerlich konfrontiert.

- Kann ich mich im Zielland mit meinem Einkommen, meiner Rente, meinem Vermögen wirtschaftlich ausreichend und dauerhaft klar über Wasser halten?
- Wie hoch sind die Lebenshaltungskosten und die laufende Besteuerung (Einkommenssteuer, Vermögenssteuer) im Zielland? Wie wird sich mein materieller Lebensstandard durch die Auswanderung verändern? Falls mein materieller Lebensstandard im Zielland niedriger wäre, kann ich das akzeptieren?
- Falls sich das Zielland außerhalb der EU bzw. des EWRs[87] und der

87 »EWR« = »Europäischer Wirtschaftsraum«. Das sind die 27 EU-Staaten + Norwegen, Island und Liechtenstein. Zwischen diesen 30 Ländern gelten die »vier Grundfreiheiten« der EU.

Schweiz befindet und ein Dauervisum bzw. eine langfristige Aufenthaltsgenehmigung oder Arbeitsgenehmigung erforderlich ist, kann ich diese bekommen? Bestehen für das Zielland finanzielle und nicht finanzielle Einwanderungsbedingungen und kann ich diese erfüllen? Falls ich im Zielland arbeiten möchte (und die rechtlichen Voraussetzungen für eine Arbeitsgenehmigung erfülle), wie sicher bin ich mir, dass ich in überschaubarer Zeit tatsächlich eine angemessene Arbeitsstelle mit hinreichender Vergütung finden werde?

- Habe ich mich bezüglich der kombinierten Besteuerung meiner Einkünfte »aus deutschen Quellen« (z.B. Kapitalerträge, Unternehmenserträge, Mieteinkünfte, Gehaltseinkünfte, Renteneinkünfte) in Deutschland und im Zielland kundig gemacht und kann ich die Konsequenzen akzeptieren? Hier spielt ein etwaiges Doppelbesteuerungsabkommen eine entscheidende Rolle. In Deutschland belegenes Vermögen (z.B. eine Immobilie oder eine Beteiligung an einem Unternehmen mit Sitz in Deutschland) unterliegt immer der »lokalen Besteuerung« in Deutschland – auch nach der Auswanderung des Eigentümers. Die aggregierte Besteuerungswirkung Deutschland + neues Ansässigkeitsland auf Ebene des Eigentümers hängt vom Steuerrecht im neuen Ansässigkeitsland und von der Existenz sowie konkreten Ausgestaltung eines etwaigen Doppelbesteuerungsabkommens zwischen Deutschland und dem Ansässigkeitsland ab. (Sich durch Auswanderung deutschen Steuern und deutschem Steuererhöhungsrisiko legal zu entziehen, setzt daher letztlich voraus, einen möglichst großen Teil seiner Vermögenswerte in *liquides Vermögen* umzuwandeln, da dieses nach den meisten DBAs ausschließlich im neuen Ansässigkeitsstaat besteuert wird.)
- Wenn mir 1,0% oder mehr an einer deutschen Kapitalgesellschaft gehört, kann ich dann die steuerlichen Konsequenzen der sogenannten Wegzugsbesteuerung akzeptieren? (Zur Wegzugsbesteuerung siehe Abschnitt 9.3.)
- Bin ich ausreichend überzeugt davon, mit der Kultur des Ziellandes »kompatibel« zu sein?
- Ist die Kriminalitätsrate bzw. Sicherheitslage im Zielland für mich akzeptabel?
- Entsprechen die klimatischen Verhältnisse im Zielland zumindest dem größten Teil des Jahres über meinen Vorstellungen?
- Ist es notwendig, die Landessprache im Zielland bis zu einem gewissen Niveau zu beherrschen? Falls ja und falls ich die Sprache nicht schon

hinreichend beherrsche, kann ich sie mit für mich vertretbarem Aufwand erlernen bzw. bin ich bereit dazu?

- Ist die erhöhte räumliche Distanz zu Verwandten und Freunden, die in Deutschland zurückbleiben, für mich akzeptabel? Wie groß ist die Zeitverschiebung zu Deutschland? (Die Frage der Zeitverschiebung ist in Bezug auf Telefonate und Videocalls mit Freunden und Familie in Deutschland sowie für etwaige »Remote-Jobs« mit Kunden in Deutschland bedeutsam.) Bin ich sicher, dass ich mit der Zeitverschiebung dauerhaft, nicht nur für ein Jahr, zurechtkomme?
- Sind Reisedauer und Reisekosten nach Deutschland in Bezug auf die jährlichen Rückreisen für mich tragbar?
- Hat die öffentliche Infrastruktur im Zielland ein für mich zufriedenstellendes Niveau?
- Befindet sich die medizinische Versorgung im Zielland auf einem für mich hinreichend hohen Niveau? (Diese Frage ist für Menschen nach dem 50. Lebensjahr naturgemäß besonders wichtig.) Kann ich die Frage der Krankenversicherung und ihrer Kosten nach der Auswanderung für mich zufriedenstellend regeln?
- Habe ich mich hinreichend darüber informiert, wie Schenkungen und Erbschaften in Bezug auf mein potenziell zu verschenkendes oder zu vererbendes Vermögen von Deutschland, vom Auswanderungsland und von etwaigen dritten Staaten, in denen Erben oder Beschenkte leben, besteuert werden? (Siehe dazu die Ausführungen zur Erbschafts- und Schenkungssteuer in Abschnitt 9.3.)

Bei sehr vermögenden Haushalten sind die o.g. Wegzugsbesteuerung und mögliche Doppelbesteuerungen bei Schenkungen oder Erbschaften oftmals zusätzliche hohe Auswanderungshürden, die auf normal vermögende Haushalte nicht zutreffen.

Hervorhebenswert ist, dass Deutsche und Österreicher zumindest aus rechtlicher Perspektive weitgehend problemlos in jedes EU-Land oder EWR-Land (Ausnahme Liechtenstein) auswandern können. Mit gewissen Einschränkungen gilt das für Deutsche und Österreicher auch für das Zielland Schweiz. Unter diesen EU-Ländern sind einige mit einem wärmeren Klima, niedrigeren Steuern sowie Lebenshaltungskosten und keinen oder nur geringen Zeitzoneneffekten. Die Entfernung zur Heimat in Sachen regelmäßige Rückreisen ist dann kein hohes Hindernis.

Fazit

Auswandern ist eines jener Themen, bei dem die Medienpräsenz die Präsenz im konkreten Leben der Bürger im Sinne der tatsächlichen Umsetzung weit übersteigt. Letztlich wandern sehr wenige Deutsche tatsächlich aus, wenn man auswandern nicht als bloße vorübergehende Wohnsitzverlagerung ins Ausland definiert. Wer wirklich auswandern will, muss für sich und seine Familie leider viele beträchtliche Hürden überwinden, nicht zuletzt die, dass der deutsche Staat mit erstaunlicher Energie Steuersubstrat im Inland behalten will.

Zur Frage des Wegzugs nach Land X oder Y existieren für die meisten »populären Destinationen« nützliche und aktuelle Ratgeberbücher sowie unzählige gute und schlechte YouTube-Videos. Jedem Leser, der über Auswanderung nachdenkt, empfehle ich, diese Informationsquellen intensiv zu konsultieren und danach den oben dargestellten Fragenkatalog über eine mehr oder weniger lange Rechercheperiode hinweg peu à peu für sich selbst ehrlich und am besten schriftlich zu beantworten. Dann wird sich herauskristallisieren, ob das eigene Auswanderungsprojekt tatsächlich realistisch ist und was es dabei zu beachten gibt.

11.3 Vermögensschutzmaßnahmen, die schlecht oder gar nicht funktionieren

Ich bin ein geborener und lebenslanger Optimist, genauer gesagt ein rationaler und, wo es geht, wissenschaftsorientierter Optimist. Trotzdem hat auch für mich die Berücksichtigung von Pessimismus, Skepsis und Furcht ihre Berechtigung, wenn es um die Einschätzung der Zukunft geht. Der britische Philosoph Roger Scruton hat hierzu ein einsichtsvolles Buch geschrieben (Scruton 2012). Setzen wir also einmal für einen kurzen Moment die pessimistische Brille auf und unterstellen wir, dass sich die wirtschaftlichen, steuerlichen und eigentumsrechtlichen Verhältnisse in Deutschland in den nächsten Jahren deutlich verschlechtern werden – vielleicht auch im Zusammenhang mit der faktisch (wenngleich nicht rechtlich) wohl schon bestehenden »Schuldenunion« innerhalb der Eurozone. Diese Art von Risiko nennt sich im Finanzjargon *politisches Risiko* (siehe Infobox »Was ist

›politisches Risiko‹?« weiter unten in Abschnitt 11.5). Gemeint sind politische Maßnahmen, die relativ zum Status quo in der Zukunft einen vermögensschädigenden Effekt haben oder haben können.[88]

Vor diesem Hintergrund beschreibt dieser Abschnitt in aller Kürze einige Vermögensschutzmaßnahmen, die von manchen Privathaushalten in Erwägung gezogen werden oder in der Vergangenheit umgesetzt wurden, die aber nur beschränkt, nur unter ganz bestimmten Umständen oder *gar nicht* weiterhelfen.

Vermögensschutz im rein finanzwirtschaftlichen Sinne – in Abgrenzung zum Vermögensschutz vor politischen Risiken – habe ich in den vorhergehenden Kapiteln dieses Buches beschrieben. Hier soll es dagegen vorwiegend um Maßnahmen gehen, die im weitesten Sinne vor dem schützen, was man das »politische Risiko Deutschlands« nennen könnte.

(a) Ein Konto oder Depot im Ausland (z.B. in der Schweiz) eröffnen

Grundsätzlich ist es in Deutschland völlig legal, liquides oder nicht liquides Vermögen im Ausland zu halten. Gleichzeitig gilt im hiesigen Steuerrecht – wie in fast allen westlichen Steuerjurisdiktionen – das Welteinkommensprinzip.[89] Alle Einkünfte einer Person mit Erstwohnsitz in Deutschland (also unbeschränkter Steuerpflicht), egal, in welchem Land sie entstehen, sind im Prinzip steuerpflichtige Einkünfte in Deutschland. Der Bürger ist verpflichtet, sie in seiner Steuererklärung anzugeben.

Eine in Deutschland ansässige Person, die heutzutage liquide Anlagen bei einer Bank im Ausland hält, kann davon ausgehen, dass sein Heimatfinanzamt hierüber automatisch informiert wird. Über Informationsaustauschklauseln, wie sie praktisch alle Doppelbesteuerungsabkommen zwischen zwei Ländern enthalten, werden sie spätestens auf Nachfrage des deutschen Finanzamtes im Ausland nach Vorliegen von Indizien für etwaige Steuerhinterziehungen oder Geldwäsche für das deutsche Finanzamt erkennbar. Das gilt in (bisher noch) eingeschränkter Form auch für ausländische Immobilien und andere nicht liquide Vermögenswerte. Deutschland unterhält DBAs mit über 125 von rund 195 Staaten. Die wenigen per heute verbleibenden Steueroasen mit einem akzeptablen Bankensystem

88 Ein Beispiel für vermögensschädigenden Effekt sind die weltweit wohl »teuersten« Vorschriften im deutschen Bau- und Immobilienrecht. Diese Vorschriften wurden in den letzten Jahrzehnten beinahe kontinuierlich immer weiter verschärft.
89 Siehe deutsche Wikipedia, Artikel »Welteinkommensprinzip«.

und akzeptabler Rechtssicherheit, die noch nicht am »automatischen Informationsaustausch« (»AIA«) mit Deutschland (oder anderen westlichen Ländern) teilnehmen, werden vermutlich in den nächsten Jahren verschwinden. Der Druck der großen Länder auf sie ist einfach zu groß.

Falls in Deutschland wieder eine Vermögenssteuer eingeführt werden sollte, wird mit größter Wahrscheinlichkeit auch Vermögen im Ausland davon erfasst werden (also das steuerliche Weltvermögensprinzip gelten). Das schließt auch »ertragloses« Vermögen wie physisches Bargeld, Gold oder Kryptoanlagen mit ein, das keine laufenden Einkommenssteuern auslöst. Wer dieses Vermögen in seiner Steuererklärung dann nicht angibt, wird sich damit dann strafbar machen.

Allgemein dürfte das Entdeckungsrisiko bei Nichtdeklarierung heute aufgrund des erwähnten zwischenstaatlichen Informationsaustauschs, des Internets, legalem oder illegalem investigativem Journalismus, Whistleblowing bei Banken, Hacking von IT-Systemen von Banken und Steuerkanzleien hierzulande und in Steueroasen sowie Datenkauf durch deutsche Finanzbehörden und Anzeigen durch nahestehende Personen drastisch höher sein als noch vor 20 oder 40 Jahren. Auch sind die Zeiten lange passé, in denen Steuerhinterziehung von den Gerichten als Kavaliersdelikt mit milden Strafen bedacht wurde. Deswegen sind Überlegungen, die implizit oder explizit auf das Funktionieren »diskreter« oder illegaler Maßnahmen in der Vergangenheit als Argument abstellen, heute ganz einfach naiv und hochgefährlich.

Zu alldem kommt, dass die Führung von Bankkonten und Wertpapierdepots in Bezug auf Grundgebühren und Transaktionskosten im Ausland überwiegend teurer ist als in Deutschland. Das gilt ganz besonders für die Schweiz. Dass man dort häufig keine Steuerbescheinigung nach deutschem Recht erstellt oder, wenn erstellt, sie gelegentlich von deutschen Finanzämtern mangels EU- oder EWR-Mitgliedschaft der Schweiz nicht akzeptiert werden, erschwert die eigene Arbeit oder die des Steuerberaters bei der Erstellung der Steuererklärung.

Last but not least: Immer mehr Banken in den wirtschaftlich entwickelten Ländern erschweren oder verweigern die Eröffnung von neuen Konten und Depots aus »Compliance«-Gründen durch nicht ansässige Ausländer, wenn dafür weder ein echter privater Grund (z.B. Eigentum an einem Ferienhaus) noch ein echter gewerblicher Grund vorliegt oder keine ausreichenden Belege über die Mittelherkunft für die betreffenden Gelder beigebracht werden können.

(b) Bargeld oder Edelmetalle zu Hause deponieren

Wer Vermögenswerte in größeren Mengen zu Hause lagert, setzt sich und seine Familie gravierenden Kriminalitätsrisiken aus (Einbruch – im schlimmsten Fall in der Anwesenheit von Familienmitgliedern). Bargeldbeträge oberhalb kleiner haushaltsüblicher Summen werden überdies nicht von einer Hausratversicherung gegen das Risiko des Einbruchs, Raubs oder Diebstahls erfasst. Edelmetalle sind in der Regel ebenfalls nur bis zu moderaten Grenzen versichert (z.B. 20 000 Euro). Wesentlich höhere Deckungssummen für Bargeld und Edelmetalle akzeptieren die meisten Versicherer nicht, und in den Fällen, in denen sie das doch tun, sind diese teuer. Tresore und ihr Einbau kosten Geld. Auch hier gilt, dass diese Vermögenswerte, sofern es zur Einführung einer Vermögenssteuer käme, deklariert und laufend versteuert werden müssten.

(c) Edelmetalle oder Bargeld in einem Bankschließfach lagern

Der Inhalt von Bankschließfächern ist seitens der Bank nur in bescheidenem Umfang versichert (die konkrete Deckungssumme variiert von Bank zu Bank). Die Bank haftet darüber hinaus nicht im Falle von Raub oder Diebstahl. Eine zusätzliche Versicherung kann abgeschlossen werden, verursacht jedoch bei großen Deckungssummen nicht vernachlässigbare Kosten – neben den Kosten des Bankschließfaches selbst. In den USA und anderen Ländern ist der Inhalt von Schließfächern generell nicht versicherbar. Außerdem gilt auch hier, dass die im Schließfach befindlichen Vermögenswerte, sofern es zur Einführung einer Vermögenssteuer käme, deklariert und versteuert werden müssten – auch wenn das Schließfach im Ausland liegt. Der grenzüberschreitende Transfer von liquidem Vermögen ohne Transparenz für Finanzbehörden ist für Normalbürger heutzutage nahezu unmöglich oder jedenfalls äußerst risikoreich. Und, das wissen wohl weniger Schließfach-Fans, der Zugang zu Vermögenswerten in Bankschließfächern unterliegt der Bankenregulierung, genauso wie normale Bankguthaben.

(d) Kryptoanlagen in einem nicht offengelegten Wallet

Die Vorstellung, dass man sich mit »physischen« Investments in Kryptowährungen (in ein Krypto-Wallet) vor politischem Risiko einschließlich Steuererhöhungsrisiko schützen kann, halte ich persönlich für naiv – jedenfalls in Bezug auf Menschen, die nicht bereit sind, gravierende strafrechtliche Risiken einzugehen. Auf die rein wirtschaftlichen Chancen und Risiken von Anlagen in Bitcoin und Ethereum bin ich in Abschnitt 4.10 eingegangen. (Die Wertsteigerungen von Kryptoanlagen sind nach einer einjährigen Haltefrist in Deutschland bisher steuerfrei.)

(e) Inländische Vermietungsimmobilien

Vermögende Haushalte besitzen häufig inländische Vermietungsimmobilien von erheblichem Wert. Diese Anlageklasse ist im Falle einer echten Staatskrise oder immer weiter steigenden staatlichen Begehrlichkeiten aus Umverteilungsmotiven unter allen Anlageklassen und Finanzprodukten den höchsten politischen und wirtschaftlichen Risiken ausgesetzt. Gerade hierfür bietet die deutsche Geschichte seit dem Jahr 1900 reichhaltiges Anschauungsmaterial, einschließlich der jüngeren Vergangenheit nach dem Zweiten Weltkrieg: Enteignung in der DDR oder den ehemaligen deutschen Gebieten in Polen, Lastenausgleichsgesetz[90], Erhöhung der Grunderwerbssteuer in den meisten Bundesländern, Erhöhung der Grundsteuer, Mietpreisbremse, der verfassungswidrige Berliner Mietendeckel, die Diskussion um eine Bodenwertzuwachssteuer, die Enteignungsdiskussion für gewerbliche Vermieter in Deutschland und ein gravierender Anstieg der durch viele fragwürdige Bauvorschriften in die Höhe getriebenen Bau- und Sanierungskosten, die es in dieser Intensität wohl in keinem anderen Land gibt.

Die steuerlichen Erträge aus einer in Deutschland belegenen Immobilie (Nettomieterträge, Wertsteigerungsgewinne) werden grundsätzlich in Deutschland besteuert, auch wenn der Eigentümer im Ausland ansässig ist bzw. dorthin ausgewandert ist. Wie die aggregierte Endbesteuerung aus Besteuerung in Deutschland und im Ansässigkeitsland des ausländischen Eigentümers aussieht, hängt von den steuerlichen Regeln im Ansässigkeitsland und einem etwaigen DBA zwischen Deutschland und diesem Land ab. Hier besteht das Risiko einer Doppelbesteuerung bezüglich laufender Einkünfte, Wertsteigerungsgewinnen und/oder Schenkungen/Erbschaften.

Fazit

Nachdem wir nun gesehen haben, wie wenig echten Schutz vor dem politischen Risiko Deutschlands einige angebliche Vermögensschutzlösun-

90 Siehe deutsche Wikipedia, Artikel »Lastenausgleichsgesetz«.

gen tatsächlich bieten, befassen wir uns im übernächsten Abschnitt mit dem Vermögensschutzinstrument der Familienstiftung. Hier bewegen wir uns auf einem ganz anderen, echten Schutzniveau, aber leider auch auf einem höheren Niveau in Sachen Komplexität, Betriebskosten und »Kontrollreduktion«.

11.4 Testament, Erbvertrag, Vermächtnis, Schenkungen

Wer sich in der zweiten Lebenshälfte befindet und mehr Vermögen besitzt als normalen Hausrat und ein gebrauchtes Auto, sollte sich in größeren Abständen intensiv darüber Gedanken darüber machen, was mit dem eigenen Vermögen nach dem Tod geschehen soll. Mit anderen Worten, diese Person sollte über die Erstellung eines Testaments nachdenken. Laut einer Umfrage des Meinungsforschungsinstituts YouGov von 2022 haben 73% aller deutschen Haushalte kein oder ein nach eigenen Angaben ein veraltetes Testament.

Bei allen, die kein Testament verfasst haben, wird nach dem Tod die gesetzliche Erbfolge wirksam.[91] Deren Folgen werden in vielen, vielleicht den meisten Fällen nicht vollständig mit den tatsächlichen Wünschen und Prioritäten des Erblassers übereinstimmen. Häufig führt die gesetzliche Erbfolge auch zu unnötig hohen Erbschaftssteuerbelastungen. Noch schlimmer: Die gesetzliche Erbfolge kann nicht nur unnötig teuer sein, sie kann auch den Familienfrieden nach dem Ableben des Erblassers zerstören.

Einige der allerwichtigsten Grundtatbestände bei der deutschen Erbschafts- und Schenkungssteuer habe ich bereits in Abschnitt 9.3 beschrieben und werde diese daher hier nicht wiederholen. (Leser aus Österreich und der Schweiz dürfen sich freuen: In Österreich existiert keine Erbschafts- oder Schenkungssteuer. In der deutschsprachigen Schweiz ist die Erbschaftssteuer vor allem für Ehegatten, eingetragene Partner, Kinder und Enkelkinder je nach Kanton null oder jedenfalls sehr niedrig. Auch außerhalb dieses Personenkreises ist sie im Vergleich zu Deutschland moderat.)

---

91 »Testament« ist hier umgangssprachlich zu verstehen und steht für alle Formen letztwilliger Verfügungen bzw. Verfügungen von Todes wegen (Testament, Erbvertrag, Vermächtnis usw.).

Im Kontext einer Testamentserstellung stellt sich naturgemäß zunächst die Frage, ob man nicht bereits vor dem eigenen Ableben Vermögen auf andere übertragen möchte. Über Schenkungen zu Lebzeiten lässt sich nämlich die spätere Erbschaftssteuerbelastung auf das eigene Vermögen reduzieren und gleichzeitig anderen früher »mit warmer Hand« etwas Gutes tun. Die Freibeträge unter der deutschen Erbschafts- und Schenkungssteuer sind zum Teil beträchtlich (z.B. 400 000 Euro pro Kind [pro Elternteil], 200 000 Euro pro Enkel und 500 000 Euro für den Ehepartner). Diese Freibeträge leben alle zehn Jahre neu auf. Zusätzlich zu diesen Freibeträgen ist die Übertragung (Schenkung, Vererbung) des Eigenheims an den Ehepartner oder die Kinder unter bestimmten, nicht sehr engen Voraussetzungen steuerfrei und wird nicht auf die allgemeinen steuerlichen Freibeträge angerechnet.

Kindern und Enkeln könnte man über einen monatlichen ETF-Sparplan neben dem steuerfreien Schenken von Vermögen auch noch auf »raffinierte, indirekte« Weise lebenspraktisches Finanzwissen zu Börse und Wirtschaft vermitteln.

Andererseits sollten Eltern und Großeltern, deren Einkommens- und Vermögenssituation in ihrer Höhe »nicht über alle Zweifel erhaben ist«, sehr genau überlegen, ob sie lebzeitig große Vermögenswerte an die Kinder oder Enkel verschenken wollen, nur um Erbschaftssteuern zu sparen. Es wäre nicht das erste Mal, dass ein Elternteil diese Einbuße an finanzieller Sicherheit, an Unabhängigkeit und Kontrolle über das eigene Leben später bereut, da die Kinder und ihre Ehepartner sich nach einigen Jahren »irgendwie« doch nicht so verhalten wie erwartet oder gehofft.

Ältere, sehr wohlhabende Herrschaften, die bisher Mieter sind (was eher selten der Fall sein wird), könnten u. U. durch den Erwerb eines Eigenheims (selbstgenutzte Wohnimmobilie) die Erbschaftssteuerbelastung senken, da diese nicht auf steuerliche Freibeträge angerechnet wird. Diese eigentlich einfache Gestaltung zur Senkung der Erbschaftssteuer setzt folgende Bedingungen voraus: (a) Der künftige Erblasser lebt bisher zur Miete. (b) Seitens des künftigen Erblassers erfolgen Kauf und Einzug in die fragliche Wohnimmobilie (Beginn der Selbstnutzung) mindestens zwei Jahre vor dem Todeszeitpunkt.[92] (c) Das neue Eigenheim soll an den

92 Aufenthalte in einem Krankenhaus oder Pflegeheim (wegen Pflegebedürftigkeit) sind steuerunschädlich, werden also von dieser Zwei-Jahres-Frist nicht abgezogen.

Ehepartner oder die Kinder/Stiefkinder (oder Enkel, wenn die Kinder verstorben sind) gehen, die nach der Übertragung zumindest noch zehn Jahre als Selbstnutzer darin wohnen werden. (Es bestehen jedoch eine Reihe von Ausnahmen von dieser Zehn-Jahres-Bedingung.) (d) Das zu vererbende Gesamtvermögen übersteigt die voraussichtlich zur Anwendung kommenden erbschaftssteuerlichen Freibeträge deutlich.

In Bezug auf Immobilien (sowohl das Eigenheim als auch Vermietungsobjekte) sind Erblasser mit mehr als einem Erben gut beraten, einen Grundsatz zu beachten: Unter (fast) allen Umständen sollten sie vermeiden, eine einzelne Wohnimmobilie bzw. ein einzelnes Objekt zwei oder mehr Personen gemeinsam zu vererben. Die Erfahrung lehrt, dass dadurch hässliche Erbstreitereien geradezu vorprogrammiert sind, weil sich Erbengemeinschaften (aus Geschwistern oder aus dem überlebenden Ehepartner und einem oder mehreren Kindern) eigentlich nie über die Nutzung der Immobilie einig sind – schon anfangs häufig nicht und noch seltener auf Dauer (Leske 2019). Klüger und weiser ist es deshalb, eine bestimmte Immobilie nur einer einzelnen Person zu vererben und durch entsprechende Regeln im Testament dafür zu sorgen, dass die anderen Erben vom Immobilienerben in der vom Erblasser gewünschten Weise und auf Basis von echten Marktwerten ausbezahlt werden. Das trägt zum Familienfrieden nach dem Tod des Erblassers bei.

Generell ist ein »Testamentsziel«, das in den mir bekannten Ratgeberpublikationen zum Thema Erben, Schenken und Testament zu selten erwähnt wird, das Folgende: »Habe ich mein Testament so gestaltet, dass ich im Rahmen meiner Möglichkeiten den Familienfrieden damit nicht schädige bzw. verschlechtere?«

Wer dieses Ziel für sein Testament (und alle nicht trivial kleinen lebzeitigen Schenkungen) hat – und das sollte jeder Erblasser haben –, ist aus meiner Sicht gut beraten, folgende drei Grundsätze zu beachten: (a) Individuelle Immobilienobjekte immer nur an eine einzelne Person vererben oder verschenken (siehe Ausführungen oben). (b) Das Testament den potenziellen Erben bereits zu Lebzeiten offenlegen und natürlich immer neu offenlegen, nachdem es geändert wurde. (c) Niemals finanziell nennenswerte lebzeitige Schenkungen an einzelne Personen oder Institutionen vornehmen, die nicht allen anderen Familienmitgliedern sofort oder – noch besser – vor dem rechtlich wirksamen Vollzug offengelegt werden.

Für wohlhabende Haushalte mit einem Nettovermögen deutlich oberhalb von ungefähr 1,5 Millionen Euro könnte eine Liechtensteiner Familienstiftung ein Weg sein, schon zu Lebzeiten gemäß Stifterwille die Bewahrung des Familienvermögens über die nächste Generation hinaus zu sichern, die laufende Besteuerung und die langfristige Erbschaftssteuerbelastung zu senken sowie eine kluge, gerechte finanzielle Versorgung von Familienmitgliedern und ggf. Dritten zu regeln (mehr zu Familienstiftungen im folgenden Abschnitt).

Fazit

Alles in allem kann ich nur empfehlen, sich über das Thema Schenkung, Erbschaft und Vermögensnachfolge frühzeitig zu informieren und dann zu handeln, sprich ein Testament zu verfassen.

Auf der Website www.finanztip.de finden sich unter den Stichworten »Erbschaftssteuer« und »Testament« eine Menge benutzerfreundlicher Handreichungen. Ratgeberveröffentlichungen in Buchform zur Erbschafts- und Schenkungssteuer existieren in jedem beliebigen Komplexitätsgrad wie Sand am Meer. Auch auf YouTube finden sich viele gute von Steuerberatern und Anwälten erstellte einschlägige Informationen. Für die meisten Menschen lohnt es sich, ein Testament von einem Fachanwalt für Erbrecht erstellen zu lassen und das Testament mithilfe des Anwaltes alle zwei, drei Jahre auf den neuesten Stand zu bringen, sofern sich die eigenen Überlegungen zum Thema Nachlass, die grenzüberschreitende Wohnsitzsituation oder sonstige potenziell relevante Rahmenbedingungen geändert haben.

11.5 Vermögensschutz durch eine Familienstiftung in Deutschland oder Liechtenstein

Wie wir gesehen haben, ist Auswandern alles in allem schwieriger, als viele glauben. Ferner wurde deutlich, dass viele populäre, aber nur vermeintliche Vermögensschutzmaßnahmen, wie ein Konto oder Depot im Ausland, in Wirklichkeit selten echten Vermögensschutz bringen. Stattdessen gehen mit ihnen Nachteile einher, z.B. höhere Kosten und mehr Komplexität.

Für vermögende Haushalte könnte eine Familienstiftung – im stiftungsrechtlichen Jargon eine Form der *privatnützigen Stiftung* – eine interessante Vermögensschutzalternative darstellen, die bei entsprechender Ausgestaltung eine mehr oder weniger weitgehende Abschirmung vor einer Reihe verschiedener Risiken bietet. Während eine deutsche Familienstiftung in erster Linie zivilrechtlichen Vermögensschutz bieten kann, schützt eine klug strukturierte Familienstiftung mit Sitz in Liechtenstein zusätzlich vor politischen Risiken und Steuererhöhungsrisiken in Deutschland. Darüber hinaus können solche Stiftungen noch andere Vorteile bieten, die in diesem Abschnitt in knapper Form dargestellt werden.

Aufgrund der Komplexität des Sachverhaltes und weil dieser Abschnitt naturgemäß nicht zu lang sein soll, muss ich mich dabei jedoch an der Oberfläche bewegen. Einem Leser, der sich detaillierter informieren möchte, empfehle ich das Buch *Souverän Vermögen schützen: Wie sich Vermögende gegen Risiken absichern – ein praktischer Asset-Protection-Ratgeber*, das mein Co-Autor Olaf Gierhake und ich geschrieben haben (Gierhake/Kommer 2021). Darin gehen wir ausführlich auf Familienstiftungen (und andere Vermögensschutzmaßnahmen) ein. Daneben existieren noch viele andere gute (und schlechte) Ratgeberbücher sowie YouTube-Videos über Familienstiftungen.

Infobox: Was ist »politisches Risiko«?

Politisches Risiko in einem gegebenen Staat umfasst die Wahrscheinlichkeit einer finanziellen Schädigung von Vermögensinhabern und Investoren durch diskriminierende Gesetze, exzessive regulatorische Maßnahmen, Kapitalverkehrskontrollen, Devisenkontrollen, Korruption, Vetternwirtschaft, Enteignung, Gewalt, Bürgerkrieg, Verfall der Infrastruktur und national verursachte ökonomische Krisen. Noch allgemeiner formuliert ist politisches Risiko die inländisch verursachte Wahrscheinlichkeit von Verschlechterungen der politischen, rechtlichen und ökonomischen Rahmenbedingungen für das Wirtschaften von natürlichen Personen und Unternehmen im betreffenden Land. Enteignung in diesem Zusammenhang ist nicht nur die formale, direkte Verstaatlichung von Privateigentum gegen den Willen des Eigentümers mit oder ohne ausreichende Kompensation. Sie kann auch durch konfiskatorische Steuererhöhungen,

Betätigungs- und Betriebsverbote, Ausreise- und Mobilitätsbeschränkungen sowie andere staatliche Willkürakte erfolgen. Auch die Etablierung international unüblich teurer Vorschriften für bestimmte wirtschaftliche Betätigungen stellt eine Form von politischem Risiko dar. Ein Beispiel dafür sind die im deutschen Bau- und Immobilienrecht seit Jahrzehnten schneller und radikaler zunehmenden technischen Vorschriften, die dazu geführt haben, dass Bauen wohl nirgendwo teurer ist als in Deutschland. Diese Kosten wirken sich negativ auf die Erschwinglichkeit von Immobilien und ihre Renditen aus.

Zuerst stellt sich die Frage, warum ich hier nur »Familienstiftungen« (nachfolgend kurz »FS«) mit Sitz in Deutschland und Liechtenstein, aber nicht in anderen Ländern behandle. Antwort: Das Fürstentum Liechtenstein hat innerhalb des EWRs (zu EWR siehe Fußnote 87) aus meiner Sicht das modernste und attraktivste Steuerrecht und Stiftungsrecht sowie eine Dienstleister- und Beraterbranche, die für Gründung und Betrieb von Stiftungen hochgradig kompetent ist. Außerdem ist das deutsche Steuerrecht so gestaltet, dass FS mit Sitz außerhalb des EWRs für in Deutschland ansässige Stifter unattraktiv sind.

Rechtlich ist eine Stiftung ein »verselbständigtes Zweckvermögen ohne Eigentümer«. Darin unterscheidet sie sich fundamental von Kapitalgesellschaften (z.B. GmbH), Personengesellschaften (z.B. Kommanditgesellschaften), Genossenschaften oder Vereinen. Sie alle haben Eigentümer (z.B. Gesellschafter) oder Mitglieder wie ein Verein (also Quasieigentümer). Dass eine FS keinen Eigentümer hat, erscheint nur auf den ersten Blick seltsam. Auch ein Mensch hat keinen Eigentümer, genauso wenig wie eine Stadt, ein Staat oder eine gemeinnützige Stiftung.

Wer Vermögen durch eine »Widmung«, also eine Schenkung auf eine privatnützige (oder gemeinnützige) Stiftung überträgt, »entreichert« sich damit. Das Vermögen gehört nun der Stiftung, nicht mehr dem Stifter, auch nicht indirekt, während beispielsweise das Vermögen einer GmbH indirekt den Eigentümern (Gesellschaftern) der GmbH gehört. Es ist diese fundamentale Trennung (die Entreicherung), die schlussendlich alle wesentlichen Vor- und Nachteile einer Familienstiftung für vermögende Familien begründet.

Der Sinn und Zweck einer FS ist typischerweise die wirtschaftliche Versorgung der Familie – im Prinzip ohne zeitliche Begrenzung. Natürlich kann der Stifter auch Personen und Institutionen zur Versorgung designieren, die nicht zur Familie gehören. Alle diese Personen sind die »Begünstigten« der FS. Rechtlich gehört ihnen das Stiftungsvermögen zwar nicht, aber sie sind seine wirtschaftlichen Nutznießer und darauf kommt es ökonomisch ja an.

Die oben erwähnte Trennung zwischen der Eigentumssphäre des Stifters und der Eigentumssphäre der Stiftung sowie die damit einhergehende Nichtexistenz von Eigentümerrechten und (formal betrachtet) Eigentümerkontrollrechten einer Stiftung erzeugen bei Nichtstiftungsexperten erfahrungsgemäß anfänglich die größten Verständnisprobleme.

Wenn man eine FS kurz und bündig charakterisieren möchte, könnte man sagen, sie sei ein »Testament 2.0« oder – eine andere Metapher – ein »institutionalisiertes Familienmitglied mit ewiger Treueverpflichtung«. Mit einer FS kann ein vermögender Mensch oder eine Familie in Sachen »Vermögensnachfolge« alles regeln, was er auch in einem Testament regeln könnte, nur granularer und weitreichender als in einem Testament und sozusagen »fortlaufend« über Jahrzehnte und mehrere Generationen hinweg. Darüber hinaus bietet eine Stiftung noch eine Reihe anderer rechtlich und wirtschaftlich nützlicher Gestaltungsmöglichkeiten bzw. aus diesen Gestaltungsmöglichkeiten resultierende Vorteile. In einem Satz zusammengefasst: Eine FS mit Sitz in Liechtenstein kann, wenn die entsprechenden Voraussetzungen erfüllt sind, Vorteile bringen bei (a) Steuern, (b) zivilrechtlichem Vermögensschutz (zivilrechtliche Asset Protection), (c) Vermögensschutz vor politischen Risiken einschließlich Steuererhöhungsrisiken in Deutschland (politische Asset Protection), (d) Vorteile beim Übergang von Familienvermögen und seiner generationenübergreifenden Verwaltung. Eine FS mit Sitz in Deutschland bietet letztlich nur die Vorteile (b) und (d), ist aber im Gegenzug preisgünstiger zu betreiben und gibt dem Stifter oder den Stiftern lebzeitig mehr Kontrolle.

In Tabelle 28 stelle ich die zentralen Merkmale von Familienstiftungen mit Sitz in Deutschland und Liechtenstein gegenüber.

Tabelle 28: Ein vereinfachter Vergleich von Familienstiftungen mit Sitz in Deutschland und Liechtenstein anhand einiger zentraler Kriterien (Annahme: Stifter ist in Deutschland unbeschränkt steuerpflichtig) – Stand März 2025

	Kriterium/ Merkmal	**Familienstiftung Deutschland**	**Familienstiftung Liechtenstein**
(1)	Schenkungssteuereffekt bei Einbringung von Vermögen durch Widmung (Schenkung) [A]	Es fällt Schenkungssteuer in DE an. Dabei wird – je nach »Begünstigtenregime« in den Stiftungsdokumenten – vom deutschen Finanzamt die Schenkungssteuerklasse I, II oder III unterstellt. Freibeträge variieren dann zwischen 20 000 und 500 000 Euro. In der üblichen Konstellation (Begünstigung aller Nachkommen in direkter Linie) liegt der Freibetrag je Stifter bei 100 000 Euro.	Es fällt Schenkungssteuer in DE an. Dabei wird vom deutschen Finanzamt stets die Schenkungssteuerklasse III angenommen. Der Freibetrag beträgt lediglich 20 000 Euro je Stifter.
(2)	Laufende Besteuerung auf Ebene der Stiftung (»innerhalb der Stiftung«)	Solange keine »Einkünfte aus Gewerbebetrieb« erwirtschaftet werden (aber nur dann), fällt lediglich die Körperschaftssteuer i. H. v. 15,8% (inkl. SolZ) an; bei Anfall von Einkünften aus Gewerbebetrieb: KöSt + GewSt in Summe ca. 32% (je nach Höhe der GewSt).	Besteuerung insgesamt sehr niedrig. Besteuerung von Zinserträgen sowie realisierten Wertsteigerungsgewinnen von Gold und Kryptoanlagen 12,5%. Die meisten anderen in der Praxis relevanten Ertragsarten (z.B. Dividenden oder Kursgewinne bei Aktien und Aktienfonds) sind steuerfrei oder werden mit 1,25% besteuert. [E]
(3)	Besteuerungen von Ausschüttungen (»Begünstigungen«) auf Ebene des Empfängers [B]	Kapitalertragssteuer inkl. SolZ = 26,4% (exkl. etwaige Kirchensteuer), auch wenn der Empfänger mit seinem Erstwohnsitz außerhalb Deutschlands lebt.	Wenn der Empfänger in DE lebt (dort unbeschränkt steuerpflichtig ist), dann wie bei der deutschen FS. Wenn der Empfänger mit Erstwohnsitz in einem anderen Land lebt, dann gelten die dortigen steuerlichen Regeln. In vielen Ländern ist die Besteuerung geringer als 26,4%, teilweise sogar null.

	Kriterium/ Merkmal	Familienstiftung Deutschland	Familienstiftung Liechtenstein
(4)	Besteuerungseffekt auf Ebene der Stiftung bei Wiedereinführung einer Vermögenssteuer in DE	Die FS wäre wahrscheinlich im Grundsatz mit ihrem gesamten in- und ausländischen Vermögen steuerpflichtig. [F]	Kein negativer steuerlicher Effekt, soweit die FS kein in Deutschland belegenes Vermögen hält.
(5)	Erbschaftssteuer	Alle 30 Jahre wird vom deutschen Finanzamt ein Erbfall »fingiert« und es wird eine »Erbersatzsteuer« in Höhe von bis zu 30% des dann vorhandenen Vermögens erhoben. Dabei wird unterstellt, dass das Stiftungsvermögen von einem Elternteil an zwei Kinder vererbt wird.	Keine Erbersatzsteuer. Hierin liegt der vermutlich größte einzelne Steuervorteil einer FS in Liechtenstein in Bezug auf das Familienvermögen.
(6)	Könnte der deutsche Staat Stiftungsvermögen grundsätzlich enteignen? [C]	Ja	Nein, jedenfalls nicht soweit die FS kein in DE belegenes Vermögen hält.
(7)	Schutz vor zivilrechtlichen Haftungsrisiken des Stifters/der Stifterfamilie (Asset Protection)	Ja – eine Pfändung von rechtswirksam eingebrachtem Stiftungsvermögen durch Gläubiger des Stifters oder Gläubiger von Begünstigten ist nach Ablauf bestimmter, im Falle von Liechtenstein jedoch kürzerer Fristen unter normalen Umständen nicht möglich.	
(8)	Kann der Stifter oder seine Familienmitglieder Teil der Geschäftsleitung der Stiftung sein?	Ja	Nein, wenn man negative steuerliche Effekte für den Stifter und seine Begünstigten in DE vermeiden möchte.
(9)	Kann der Stifter oder seine Familienmitglieder Teil eines Aufsichtsgremiums für die Geschäftsleitung der Stiftung sein? [D]	Ja	Ja, solange bestimmte steuerrechtliche Vorgaben aus Deutschland eingehalten werden.

	Kriterium/ Merkmal	Familienstiftung Deutschland	Familienstiftung Liechtenstein
(10)	Stiftungsaufsichtsbehörde	Jedes Bundesland hat eine eigene. Die Eingriffsrechte der Aufsichtsbehörde sind deutlich weitergehend als in Liechtenstein.	Die Stiftungsaufsicht in Liechtenstein ist weniger »interventionistisch« und »hält sich weitgehend aus dem Geschehen heraus«. Manche Aufsichtsfunktionen werden durch die Vorbehaltstätigkeit des regulierten liechtensteinischen Treuhänders wahrgenommen.
(11)	Errichtungskosten	Im Allgemeinen liegen die Errichtungskosten im hohen vierstelligen bis niedrigen fünfstelligen Bereich – sowohl für Familienstiftungen in DE als auch in LI.	
(12)	Kosten des laufenden Betriebs	Die Kosten für den laufenden Betrieb sind abhängig von den gewählten Dienstleistern sowie dem gewünschten Leistungsumfang dieser Dienstleister. Bei einer deutschen FS beschränken sich die jährlichen Kosten auf den Dienstleister für die Buchhaltung, Erstellung des Jahresabschlusses und der Steuererklärungen sowie für anlassbezogene rechtliche Beratung – jedenfalls wenn der Stiftungsvorstand durch unentgeltlich arbeitende Familienmitglieder oder sonstige Ehrenamtliche gebildet wird. Wegen der in Liechtenstein gesetzlich vorgeschriebenen Involvierung eines professionellen liechtensteinischen Treuhänders im Stiftungsvorstand und der steuerrechtlichen Notwendigkeit der Überwachung desselben durch ein oder mehrere Nicht-Familienmitglieder, liegen die jährlichen Betriebskosten im Vergleich höher – je nach Anbieter im niedrigen fünfstelligen Bereich.	
(13)	Mindestvermögensumfang in der Stiftung	Das gesetzlich vorgeschriebene Mindestvermögen bei Gründung ist für beide FS-Varianten letztlich gering. Aufgrund der Kosten für die Gründung und den laufenden Betrieb sowie weiterer sachlogischer Argumente dürfte eine deutsche FS mit weniger als 500 000 Euro wenig Sinn ergeben, bei einer liechtensteinischen FS liegt diese Untergrenze m. E. bei ca. 1,5 Mio. Euro.	

► [A] Bei Einbringung von Vermögen im Wege einer Erbschaft statt einer Schenkung wären die steuerlichen Effekte im Wesentlichen identisch. ► [B] Es wird unterstellt, dass der Empfänger (der Begünstigte) eine natürliche Person mit Hauptwohnsitz in Deutschland ist. ► [C] Zum Begriff der Enteignung siehe Infobox »Was ist ›politisches Risiko‹«? in diesem Abschnitt. ► [D] Das Aufsichtsgremium prüft und beaufsichtigt die Geschäftsleitung der Stiftung – so wie in Deutschland der Aufsichtsrat einer AG den Vorstand kontrolliert. ► [E] Siehe ergänzende Anmerkungen zur laufenden Besteuerung von Erträgen in liechtensteinischen FS weiter unten im Text. ► [F] Da eine (neue) Vermögenssteuer in DE per heute nicht existiert und ihre potenzielle Ausgestaltung daher unbekannt ist, handelt es sich hier um eine Mutmaßung.

Tabelle 28 gibt einen ersten Eindruck von wesentlichen Merkmalen einer FS und von den Unterschieden zwischen einer deutschen und einer liechtensteinischen FS. Beiden Stiftungsarten gemeinsam sind die nachfolgend geschilderten Aspekte.

In der Praxis hat sich gezeigt, dass eine FS am ehesten für vermögende Familien Sinn ergibt, in denen Kinder und Enkelkinder vorhanden sind oder diese für die Zukunft erwartet werden und bei denen daher die Ziele »Vermögensübergang auf die nachfolgenden Generationen« und »Bewahrung des Familienvermögens über die folgenden Generationen hinweg« ein Anliegen des Stifters oder Stifterehepaares sind.

Wenn ein Vermögensinhaber Bedenken hat, dass seine künftigen Erben – also in der Regel Kinder und evtl. Enkelkinder – aus welchen Gründen auch immer nicht in der Lage sein könnten oder kein Interesse daran haben, verantwortungsvoll, kompetent und nicht verschwenderisch mit dem Familienvermögen umzugehen, kann eine FS eine einem Testament deutlich überlegene Lösung sein, um eine solche Befürchtung zu adressieren.[93] Darin deutet sich ein allgemeiner Vorteil einer FS an. Sie ermöglicht – besser als ein Testament – die generationenübergreifende Sicherstellung der professionellen Verwaltung eines vorhandenen Familienvermögens und sie verhindert die im Zeitablauf immer stärker zunehmende Zersplitterung dieses Vermögens auf einzelne Erben und Nacherben, wie sie bei normalem Vermögensübergang üblich ist.

Eine FS kann auch ein geeignetes Mittel sein, den Familienfrieden und den Zusammenhalt einer vermögenden Familie über Generationen hinweg zu bewahren, jedenfalls ihn besser zu bewahren, als ein Testament das üblicherweise tun.

Als vielleicht größten Nachteil einer FS könnte man die rechtliche Kontrollreduktion aus Sicht des Stifters bezeichnen. Ein in eine Stiftung eingebrachtes Vermögen scheidet aus dem Privatvermögen des Stifters aus. Oder anders formuliert: Das Eigentum des vom Stifter eingebrachten Vermögens geht an die Stiftung über. Das Stiftungsvermögen gehört nicht dem Stifter oder den Begünstigten, sondern der Stiftung selbst. Erst diese Gestaltung ermöglicht die genannten Vorteile für das Familienvermögen auf den Feldern Steuern, Vermögensschutz und Nachfolgeplanung.

93 Für eine solche Befürchtung kann es naturgemäß viele verschiedene Gründe geben, die ich hier aus Platzgründen nicht ausführe.

Bei einer deutschen FS fällt diese Kontrollreduktion geringer aus als bei einer liechtensteinischen FS (siehe Zeilen 8 und 9 in Tabelle 28). Der Stifter kann sich und seiner Familie jedoch über mehrere Wege Einflussmöglichkeiten sichern. Diese umfassend und en détail zu beschreiben, würde jedoch den Rahmen dieses kurzen Abschnitts sprengen.

Nach der Stiftungsgründung wird das auf sie übertragene Vermögen von nun an vom Vorstand der Stiftung verwaltet. Selbst wenn der Stifter in einer deutschen Stiftung im Mitglied des Vorstands ist, hat er sein Handeln an den Interessen der Stiftung auszurichten und dabei gesetzliche Vorschriften einzuhalten. Das ist gut vergleichbar mit der Geschäftsführerposition innerhalb einer GmbH, insbesondere einer, in der der Geschäftsführer nicht der Alleingesellschafter der GmbH ist.

Bei einer liechtensteinischen FS wird die Vorstandstätigkeit primär durch einen darauf spezialisierten Treuhänder ausgeübt, der verpflichtet ist, sein Handeln an der Stiftungsdokumentation auszurichten.

Gleichwohl ist zu betonen, dass das Vermögen *wirtschaftlich* dem Stifter und den von ihm in den Stiftungsdokumenten designierten Begünstigten »zukommt«. Darüber hinaus kann der »Kontrollverlust« in Bezug auf die nachfolgenden Generationen sogar ein spezifisch gewünschtes Ziel des oder der Stifter sein. (Auch das Vermögen einer GmbH gehört nicht dem oder den Gesellschaftern, sondern der GmbH. Auch über das GmbH-Vermögen verfügen die Gesellschafter nicht direkt oder kontrollieren es direkt. Gleichwohl ist der Kontrollverlust aus Sicht der Gesellschafter bei einer GmbH normalerweise geringer als bei einer Stiftung.)

Aus Gründen dieses Kontrollverlustes, aber auch aus anderen Gründen wird ein Stifter zu Lebzeiten typischerweise nur einen begrenzten Teil seines Vermögens in die Stiftung einbringen. Er könnte dann in einem Testament verfügen, bei seinem Tod einen weiteren Teil oder den ganzen Rest erbwegig oder auf anderem Wege auf die Stiftung zu übertragen.

In den Zeilen 2, 3 und 4 in Tabelle 28 werden die potenziellen Vorteile einer liechtensteinischen Stiftung bei der laufenden Besteuerung in knapper Form skizziert. In diesem Zusammenhang ist hervorzuheben, dass diese Steuervorteile letztlich so nur für liquides bzw. »transportables« Vermögen gelten, also beispielsweise verzinsliche Bankguthaben, Wertpapiervermögen, Edelmetalle, Kryptoanlagen und Sammlerobjekte. Sie gelten letztlich nicht oder nur eingeschränkt für Immobilien oder direkte Beteiligungen an operativen Unternehmen (die eigene Firma), die in Deutschland lokalisiert sind. Das ist deswegen der Fall, weil solche nicht liquiden, nicht transportablen Vermögenswerte mit ihren Erträgen schlussendlich immer in Deutschland besteuert werden. Die Einbringung von Immobilien oder Beteiligungen an operativen Unternehmen in eine liechtensteinische FS wird daher mit Blick auf die laufende Besteuerung in der Regel wenig »steuerliche Upside« erzeugen. In Bezug auf die Erbschaftssteuer erstrecken sich die Steuervorteile der LFS allerdings auch auf Immobilien oder Beteiligungen.

Die Einbringung von Vermögen in eine Stiftung kann unter Umständen auch auf einem anderen als dem Standardweg der in Tabelle 28 genannten Widmung (Schenkung) erfolgen (Zeile 1 in der Tabelle), sodass die Schenkungssteuer, ein finanzieller Nachteil der Schenkung, teilweise oder größtenteils vermieden wird. Die Darstellung dieser alternativen Einbringungswege würde jedoch den Umfang dieses Abschnittes sprengen.

Fazit

Ein ausreichend großes Vermögen vorausgesetzt, kann eine Familienstiftung beträchtliche zivilrechtliche Vermögensschutzvorteile bringen. In Bezug auf den Vermögensübergang auf die folgenden Generationen ermöglicht eine FS die professionelle Verwaltung des Familienvermögens nach dem Tod des Stifters/der Stifter und verhindert seine Zersplitterung. In vielen relevanten Konstellationen wird durch eine FS langfristig der Familienfrieden besser bewahrt als mit konventionellen Erbgängen und Testamenten.

Eine FS mit Sitz in Liechtenstein besitzt darüber hinaus Steuervorteile für liquides Vermögen. Legt man einen längeren Betrachtungshorizont zugrunde, werden diese Steuervorteile die Gründungs- und Betriebskosten sehr wahrscheinlich wettmachen. Je länger der Betrachtungshorizont und je größer das Stiftungsvermögen, desto tendenziell größer der finanzielle Gesamtvorteil.

Außerdem schützt eine liechtensteinische FS auch vor dem politischen Risiko Deutschlands (insbesondere Steuererhöhungsrisiko), jedenfalls in Bezug auf liquides Vermögen.

In Deutschland und Liechtenstein existieren zusammengenommen rund 10 000 privatnützige Stiftungen. Die dazugehörigen Stifter haben erkannt, dass die steuerlichen Vorteile und die Vermögensschutzvorteile von Familienstiftungen den oben erwähnten Kontrollverlust und die laufenden Kosten von Familienstiftungen für sie aufwiegen.

Klar ist: Wer die Gründung einer FS in Erwägung zieht, muss sich hierzu Expertenrat in Form von steuerlichen, juristischen und investmentmäßigen Beratern einholen.

11.6 Vorsorgevollmacht, Generalvollmacht, Patientenverfügung

Neben dem Abfassen eines z.B. alle zwei Jahre überprüften und ggf. aktualisierten Testaments sind alle Haushalte im vorgerückten Alter gut beraten, auch die folgenden Dinge mit Blick auf die Unwägbarkeiten des Lebens zu regeln:

- **(Vorsorge-)Vollmacht und Betreuungsverfügung:** Durch eine Vorsorgevollmacht räumt der Vollmachtgeber einer oder mehreren Personen das Recht ein, in seinem Namen als Stellvertreter für ihn zu handeln. Man kann vereinbaren, dass von der Vorsorgevollmacht erst Gebrauch gemacht werden darf, wenn der Vollmachtgeber selbst nicht mehr in der Lage ist, über seine Angelegenheiten zu entscheiden. Typischerweise kommen als Vollmachtnehmer nahe Angehörige oder enge Freunde infrage. Eine Betreuungsverfügung gibt die Möglichkeit, die Bestellung eines Betreuers durch das Betreuungsgericht zu vermeiden bzw. darauf Einfluss zu nehmen, wen das Gericht oder wen das Gericht auf keinen Fall hierzu bestellen darf.
- **Generalvollmacht:** Ältere Menschen, besonders jene, deren Gesundheitszustand schlecht ist und sich absehbar nicht mehr verbessern wird, sollten über die Einräumung einer Generalvollmacht an die Person oder die Personen, die ihr am nächsten stehen, nachdenken. Eine solche Generalvollmacht geht in ihren Befugnissen über eine Vorsorgevollmacht oder sonstige Vollmacht (z.B. Bankvollmacht) hinaus. Die bevollmächtigte Person darf den Vollmachtgeber im Prinzip in allen rechtlichen und persönlichen Angelegenheiten vertreten und wird zum

gesetzlichen Vertreter des Vollmachtgebers. Bei einer Generalvollmacht besteht das geringstmögliche Risiko, unabsichtlich die Regelung einer gravierenden Angelegenheit für den Fall der gesundheitsbedingten Unfähigkeit, eigene Entscheidungen zu treffen, zu vergessen. Diese Vollmacht muss von einem Notar beurkundet werden und kann nur erteilt werden, solange der Vollmachtgeber noch geschäftsfähig ist, also z.B. nicht von einem Menschen mit fortgeschrittener Demenz. Sofern es mehrere Bevollmächtigte gibt, sollten diese sich darüber informieren, was aus rechtlicher Sicht geschieht, wenn sie in Bezug auf einen wichtigen Sachverhalt uneinig sind.

- **Patientenverfügung:** Diese legt fest, welche medizinischen Maßnahmen durchzuführen oder zu unterlassen sind, falls die betreffende Person aufgrund von Krankheit oder Unfall nicht mehr selbst entscheiden kann, z.B. wenn sie im Koma liegt oder dement geworden ist. Damit wird sichergestellt, dass der Wille der Person als Patient umgesetzt wird, auch wenn sie ihn in der jeweiligen Situation nicht mehr äußern kann. Wenn eine Patientenverfügung errichtet wird, sollte darauf in der Vorsorgevollmacht verwiesen werden. Zu überlegen wäre, diese Verfügung textlich nicht nur von Juristen, sondern auch von einem Arzt prüfen zu lassen, um sicherzustellen, dass die Regelungen darin auch in einer Unfallsituation sofort vom medizinischen Personal verstanden und umgesetzt werden können. Eine Patientenverfügung kann zudem um eine Bestattungsverfügung ergänzt werden.
- **Organspendeausweis:** Über dieses kreditkartengroße Dokument (das man buchstäblich in zwei Minuten ausfüllt) regelt man, ob und inwieweit man nach dem Tod Gewebe und Organe spenden möchte. Hierdurch nimmt die Person eine vielleicht große Belastung von ihren Angehörigen und hilft anderen Menschen in Not.
- **Haustiere:** Ältere Menschen, die ein ihnen wichtiges Haustier besitzen, sollten den Verbleib und das Schicksal des Tieres nach dem Tod ihres Besitzers im Testament oder einem Vermächtnis regeln. Dazu gehört auch, sich mit der Person vorab zu verständigen, die »im Fall der Fälle« das Tier bekommen soll.

Fazit

Vorsorgevollmacht, Patientenverfügung, Generalvollmacht sind die in gewisser Weise »kleine, unscheinbare«, aber dennoch ungeheuer wichtigen Bestandteile einer klugen Ruhestandsplanung. Ich appelliere an Sie, diese Dinge bewusst zu regeln und es bald zu tun, sofern nicht schon geschehen.

Zu all diesen Sachverhalten – Vorsorgevollmacht, Patientenverfügung, Generalvollmacht, Organspendeausweis – existieren im Internet und in Gestalt preisgünstiger Ratgeberbücher benutzerfreundliche Informationen, die mehr ins Detail gehen als dieser kurze Abschnitt. Erste nützliche Informationen finden sich auf der Website www.finanztip.de. Besser ist eine individuelle Beratung durch Fachpersonen.

12 Einen Finanzberater oder Vermögensverwalter engagieren: Warum? Wann?

Dieses Buch richtet sich grundsätzlich an Do-it-yourself-Anleger. Dennoch wird es Leser geben, die den hier vorgestellten Investmentansatz entweder vorläufig oder dauerhaft nicht in Eigenregie umsetzen wollen. Wenn Sie sich zu dieser Gruppe zählen, dann kämen die folgenden Alternativen für Sie in Betracht, die ich in diesem Kapitel kurz vorstellen möchte:

- ein sogenannter Honorarberater (ohne Interessenkonflikte) oder ein Vermögensverwalter (ohne Interessenkonflikte)
- ein Robo-Advisor

Banken, seien es konventionelle Banken (Geschäftsbanken, Genossenschaftsbanken, Sparkassen) oder »edle« Privatbanken, scheiden aus Gründen des Interessenkonflikts – die Pest der Finanzbranche – aus. Im Geschäftsmodell von Banken sind Interessenkonflikte institutionell oder strukturell fest verankert. Solche Interessenkonflikte schrauben die kumulative Wahrscheinlichkeit für eine nicht zufriedenstellende Investmenterfahrung mit jedem Monat, der in einer Geschäftsbeziehung ins Land geht, immer weiter nach oben. Das ist selbst dann nicht anders, wenn man seinen individuellen Bankbetreuer als persönlich seriös, vertrauenswürdig und kompetent einschätzt. Dieser Mitarbeiter arbeitet innerhalb einer institutionellen Struktur, die seine etwaige persönliche Integrität dominieren muss, jedenfalls wenn er mehr als nur noch ein Jahr in der besagten Institution als Kundenbetreuer »überleben« möchte. Kommen wir zu den drei genannten Alternativen.

(a) Honorarberater und Vermögensverwalter ohne Interessenkonflikte

Sollten Sie mit einem bankenunabhängigen Honorarberater oder Vermögensverwalter arbeiten wollen, dann müssen Sie zuallererst einmal eines sicherstellen: dass Interessenkonflikte in der finanziellen Dienstleistung dieses Unternehmens Ihnen gegenüber auf das mögliche Minimum reduziert werden. Ob das auf einen gegebenen Honorarberater oder Vermögensverwalter zutrifft, können Sie mit der folgenden einfachen Methode überprüfen.

Schicken Sie ihm folgende E-Mail und holen Sie sich darüber eine schriftliche Bestätigung ein:

»Sehr geehrter Herr Y, bitte bestätigen Sie mir, dass Sie in Bezug auf mein Vermögen in Ihrer Anlageberatung, Anlagevermittlung, Finanzportfolioverwaltung oder Abschlussvermittlung (egal, was tatsächlich stattfindet) (a) niemals hauseigene/konzerneigene Finanzprodukte (Finanzinstrumente) einsetzen, (b) niemals von Dritten Provisionen, Kommissionen, Rückvergütungen, Kickbacks oder Ähnliches vereinnahmen (oder soweit Sie das tun, diese zu 100% und sofort an mich auskehren) und mir (c) keine erfolgsabhängigen Gebühren (Performance Fees oder dergleichen) in Rechnung stellen.«

Sollte der infrage kommende Berater oder Vermögensverwalter diese Bestätigung Ihnen gegenüber nicht abgeben wollen, wissen Sie, dass er der Falsche ist oder wäre.

Warum ich davon überzeugt bin, dass erfolgsabhängige Gebühren ein Ausschlusskriterium für eine gute Beratung oder Vermögensverwaltung sind, wird im Blogbeitrag Kommer/Schweizer 2019 näher erläutert.

Ich selbst – Achtung Werbeeinblendung – betreibe ein Vermögensverwaltungsunternehmen mit Sitz in München (Gerd Kommer Invest GmbH). Dabei besteht jedoch eine Mindestanlagesumme von einer Million Euro. Den o.g. Test auf Freiheit von Interessenkonflikten würden wir bestehen und diese textliche Bestätigung abgeben können.

(b) Robo-Advisor (digitale Vermögensverwaltung)

Was sind Robo-Advisors? *Robos* (wie sie kurz im Branchenjargon genannt werden) sind digitale, auf reiner Onlinebasis operierende Vermögensverwaltungen. Vermögensverwaltung im engeren Sinne des Wortes schließt keine Finanzberatung mit ein – ausgenommen eine Beratung darüber, welchen Risikograd ein Portfolio haben sollte (im Jargon dieses Buches wäre das die Entscheidung über die Level-1-Asset-Allokation). Dabei werden allerdings die übrigen Vermögenswerte des entsprechenden Haushaltes in der Regel nicht beachtet.

Die meisten Robos – in Deutschland gibt es gut 30 – arbeiten auf der Produktebene überwiegend nur mit ETFs und einige davon verfolgen eine passive oder jedenfalls relativ passive regelbasierte Investmentstrategie. Der anfängliche Mindestanlagebetrag liegt bei den meisten Robos unter 5 000 Euro und oft sogar bei nur einem Euro.

Vermögensverwaltung durch Robos ist – wenn man richtig rechnet – deutlich günstiger als die von Banken und traditionellen Vermögensverwaltern außerhalb von Banken. Sie leidet außerdem nicht an den chronischen Interessenkonflikten der etablierten Player. Robos – jedenfalls die meisten – konzentrieren sich auf das, was sie gut können: einfache Portfoliostrukturierung und Vermögensverwaltung, ohne dabei so viel unnützen »Finanztrödel« zu vertreiben wie Banken oder traditionelle Vermögensverwalter.

Ein Robo nimmt dem Anleger folgende Aufgaben ab: einzelne ETFs aussuchen, die Asset-Allokation bestimmen (Level-1-AA und Level-2-AA), eine Depotbank auswählen (die bringt der Robo mit) und ein Depot eröffnen sowie das laufende Rebalancing und Monitoring des Depots. Auch der Arbeitsaufwand mit Fondssparplänen wird durch einen Robo gesenkt, weil man stattdessen nur noch einen einzigen Dauerauftrag einzurichten braucht. Alles, was man auf das zum Depot gehörende persönliche Verrechnungskonto beim Robo überweist, wird sofort automatisch vom Robo investiert.

Entnahmen sind ebenfalls einfach – und man muss dabei nicht überlegen, welcher konkrete ETF in welchem Umfang verkauft wird. Die Mehrzahl aller Robos offerieren auch kostenlose Entnahmepläne.

Bei Robos kann man in der Regel jederzeit innerhalb weniger Tage kündigen und dann wahlweise die Depotinhalte veräußern oder diese zu einer anderen Bank hin übertragen lassen.

Die Nachteile von Robos? Sie eignen sich naturgemäß nur für hinreichend Internet-affine Kunden. Face-to-face-Beratung gibt es bei ihnen, außer bei hohen Anlagevolumina (z.B. 100 000 Euro), üblicherweise nicht; auch Telefonberatung wird auf ein Minimum beschränkt. Generell bieten Robos eine standardisierte Vermögensverwaltung an, die Spezial- und Sonderwünsche eines einzelnen Mandanten nicht zulässt.

Regelmäßig aktualisierte Robo-Vergleiche werden von verschiedenen Medien publiziert, googeln Sie einfach »Robo-Advisor Vergleich«. Diese Vergleiche sind hilfreich, man sollte sie aber nicht mit der »letztgültigen

Wahrheit« darüber verwechseln, wie gut ein Robo für einen selbst geeignet ist.

Ich selbst – Achtung, nochmalige Werbeeinblendung – betreibe auch einen Robo als Kooperationsprojekt mit dem großen Neobroker Scalable Capital. Der Robo nennt sich Gerd Kommer Capital – oder kurz GKC. GKC setzt alle in diesem Buch vorgestellten Investmentprinzipien und -techniken um, also strikt passives, prognosefreies, aus der Wissenschaft abgeleitetes Investieren nach dem Weltportfolio-Konzept.

13 Was tun im Aktien-Crash?

»In bear markets, stocks return to their rightful owners.«
(John Pierpont Morgan, 1837–1913, Gründer der US-Bank JPMorgan Chase)[94]

Um die in der Überschrift dieses Abschnitts gestellte Frage zu beantworten, lohnt es, sich einige zentrale Inhalte dieses Buchs in Erinnerung zu rufen:

Aktien sind die ertragreichste aller Anlageklassen. Ihre inflationsbereinigte Rendite ist auf lange Sicht sechsmal so hoch wie die Anlageklasse, in die die meisten deutschen Haushalte den Großteil ihres liquiden Vermögens investieren: verzinsliche Bankguthaben.

Aktien in Gestalt eines global diversifizierten Aktienportfolios sind rentabler als Direktanlagen in einzelne Wohnimmobilien – bei etwa gleichem oder geringerem Risiko. Letzteres trifft zu, wenn man die unsichtbaren Risiken von Immobilien, insbesondere kreditfinanzierten Einzelimmobilien, nicht »unterschlägt«, sprich ignoriert.

Aus Renditesicht sollte ein normaler Privathaushalt und besonders ein Haushalt vor und im Ruhestand in Aktien nur in ihrer Ausprägung als Anlageklasse investieren – also breit, global diversifiziert und passiv, nicht jedoch in Form von Einzelwerten oder aktiv gemanagten Aktienfonds.

»Wie sieht es dabei mit Risiko aus, speziell Crash-Risiko?« Für Menschen, die deutlich in der zweiten Lebenshälfte angekommen sind, ist diese Fragestellung naturgemäß bedeutsam, da ihnen weniger Zeit verbleibt, Einbrüche in ihren Vermögensanlagen wieder aufzuholen.

Zunächst einmal ist in diesem Zusammenhang festzuhalten, dass das Risiko inflationsbereinigter Werteinbrüche von 30% und mehr in *jeder* Anlageklasse besteht: Aktien, Immobilien (und mehr noch bei einzelnen Immobilien), Bankguthaben, Anleihen, Rohstoffe, Gold, Kryptowährungen

94 »In Bärenmärkten kehren Aktien zu ihren rechtmäßigen Eigentümern zurück.«

und Sammlerobjekte – ebenso natürlich bei den aus diesen Anlageklassen abgeleiteten Finanzprodukten, wie aktiv gemanagte Fonds, fondsgebundene Lebensversicherungen, Zertifikate oder Private-Equity-Investments. Bei teilweise kreditfinanzierten Investitionen wie Direktanlagen in einzelne Immobilien ist dieses Risiko auf der Ebene des Eigenkapitals besonders hoch, da es durch den Kredithebel intensiviert wird.

Das Crash-Risiko in den Anlageklassen Aktien, Anleihen, Rohstoffe, Gold und Kryptowährungen ist aufgrund ihrer Börsennotierung für jeden leicht erkennbar. Bei Immobilien, offenen Immobilienfonds, Private Equity und Sammlerobjekten ist es – mangels Börsennotierung, also mangels täglich aktualisierter Marktpreise – nicht leicht erkennbar, doch grundsätzlich ebenso existent. In meinen anderen Büchern habe ich das »unsichtbares Risiko« genannt.

Auch systemische Bankenkrisen geschahen in den letzten 200 Jahren weltweit erstaunlich häufig. Wegen der geringen Eigenkapitalquoten von Banken ist eine neuerliche nationale oder internationale Bankenkrise in den nächsten 20 Jahren nahezu garantiert.

In den meisten Crash-Fällen handelt es sich bei Bankguthaben, Immobilien, Private Equity und Sammlerobjekten um Zeitlupen-Crashs, nicht um schlagartige Crashs, wie es eher der üblichen Crash-Vorstellung entspricht. Zeitlupen-Crashs ziehen sich über 10+ Jahre hin. Man erkennt sie nur, wenn man in inflationsbereinigten, realen Renditen rechnet. Zeitlupen-Crashs sind insofern besonders perfide, als sie genauso vermögensschädlich sind wie konventionelle schlagartige Crashs, aber von den Betroffenen trotzdem oft nicht als Crash wahrgenommen werden.

Wer in die Anlageklasse Aktien nicht im Wege von Einzelwerten, sondern im Wege eines global breit über alle Länder und alle Branchen hinweg diversifizierten Portfolios investiert, der kann, wenn er Buy-and-Hold-Anleger ist und genug Zeit hat, niemals einen dauerhaften Verlust erleiden. Mit dieser Aussage lehne ich mich bewusst weit aus dem Fenster, weil sie so wichtig ist und weil ich tief von ihr überzeugt bin. Sie lässt sich gut anhand historischer Zahlen aus den letzten 100+ Jahren belegen.

Mit Einzelwertinvestments sieht dieser bedeutsame Risikoaspekt hingegen ganz anders aus. Mit ihnen hat man generell eine höhere Volatilität und kann endgültige 100%-Verluste erleiden, die statistisch auch leider oft eintreten. Hinzu kommt, dass sich ein Anleger bei einem 30%- oder 50%-Einbruch eines Einzelwertes nie sicher sein kann, ob dieses Unternehmen danach nicht ganz pleitegehen oder ob sich die Aktie wenigstens über die nächsten zehn Jahre wieder berappeln wird. Man denke an das in Deutschland berühmte Beispiel der Telekom-Aktie, die bis heute (März 2025) ihr Kurshoch von Anfang 2000 noch nicht wieder erreicht hat, oder an den Wirecard-Fall im Jahr 2020.

Infobox: Der Aktienmarkt und die Weltwirtschaftskrise 1929 bis 1939

Die Weltwirtschaftskrise von 1929 bis 1939 war in den letzten 150 Jahren möglicherweise die schwerste internationale oder globale Wirtschaftskrise. Die Wirtschaftsleistung (das Bruttoinlandsprodukt) sank in den meisten westlichen Ländern nicht nur stärker und länger als jemals danach, sondern es gab damals erst in wenigen Staaten die heute im Westen selbstverständlichen und umfassenden sozialen Sicherungssysteme wie Sozialhilfe, Arbeitslosenversicherung, Krankenversicherung und Rentenversicherung.

Wie entwickelte sich der globale Aktienmarkt in dieser Megakrise? Er brach natürlich auch ein – und erholte sich dann wieder. Im Internet und in den traditionellen Medien irrlichtert zu dieser Erholung jedoch leider seit Jahrzehnten die falsche Aussage, dass der US-Aktienmarkt damals in der Spitze um 89% eingebrochen sei und es von Beginn des Crashs Anfang Oktober 1929 ganze 15 oder sogar 25 Jahre (bis 1944 oder 1954) gedauert habe, bis der Vor-Crash-Stand am US-Aktienmarkt wieder erreicht wurde. »Fake News« könnte man das nennen. Es ist traurig, dass dieser Nonsens von »Experten« immer neu wiederholt wird, weil er vermutlich manch einen Privatanlegerhaushalt davon abhält, in die ertragreichste aller Anlageklassen zu investieren.

Wenn man fachlich korrekt alle Fehler, die den o.g. falschen oder irreführende Zahlen zugrunde liegen, korrigiert, dann ergibt sich folgendes Bild: Der maximale Drawdown Mitte 1932 war damals nicht 89%, sondern 79% (er war Mitte 1932 erreicht). Die vollständige Erholung ab dem Peak im September 1929 brauchte nicht 15 oder 25 Jahre, sondern nur sechs oder sieben (sieben gerechnet in USD, sechs gerechnet in britischem Pfund, das damals noch die führende Weltwährung war). Außerdem ist der US-Aktienmarkt natürlich nicht der Weltaktienmarkt. Letzterer brach nach 1929 weit weniger ein als der US-Aktienmarkt, nämlich real nur um etwa 50%. (Generell ist es eine ärgerliche und intellektuell armselige Unart von Journalisten, den US-Aktienmarkt implizit und explizit mit »dem Aktienmarkt« oder dem globalen Aktienmarkt gleichzusetzen.)

Last but not least rentierten High-Quality-Anleihen von 1929 bis 1932 (während des Absturzes von Aktien) ganz exzellent, weil es eine »Flight into Quality« (»Flucht in sichere Anlagen«) gab und weil Anleihen in einer Deflation (die in den USA damals auftrat) grundsätzlich einen »Rendite-Booster« erfahren. Wer also ein gemischtes Aktien-Anleihen-Portfolio hatte, wie es dieses Buch empfiehlt, hätte einen mehr oder weniger großen Teil der vorübergehenden Verluste im Aktienteil des Portfolios durch Gewinne im Anleihenteil ausgeglichen.

Lesern, die diesen aus meiner Sicht spannenden und wichtigen Sachverhalt – der 1929er-Crash als wichtige Episode der Kapitalmarktgeschichte – genauer verstehen möchten, empfehle ich den Blogbeitrag »Die Wahrheit über den Aktien-Crash von 1929« von meinem Co-Autoren Felix Großmann und mir (Kommer/Großmann 2022j).

Hingegen besteht bei einem weltweit gestreuten Aktienportfolio keines dieser beiden Risiken. Eine völlige Pleite ist ausgeschlossen und eine weitgehende oder völlige Erholung wird mit hoher Wahrscheinlichkeit in weniger als zehn Jahren und mehrheitlich weniger als fünf Jahren eintreten. Selbst nach den schwersten Aktienmarkteinbrüchen in den zurückliegenden 150 Jahren kam es im globalen Aktienmarkt (anders als in rein nationalen Aktienmärkten) zu einer völligen oder zumindest weitgehenden Erholung innerhalb eines Jahrzehnts und typischerweise weit rascher.

Sogar mit einem Eigenheim besteht im Prinzip das Risiko, einen Verlust von im gar nicht so seltenen Extremfall bis zu 100% zu erleiden, ganz besonders bei Objekten, die noch nennenswert kreditfinanziert sind. Solche brachialen Eigenkapitalverluste mit Wohnimmobilien geschahen weltweit bei Millionen von Haushalten in der globalen Finanzkrise ab 2007/2008, also vor gar nicht so langer Zeit. Die damalige Finanzkrise hatte ihren Auslöser und Ausgangspunkt übrigens im amerikanischen Wohnimmobilienmarkt. Bei Vorträgen zum Thema Immobilieninvestments erlebe ich oft, wie Immobilienfans in Schnappatmung verfallen, wenn ich darauf hinweise und belege, dass man auch mit einer Wohnimmobilie vorübergehend oder dauerhaft 50% oder mehr seines Eigenkapitals verlieren kann. Das ändert aber nichts daran, dass es stimmt.

Dass Finanzprodukte wie kapitalbildende Lebensversicherungen oder Zertifikate, also verpackte Anlageklassen mit typischerweise geringer Diversifizierung des Underlyings und Gegenparteirisiko, ein grundsätzliches Totalverlustrisiko aufweisen, brauche ich an dieser Stelle nicht mehr zu belegen.

Bei einem global diversifizierten Aktienportfolio in Gestalt von ETFs weiß ich dagegen im Vorhinein und mit nahezu vollständiger Gewissheit, dass es sich – egal, wie hoch mein Buchverlust in einer Crash-Situation ist – erholen wird, wenn ich willens und fähig bin, ihm ausreichend Zeit dafür zu geben. In den allermeisten schweren Krisen dauert das deutlich weniger als zehn Jahre.

Dennoch ist es gut verständlich, wenn ein Haushalt auf Basis seiner spezifischen Umstände sagt: »Ich will und kann keinen Drawdown von 50% in meinem liquiden Vermögen ertragen, selbst wenn ich weiß, dass der Drawdown wahrscheinlich in fünf Jahren vollständig aufgeholt sein wird.« Auch diesem Haushalt kann geholfen werden. Durch die Beimischung einer risikoarmen Komponente kann man den erwarteten maximalen Drawdown eines global diversifizierten 100%-Aktienportfolios in Gestalt von ETFs zuverlässig und beliebig weit reduzieren. Selbst ein Haushalt, der nur sehr wenig Risiko tragen kann, will und muss, könnte (mit ganz seltenen Ausnahmen) 10% seines Gesamtvermögens in einen global diversifizierten Aktien-ETF anlegen und würde davon profitieren.

Vor einem Aktien-Crash schützt sich ein kluger Haushalt nicht, indem er für immer – wie leider die meisten Deutschen und vor allem diejenigen in der unteren Einkommenshälfte – an der Seitenlinie des Aktienmarktes stehen bleibt oder vorerst abwartet. Schützen kann er sich, indem er so investiert, dass ihm der Crash finanziell nichts anhaben kann, egal, ob er noch berufstätig oder schon im Ruhestand ist. In den USA besitzen rund 65% aller Haushalte Aktienvermögen, in Deutschland nur etwa 15%. Das dürfte einer der wesentlichen Gründe dafür sein, dass das Median-Nettovermögen für Erwachsene in den USA knapp doppelt so hoch ist wie in Deutschland.

Wie man so investiert, dass einem ein Aktien-Crash finanziell nichts anhaben kann, habe ich in diesem Buch gezeigt: nämlich, indem man seine Level-1-Asset-Allokation angemessen konservativ festlegt und indem man global diversifiziert. Das gilt für alle Anleger und natürlich umso mehr für Anleger in der zweiten Lebenshälfte. Bei genauerer Überlegung hat nur eine kleine Minderheit der Haushalte – Bald- und Schon-Ruheständler eingeschlossen – einen Restanlagehorizont von weniger als zehn Jahren. Deswegen gilt das von älteren Haushalten manchmal vorgebrachte Argument: »Ich habe die Zeit nicht mehr, einen Crash auszusitzen!« nur selten.

Wer als breit diversifizierter Anleger im Absturz verkauft, der hat vor dem Crash seine Risikokapazität überschätzt und eine zu aggressive Level-1-Asset-Allokation gewählt. Das ist keine Schande – Irren ist menschlich. Vielleicht hat manch ein Anleger in einer solchen Situation keine andere Wahl, als zu verkaufen, weil er die für ihn inzwischen unerträgliche, emotional nervliche Tortur beenden muss. Ein solcher Panikverkauf ist bitter, und er wird diesen Anleger über die folgenden zehn, 20 Jahre wahrscheinlich viel Geld kosten: entgangenes Erholungspotenzial und anschließend nicht vereinnahmte Gewinne, also Opportunitätskosten.

Mit einer radikalen passiven Buy-and-Hold-Anlagestrategie zu niedrigen Kosten auf ETF-Basis wird man die langfristige Marktrendite, die in diesem Buch für die wesentlichen Anlageklassen beziffert wurde, über Zeiträume von mehr als zehn bis 20 Jahren mit hoher Wahrscheinlichkeit erzielen – abzüglich geringstmöglicher Kosten und Steuern. Dabei kann man das Risikoniveau so festlegen, dass ein normaler Börsencrash, wie er vielleicht zweimal in 30 Jahren geschieht, das Portfolio lediglich in dem persönlich tolerierbaren Ausmaß nach unten drückt.[95] Das setzt voraus, dass man sich über fünf Dinge im Klaren ist: (a) langfristige historische Anlageklassen-Renditen, (b) seine mentale Risikokapazität und die Größenordnung des eigenen Liquiditätsbedarfs in den nächsten fünf bis zehn Jahren, (c) den in diesem Buch dargestellten Zusammenhang zwischen Risiko und Rendite inklusive der Bedeutung globaler Diversifikation innerhalb von Anlageklassen und über Anlageklassen hinweg, (d) den Katalog der schlechten Finanzprodukte, von denen man die Finger lassen sollte, und (e) den Umstand, dass der größte Teil der Finanzbranche und -medien Ihren Anlageerfolg senken wird, wenn Sie ihm Gehör schenken.

In meiner 30-jährigen Erfahrung mit Privatanlegern habe ich oft gesehen, dass ein diffuser, ganz allgemeiner Pessimismus und in manchen

---

95 Die Forschung hat gezeigt, dass Privatanleger die Wahrscheinlichkeit von Aktien-Crashs, gemessen an der Häufigkeit ihres tatsächlichen Auftretens, vermutlich überschätzen (Goetzmann/Kim/Shiller 2016).

Fällen geradezu Angst vor der Zukunft Menschen davon abhält, einen Teil ihres Vermögens in Aktien zu investieren. Dieser Pessimismus ist aus meiner Sicht nicht nur unnötig, sondern falsch und schädlich. Unser »allgemeines Lebensrisiko« in Bezug auf Krankheit, Unfall und Kriminalität ist in den letzten 80 Jahren nachweisbar dramatisch und kontinuierlich gesunken. Am einfachsten lässt sich das an der erhöhten Lebenserwartung messen, aber es existieren umfangreiche Daten, die diese These spezifischer und klarer beweisen – wer mir nicht glaubt, dem kann ich die wunderbaren Bücher von Ridley (2010), Rosling (2018), Pinker (2019) und Norberg (2020) empfehlen (das von Rosling ist das kürzeste und einfachste).

Auch unsere ökonomischen Verhältnisse sind sicherer geworden. Das Einkommen des durchschnittlichen Haushaltes auf diesem Planeten und auch des ärmsten Drittels ist seit dem Zweiten Weltkrieg und vor allem seit dem Zusammenbruch des Sozialismus um 1990 drastisch gestiegen. Konjunkturkrisen und Rezessionen sind insgesamt flacher und seltener geworden, auch wenn das viele nicht glauben wollen.

Natürlich präsentieren uns die Medien ein ganz anderes Bild, aber der extreme »Negativity Bias«[96] der Medien sollte niemanden überraschen – so kann man Auflage und Klickraten nach oben treiben bzw. oben halten.

Fazit

Nur derjenige sollte in die Anlageklasse Aktien investieren, der akzeptiert, dass er mit diesem Geldbetrag in den nächsten Jahren in einen mehrere Jahre andauernden Aktien-Crash hineingeraten kann. Wählen Sie daher einen Mix aus risikobehafteten und risikoarmen Anlagen, der die Risikokapazität Ihres Haushaltes so abbildet, dass auch ein 50%-Einbruch im Aktienteil Ihres Portfolios keinen Aktienverkauf auslöst – weder aus mentalen noch aus Liquiditätsgründen.

Die zentrale Frage dieses Kapitels lautet: »Was tun im Aktien-Crash?« Die Antwort und meine Empfehlung: »Nichts.«

Wenn es irgend geht, nicht verkaufen und – allein wegen des Crashs – auch nicht in andere risikoärmere Anlagen umschichten. Denken Sie an Odysseus, der sich in weiser Anerkennung seiner eigenen Schwäche an den Mast seines Schiffes fesseln ließ, um nicht den verlockenden, tödli-

96 »Bias« = »Neigung«, »Tendenz«, »Verzerrung«.

chen Sirenengesängen zum Opfer zu fallen. Diese Sirenen werden auch Sie beim nächsten Crash hören: Es sind die Medien, eloquente Untergangspropheten und andere »Experten«, die sprichwörtlichen »guten Freunde, die etwas von Geld verstehen« und stets gerne den »gesunden Menschenverstand« bemühen, der hier allerdings eher schadet als nützt. Und mehr noch als all diese wird Sie Ihr höchst eigenes Nervenkostüm zum »Ausstieg« überreden wollen.

Wenn Sie Geld zum Nachinvestieren haben, investieren Sie sofort nach und trösten Sie Ihre dann wohl wunde Investmentseele – ich sage das ganz ohne Ironie – mit den »attraktiven Preisen im Schlussverkauf«. Entnahmen in dieser Phase sollten nur aus dem risikoarmen Portfolioanteil erfolgen. Damit halten Sie sich an die Rebalancing-Regeln, die ich in Abschnitt 7.5 beschrieben habe. Sofern Sie Rebalancing in dieser Phase nicht oder nicht ausreichend über Entnahmen tätigen können, wäre nun antizyklisches Rebalancing über Umschichtungen in den Aktienteil des Depots angebracht. Doch seien Sie nicht so naiv zu glauben, dass Ihre Nachinvestition oder der Umschichtungsbetrag nicht auch noch für einige Zeit und beträchtlich im Wert sinken können.

Wenn Sie geplante, regelmäßige Portfolioentnahmen tätigen, versuchen Sie, diese vorübergehend etwas zu reduzieren, sofern das geht. Wenn es nicht geht, dann nicht.

Über die Zukunft weiß niemand etwas Genaues, doch sechs Dinge stehen fest: Erstens: In *jeder* Anlageklasse sind drastische Verluste möglich, entweder plötzliche Verluste oder Verluste in Zeitlupe, peu à peu, über viele Jahre gestreckt (Letztere bemerkt man vor allem, wenn man inflationsbereinigt rechnet). Zweitens: Unsere ökonomische Existenz insgesamt ist heute nicht unsicherer, sondern sicherer als vor 30, 70 oder 150 Jahren. Drittens: Nicht investieren ist unmöglich.[97] Viertens: Aktien sind auf lange Sicht die ertragreichste aller Anlageklassen und verdienen es deswegen, als breit diversifiziertes Anlageklassen-Investment – nicht in Gestalt von Einzelwerten – ein nennenswerter Teil der langfristigen Altersvorsorge praktisch aller Haushalte zu sein. Fünftens: Der nächste Aktien-Crash

97 Geld auf einem Tagesgeldkonto zu parken, ist selbstverständlich auch ein Investment. Sogar ein Girokontoguthaben ist eines, nämlich ein unverzinslicher Kredit an eine bestimmte Bank in einer bestimmten Währung. Die Frage ist also nicht, ob ich investieren soll, sondern in was.

kommt bestimmt – irgendwann in den nächsten zwölf Monaten bis 30 Jahren – wie auch der nächste Crash in jeder anderen Anlageklasse. Sechstens: Wer auf Buy-and-Hold-Basis in die globale Anlageklasse Aktien investiert und lange genug wartet, wird mit hoher Wahrscheinlichkeit damit über einen Zeitraum von mehreren Jahren kein Geld verlieren und wahrscheinlich viel Geld verdienen.

Weil viele Privatanleger und vielleicht besonders oft Privatanleger in Deutschland vor und im Ruhestand diese sechs Feststellungen nicht kennen oder noch nicht für sich akzeptiert haben, investieren sie aus Angst vor einem Crash ihr ganzes Leben lang gar nicht oder zu wenig in Aktien; und viele derjenigen Anleger, die in Aktien investiert haben, werden im nächsten Crash Panikverkäufe vornehmen, die sie später teuer zu stehen kommen. Vermeiden Sie es, Teil einer dieser beiden bemitleidenswerten Gruppen zu sein.

14 Was bedeutet das alles für Sie? Eine kurze Zusammenfassung

Wir sind nun am Ende unserer Reise durch die Welt der Finanzen für Bald- und Schon-Ruheständler angekommen. Lassen Sie mich in diesem Schlusskapitel die Hauptstationen dieser Reise in aller Kürze rekapitulieren.

In Kapitel 1 beschäftigten wir uns mit den für Anleger vor und im Ruhestand wichtigsten Grundprinzipien in der erfolgreichen Vermögensbildung und Vermögensnutzung. Zu ihnen gehören: (a) Aktien sind die ertragreichste aller Anlageklassen, auch ertragreicher als Immobilien. Daher sollten sie in angemessener Quote und in breit diversifizierter Form Teil nahezu aller Ruheständler-Portfolios sein. (b) Aus von der Wissenschaft in den vergangenen 60 Jahren in mittlerweile Tausenden von Studien theoretisch und empirisch dargelegten Gründen ist passives Investieren aktivem Investieren überlegen. (c) Menschen, die auf den Ruhestand zusteuern oder in ihm angekommen sind, tun gut daran, bei der Vermögensanlage die großen Unterschiede zwischen Vermögensaufbau und Vermögensnutzung zu berücksichtigen. (d) Schulden in der Ruhestandsphase sind sehr ambivalent und sollten in den meisten Fällen vermieden werden, insbesondere wenn ein Haushalt persönlich und mit seinem Privatvermögen für sie haftet.

In Kapitel 2 befassten wir uns mit den wichtigsten Finanzrisiken für Bald- und Schon-Ruheständler – wie man sie versteht und wie man sie managen kann. Zu diesen Risiken gehören auch Renditereihenfolgerisiko und Inflationsrisiko, die Bald- und Schon-Ruheständler stärker betreffen als junge Haushalte.

In Kapitel 3 analysierten wir rund 20 Finanzprodukte und Anlageklassen, von denen rein rational agierende Anleger besser die Finger lassen sollten, darunter auch viele Lieblingsfinanzanlagen der Deutschen wie kapitalbildende Lebens- und Rentenversicherungen, aktiv gemanagte Aktienfonds,

Mischfonds, offene Immobilienfonds und das neueste Modefinanzprodukt unter wohlhabenden Haushalten: Private Equity.

In Kapitel 4 gingen wir auf die wirklich relevanten Bausteine für Vermögensanlagen vor und im Ruhestand ein – »wirklich relevant« im Sinne von: »Da kommen die meisten Haushalte sowieso nicht drum herum« (unabhängig von der Qualität der tatsächlichen Vermögensanlage) oder »Dieses Finanzprodukt haben sehr viele von uns im Anlagenportfolio und es ist jedenfalls nicht grundsätzlich schlecht« bzw. »Das ist ein wirklich nützliches Produkt, ein Must-have«. Zu den behandelten Vermögensbausteinen gehören die gesetzliche Rentenversicherung, betriebliche Altersvorsorgelösungen, die selbstgenutzte Immobilie, vermietete Immobilien, verzinsliche Bankeinlagen, Geldmarktfonds, Gold, Bitcoin, Rohstoffe, direkte Unternehmensbeteiligungen und schließlich ETFs/Indexfonds, die erfolgreichste Finanzinnovation der zurückliegenden 50 Jahre.

In Kapitel 5 stellten wir uns die Frage: »Wo stehe ich?« Diese Bestandsaufnahme ist die Voraussetzung für jeden, der von diesem Punkt aus sicher auf sein Ziel hin navigieren möchte. Hier habe ich aufgezeigt, wie ein Haushalt mit relativ geringem Aufwand den Status quo seiner Finanzen in aussagekräftiger Form ermittelt.

In Kapitel 6 folgten die damit zusammenhängenden Gretchenfragen: »Reicht mein Geld?«, »Welchen Lebensstandard kann ich mir leisten?«, »Wie viel kann ich vererben?« Wir sahen, wie vielfältig und aufschlussreich die Antworten auf diese drei Fragen ausfielen – im Gegensatz zu den groben, diffusen Vorstellungen, die die allermeisten von uns dazu haben. Wir sahen auch, dass die meisten Finanzjournalisten und Finfluencer ihren Antworten auf die drei Schlüsselfragen eine falsche Methode zugrunde legen.

In Kapitel 7 und 8 lernten wir den Weltportfolio-Ansatz »in Theorie und Praxis« kennen. Wir sahen, wie man in Eigenregie ein für sich passendes Weltportfolio zusammenbaut, wie man es danach praktisch umsetzt und dann über die Jahre hinweg betreibt. Das Weltportfolio-Konzept ist aus der Wissenschaft abgeleitet und dennoch eigenständig viel einfacher, logischer, preisgünstiger und leichter umsetzbar als die komplexen, meinungsbasierten, teuren Lösungen, die die Finanzbranche propagiert.

In Kapitel 9 stellte ich das leidige Thema Steuern dar. Hierzu die Basics zu kennen, ist für alle Privathaushalte vor und im Ruhestand hilfreich. (In Abschnitt 7.4 habe ich gezeigt, wie man durch Buy and Hold die effektive Steuerbelastung deutlich senken kann.)

In Kapitel 10 befassten wir uns mit der für viele Anleger vor und im Ruhestand wichtigen Frage, wie man sich aus seinem Depot oder seinen Depots eine eigene »Rente« baut, also einen laufenden Cashflow erzeugt, mit dem man auf lange Sicht einen bestimmten Teil seiner Lebenshaltungskosten aus seinen liquiden Anlagen finanziert.

In Kapitel 11 ging es um eine Reihe spezieller Vermögensschutzthemen im Ruhestand, darunter Ehe, Scheidung, Auswandern, einige zwar populäre, aber nicht funktionierende Vermögensschutzlösungen sowie die Themen Schenken und Vererben, Vollmachten für die Angehörigen und das anspruchsvolle Vermögensschutzvehikel Familienstiftung mit Sitz in Deutschland oder Liechtenstein.

In Kapitel 12 stellten wir uns die Frage, was man beachten muss, wenn man einen Finanzberater oder Vermögensverwalter engagieren möchte, für den Fall, dass man die in diesem Buch präsentierten Konzepte und Lösungen nicht im Do-it-yourself-Modus umsetzen möchte. Entscheidend ist hier, einen kompetenten Berater oder Vermögensverwalter zu finden, der seinen Mandanten nicht über den Tisch zieht. Genannt wurden die Kriterien, die man bei der Suche nach einem solchen Verwalter anwenden sollte.

In Kapitel 13 stellten wir uns die Frage: »Was tun im Aktien-Crash?« Wir sahen, dass die Antwort auf diese Frage und die Umsetzung dieser Antwort einfacher und weniger dramatisch sind, als viele von uns glauben und als uns in diesem Zusammenhang oft geradezu hysterisch argumentierende Banker, Finanzjournalisten und Finfluencer weismachen wollen.

Ich hoffe, dass dieses Buch Sie, lieber Leser, als Anleger, der mit oder ohne Familienanhang auf den Ruhestand zusteuert oder sich bereits in ihm befindet, weitergebracht hat. Weitergebracht in dem Sinne, dass Sie über die nächsten Jahrzehnte das Beste und Meiste aus Ihrem Vermögen machen können und so Ihren finanziellen Seelenfrieden finden. Sie haben viele

Jahre und Jahrzehnte hart für dieses Vermögen gearbeitet. Nun soll es für Sie arbeiten und Ihnen Freiheit, Optionen und Peace of Mind geben.

Wenn Sie sich auch in Zukunft in kleinen, aber konzentrierten Dosen mit mir gemeinsam mit Anlagethemen beschäftigen wollen, dann wäre ein Weg, das zu tun, meinen kostenlosen monatlichen Newsletter auf www.gerd-kommer.de oder meinen YouTube-Kanal zu abonnieren.

Im Anhang nenne ich weiterführende Informationsquellen, die ich im Kontext von rationalem, prognosefreiem Investieren für nützlich halte: Ratgeberbücher, Finanzportale, Newsletter, Blogs, Podcasts, YouTube-Kanäle.

Ich danke Ihnen von Herzen, dass Sie sich mit mir in diesem langen Buch mit dem fundamentalen Thema der klugen Organisation der eigenen Finanzen vor und im Ruhestand beschäftigt haben.

Ihr Dr. Gerd Kommer
München im Mai 2025

15 Anhang

15.1 Wie Sie Ihr Geldwissen weiterentwickeln

Die folgenden Informationsquellen sind überwiegend, aber nicht vollständig kostenfrei. Bei Social-Media-Informationsquellen von Finfluencern (z.B. deren YouTube-Kanäle) ist auf der Basis vielfacher Erfahrung zu bedenken, dass sich ihre inhaltliche Ausrichtung und Qualität plötzlich oder allmählich ändern und verschlechtern kann. Eine Ursache dafür ist, dass es sich dabei oft um sehr kleine »Unternehmen« handelt und alles vom Denken und Tun einer oder weniger Personen abhängt.

- **Finanzblogs/YouTube-Kanäle aus dem deutschsprachigen Internet:** www.bookoffinance.de; www.bundderversicherten.de; www.finanzen-erklaert.de; www.finanzfluss.de; www.finanztip.de; www.hartmutwalz.de; www.lazyinvestors.de; www.thomasbeutler.de
- **Finanzblogs/YouTube-Kanäle, Diskussionsforen aus dem englischsprachigen Internet:** Rational Reminder Podcast (Podcast); Ben Felix Investing (YouTube); www.bogleheads.org (Diskussionsforum); Allan S. Roth (Blogger)
- **Virtuelles Monitoring/Tracking eines Portfolios und Performance-Berechnungen:** www.getquin.com; www.portfolio-performance.info; www.portfoliovisualizer.com; www.parqet.com; www.extraETF.com; www.finanzfluss.de
- **ETF-Suche, ETF-Vergleiche, Hintergrundinformationen zu ETFs:** www.extraETF.com; www.finanzfluss.de; www.justETF.com; www.trackingdifferences.com
- **Steuern:** www.juhn.com; www.wirliebensteuern.com; www.steuerzahler.de (Bund der Steuerzahler)
- **Allgemeine Finanzrechner:** www.brutto-netto-rechner.info; www.zinsen-berechnen.de; das Finanzrechner-Feature auf www.extraETF.com; das Finanzrechner-Feature auf www.finanzfluss.de
- **Informationen für Bald- und Schon-Ruheständler:** www.ihre-vorsorge.de; www.deutsche-rentenversicherung.de
- **Website und YouTube-Kanal meines eigenen Unternehmens:** www.gerd-kommer.de – hier kann man einen kostenlosen monatlichen Newsletter mit Blog abonnieren; für meinen YouTube-Kanal »Gerd Kommer YouTube-Kanal« googeln
- **Weiterführende Ratgeberbücher von Gerd Kommer:** (a) *Souverän investieren mit Indexfonds und ETFs: Ein Investmentbuch für fortgeschrittene Privatanleger* (2025); (b) *Souverän Vermögen schützen: Wie sich Vermögende gegen Risiken absichern – ein praktischer Asset-Protection-Ratgeber* (2021); (c) *Kaufen oder Mieten: Wie Sie für sich die richtige Entscheidung treffen* (2021); (d) *Immobilienkauf und -finanzierung für Selbstnutzer: Geld sparen und Fehler vermeiden beim Kauf der eigenen vier Wände* (2022); (e) *Der leichte Einstieg in die Welt der ETFs: Unkompliziert vorsorgen – ein Starterbuch* für *Finanzanfänger* (2022); (f) *Souverän investieren für Einsteiger: Wie Sie mit ETFs ein Vermögen bilden* (2024)

- **Empfehlenswerte Finanzratgeberautoren aus dem deutschen Sprachraum/deutschsprachige Bücher:** Nikolaus Braun, Henning Jauernig, Christoph Kanzler, Thomas Kehl, Bastian Kunkel, Mario Lochner, Hartmut Walz, Martin Weber, Natascha Wegelin, Margarete Honisch, Christian Rieck, Rainer Zitelmann sowie einige, aber leider nicht alle Investmentbücher der Verbraucherzentralen und der Stiftung Warentest
- **Empfehlenswerte Finanzratgeberautoren aus dem angelsächsischen Sprachraum/englischsprachige Bücher:** Christine Benz, William Bernstein, John Bogle, Ben Carlson, Jonathan Clements, J. L. Collins, Charles Ellis, Morgan Housel, Taylor Larimore, Ben Le Fort, Burton Malkiel, Daniel Rasmussen, Carl Richards, Barry Ritholtz, Jeremy Siegel, Larry Swedroe – von einigen Büchern dieser Autoren existieren deutschsprachige Übersetzungen

15.2 Literatur und Quellen

Anarkulova, Aizhan u.a. (2023): »The Safe Withdrawal Rate: Evidence from a Broad Sample of Developed Markets«; 25. Juli 2023; Internet-Fundstelle: Social Sciences Research Network/SSRN.

Asness, Cliff/Daniel Villalon (2025): »Rebuffed: A Closer Look at Options-Based Strategies«; AQR; 21. März 2025; Internet-Fundstelle: www.aqr.com

Asness, Clifford (2023): »Volatility Laundering«; AQR Insights; Januar 2023; Internet-Fundstelle: www.aqr.com

BaFin (ohne Autor) (2022): »Wenn Lebensversicherungen zu viel kosten«; 18. März 2022; Internet-Fundstelle: www.bafin.de

BaFin (ohne Autor) (2023): »Teilverkauf Ihrer Immobilie – wo stecken die Risiken?«; 2023; Internet-Fundstelle: www.bafin.de

Beckmeyer, Heiner u.a. (2023): »Retail Traders Love 0DTE Options ... But Should They?«; 30. März 2023; Internet-Fundstelle: Social Sciences Resarch Network/SSRN.

Ben-David, Itzhak/Francesco Franzoni/Byungwook Kim/Rabih Moussawi (2023): »Competition for Attention in the ETF Space«; in: The Review of Financial Studies, Band 36; Nr. 3; März 2023.

Bengen, William (1994): »Determining Withdrawal Rates Using Historical Data«; in: Journal of Financial Planning; Oktober 1994.

Bhattacharya, Utpal (2023): »The Enforcement of Insider Trading Laws Around the World (1900–2022)«; 26. Juni 2023; Internet-Fundstelle: Social Sciences Research Network/SSRN.

Bhattacharya, Utpal/Andreas Hackethal/Benjamin Loos/Steffen Meyer (2017): »Abusing ETFs«; in: Review of Finance; Band 21; Nr. 3; Mai 2017.

Chague, Fernando u.a. (2024): »Counting pennies, losing pounds: Biased learning about own trading ability«; 04. Dezember 2024; Internet-Fundstelle: Social Sciences Resarch Network/SSRN.

Chandra, Swati u.a. (2019): »Demystifying Illiquid Assets: Expected Returns for Private Equity«; AQR Whitepaper 1Q19; Internet-Fundstelle: https://www.aqr.com

Cooley, Philip/Carl Hubbard/Daniel Walz (1998): »Retirement Savings: Choosing a Withdrawal Rate That Is Sustainable«; AAII Journal; Band 10, Nr. 3; Februar 1998.

Dömötör, Barbara/Ferenc Illés/Tímea Ölvedi (2023): »Peer-to-peer lending: Legal loan sharking or altruistic investment? Analyzing platform investments from a credit risk perspective«; in: Journal of International Financial Markets, Institutions and Money; Band 86; Juli 2023.

Doriath, Thomas (2024): »Marktforschungsstudie des BVIV: 140 000 Haushalte in Deutschland sehen Immobilienverrentung als Baustein zur Altersvorsorge«; Bundesverband Immobilienverrentung; 18. April 2024; Internet-Fundstelle: www.bv-immobilienverrentung.de

Ennis, Richard (2025): »What is the Future of Institutional Investing?«; 03. März 2025; Blogbeitrag; Internet-Fundstelle: www.richardmennis.com

Erel, Isil u.a. (2024): »Risk-Adjusting the Returns to Private Debt Funds«; 20. November 2024; Internet-Fundstelle: Social Sciences Research Network/SSRN.

Friedman, Milton (1999): »The Biggest Ponzi Scheme on Earth«; Internet-Fundstelle: https://www.hoover.org/research/biggest-ponzi-scheme-earth

Gierhake, Olaf/Gerd Kommer (2021): *Souverän Vermögen schützen: Wie sich Vermögende gegen Risiken absichern – ein praktischer Asset-Protection-Ratgeber*; Campus Verlag.

Glaser, Markus, Martin Weber (2007): »Why Inexperienced Investors do not learn: They do not Know Their Past Portfolio Performance«; in: Finance Research Letters; Band 4; Nr. 4; 2007.

Goetzmann, William/Dasol Kim/Robert Shiller (2016): »Crash Beliefs from Investor Surveys«; Internet-Fundstelle: Social Sciences Research Network/SSRN.

Guirguis, Michel (2021): »Literature review of hedge funds performance persistence«; 22. März 2021; Internet-Fundstelle: Social Sciences Research Network/SSRN.

Haghani, Victor/James White (2024): »When a Crystal Ball Isn't Enough to Make You Rich«; Elm Wealth; 17. November 2024; Internet-Fundstelle: Social Sciences Resarch Network/SSRN.

Hinterberger, Martin (2022): »Finanzielle Freiheit, früher Ruhestand – drei Rechenbeispiele, wie das gelingen kann«; *Handelsblatt* Online; 30. Dezember 2022; Internet-Fundstelle: www.handelsblatt.de

Ipatova, Ekaterina u.a. (2022): »Luck or Skill: What Drives Hedge Fund Performance Persistence?«; 02. August 2022; Internet-Fundstelle: Social Sciences Research Network/SSRN.

Jackson, Blake u.a. (2022): »Catering and Return Manipulation in Private Equity«; 15. Dezember 2022; Internet-Fundstelle: Social Sciences Research Network/SSRN.

Kanzler, Daniel (2021a): »Von Aktien im Alter leben: Dieses Risiko solltest du kennen!«; 22. August 2021; Internet-Fundstelle: YouTube-Kanal Gerd Kommer.

Kanzler, Daniel (2021b): »Mehr Rendite durch ESG Investing? Das solltest du wissen, bevor du in ethische ETFs investierst!«; 30. Mai 2021; Internet-Fundstelle: YouTube-Kanal Gerd Kommer.

Kanzler, Daniel (2023a): »Von der Inflation profitieren – Das taugen Inflation Linker wirklich!«; 21. Mai 2023; Internet-Fundstelle: YouTube-Kanal Gerd Kommer.

Kanzler, Daniel/Alexander Weis (2023): »Der ETF von Gerd Kommer«; 21. Juni 2023; Blogbeitrag; Internet-Fundstelle: www.gerd-kommer.de

Kommer, Gerd (2017a): »Die Legende vom Cost Averaging Effect«; 21. Juli 2017; Blogbeitrag; Internet-Fundstelle: www.gerd-kommer.de

Kommer, Gerd (2017b): »Die absurde Dämonisierung von ETFs«; 05. August 2017; Blogbeitrag; Internet-Fundstelle: www.gerd-kommer.de

Kommer, Gerd (2020a): »Sind Goldminenaktien eine Alternative zu direkten Gold-Investments?«; November 2020; Internet-Fundstelle: YouTube-Kanal Gerd Kommer.

Kommer, Gerd (2021a): »Die Inflationslüge: Ist die offizielle Inflationsrate korrekt?«; April 2021; Internet-Fundstelle: YouTube-Kanal Gerd Kommer.

Kommer, Gerd (2021b): »Inflation ist nicht gleich Inflation: Die Bedeutung von erwarteter und unerwarteter Inflation«; Mai 2021; Internet-Fundstelle: YouTube-Kanal Gerd Kommer.

Kommer, Gerd (2021c): »Selbstgenutzte Immobilie finanzieren und in ETFs investieren – macht das Sinn?«; Januar 2021; Internet-Fundstelle: YouTube-Kanal Gerd Kommer.
Kommer, Gerd (2021d): »Wackelwährung – Wie stabil ist der Euro wirklich?«; August 2021; Internet-Fundstelle: YouTube-Kanal Gerd Kommer.
Kommer, Gerd (2021e): »Währungen verlieren im Zeitablauf an Kaufkraft: Na und?«; März 2021; YouTube-Video; Internet-Fundstelle: YouTube-Kanal Gerd Kommer.
Kommer, Gerd (2023a): »Hört nicht auf die Goldhändler!«; Kolumne in der *Wirtschaftswoche*; 22. Mai 2023; Internet-Fundstelle: www.wiwo.de
Kommer, Gerd (2024a): »Wie schlimm sind ETF-Schließungen für Anleger?«; Kolumne in der *Wirtschaftswoche*; 09. Dezember 2024; Internet-Fundstelle: www.wiwo.de
Kommer, Gerd/Maximilian Bartosch (2022b): »Equilibrium Accounting – ein smartes Denkkonzept für Anleger«; 04. Februar 2022; Blogbeitrag; Internet-Fundstelle: www.gerd-kommer.de
Kommer, Gerd/Maximilian Bartosch (2022d): »Kapitalverzehr vermeiden: Kein erstrebenswertes Anlegerziel«; 13. April 2022; Blogbeitrag; Internet-Fundstelle: www.gerd-kommer.de
Kommer, Gerd/Maximilian Bartosch (2022g): »Downside Hedging – der heilige Gral des Investierens?«; 08. Juli 2022; Blogbeitrag; Internet-Fundstelle: www.gerd-kommer.de
Kommer, Gerd/Maximilian Bartosch (2023e): »Wertsteigerungen von Wohnimmobilien – Traum und Wirklichkeit«; 12. Mai 2023; Blogbeitrag; Internet-Fundstelle: www.gerd-kommer.de
Kommer, Gerd/Maximilian Bartosch (2024d): »Ist der Nasdaq-100-Aktienindex besser als der MSCI World?«; 03. April 2024; Blogbeitrag; Internet-Fundstelle: www.gerd-kommer.de
Kommer, Gerd/Maximilian Bartosch (2024i): »›Eigenheimverrentung‹ – eine schlechte Idee«; 02. September 2024; Blogbeitrag; Internet-Fundstelle: www.gerd-kommer.de
Kommer, Gerd/Marla Bergemann (2022e): »Stiftungs-Fonds von Harvard, Yale & Co: Ist auch ihre Rendite elitär?«; 13. Mai 2022; Blogbeitrag; Internet-Fundstelle: www.gerd-kommer.de
Kommer, Gerd/Daniel Ganowski (2021b): »Die Angst vor dem Allzeithoch – ein schädlicher Irrtum«; 05. Februar 2021; Blogbeitrag; Internet-Fundstelle: www.gerd-kommer.de
Kommer, Gerd/Daniel Ganowski (2021c): »Ray Dalios Hedge-Fonds – der Lack ist ab«; 05. März 2021; Blogbeitrag; Internet-Fundstelle: www.gerd-kommer.de
Kommer, Gerd/Daniel Ganowski (2021h): »Warum junge Anleger für den Crash beten sollten«; 06. August 2021; Blogbeitrag; Internet-Fundstelle: www.gerd-kommer.de
Kommer, Gerd/Daniel Ganowski (2023g): »Aktienportfolio gewichten – Marktkapitalisierung oder BIP?«; 04. August 2023; Blogbeitrag; Internet-Fundstelle: www.gerd-kommer.de
Kommer, Gerd/Daniel Ganowski (2024c): »Safe Asset Floor Rebalancing: Ein alternativer Rebalancing-Ansatz«; 06. März 2024; Blogbeitrag; Internet-Fundstelle: www.gerd-kommer.de
Kommer, Gerd/Felix Großmann (2020d): »Der Corona-Crash: Was tun?«; 24. März 2020; Blogbeitrag; Internet-Fundstelle: www.gerd-kommer.de
Kommer, Gerd/Felix Großmann (2020f): »Die beste Aktie der Welt«; 05. Juni 2020; Blogbeitrag; Internet-Fundstelle: www.gerd-kommer.de
Kommer, Gerd/Felix Großmann (2020k): »Wie wird man richtig reich?«; 06. November 2020; Blogbeitrag; Internet-Fundstelle: www.gerd-kommer.de
Kommer, Gerd/Felix Großmann (2020m): »Wertpapierleihe bei ETFs – ist sie gefährlich?«; 11. Dezember 2020; Blogbeitrag; Internet-Fundstelle: www.gerd-kommer.de
Kommer, Gerd/Felix Großmann (2021f): »Asset Price Inflation im Kontext von In-

flationsmessung und Geldpolitik«; 04. Juni 2021; Blogbeitrag; Internet-Fundstelle: www.gerd-kommer.de
Kommer, Gerd/Felix Großmann (2021g): »Wie die Untergangspropheten investieren«; 02. Juli 2021; Blogbeitrag; Internet-Fundstelle: www.gerd-kommer.de
Kommer, Gerd/Felix Großmann (2022a): »Offene Immobilienfonds – Illusion und Wirklichkeit«; 07. Januar 2022; Blogbeitrag; Internet-Fundstelle: www.gerd-kommer.de
Kommer, Gerd/Felix Großmann (2022j): »Die Wahrheit über den Aktiencrash von 1929«; 05. Oktober 2022; Blogbeitrag; Internet-Fundstelle: www.gerd-kommer.de
Kommer, Gerd/Felix Großmann (2024b): »Via Negativa – ein unbekanntes Konzept für mehr Erfolg beim Investieren«; 26. Januar 2024; Blogbeitrag; Internet-Fundstelle: www.gerd-kommer.de
Kommer, Gerd/Felix Großmann (2024e): »Der Goldstandard: Ein Motor für mehr Wirtschaftswachstum?«; 10. Mai 2024; Blogbeitrag; Internet-Fundstelle: www.gerd-kommer.de
Kommer, Gerd/Tobias Jerschensky (2024k): »Der Kredithebelmythos bei Immobilien«; 04. November 2024; Blogbeitrag; Internet-Fundstelle: www.gerd-kommer.de
Kommer, Gerd/Tobias Jerschensky (2025): »Kunst: Eine attraktive Anlageform?« 20. Mai 2025; Blogbeitrag; Internet-Fundstelle: www.gerd-kommer.de
Kommer, Gerd/Daniel Kanzler (2020i): »Zehn große Anlegerfehler«; 04. September 2020; Blogbeitrag; Internet-Fundstelle: www.gerd-kommer.de
Kommer, Gerd/Daniel Kanzler (2020j): »Haben Technologieaktien dauerhaft höhere Renditen?«; 09. Oktober 2020; Blogbeitrag; Internet-Fundstelle: www.gerd-kommer.de
Kommer, Gerd/Daniel Kanzler (2021a): »Rohstoff-Investments – sind sie sinnvoll?«; 08. Januar 2021; Blogbeitrag; Internet-Fundstelle: www.gerd-kommer.de
Kommer, Gerd/Daniel Kanzler (2022k): »Aktieninvestments mit Kredit hebeln – Funktioniert das?«; 04. November 2022; Blogbeitrag; Internet-Fundstelle: www.gerd-kommer.de
Kommer, Gerd/Daniel Kanzler (2023h): »Geldmarktfonds – die smarte Alternative zum Tagesgeld«; 06. Oktober 2023; Blogbeitrag; Internet-Fundstelle: www.gerd-kommer.de
Kommer, Gerd/Daniel Kanzler (2024g): »Ist der US-Aktienmarkt wirklich der beste der Welt?«; 10. Juli 2024; Blogbeitrag; Internet-Fundstelle: www.gerd-kommer.de
Kommer, Gerd/Daniel Kanzler (2025c): »Ein Klumpenrisiko, das fast alle übersehen«; 13. März 2025; Blogbeitrag; Internet-Fundstelle: www.gerd-kommer.de
Kommer, Gerd/Praval Kapoor (2023a): »Die Legende des hohen Marktanteils von passivem Investieren«; 06. Januar 2023; Blogbeitrag; Internet-Fundstelle: www.gerd-kommer.de
Kommer, Gerd/Praval Kapoor (2023d): »Schwellenländeraktien – sind sie immer noch sinnvolle Investments?«; 07. April 2023; Blogbeitrag; Internet-Fundstelle: www.gerd-kommer.de
Kommer, Gerd/Praval Kapoor (2023j): »GameStop-Effekt: Ist es klug, gegen Leerverkäufer zu wetten?«; 08. Dezember 2023; Blogbeitrag; Internet-Fundstelle: www.gerd-kommer.de
Kommer, Gerd/Marcel Lauterwasser (2023f): »›Die Inflation hilft mir als Kreditnehmer‹ – Träum weiter!«; 02. Juni 2023; Blogbeitrag; Internet-Fundstelle: www.gerd-kommer.de
Kommer, Gerd/Marcel Lauterwasser (2023i): »Investieren in IPOs – eine Verliererwette«; 31. Oktober 2023; Blogbeitrag; Internet-Fundstelle: www.gerd-kommer.de
Kommer, Gerd/Marcel Lauterwasser (2024h): »Die kurze Lebenserwartung von Unternehmen«; 07. August 2024; Blogbeitrag; Internet-Fundstelle: www.gerd-kommer.de

Kommer, Gerd/Marcel Lauterwasser (2024j): »Warum man mit verzinslichen Bankguthaben kein Vermögen aufbauen kann«; 01. Oktober 2024; Blogbeitrag; Internet-Fundstelle: www.gerd-kommer.de
Kommer, Gerd/Markus Moser (2025b): »Wo Finfluencer und Finanzbuchautoren lügen«; 05. Februar 2025; Blogbeitrag; Internet-Fundstelle: www.gerd-kommer.de
Kommer, Gerd/Jakob Riemensperger (2021k): »Das Elend der Flaggschiff-Fonds-Anleger«; 05. November 2021; Blogbeitrag; Internet-Fundstelle: www.gerd-kommer.de
Kommer, Gerd/Jakob Riemensperger (2025a): »›Buy the Dip‹ – Wie gut funktioniert diese Anlagestrategie?«; 09. Januar 2025; Blogbeitrag; Internet-Fundstelle: www.gerd-kommer.de
Kommer, Gerd/Jonas Schweizer (2018f): »Überbewertung des Aktienmarkts – was tun?«; 30. Juni 2018; Blogbeitrag; Internet-Fundstelle: www.gerd-kommer.de
Kommer, Gerd/Jonas Schweizer (2018h): »Das Risiko von Investments in Immobilien«; 30. August 2018; Blogbeitrag; Internet-Fundstelle: www.gerd-kommer.de
Kommer, Gerd/Jonas Schweizer (2018j): »Die Rendite von Investments in Immobilien«; 12. Oktober 2018; Blogbeitrag; Internet-Fundstelle: www.gerd-kommer.de
Kommer, Gerd/Jonas Schweizer (2018m): »Das Prinzip der Sovereign Ceiling«; 07. Dezember 2018; Blogbeitrag; Internet-Fundstelle: www.gerd-kommer.de
Kommer, Gerd/Jonas Schweizer (2019a): »Das Konzept der Cashflow-Kaskade«; 04. Januar 2019; Blogbeitrag; Internet-Fundstelle: www.gerd-kommer.de
Kommer, Gerd/Jonas Schweizer (2019h): »Das unterschätzte Risiko von Bankguthaben«; 02. August 2019; Blogbeitrag; Internet-Fundstelle: www.gerd-kommer.de
Kommer, Gerd/Jonas Schweizer (2019i): »Performance Fees – Schein und Wirklichkeit«; 06. September 2019; Blogbeitrag; Internet-Fundstelle: www.gerd-kommer.de
Kommer, Gerd/Jonas Schweizer (2020a): »Negative Zinsdifferenzgeschäfte – schädlich und unnötig«; 03. Januar 2020; Blogbeitrag; Internet-Fundstelle: www.gerd-kommer.de
Kommer, Gerd/Jonas Schweizer (2020c): »Die kapitalbildende Lebensversicherung – ein deutscher Irrweg«; 06. März 2020; Blogbeitrag; Internet-Fundstelle: www.gerd-kommer.de
Kommer, Gerd/Jonas Schweizer (2020h): »Der große Unterschied zwischen reich werden und reich bleiben«; 07. August 2020; Blogbeitrag; Internet-Fundstelle: www.gerd-kommer.de
Kommer, Gerd/Jonas Schweizer (2021e): »Instandhaltungskosten – wie man Immobilieninvestments schönrechnet«; 07. Mai 2021; Blogbeitrag; Internet-Fundstelle: www.gerd-kommer.de
Kommer, Gerd/Jonas Schweizer (2021j): »Steuern sparen durch Buy and Hold«; 01. Oktober 2021; Blogbeitrag; Internet-Fundstelle: www.gerd-kommer.de
Kommer, Gerd/Jonas Schweizer (2021m): »Rebalancing: Vorteile, Methoden, Prinzipien«; 10. Dezember 2021; Blogbeitrag; Internet-Fundstelle: www.gerd-kommer.de
Kommer, Gerd/Jonas Schweizer (2023c): »Hilft Wirtschaftswissen beim Investieren?«; 03. März 2023; Blogbeitrag; Internet-Fundstelle: www.gerd-kommer.de
Kommer, Gerd/Jonas Schweizer (2024a): »Anlageklasse Anleihen: Von den Basics zum Spezialwissen«; 03. Januar 2024; Blogbeitrag; Internet-Fundstelle: www.gerd-kommer.de
Kommer, Gerd/Luca Stagnitti (2022h): »Inflationsindexierte Anleihen – wie gut schützen sie vor Inflation?«; 05. August 2022; Blogbeitrag; Internet-Fundstelle: www.gerd-kommer.de
Kommer, Gerd/Luca Stagnitti (2023b): »Ehe und Scheidung aus finanzieller Perspektive«; 03. Februar 2023; Blogbeitrag; Internet-Fundstelle: www.gerd-kommer.de

Kommer, Gerd/Luca Stagnitti (2024f): »Ist Künstliche Intelligenz ein Gamechanger beim Investieren?«; 04. Juni 2024; Blogbeitrag; Internet-Fundstelle: www.gerd-kommer.de
Kommer, Gerd/Luca Stagnitti (2024m): »Das ›Cash-Problem‹« in den Renditen von Private Equity«; 02. Dezember 2024; Blogbeitrag; Internet-Fundstelle: www.gerd-kommer.de
Kommer, Gerd/Alexander Weis (2017c): »Ausschüttende vs. thesaurierende Fonds«; 22. Dezember 2017; Blogbeitrag; Internet-Fundstelle: www.gerd-kommer.de
Kommer, Gerd/Alexander Weis (2018a): »Währungsabsicherung: Wann sinnvoll, wann nicht?«; 24. Januar 2018; Blogbeitrag; Internet-Fundstelle: www.gerd-kommer.de
Kommer, Gerd/Alexander Weis (2018b): »Dividendenstrategien: Fakten und Fantasien«; 23. Februar 2018; Blogbeitrag; Internet-Fundstelle: www.gerd-kommer.de
Kommer, Gerd/Alexander Weis (2018c): »Warren Buffetts Hedge-Fonds-Wette«; 28. März 2018; Blogbeitrag; Internet-Fundstelle: www.gerd-kommer.de
Kommer, Gerd/Alexander Weis (2018d): »Nullzinsen und Anlagenotstand – real oder nur konstruiert?«; 20. April 2018; Blogbeitrag; Internet-Fundstelle: www.gerd-kommer.de
Kommer, Gerd/Alexander Weis(2018e): »›Finanzielle Freiheit‹ – ein Schlagwort mit zu vielen Fragezeichen«; 31. Mai 2018; Blogbeitrag; Internet-Fundstelle: www.gerd-kommer.de
Kommer, Gerd/Alexander Weis(2018g): »Sozial verantwortlich investieren mit ETFs – macht das Sinn?«; 26. Juli 2018; Blogbeitrag; Internet-Fundstelle: www.gerd-kommer.de
Kommer, Gerd/Alexander Weis(2018i): »Die Fragwürdigkeit von Einzelaktieninvestments«; 21. September 2018; Blogbeitrag; Internet-Fundstelle: www.gerd-kommer.de
Kommer, Gerd/Alexander Weis (2018k): »Monte-Carlo-Simulation als Prognoseverfahren«; 02. November 2018; Blogbeitrag; Internet-Fundstelle: www.gerd-kommer.de
Kommer, Gerd/Alexander Weis (2019b): »Depotentnahmen: Mythen und Missverständnisse«; 01. Februar 2019; Blogbeitrag; Internet-Fundstelle: www.gerd-kommer.de
Kommer, Gerd/Alexander Weis (2019c): »Warten auf einen günstigeren Aktienmarkt – Funktioniert das?«; 01. März 2019; Blogbeitrag; Internet-Fundstelle: www.gerd-kommer.de
Kommer, Gerd/Alexander Weis (2019d): »Das Konzept der ›Sachwertanlage‹«: Fakten und Fantasien«; 05. April 2019; Blogbeitrag; Internet-Fundstelle: www.gerd-kommer.de
Kommer, Gerd/Alexander Weis (2019e): »Factor Investing – die Basics«; 03. Mai 2019; Blogbeitrag; Internet-Fundstelle: www.gerd-kommer.de
Kommer, Gerd/Alexander Weis (2019f): »Integriertes Multifactor Investing«; 07. Juni 2019; Blog-beitrag; Internet-Fundstelle: www.gerd-kommer.de
Kommer, Gerd/Alexander Weis (2019g): »Schwellenländer-Staatsanleihen – eine bedenkenswerte Assetklasse?«; 05. Juli 2019; Blogbeitrag; Internet-Fundstelle: www.gerd-kommer.de
Kommer, Gerd/Alexander Weis (2019j): »Sind Vermietungsimmobilien attraktive Vermögensanlagen?«; 04. Oktober 2019; Blogbeitrag; Internet-Fundstelle: www.gerd-kommer.de
Kommer, Gerd/Alexander Weis (2019k): »Gold als Investment – braucht man das?«; 01. November 2019; Blogbeitrag; Internet-Fundstelle: www.gerd-kommer.de
Kommer, Gerd/Alexander Weis (2019m): »Das Zinsänderungsrisiko bei Anleihen«; 06. Dezember 2019; Blogbeitrag; Internet-Fundstelle: www.gerd-kommer.de
Kommer, Gerd/Alexander Weis (2020b): »Zehn Gründe, warum aktives Investieren schlecht funktioniert«; 07. Februar 2020; Blogbeitrag; Internet-Fundstelle: www.gerd-kommer.de

Kommer, Gerd/Alexander Weis (2020e): »The Pains of Factor Investing«; 01. Mai 2020; Blogbeitrag; Internet-Fundstelle: www.gerd-kommer.de

Kommer, Gerd/Alexander Weis (2020g): »Einstieg in den Aktienmarkt: Einmalanlage oder Phaseninvestment?«; 03. Juli 2020; Blogbeitrag; Internet-Fundstelle: www.gerd-kommer.de

Kommer, Gerd/Alexander Weis (2021d): »Private Equity – Wunsch und Wirklichkeit«; 02. April 2021; Blogbeitrag; Internet-Fundstelle: www.gerd-kommer.de

Kommer, Gerd/Alexander Weis (2021i): »Medallion, ›der beste Fonds aller Zeiten‹ – oder auch nicht«; 03. September 2021; Blogbeitrag; Internet-Fundstelle: www.gerd-kommer.de

Kommer, Gerd/Alexander Weis (2022c): »Was bedeutet der Russland-Ukraine-Krieg für mein Depot?«; 04. März 2022; Blogbeitrag; Internet-Fundstelle: www.gerd-kommer.de

Kommer, Gerd/Alexander Weis (2022f): »Anleihen und Zinsänderungen – ein Fallbeispiel«; 03. Juni 2022; Blogbeitrag; Internet-Fundstelle: www.gerd-kommer.de

Kommer, Gerd/Alexander Weis (2022i): »Passiv investieren – die Basics«; 01. September 2022; Blogbeitrag; Internet-Fundstelle: www.gerd-kommer.de

Kommer, Gerd/Alexander Weis (2022m): »Kaufen oder mieten? – Eigenheim vs. Weltportfolio«; 02. Dezember 2022; Blogbeitrag; Internet-Fundstelle: www.gerd-kommer.de

Lack, Simon (2012): *The Hedge Fund Mirage. The Illusion of Big Money and Why It's Too Good to Be True*; Wiley & Sons.

Lee, Boram/Yulia Veld-Merkuoulova (2016): »Myopic Loss Aversion and Stock Investments: An Empirical Study of Private Investors«; in: Journal of Banking and Finance; Band 70; September 2016.

Leske, Jürgen (2019): »Wenn die Erbengemeinschaft zur Hölle wird«; in: Elitebrief 08/2019; Internet-Fundstelle: www.elitebrief.de

Lochner, Mario/Gerd Kommer (2024): »Darum performt Bitcoin schlechter, als DU denkst«; 26. Februar 2024; Internet-Fundstelle: YouTube-Kanal Mario Lochner.

Miller, Markus (2019): *Finanzielle Selbstverteidigung: Profi-Strategien zum Schutz Ihres Vermögens, Ihrer Daten, Eigentumsrechte und Privatsphäre!* FinanzBuch Verlag.

Naranjo, Andy u.a. (2023): »Betting on Elusive Returns: Retail Trading in Complex Options; 30. März 2023; Internet-Fundstelle: Social Sciences Research Network/SSRN.

Norberg, Johan (2020): *Fortschritt: Ein Motivationsbuch für Weltverbesserer*; FinanzBuch Verlag.

Perkins, Bill (2021): *Die with Zero: Getting All You Can from Your Money and Your Life*; Mariner; auch in deutscher Sprache verfügbar.

Phalippou, Ludovic (2020): »An Inconvenient Fact: Private Equity Returns and the Billionaire Factory«; in: *The Journal of Investing*; Band 30; Nr. 1; Dezember 2020.

Pinker, Steven (2019): *Enlightenment Now: The Case for Reason, Science, Humanism, and Progress*; Penguin Books; auch in deutscher Sprache verfügbar.

Ptak, Jeffrey (2023): »They Came. They Saw. They Incinerated Half Their Funds' Potential Returns«; Morningstar; 30. Mai 2023; Internet-Fundstelle: www.morningstar.com

Ridley, Matt (2010): *The Rational Optimist: How Prosperity Evolves*; Harper.

Rieck, Christian (2024): *Der Bitcoin-Gelduntergang: Woher kommt der Wert des Bitcoin?*; Rieck Verlag.

Rosling, Hans (2018): *Factfulness: Wie wir lernen, die Welt so zu sehen, wie sie wirklich ist*; Ullstein.

Schrager, Allison (2025): »Private Equity Does Not Belong in Your 401(k)«; 14. Januar 2025; Internet-Fundstelle: www.advisorperspectives.com

Scruton, Roger (2012): *The Uses of Pessimism & the Danger of False Hope*; Atlantic Books.

Sharpe, William (1991): »The Arithmetic of Active Management«; in: *The Financial Analysts Journal*; Band 47; Nr. 1; Januar/Februar 1991.
Stagnitti, Luca (2025): »Nießbrauch und Nießbrauchdepot: clever schenken und legal Steuern sparen«; 2. März 2025; Internet-Fundstelle: YouTube-Kanal Gerd Kommer.
Swedroe, Larry (2023): »The Wealth-Destroying Behavior of Retail Option Trading«; 19. Februar 2023; Advisor Perspectives; Internet-Fundstelle: www.advisorperspectives.com
Tabarrok, Alex (2011): »Is Social Security a Ponzi Scheme?«; 10. September 2011; Marginal Revolution; Internet-Fundstelle: www.marginalrevolution.com
Zitelmann, Rainer (2019): *Kapitalismus ist nicht das Problem, sondern die Lösung: Eine Zeitreise durch fünf Kontinente*; FinanzBuch Verlag.
Zitelmann, Rainer (2022): *Die 10 Irrtümer der Antikapitalisten: Zur Kritik der Kapitalismuskritik*; FinanzBuch Verlag.

15.3 Glossar

Abzinsungssatz — Siehe Barwert.

Anlageklasse — Engl. »Asset Class«. Eine ökonomisch sachlogische Gruppierung (Zusammenfassung) aus individuellen Vermögenswerten (Assets), die sich im Hinblick auf Rendite, Risiko und Liquidität sehr ähnlich sind und realwirtschaftlich ebenfalls wichtige gemeinsame Merkmale haben. Anlageklassen lassen sich von oben nach unten entlang einer hierarchischen Baumstruktur immer granularer aufgliedern. Beispiele: die (Haupt-)Anlageklassen Aktien, zinstragende Investments/Anleihen, Immobilien, Edelmetalle, Rohstoffe, Sammlerobjekte. Unterhalb dieser obersten Ebene lässt sich die Anlageklasse Aktien aufgliedern in entwickelte Länder versus Schwellenländer, Aktien in verschiedenen Branchen oder Aktien nach Größe (Large Caps, Mid Caps, Small Caps) usw.

Asset-Allokation — Die bewusste Aufteilung/Strukturierung eines Gesamtvermögens (Portfolios) in einzelne Anlageklassen, weil mit dieser spezifischen Aufteilung aus Sicht des Anlegers Vorteile bei Rendite, Risiko und/oder Liquidität angestrebt werden.

Asset Picking — Die aktive Auswahl von Vermögenswerten (Assets) mit der Zielsetzung, investmentmäßig attraktive von unattraktiven zu trennen, um so eine passive breit diversifizierte Buy-and-Hold-Strategie zu schlagen. Stock Picking ist Asset Picking mit Aktien.

Ausfallrisiko — Der Schaden, der aus der nicht vertragsgemäßen Rückzahlung einer Forderung für den Gläubiger herrührt. Andere Begrifflichkeiten mit ähnlicher oder gleicher Bedeutung sind: »Rückzahlungsrisiko«, »Gegenparteirisiko«, »Counter Party Risk«, »Bonitätsrisiko«, »Default Risk«.

Barwert — Auch Gegenwartswert genannt. Der heutige Wert einer erst in der Zukunft zu empfangenden Zahlung oder eines Zahlungsstroms, »abgezinst« (diskontiert oder abdiskontiert) auf die Gegenwart. Ein Beispiel: Eine Zahlung in einem Jahr von 1050 Euro hat bei einer Abzinsungsrate (Abzinsungssatz) von 5% einen Barwert von 1000 Euro, denn wenn man 1000 Euro mit 5% Jahresrendite für ein Jahr anlegt, erzielt man 1050 Euro. Deshalb haben beide Werte – 1000 Euro jetzt oder 1050 Euro in zwölf Monaten – bei dieser Abzinsungsrate denselben Barwert. Mit Barwerten kann man Zahlungen, die zu unterschiedlichen Zeitpunkten anfallen, vergleichbar machen. Die Formel für die Berechnung des Barwertes einer einmaligen zukünftigen Zahlung Z sieht so aus: BW = Z ÷ (1 + r)N, wobei r die Abzinsungsrate ist und N die Anzahl der Perioden (hier 1). Die Formeln für eine Serie gleichbleibender oder variierender zukünftiger Zahlungen sind ähnlich, aber ein wenig komplizierter. Der Zins bzw. Abzinsungssatz soll den Risikograd des betreffenden Zahlungsstroms reflektieren. Risikoreiche Zahlungsströme müssen mit höheren Diskontraten abgezinst werden.

Barwertmethode — Die finanzmathematische Methode, um aus einem zukünftigen Geldzahlungsstrom einen Barwert oder Gegenwartswert zu errechnen, siehe Barwert.

Barwertvorteil — Genauer: steuerlicher Barwertvorteil. Aus Steuerzahlungen in einer gegebenen Höhe, die in die Zukunft verschoben (verzögert) werden können, entsteht ein finanzmathematischer Barwertvorteil gegenüber der sofortigen Zahlung dieser Steuerlast (siehe Barwert). Dieser ökonomische Vorteil wird umso größer, je länger die Steuerzahlung verzögert werden kann. Buy-and-Hold-Anlegen erzeugt einen solchen Barwertvorteil gegenüber aktivem Investieren in Bezug auf die Besteuerung von Kursgewinnen (Wertsteigerungsgewinnen). Bei aktivem Investieren erfolgen diese Steuerzahlungen typischerweise jährlich. Bei Buy-and-Hold-Investieren können sie dagegen für viele Jahre, gegebenenfalls sogar für Jahrzehnte, in die Zukunft verschoben werden.

Benchmark — Engl. für »Vergleichsmarke«, »Vergleichsmaßstab«. Wertpapierindizes werden häufig als Benchmark für aktiv gemanagte Portfolios, inklusive Fonds, verwendet.

Bonität — Kreditwürdigkeit eines Unternehmens. Hohe Bonität bedeutet geringes Ausfallrisiko (Rückzahlungsrisiko) und – bei Anleihen – geringe Volatilität.

Carry Trade — Finanzjargon für das Investieren in kurzlaufende Anleihen (ohne Zinsänderungsrisiko) hoher Qualität in einer Fremdwährung mit einem höheren Marktzinsniveau, als es in der heimischen Währung besteht, in der Hoffnung, dass Währungskurseffekte den Zinsvorteil nicht zunichte machen. Die gesteigerte Form von Carry Trade ist einen Kredit in einer niedrig verzinslichen Währung A aufnehmen und die Mittel in einer höher verzinslichen Währung B anlegen. Die Bezeichnung Carry Trade wird aber auch noch vielfach abweichend verwendet.

Cashflow — Dt. »Zahlungsstrom«. Aus Sicht eines Anlegers sind positive Cashflows empfangene Zahlungen (Zuflüsse), negative Cashflows geleistete Zahlungen (Abflüsse).

Credit Default Swap — Ein Credit Default Swap ist eine Ausfallgarantie für den Kapitaldienst (Zins und Tilgung) einer Unternehmens- oder Staatsanleihe. Die laufenden Kosten dieser »Versicherung« sind der Credit Default Swap Spread. Wenn das Risiko des Zahlungsausfalls hoch ist, dann sind diese Kosten hoch – und umgekehrt.

Day Trader — Privatperson (als Händler außerhalb eines institutionellen Anlegers wie einer Bank), die nebenberuflich oder hauptberuflich mit Aktien und anderen Finanzmarktwerten handelt und dabei bereit ist, dauerhaft mehrere Trades pro Tag durchzuführen.

Derivat — Derivate sind von anderen originären Wertpapieren (Underlyings) abgeleitete Wertpapiere oder Geschäftsarten. Beispiele sind Optionen (Call-Optionen, Put-Optionen).

Direktbank — Eine Bank ohne Filialnetz. Eine Bank, die im Wesentlichen nur über das Internet mit ihren Kunden interagiert. In diesem Buch gleichbedeutend mit Onlinebank oder Online-broker.

Eigenkapitalrendite — Siehe Leverage.

Einlagensicherung, gesetzliche — Innerhalb der EU besitzt jedes Land ein gesetzlich vorgeschriebenes (»staatliches«) Einlagensicherungssystem für die Bankguthaben (Bankeinlagen) von Privatpersonen und u. U. für die von kleinen Unternehmen. In Deutschland und Österreich deckt dieses Einlagensicherungssystem 100 000 Euro pro Bank-Kunde-Kombination ab (200 000 Euro bei Gemeinschaftskonten von Ehepartnern). Die gesetzliche Einlagensicherung repräsentiert keine formale Staatsgarantie (wie das z.B. in den USA der Fall ist), aber sie dürfte einer De-facto-Staatsgarantie bis zur Besicherungsgrenze nahekommen. Die freiwilligen zusätzlichen privaten Sicherungssysteme der Sparkassen, Genossenschaftsbanken und Geschäftsbanken sind nicht mit der gesetzlichen Einlagensicherung zu verwechseln.

Faktorprämie – Bestimmte von der Wissenschaft identifizierte statistische Merkmale von Aktien, die einen systematischen Zusammenhang mit Rendite und Risiko haben, z.B. die Faktorprämien Small Size, Value, Momentum, Quality, Low Volatility und Low Asset Growth.

Fiat-Money-System — Fiat: Lateinisch für »es möge sein«. Ein Währungssystem, bei dem die Zentralbank (der Staat) mit unterschiedlichen Instrumenten vorwiegend über die Kreditgewährung der Geschäftsbanken die Geldmenge steuert, um damit wiederum Zinsen, Inflation, Beschäftigung und Wirtschaftswachstum zu beeinflussen. Alle heute existierenden Währungssysteme sind Fiat-Geldsysteme. Ihr grundsätzliches Gegenstück sind Edelmetall-gedeckte Währungssysteme (der klassische Goldstandard) oder das Vollgeld-System (siehe Wikipedia, Stichwort »Vollgeld-System«). Beim klassischen Goldstandard bestimmt vor allem das Volumen des der Zentralbank (oder dem Staat) gehörenden Edelmetalls den Wert einer Währungseinheit. Hier kann die Notenbank die Geldmenge somit nicht oder jedenfalls weniger willkürlich beeinflussen, sondern muss im Prinzip erst Gold erwerben, wenn sie die Geldmenge erhöhen möchte. Ob das Fehlen der Beeinflussung der Geldmenge durch die Zentralbank in einem Goldstandard ein Vorteil oder ein Nachteil ist, darüber streiten sich die Gelehrten.

Finfluencer — Kombination aus Finance und Influencer. Letztere sind Personen, die über Social-Media-Kanäle (z.B. YouTube, TikTok) Produkte oder Lebensstile vermarkten und damit Geld verdienen. Finfluencer sind Influencer, die sich auf das Thema Geld und Vermögen spezialisiert haben.

Funktionale Währung — Die Währung, in der ein Privathaushalt oder ein Unternehmen mit hinreichend großer Wahrscheinlichkeit in der Zukunft den größten Teil seiner Ausgaben (Cash Outflows) für Konsum, Schuldendienst und Investitionen tätigen wird (salopp: Heimatwährung).

Geld-Brief-Spanne — Engl. »Bid-Ask-Spread« oder »Bid-Offer-Spread«. Die Spanne zwischen Ankaufskurs und Verkaufskurs aus Sicht eines Investors. Etwa in der Mitte zwischen diesen beiden Kursen liegt der Marktkurs. Ein Privatanleger kauft zum Briefkurs und verkauft zum Geldkurs. Letztlich repräsentiert die Geld-Brief-Spanne die Händlermarge. Je liquider (je häufiger und umfangreicher gehandelt) ein Wertpapier zu einem bestimmten Zeitpunkt ist, desto enger (und damit günstiger für Käufer und Verkäufer) ist seine Geld-Brief-Spanne. Sie ist ein wichtiges Liquiditätsmaß. In schlechten Marktphasen dehnen sich die Geld-Brief-Spannen tendenziell aus. Auf den meisten Finanzportalen wird die GBS für Wertpapiere und ETF-Anteile angegeben.

Geldmarkt, Geldmarktanlagen, Geldmarktpapiere, Geldmarktrenditen — Geldmarktanlagen (engl. »Money Market Investments«) sind kurzlaufende, hochliquide, sehr risikoarme Geldanlagen, wie etwa verzinsliche Bankguthaben (Tagesgelder, Termingelder innerhalb der gesetzlichen Einlagensicherung), Geldmarktfonds und kurzfristige Staatsanleihen hoher Bonität. Aus Sicht des Anlegers darf eine Geldmarktanlage kein Wechselkursrisiko haben. Hinsichtlich Volatilität, Ausfallrisiko und Liquidität haben Geldmarktanlagen nicht weiter verbesserbare Werte. Sie sind allerdings auch sehr renditeschwach.

Geometrische Durchschnittsrendite — Auch »Compound Annual Growth Rate« (»CAGR«) genannt. Eine bestimmte Art, die Rendite eines Investments zu berechnen. Die geometrische Durchschnittsrendite ist abzugrenzen von der (im Allgemeinen weniger aussagekräftigen) arithmetischen Durchschnittsrendite sowie vom internen Zinsfuß und von der kumulativen Rendite.

Grenzsteuersatz — Der Grenzsteuersatz ist der Steuersatz innerhalb eines progressiven Einkommenssteuersatztarifs, der auf den jeweils nächsten verdienten Euro angewendet wird. Er zeigt also, wie stark *zusätzliches* Einkommen prozentual besteuert wird – in Abgrenzung zur prozentualen Besteuerung des Gesamteinkommens. Der Grenzsteuersatz liegt in einem Steuersystem mit einem progressiven Einkommenssteuersatztarifs immer oberhalb des Durchschnittssteuersatzes.

Hedging — Dt. »Absicherung«, »Kurssicherung«. Die Absicherung eines bestimmten Preis-, Zins- oder Kursniveaus (auch Wechselkurses) durch Nutzung bestimmter Finanzprodukte oder, im übertragenen Sinne, auch durch Beimischung von Anlageklassen mit besonders niedrigem Risiko.

High-Quality-Anleihe — Eine Staats- oder Unternehmensanleihe mit hoher Bonität des Emittenten.

Humankapital — Bei einem Arbeitnehmerhaushalt der Barwert (Gegenwartswert) aller zukünftigen Nettogehälter des Haushaltes bis zur erwarteten Beendigung der Berufstätigkeit. Jegliches Gehalt, das schon bezogen wurde, wurde entweder verkonsumiert, verschenkt oder in Vermögensanlagen (Finanzkapital) und Rentenansprüche umgewandelt. Bei einem Freiberufler entsprechen die Nettohonorareinnahmen dem Nettogehalt. Auf der Website www.finanzfluss.de befindet sich ein kostenloser Humankapital-Rechner.

Interner Zinsfuß — Der interne Zinsfuß ist eine Renditeberechnungsmethode, die im Allgemeinen aussagekräftigere Renditezahlen produziert als viele einfachere Methoden. Insbesondere wird beim internen Zinsfuß das spezifische Timing aller Cashflows

(Zahlungen) in das Investment hinein und aus dem Investment hinaus finanzmathematisch korrekt berücksichtigt.

Investment-Grade-Anleihen, Investment Grade Rating, Investment-Grade-Spektrum — Die ersten zehn Noten der Ratingskala der bekannten Ratingagenturen für Anleihen bilden den Investment-Grade-Bereich: Von AAA bis BBB– (oder in der alternativen Notation von Aa1–Baa3). Die restlichen (schlechteren) ca. 15 Noten bilden den sehr deutlich risikoreicheren Sub-Investment-Grade-Bereich. Die Abstände zwischen den ca. 25 Noten im Sinne von Zunahme der Ausfallwahrscheinlichkeit der Anleihe in Richtung schlechtere Ratings sind nicht fix. Vielmehr sind die Abstände zwischen zwei Noten am guten Ende des Spektrums sehr klein und nehmen dann mit jeder Note in Richtung schlechte Ratings deutlich zu.

Kapitalallokationsfunktion, volkswirtschaftliche — In einer Marktwirtschaft, in der sich Preise im Wesentlichen frei bilden und Marktakteure einigermaßen frei agieren können, lenken (allokieren) die Marktteilnehmer durch ihre Kauf- und Verkaufsentscheidungen die Ressourcen der Volkswirtschaft in ihre wirtschaftlich sinnvollste Verwendung. Diese Lenkungsfunktion der Märkte bezieht sich auf Konsum- und Investitionsgüter.

Kredithebel — Siehe Leverage.

Leverage, Leveraging, Leverage-Effekt — Ein Wertpapierdepot, eine Immobilie und eigentlich jede Kapitalanlage kann teilweise oder vollständig über einen Kredit (statt nur aus Eigenkapital) finanziert werden. Sofern die Rendite der so finanzierten Kapitalanlage vor Finanzierungskosten (die Asset-Rendite) in einem gegebenen Betrachtungszeitraum höher ist als der Kreditzinssatz, erhöht sich hierdurch die Rendite auf das eingesetzte Eigenkapital (die Eigenkapitalrendite). Die Eigenkapitalrendite reduziert sich, wenn die Asset-Rendite niedriger ist als der Kreditzinssatz. In jedem Fall wird durch Leveraging der Risikograd eines Investments aus Sicht des Eigenkapitals erhöht.

Market Timing — Aktive Anlagestrategie, bei der versucht wird, bestimmte Marktsegmente (Anlageklassen) zu identifizieren, die im Zeitablauf besonders attraktive oder besonders unattraktive Rendite-Risiko-Kombinationen darstellen, und darauf basierend durch Rein-Raus im Zeitablauf eine Überrendite (Mehrrendite) gegenüber Buy and Hold zu erzeugen. Mit ETFs kann man Market Timing betreiben.

Median — In einer Zahlenmenge oder Zahlenverteilung derjenige Zahlenwert, oberhalb und unterhalb dessen gleich viele Zahlenwerte liegen; zu unterscheiden vom (arithmetischen) Durchschnitt.

MSCI ACWI IMI Index — Ein globaler Aktienindex, der Schwellenländer und Small-Cap-Aktien einschließt (beides ist nicht der Fall beim engeren globalen Aktienindex MSCI World). ACWI IMI steht für All Country World Index Investable Market Index.

Nettomiete — Die Nettomiete ist die Bruttomiete abzüglich Vermieteraufwendungen für Instandhaltung, Versicherung und Grundsteuer. (Mit der Mehrwertsteuer hat die Brutto-Netto-Unterscheidung hier nichts zu tun.)

Nullrenditeperiode — Bei einem Wertpapier (oder anderen Investment) die Zeitspanne zwischen einem Allzeithoch und dem Wiedererreichen dieses Kursniveaus (wenn Dividenden bzw. laufende Erträge mitberücksichtigt werden). In dieser Zeitspanne gibt es definitionsgemäß eine Nullrendite (kann auf nominaler Basis oder realer Basis berechnet werden).

Opportunitätskosten — Hier die gelungene Definition aus Wikipedia: »Opportunitätskosten« (selten auch als Alternativkosten, Verzichtskosten oder Schattenpreis bezeichnet) sind entgangene Erlöse (allgemeiner: entgangener Nutzen), die dadurch entstehen, dass vorhandene Möglichkeiten (Opportunitäten) zur Nutzung von Ressourcen nicht wahrgenommen werden. Umgangssprachlich kann man auch von ›Kosten der Reue‹ oder ›Kosten entgangener Gewinne‹ sprechen. Opportunitätskosten sind somit keine Kosten im Sinne der betriebswirtschaftlichen Kosten- und Leistungsrechnung, sondern ein ökonomisches Konzept zur Quantifizierung entgangener Alternativen.«

Optionen — Wertpapiere, die das Recht, aber nicht die Pflicht verbriefen, einer bestimmten anderen Partei ein bestimmtes Underlying innerhalb eines bestimmten Zeitraums zu einem bestimmten Preis zu verkaufen (Put-Option) oder es von dieser Partei zu kaufen (Call-Option). Obwohl die Option nicht das Underlying ist, hat die Option selbst einen Wert und kann während ihrer Laufzeit unabhängig gekauft oder verkauft werden.

Outperformer-Portfolio — Ein Portfolio, das für einen relevanten Zeitraum eine bessere Rendite-Risiko-Kombination (oder nur eine bessere Rendite), also Outperformance, liefert als eine relevante → Benchmark.

Payoff-Profil — »Payoff« = dt. »Auszahlung«. Das Payoff-Profil ist das spezifische (erwartete) Auszahlungsprofil oder Renditeprofil (Zahlungshöhen, Zahlungszeitpunkte, Zahlungsbedingungen) eines Wertpapiers (typischerweise eines Zertifikats, Derivats oder einer Anleihe).

Portfolio — Im engeren Sinne die Summe aller Vermögenswerte (Assets) eines Anlegers oder Haushalts, unabhängig davon, auf wie viele Immobilienobjekte, Wertpapierdepots (eventuell bei unterschiedlichen Banken) und Kapitallebensversicherungen diese Assets verteilt sind. Im weiteren Sinne schließt ein Anlegerportfolio auch dessen Humankapital (noch nicht bezogenes Arbeitseinkommen bis zum Eintritt in den Ruhestand) und seine Ansprüche an die gesetzliche Rentenversicherung mit ein. Bei Investmentfonds versteht man unter »Portfolio« die Summe der Wertpapiere, die der Fonds zu einem gegebenen Zeitpunkt hält. Manchmal wird auch – etwas ungenau – ein einzelnes Wertpapierdepot als Portfolio bezeichnet.

Put-Option — Eine Put-Option gibt ihrem Besitzer das Recht, aber nicht die Pflicht, ein bestimmtes Wertpapier während eines bestimmten Zeitraums oder zu einem bestimmten Zeitpunkt zu einem festgesetzten Preis an den Verkäufer der Put-Option zu verkaufen. Siehe auch Optionen.

Random Walk — Dt. »Zufallslauf«, »Zufallsverlauf«. Begriff aus der Statistik und Stochastik. Ein Random Walk beschreibt den rein zufälligen, quasi chaotischen Verlauf einer Variablen im Zeitablauf.

Rating — Engl. für »Note« oder »Noteneinstufung«. Ratings gibt es für Investmentfonds (diese Ratings sind wenig nützlich und oftmals geradezu irreführend) oder für die Bonität von Anleihen (diese Ratings sind nützlich). Siehe auch Investment Grade Rating.

Return Chasing — Wörtlich: »(historischer) Rendite hinterherjagen«. Bildhaft könnte man sagen: »Rückspiegelinvestieren«, also eine prozyklische Anlagestrategie verfolgen, bei der man in das investiert, was in der jüngeren Vergangenheit im Vergleich besonders gut lief, aber auch in das nicht investiert (oder das verkauft), was in der jüngeren Vergangenheit im Vergleich besonders schlecht lief. Return oder Performance Chasing ist ein auf lange Sicht sehr schädlicher Anlegerfehler, den ich in Abschnitt 7.2.1 genauer beschreibe.

Rückkaufswert — Bei kapitalbildenden Lebensversicherungen und privaten Rentenversicherungen teilt die Versicherungsgesellschaft dem Versicherungsnehmer (VN) jährlich den Rückkaufswert mit. Der Rückkaufswert ist die Auszahlung, die der VN erhalten würde, wenn er zum Zeitpunkt der Rückkaufswertberechnung die Versicherung kündigen würde. Man könnte auch sagen, dass der Rückkaufswert der Barwert des Versicherungsanspruchs ist.

Sovereign Wealth Funds — Institutionelle Fonds bestimmter Staaten, die beispielsweise ihre Einnahmen aus Rohstoff-Förderung (Öl, Kohle) und andere Einnahmen weltweit in Aktien und Immobilien investieren. Der größte Sovereign Wealth Fund der Welt ist der norwegische Ölfonds.

Standardabweichung — Ein statistisches Streuungsmaß. Vereinfacht und nicht ganz korrekt könnte man formulieren, dass die Standardabweichung die durchschnittliche Abweichung der Mitglieder einer Zahlenmenge von ihrem arithmetischen Mittelwert ist.

Stop-Loss-Order — Ein Verkaufsordertypus, bei dem der Verkaufsauftrag einer Bedingung unterliegt. Die Bedingung lautet vereinfacht so: »Nur verkaufen, wenn im Zeitraum bis zum angegebenen Datum der Kurs dieses Wertpapiers (oder Fonds) unter den Betrag X Euro fällt«. Stop-Loss-Orders sind relativ teuer, insgesamt sehr arbeitsaufwendig, funktionieren nicht zu 100% zuverlässig (werden nicht immer ausgeführt) und lösen nicht das entscheidende Problem, sprich die Frage, was man nach dem Ausstieg mit der resultierenden Liquidität machen soll.

Sunk-Cost-Denkfehler — »Sunk Costs« = dt. »Versunkene Kosten«. Gemeint sind Kosten oder Aufwand, die/der in der Vergangenheit für ein Projekt X angefallen sind, aber nicht mehr zurückgeholt (wiedererstattet) werden können. Weil sie nicht mehr zurückgeholt werden können, sind dies Sunk Costs in einem rein rationalen Entscheidungsprozess zukunftsgerichtet irrelevant und sollten *nicht* in die zukunftsgerichtete Entscheidungsfindung eingehen. Wenn das doch geschieht, handelt es sich um den Sunk-Cost-Denkfehler.

Survivorship Bias — Dt. Ungleichgewicht zugunsten der Überlebenden. In vielen statistischen Daten fehlen die »Toten«, weil sie aufgrund ihres »Todes« aus der zugrunde liegenden Datenbank gestrichen werden. Das gilt für den DAX und das gilt für viele Fondsdatenbanken. Es gilt aber auch für sehr viele andere empirische Phänomene aus unserem alltäglichen Leben (siehe »Survivorship Bias« in der deutschen Wikipedia).

Total Expense Ratio (TER) — In Deutschland heißt die TER »Laufende Kosten« oder »Gesamtkostenquote«. Sie ist die laufende Kostenbelastung bei Investmentfonds. Die TER ist aussagekräftiger (und höher) als die Verwaltungsgebühr. Auch die TER beinhaltet nicht alle Kosten, die in einem Investmentfonds anfallen, z.B. nicht die Transaktionskosten, die sich aus der → Geld-Brief-Spanne der gekauften und verkauften Wertpapiere ergeben.

Umlaufrendite — Engl. »Yield to Maturity«. Die Rendite einer Anleihe vom Kaufzeitpunkt bis zum Ende der Laufzeit der Anleihe unter der Annahme, dass es nicht zu einem Zahlungsausfall kommt. Die Umlaufrendite ist im Moment des Kaufes der Anleihe bekannt. Sie kann auch für ein Portfolio von Anleihen berechnet werden (also auch für einen ETF). Im Marketingmaterial für Finanzprodukte, in den Medien und im Internet werden oft ungenaue und missverständliche Bezeichnungen verwendet, wenn eigentlich »Umlaufrendite« bzw. »Yield to Maturity« richtig wären, z.B. »Rendite«, »Effektivrendite«, »Verfallsrendite«, »Endfälligkeitsrendite« oder englisch nur »Yield«.

Underlying — Rendite und Risiko von Finanzprodukten und Derivaten werden maßgeblich von ihrem Underlying bestimmt, also dem originären Investment bzw. Asset, das in ihnen steckt (Finanzprodukt) oder auf das sie sich beziehen (von dem sie abgeleitet sind). Beispiel: Bei einer kapitalbildenden Lebensversicherung sind das die Anleihen oder Aktien im Deckungsstock, bei einer Put-Option das Wertpapier, auf das sich die Put-Option bezieht.

Verbarwertung — Der finanzmathematische Prozess der Errechnung eines Barwertes (Gegenwartswert) aus einer Summe von Zahlungen (einem Zahlungsstrom). Siehe auch Barwert.

Wechselkursrisiko — Finanzielle Schäden für einen Akteur X, die durch die nachteilige Veränderung eines Wechselkurses in einem bestimmten relevanten Zeitraum entstehen. Auch Wechselkursrisiko genannt.

Zinsänderungsrisiko — Bei Anleihen sinkt der Kurs unter sonst gleichen Umständen, wenn der Marktzinssatz für die Restlaufzeit (Duration) der Anleihe sich erhöht. Der negative Kurseffekt wird umso höher sein, je länger die Duration ist.

15.4 Register

Über den Autor

© Gerd Kommer

Dr. Gerd Kommer ist Gründer und Geschäftsführer eines Vermögensverwaltungsunternehmen, der Gerd Kommer Invest GmbH mit Sitz in München.

Der Investmentexperte hat mehrere Finanzratgeber – allesamt Bestseller – zum Thema Geldanlage an Kapitalmärkten und Immobilienerwerb veröffentlicht. Aufgrund seiner klaren, gut verständlichen und wissenschaftlich fundierten Investmentphilosophie gilt Kommer als der unübertroffene Experte für passive Investmentansätze in Deutschland. Sein Klassiker *Souverän investieren mit Indexfonds und ETFs* wurde 2016 mit dem Deutschen Finanzbuchpreis ausgezeichnet.

Nachdem Kommer in Deutschland, Liechtenstein und den USA BWL, Steuerrecht, Germanistik und Politikwissenschaft studiert hat, arbeitete er zunächst über 20 Jahre im Bankwesen. Für verschiedene Banken war er im Firmenkundengeschäft und institutionellen Asset-Management tätig. Nach Stationen in Südafrika und Großbritannien lebt der ETF-Spezialist inzwischen in München.

Dort verbringt er seine Freizeit je nach Witterungsverhältnissen mit Rad- oder Skifahren, mit Gesellschaftstanz sowie dem Lesen und Schreiben über Investmentthemen.

Gerd Kommer hat zahlreiche Werke im Campus Verlag veröffentlicht:

- *Souverän investieren für Einsteiger: Wie Sie mit ETFs ein Vermögen bilden.* 3. Auflage 2024, 272 Seiten (1. Auflage 2019).
- *Souverän investieren mit Indexfonds und ETFs. Ein Investmentbuch für fortgeschrittene Privatanleger.* 7. Auflage 2025, 552 Seiten (1. Auflage 2000).
- *Kaufen oder Mieten? Wie Sie für sich die richtige Entscheidung treffen.* 3. Auflage 2021, 285 Seiten (1. Auflage 2010).
- *Immobilienkauf und -finanzierung. Geld sparen und Fehler vermeiden beim Kauf der eigenen vier Wände.* 2. Auflage 2022, 315 Seiten (1. Auflage 2017).
- *Souverän Vermögen schützen. Wie sich Vermögende gegen Risiken absichern – ein praktischer Asset-Protection-Ratgeber (inkl. E-Book inside).* 1. Auflage 2020, 408 Seiten.
- *Die Buy-and-Hold-Bibel. Was Anleger für langfristigen Erfolg wissen müssen.* 1. Auflage 2009, 224 Seiten.
- *Herleitung und Umsetzung eines passiven Investmentansatzes für Privatanleger in Deutschland. Langfristig anlegen auf wissenschaftlicher Basis.* 1. Auflage 2012, 368 Seiten.